PHYSICS

王 震　王会会　编著

抽丝剥茧
学物理竞赛

- 力学
- 光学
- 数学

上册

中国科学技术大学出版社

内容简介

本套书是作者在多年物理竞赛辅导工作的基础上,根据《全国中学生物理竞赛内容提要》的要求和历年物理竞赛试题的特点编著而成的,是少数包含数学基础(初等数学、矢量、微积分与微分方程)的物理竞赛用书.本套书分为上、下两册,上册为力学、光学、数学分册,下册为热学、电磁学、近代物理学分册.本套书有两个特点:一是友好度高,讲解细致、讨论充分,部分内容附有视频讲解二维码,便于教师讲授或学生自学;二是实用性强,既有基础类题目,也有与复赛接轨的难度较大的题目,学习后能有较大的收获.

本套书适合备考物理竞赛的学生学习,也可供参加强基计划物理类考试的学生参考使用.

图书在版编目(CIP)数据

抽丝剥茧学物理竞赛. 上册/王震,王会会编著. —合肥:中国科学技术大学出版社, 2023.12(2024.10 重印)

ISBN 978-7-312-05806-6

Ⅰ. 抽⋯ Ⅱ. ①王⋯ ②王⋯ Ⅲ. 中学物理课—教学参考资料 Ⅳ. G634.73

中国国家版本馆 CIP 数据核字(2023)第 223506 号

抽丝剥茧学物理竞赛:上册

CHOUSI-BOJIAN XUE WULI JINGSAI:SHANGCE

出版	中国科学技术大学出版社 安徽省合肥市金寨路96号,230026 http://press.ustc.edu.cn https://zgkxjsdxcbs.tmall.com
印刷	安徽省瑞隆印务有限公司
发行	中国科学技术大学出版社
开本	787 mm×1092 mm　1/16
印张	28
字数	646 千
版次	2023 年 12 月第 1 版
印次	2024 年 10 月第 2 次印刷
定价	80.00 元

前　　言

市面上有很多优秀的物理竞赛教材,我从这些教材中汲取了非常多的营养,但也经常遇到知识讲解和讨论不足需要多方查阅的情况、知识中没讲却在题目中考查的情况等,这些教材感觉需要有人来引领.我一直期盼能有这样一本书:一方面要"友好",让学生能看懂,不需要广泛查阅资料;另一方面要"实用",学习后能有较大的收获.我想学生尤其是没有专业教练的学生,以及讲授竞赛刚起步且非竞赛出身的教练应该也想要这样的书,这让我有了动笔写作的念头.2019年我开始写作本套书.历经四年,终于成书并付梓.

本套书的写作遵循了初心.

对学生友好:讲解细致,逻辑性强,不天降结论和理论,在竞赛范围内能推导的推导,由实验得到的指出,需要讨论的充分讨论,以求学生能深入理解所学知识;理论部分穿插对应的例题和练习,边学边练,以求学生能得到充分的练习;章末习题的求解不会考查未讲过的知识,即使有的难度较大也是对能力的考查;有必要的地方附有视频讲解的二维码(可用安卓系统设备扫码观看或在中国科学技术大学出版社官网(http://press.ustc.edu.cn)"下载专区"中观看).

实用性强:内容全面,覆盖预赛、复赛、决赛理论内容;上册附录为相关数学知识(初等数学、矢量运算、微积分与微分方程),方便理解和查阅,且微积分与微分方程部分简明易懂,设置了适量的例题;既有基础知识理解类、方法基础应用类的题目,以使学生能打下牢固的基础,也有能与复赛接轨的难度较大、综合性较强的题目,以使学生获得较深的知识而用于实战.

本套书略去了高中物理知识,所以在学习本套书前请先学习相应部分的高中知识.例题和练习均提供了详解,章末习题只提供了答案而没有详解,以避免形成依赖,培养学生独立解题的能力;例题、练习、章末习题基本是对应的,所以在做章末习题遇到困难时可回顾相应题号附近的例题、练习题和知识,若仍不能解决可团队交流讨论,没有团队讨论条件的自学者在确实无法解决时可用搜题软件或上网查询求教等.

建议搭配相应的大学普通物理教材,一方面可以查阅相关资料,充实本套书不足之处;另一方面可在竞赛内容基础上适当拓展知识面.还可以搭配其他物理竞赛题集来加强练习.

本套书不只适用于物理竞赛的学习和备考,因知识讲解的细致性和基础题目的设置,也适用于强基物理的学习和查阅.

感谢慕亚楠、肖址敏、郑琦、刘福林老师在百忙中阅读了初稿并提出了宝贵的意见和建议,感谢慕亚楠老师对本套书的肯定并向中国科学技术大学出版社推荐出版,感谢"慕理书屋"微信群中为我答疑解惑的蔡丞韵等全国各地的教练和教授,感谢编辑加入视频二维码的建议使本套书友好度进一步提高,感谢同事们集思广益取出了契合本套书特点的书名,感谢中国科学技术大学出版社对本套书出版的大力支持.

王会会编写了部分数学内容,王震编写了其余内容.由于作者水平有限,书中难免出现错漏之处,如有发现敬请批评指正.

王 震

2023 年 10 月于重庆

参考文献

[1] 程稼夫.中学奥林匹克竞赛物理教程:力学篇[M].2版.合肥:中国科学技术大学出版社,2013.
[2] 程稼夫.中学奥林匹克竞赛物理教程:电磁学篇[M].2版.合肥:中国科学技术大学出版社,2014.
[3] 沈晨.更高更妙的物理:冲刺全国高中物理竞赛[M].4版.杭州:浙江大学出版社,2012.
[4] 舒幼生.奥赛物理题选[M].3版.北京:北京大学出版社,2017.
[5] 舒幼生.力学(物理类)[M].北京:北京大学出版社,2005.
[6] 赵凯华,罗蔚茵.新概念物理教程[M].北京:高等教育出版社,1999.
[7] 程守洙,江之永.普通物理学[M].7版.北京:高等教育出版社,2016.
[8] 江四喜.高中物理竞赛教程:新大纲版[M].杭州:浙江大学出版社,2017.
[9] 江四喜.物理竞赛专题精编[M].合肥:中国科学技术大学出版社,2013.
[10] 舒幼生,钟小平.新编高中物理竞赛培训教材[M].杭州:浙江大学出版社,2010.
[11] 郑永令.高中物理奥林匹克竞赛标准教材[M].2版.合肥:中国科学技术大学出版社,2018.
[12] 陈信义.大学物理教程[M].3版.北京:清华大学出版社,2021.
[13] 舒幼生,胡望雨,陈秉乾.物理学难题集萃:上册[M].合肥:中国科学技术大学出版社,2014.
[14] 舒幼生,胡望雨,陈秉乾.物理学难题集萃:下册[M].合肥:中国科学技术大学出版社,2014.
[15] 范小辉.新编高中物理奥赛指导[M].南京:南京师范大学出版社,2012.
[16] 沈克琦.高中物理学[M].合肥:中国科学技术大学出版社,2015.

光的干涉现象,双缝干涉;
光的衍射现象;
※夫琅禾费衍射;
※光栅,※布拉格公式;

※分辨本领(不要求导出);
光谱和光谱分析(定性);
※光的偏振,※自然光与偏振光;
※马吕斯定律,※布儒斯特定律.

单 位 制

国际单位制与量纲分析.

数 学 基 础

1. 中学阶段全部初等数学(包括解析几何)
2. 矢量的合成和分解,矢量的运算,极限、无限大和无限小的初步概念
3. ※微积分初步及其应用

含一元微积分的简单规则;

微分(包括多项式、三角函数、指数函数、对数函数的导数,函数乘积和商的导数,复合函数的导数);

积分(包括多项式、三角函数、指数函数、对数函数的简单积分).

功能原理,机械能守恒定律;

碰撞;

弹性碰撞与非弹性碰撞,恢复系数.

6. ※角动量

冲量矩,角动量;

质点和质点组的角动量定理与转动定理;

角动量守恒定律.

7. 有心运动

在万有引力和库仑力作用下物体的运动;

开普勒定律;

行星和人造天体的圆轨道和椭圆轨道运动.

8. ※刚体

刚体的平动,刚体的定轴转动;

刚体绕轴的转动惯量;

平行轴定理,正交轴定理;

刚体定轴转动的角动量定理,刚体的平面平行运动.

9. 流体力学

静止流体中的压强;

浮力;

☆连续性方程,☆伯努利方程.

10. 振动

简谐振动,振幅,频率和周期,相位;

振动的图像;

参考圆,简谐振动的速度;

(线性)恢复力,由动力学方程确定简谐振动的频率;

简谐振动的能量;

同方向、同频率简谐振动的合成;

阻尼振动、受迫振动和共振(定性).

11. 波动

横波和纵波;

波长、频率和波速的关系;

波的图像;

※平面简谐波的表示式;

波的干涉,※驻波,波的衍射(定性);

声波,声音的响度和音调,声音的音品(定性);

声音的共鸣,乐音和噪声(定性);

※多普勒效应.

光　学

1. 几何光学

※费马原理;

光的传播、反射、折射、全反射;

光的色散,折射率与光速的关系;

平面镜成像、球面镜成像公式与作图法;

※球面折射成像公式,※焦距与折射率、球面半径的关系;

薄透镜成像公式与作图法;

眼睛,放大镜,显微镜,望远镜;

※其他常用光学仪器.

2. 波动光学

光程;

※惠更斯原理(定性);

附录 D

全国中学生物理竞赛内容提要

(2015年4月修订,2016年开始实行)

标☆仅为决赛内容,※为复赛和决赛内容,如不说明,一般要求考查定量分析能力.

力　学

1. 运动学

参考系;

坐标系,直角坐标系;

※平面极坐标,※自然坐标系;

矢量和标量;

质点运动的位移和路程,速度,加速度;

匀速、匀变速直线运动及其图像;

运动的合成与分解,抛体运动,圆周运动;

圆周运动中的切向加速度和法向加速度;

曲率半径,角速度和※角加速度;

相对运动,伽利略速度变换.

2. 动力学

重力,弹性力,摩擦力;

惯性参考系;

牛顿第一、第二、第三运动定律,胡克定律,万有引力定律;

均匀球壳对壳内和壳外质点的引力公式(不要求导出);

※非惯性参考系,※平动加速参考系中的惯性力;

※匀速转动参考系惯性离心力,视重;

☆科里奥利力.

3. 物体的平衡

共点力作用下物体的平衡;

力矩,刚体的平衡条件;

☆虚功原理.

4. 动量

冲量,动量,质点与质点组的动量定理,动量守恒定律;

※质心,※质心运动定理;

※质心参考系;

反冲运动;

※变质量体系的运动.

5. 机械能

功和功率;

动能和动能定理,※质心动能定理;

重力势能,引力势能;

质点及均匀球壳壳内和壳外的引力势能公式(不要求导出);

弹簧的弹性势能;

(2) $f(x)$ 是正、余弦函数,特解要用正弦和余弦函数. 例如 $f(x) = 3\sin x$, 则设
$$y^*(x) = A\cos x + B\sin x$$

(3) $f(x)$ 是指数函数,则特解里要出现相同的指数函数,此特解要和齐次方程的通解相比较,若出现相同项,则乘以 x 直至不出现相同项. 例如 $f(x) = 2e^{2x}$.

若齐次方程的通解中没有 e^{2x},则设 $y^*(x) = Ae^{2x}$;

若齐次方程的通解为 $y = C_1 e^{\lambda_1 x} + C_2 e^{2x}$,则设 $y^*(x) = Axe^{2x}$(若仍设 $y^*(x) = Ae^{2x}$,代入原方程,则会出现 $0 = f(x)$);

若齐次方程的通解为 $y = (C_1 + C_2 x)e^{2x}$,则设 $y^*(x) = Ax^2 e^{2x}$.

(4) $f(x)$ 为函数相加,则根据定理 5,特解为将各函数的特解相加.

(5) $f(x)$ 为函数相乘,则特解为将各函数的特解相乘. 例如 $f(x) = 3x^2 e^x \sin x$ 且齐次方程的通解中无 e^x,则设
$$y^*(x) = (Ax^2 + Bx + C)e^x \cos x + (Dx^2 + Ex + F)e^x \sin x$$
之后代入原方程,求解出待定系数即可.

例C-26 试求 $\ddot{x} + 10\dot{x} + 16x = 136\cos 2t$ 的通解.

解 前已解出齐次方程的通解为
$$X = C_1 e^{-8t} + C_2 e^{-2t}$$
设非齐次方程的特解为
$$x^* = A\cos 2t + B\sin 2t$$
代入原方程整理得
$$(12A + 20B - 136)\cos 2t + (12B - 20A)\sin 2t = 0$$
即
$$12A + 20B - 136 = 0, \quad 12B - 20A = 0$$
解得
$$A = 3, \quad B = 5$$
故通解为
$$x = C_1 e^{-8t} + C_2 e^{-2t} + 3\cos 2t + 5\sin 2t$$

$$x = v_0\sqrt{\frac{m}{k}}\sin\sqrt{\frac{k}{m}}t$$

解法 2：(猜得)设

$$x = A\sin\omega t$$

则

$$\ddot{x} = -\omega^2 A\sin\omega t$$

代入原式得

$$kA\sin\omega t - m\omega^2 A\sin\omega t = 0$$

则

$$kA = m\omega^2 A$$

故

$$\omega = \sqrt{\frac{k}{m}}$$

$t = 0$ 时

$$\dot{x} = \omega A\cos\omega t = \omega A = v_0$$

则

$$A = \frac{v_0}{\omega} = v_0\sqrt{\frac{m}{k}}$$

故

$$x = v_0\sqrt{\frac{m}{k}}\sin\sqrt{\frac{k}{m}}t$$

例 C-25 试求 $\ddot{x} + 10\dot{x} + 16x = 0$ 的通解．

解 特征方程

$$\lambda^2 + 10\lambda + 16 = 0$$

特征根为

$$\lambda_1 = -8, \quad \lambda_2 = -2$$

故原方程的通解为

$$x = C_1 e^{-8t} + C_2 e^{-2t}$$

3．二阶常系数线性非齐次方程的解法

根据定理 4，二阶常系数线性非齐次方程

$$y'' + py' + qy = f(x)$$

通解等于齐次方程的通解 $Y(x)$ 加上非齐次方程的特解 $y^*(x)$．特解的求解法有常数变易法、待定系数法等，以下对几种类型的 $f(x)$ 给出用待定系数法求特解的解法：

（1）$f(x)$ 是多项式，特解要用相同次数的多项式．例如 $f(x) = x^2 + 2x$，则设

$$y^*(x) = Ax^2 + Bx + C$$

(1) 若有两不相等的实根 λ_1, λ_2,则通解为
$$y = C_1 e^{\lambda_1 x} + C_2 e^{\lambda_2 x}$$
(2) 若有两相等的实根 λ,则通解为
$$y = (C_1 + C_2 x) e^{\lambda x}$$
(3) 若有两复数解 $\lambda = \lambda_0 \pm i\omega$,则
$$y = e^{\lambda_0 x}(C_1 \cos \omega x + C_2 \sin \omega x) \quad \text{或} \quad y = C_1 e^{\lambda_0 x} \cos(\omega x + C_2)$$

原因分别如下:

(1) $e^{\lambda_1 x}, e^{\lambda_2 x}$ 是两个线性无关的特解,由定理 3 可得通解.

(2) 只得到一个特解 $y_1 = e^{\lambda x}$,还需找到一个与 y_1 线性无关的特解 y_2,则
$$\frac{y_2}{y_1} = u(x) \neq C$$
将 $y_2 = u(x) e^{\lambda x}$ 代入微分方程并化简得
$$u''(x) + (2\lambda + p) u'(x) + (\lambda^2 + p\lambda + q) u(x) = 0$$
可知 $u(x)$ 的最简形式为 $u(x) = x$,故取特解为
$$y_2 = x e^{\lambda x}$$

(3) 两特解为线性无关复数,由欧拉定理得
$$\tilde{y}_1 = e^{(\lambda_0 + i\omega)x} = e^{\lambda_0 x}(\cos \omega x + i \sin \omega x), \quad \tilde{y}_2 = e^{(\lambda_0 - i\omega)x} = e^{\lambda_0 x}(\cos \omega x - i \sin \omega x)$$
为求其线性无关实数解,取其线性组合
$$y_1 = \frac{1}{2}(\tilde{y}_1 + \tilde{y}_2) = e^{\lambda_0 x} \cos \omega x, \quad y_2 = \frac{1}{2i}(\tilde{y}_1 - \tilde{y}_2) = e^{\lambda_0 x} \sin \omega x$$
由定理 1,这两个也为原方程的特解.

例 C-24 已知 $kx + m\ddot{x} = 0$,其中 k, m 为常数,且 $k > 0, m > 0$. $t = 0$ 时 $x = 0$, $\dot{x} = v_0$,试求 x-t 关系.

解 解法 1:特征方程
$$m\lambda^2 + k = 0$$
则
$$\lambda = \pm i \sqrt{\frac{k}{m}}$$
故
$$x = C_1 \cos \sqrt{\frac{k}{m}} t + C_2 \sin \sqrt{\frac{k}{m}} t$$
代入初始条件得
$$0 = C_1, \quad v_0 = C_2 \sqrt{\frac{k}{m}}$$
则

C.4.3 二阶常系数线性微分方程

1. 二阶线性微分方程通解的性质和解的结构

(1) 二阶齐次线性方程解的结构

对二阶齐次线性微分方程
$$y'' + P(x)y' + Q(x)y = 0$$

定理 1 解的叠加原理,如果 $y_1(x), y_2(x)$ 是方程的两个解,则 $y = C_1 y_1(x) + C_2 y_2(x)$ (C_1, C_2 为任意常数)也是方程的解.

函数的线性相关性:对于一组函数 $y_1(x), y_2(x), \cdots, y_n(x)$,如果有不全为零的常数使 $C_1 y_1(x) + C_2 y_2(x) + \cdots + C_n y_n(x) = 0$ 在某区间上成立,则称这组函数在此区间上线性相关;否则称这组函数线性无关(即线性独立).

定理 2 "$y_1(x) \neq 0, y_2(x) \neq 0$ 线性相关"等价于"$y_1(x) = C y_2(x)$ (C 为常数)".

定理 3 通解结构:如果 $y_1(x), y_2(x)$ 是方程的两个线性无关的特解,则 $y = C_1 y_1(x) + C_2 y_2(x)$ (C_1, C_2 为任意常数)是方程的通解.

(2) 二阶非齐次线性方程解的结构

对二阶非齐次线性微分方程
$$y'' + P(x)y' + Q(x)y = f(x)$$

定理 4 通解结构:设 $y^*(x)$ 是非齐次方程的一个特解,$Y(x)$ 为对应齐次方程的通解,则 $y = Y(x) + y^*(x)$ 是非齐次方程的通解.

定理 5 若 $f(x) = f_1(x) + f_2(x)$,而 $y_1^*(x), y_2^*(x)$ 分别是 $y'' + P(x)y' + Q(x)y = f_1(x), y'' + P(x)y' + Q(x)y = f_2(x)$ 的特解,则 $y_1^*(x) + y_2^*(x)$ 就是原方程的特解.

2. 二阶常系数线性齐次方程的解法

常系数指方程简化后的每一项关于 y, y' 的系数为常数. 二阶常系数线性齐次方程的标准形式为
$$y'' + py' + qy = 0$$

其中 p, q 是常数.

$e^{\lambda x}$ (λ 为常数)和它的各阶导数都只相差一个常数因子,故设 $y = e^{\lambda x}$ 为方程的解,代入得
$$(\lambda^2 + p\lambda + q) e^{\lambda x} = 0$$

因为 $e^{\lambda x} \neq 0$,所以
$$\lambda^2 + p\lambda + q = 0$$

方程 $\lambda^2 + p\lambda + q = 0$ 称为微分方程的特征方程,其根称为特征根. 先由特征根给出原方程通解公式再逐个解释:

即
$$\frac{\mathrm{d}y}{y} = \frac{Q(x)\mathrm{d}x}{y} - P(x)\mathrm{d}x$$

由于 y 是 x 的函数,令
$$\varphi(x) = \frac{Q(x)}{y}$$

并设
$$\int \varphi(x)\mathrm{d}x = \phi(x) + C_1$$

则原式积分得
$$\ln y = \phi(x) + C_1 - \int P(x)\mathrm{d}x$$

即
$$y = \pm \mathrm{e}^{\phi(x)+C_1} \cdot \mathrm{e}^{-\int P(x)\mathrm{d}x} = C(x)\mathrm{e}^{-\int P(x)\mathrm{d}x}$$

故只需在齐次方程的通解中将常数 C 变易为待定函数 $C(x)$,便得到非齐次方程通解的形式;代入原方程求出 $C(x)$,便可求出非齐次方程通解,这种方法称为常数变易法.

过程略去,结论为:一阶线性非齐次微分方程通解等于齐次方程通解加上非齐次方程特解.

求解步骤为:(1) 求齐次方程通解;(2) 常数变易求非齐次方程特解;(3) 合成.

题 C-23 求解 $xy' + y = \mathrm{e}^x$ ($x > 0$).

解 齐次方程
$$\frac{\mathrm{d}y}{\mathrm{d}x} = -\frac{y}{x}$$

通解为
$$y = \frac{C}{x}$$

由常数变易法,非齐次方程特解为
$$Y = \frac{C(x)}{x}, \quad Y' = \frac{C'(x)x - C(x)}{x^2}$$

代入原式得
$$\frac{C'(x)x - C(x)}{x} + \frac{C(x)}{x} = \mathrm{e}^x \Rightarrow C'(x) = \mathrm{e}^x \Rightarrow C(x) = \mathrm{e}^x$$

故原式通解为
$$y = \frac{C}{x} + \frac{\mathrm{e}^x}{x}$$

例C-22 试求 $x\dfrac{dy}{dx} = y\ln\dfrac{y}{x}$ 的通解.

解 令
$$u = \frac{y}{x}$$
则
$$\frac{dy}{dx} = u + x\frac{du}{dx}$$
原式化为
$$\frac{dy}{dx} = \frac{y}{x}\ln\frac{y}{x} \Rightarrow u + x\frac{du}{dx} = u\ln u$$
则
$$\frac{du}{u(\ln u - 1)} = \frac{dx}{x} \Rightarrow \frac{d(\ln u - 1)}{\ln u - 1} = \frac{dx}{x}$$
故
$$\ln(\ln u - 1) = \ln x + C_1 \Rightarrow \ln\frac{y}{x} - 1 = Cx$$

3. 一阶线性微分方程

一阶线性微分方程的标准形式为
$$\frac{dy}{dx} + P(x)y = Q(x)$$
若 $Q(x) = 0$，称为齐次方程（与前一个"齐次"含义不同）；若 $Q(x) \neq 0$，称为非齐次方程.

求解方法之一为：(1) 先求齐次方程的通解
$$\frac{dy}{dx} + P(x)y = 0$$
分离变量得
$$\frac{dy}{y} = -P(x)dx$$
积分得
$$\ln y = -\int P(x)dx + C_1$$
故齐次方程的通解为
$$y = Ce^{-\int P(x)dx}$$

(2) 再求非齐次方程的通解
$$\frac{dy}{dx} + P(x)y = Q(x)$$

故
$$\int_0^v \frac{\mathrm{d}v}{mg - kv} = \int_0^t \frac{\mathrm{d}t}{m}$$

$$-\frac{1}{k}\ln\frac{mg - kv}{mg} = \frac{t}{m}$$

则
$$v = \frac{mg}{k}(1 - \mathrm{e}^{-\frac{k}{m}t})$$

例C-21 质点做直线运动,其加速度和位置的关系为 $a = 10 - x$,且在 $x = 0$ 处速度为 10 m/s,试求质点速度与位置的关系 $v(x)$.

解 由题意得
$$a = \frac{\mathrm{d}v}{\mathrm{d}x}\frac{\mathrm{d}x}{\mathrm{d}t} = \frac{\mathrm{d}v}{\mathrm{d}x}v = 10 - x$$

分离变量并定积分
$$\int_{10}^v v\,\mathrm{d}v = \int_0^x (10 - x)\,\mathrm{d}x$$

解得
$$v = \pm\sqrt{20x - x^2 + 100}\ \mathrm{m/s}$$

2. 齐次方程(可化为变量可分离方程)

形如
$$\frac{\mathrm{d}y}{\mathrm{d}x} = f\left(\frac{y}{x}\right)$$

的微分方程称为齐次方程.

令
$$u = \frac{y}{x}$$

则
$$y = ux$$

故
$$\frac{\mathrm{d}y}{\mathrm{d}x} = u + x\frac{\mathrm{d}u}{\mathrm{d}x}$$

原式化为
$$u + x\frac{\mathrm{d}u}{\mathrm{d}x} = f(u)$$

化为了变量可分离方程.

和特解.

通解:微分方程的解中含有任意常数(如果一个解中的常数可以取任意值,称为任意常数),且独立任意常数的个数与微分方程的阶数相同. n 阶微分方程通解表达式中含有 n 个彼此独立的任意常数. 例如 $y' = y$,通解为 $y = Ce^x$; $y'' + y = 0$,通解为 $y = C_1 \sin x + C_2 \cos x$ 或 $y = C_1 \cos(x + C_2)$.

特解:不包含任何任意常数的解. 例如 $y = e^x$ 为 $y' = y$ 的一个特解.

有时给出一些附加条件,用来求微分方程的特解. 例如 $y' = y$,且 $x = 0$ 时 $y = 5$,则 $y = 5e^x$.

C.4.2 一阶线性微分方程

1. 变量可分离方程

可化为 $f(x)dx = g(y)dy$ 形式的微分方程称为变量可分离的微分方程,分离变量后分别积分即可.

例C-20 试求 $m\dfrac{dv}{dt} = mg - kv$ 的特解,已知 m, g, k 为大于零的常数,$t = 0$ 时 $v = 0$.

解 解法1:分离变量并不定积分

$$\int \frac{dv}{mg - kv} = \int \frac{dt}{m}$$

故

$$-\frac{1}{k}\ln(mg - kv) = \frac{t}{m} + C_1$$

即

$$v = \frac{mg}{k} + Ce^{-\frac{k}{m}t}$$

代入初始条件确定任意常数的值,由 $t = 0$ 时 $v = 0$ 得

$$0 = \frac{mg}{k} + C$$

故

$$C = -\frac{mg}{k}$$

$$v = \frac{mg}{k}(1 - e^{-\frac{k}{m}t})$$

解法2:分离变量并定积分

$$\int_L \boldsymbol{A}(x,y,z) \cdot \mathrm{d}\boldsymbol{L}$$

若曲线闭合,写作

$$\oint_L \boldsymbol{A}(x,y,z) \cdot \mathrm{d}\boldsymbol{L}$$

以上是对弧长的曲线积分,另有对坐标的曲线积分.

标量 $\Phi(x,y,z)$ 在 S 面上的面积分写作

$$\iint_S \Phi(x,y,z) \mathrm{d}S$$

若曲面封闭,称为封闭曲面积分,写作

$$\oiint_S \Phi(x,y,z) \mathrm{d}S$$

矢量 $\boldsymbol{A}(x,y,z)$ 在 S 面上的标积性面积分写作

$$\iint_S \boldsymbol{A}(x,y,z) \cdot \mathrm{d}\boldsymbol{S}$$

若曲面封闭,写作

$$\oiint_S \boldsymbol{A}(x,y,z) \cdot \mathrm{d}\boldsymbol{S}$$

空间区域 V 内的体积分写作

$$\iiint_V \Phi(x,y,z) \mathrm{d}V$$

C.4 常微分方程

C.4.1 基本概念

微分方程:含有未知函数及其导数(或微分)的关系式的方程,如 $y' = xy$, $y'' + 3y + x = 2$. 解微分方程就是找出未知函数. 如果未知函数是一元的,称为常微分方程;如果未知函数是多元的,称为偏微分方程.

微分方程的阶:微分方程中出现的未知函数的最高阶导数的阶数称为微分方程的阶.例如二阶微分方程指方程中关于 y 的最高阶导数是二阶导数,$y' = xy$ 为一阶微分方程,$y'' + 3y + x = 2$ 为二阶微分方程.

线性与非线性微分方程:方程简化后 y 及其各阶导数均为一次有理整式,则称此方程为线性微分方程. 如 $y' = xy$, $y'' + 3y + x = 2$ 为线性微分方程,$y'' + 7\sin y = 0$, $yy' - 2xy = 3$ 为非线性微分方程.

微分方程的解:代入微分方程能使方程成为恒等式的函数称为微分方程的解,分为通解

(4) $\int x^2 e^x dx$； (5) $\int \arctan x\, dx$.

解 (1)
$$\text{原式} = \ln x \cdot x - \int x d\ln x = x\ln x - \int dx = x\ln x - x + C$$

(2)
$$\text{原式} = \int \ln x d\left(\frac{1}{2}x^2\right) = \ln x \cdot \frac{1}{2}x^2 - \int \frac{1}{2}x^2 d\ln x$$
$$= \frac{1}{2}x^2 \ln x - \int \frac{x}{2}dx = \frac{1}{2}x^2 \ln x - \frac{1}{4}x^2 + C$$

(3)
$$\text{原式} = -\int t d\cos t = -\left(t\cos t - \int \cos t\, dt\right) = -t\cos t + \sin t + C$$

(4)
$$\text{原式} = \int x^2 de^x = x^2 e^x - \int e^x dx^2 = x^2 e^x - \int 2x e^x dx$$

其中
$$\int x e^x dx = \int x de^x = x e^x - \int e^x dx = x e^x - e^x + C_1$$

故
$$\text{原式} = x^2 e^x - 2x e^x + 2 e^x + C$$

(5)
$$\text{原式} = x\arctan x - \int x d\arctan x = x\arctan x - \int \frac{x dx}{1+x^2}$$
$$= x\arctan x - \frac{1}{2}\ln(x^2 + 1) + C$$

Ⅳ. 不是所有函数都能求出原函数

计算器积分是用数值积分法计算定积分的值.

C.3.3 线积分　面积分　体积分

一般只要求能看懂和理解，通常可转化为一元函数的单向积分.

标量 $\Phi(x,y,z)$ 沿 L 的线积分写作
$$\int_L \Phi(x,y,z) dL$$

若曲线闭合，称为环路积分，写作
$$\oint_L \Phi(x,y,z) dL$$

矢量 $\boldsymbol{A}(x,y,z)$ 沿 L 的标积线积分写作

进行不下去,换一种办法. 令 $x = \dfrac{1}{u}$,以消去分母,则 $\mathrm{d}x = \dfrac{-\mathrm{d}u}{u^2}$,故

$$原式 = \int u^4 \sqrt{a^2 - \dfrac{1}{u^2}}\, \dfrac{-\mathrm{d}u}{u^2} = -\int |u|\sqrt{a^2 u^2 - 1}\,\mathrm{d}u$$

$$= -\dfrac{1}{2a^2}\int \sqrt{a^2 u^2 - 1}\,\mathrm{d}(a^2 u^2 - 1) = -\dfrac{(a^2 - x^2)^{\frac{3}{2}}}{3 a^2 x^3} + C$$

Ⅱ. 部分分式积分法

例C-18 试计算:

(1) $\displaystyle\int \dfrac{3x - 1}{x^2 + x - 2}\,\mathrm{d}x$; (2) $\displaystyle\int \dfrac{\mathrm{d}x}{a^2 - x^2}$; (3) $\displaystyle\int \dfrac{\mathrm{d}x}{1 - \sin x}$.

解 (1)

$$原式 = \int\left(\dfrac{2/3}{x-1} + \dfrac{7/3}{x+2}\right)\mathrm{d}x = \dfrac{2}{3}\ln|x-1| + \dfrac{7}{3}\ln|x+2| + C$$

(2) 令 $x = a\sin\theta$,则 $\mathrm{d}x = a\cos\theta\,\mathrm{d}\theta$,故

$$原式 = \int \dfrac{a\cos\theta}{a^2\cos^2\theta}\,\mathrm{d}\theta = \int \dfrac{\mathrm{d}\theta}{a\cos\theta} = ?$$

进行不下去,换一种办法.

$$原式 = \dfrac{1}{2a}\int\left(\dfrac{1}{a-x} + \dfrac{1}{a+x}\right)\mathrm{d}x = \dfrac{1}{2a}[-\ln(a-x) + \ln(a+x)] + C$$

$$= \dfrac{1}{2a}\ln\dfrac{a+x}{a-x} + C$$

同时我们还可得出

$$\int \dfrac{\mathrm{d}\theta}{\cos\theta} = \int \dfrac{\mathrm{d}\sin\theta}{\cos^2\theta} = \int \dfrac{\mathrm{d}\sin\theta}{1 - \sin^2\theta} = \dfrac{1}{2}\int\left(\dfrac{1}{1+\sin\theta} + \dfrac{1}{1-\sin\theta}\right)\mathrm{d}\sin\theta$$

$$= \dfrac{1}{2}\ln\dfrac{1+\sin\theta}{1-\sin\theta} + C$$

(3)

$$原式 = \int \dfrac{1 + \sin x}{1 - \sin^2 x}\,\mathrm{d}x = \int \dfrac{\mathrm{d}x}{\cos^2 x} + \int \dfrac{\sin x\,\mathrm{d}x}{\cos^2 x} = \tan x + \dfrac{1}{\cos x} + C$$

Ⅲ. 分部积分法

由 $\mathrm{d}(uv) = u\,\mathrm{d}v + v\,\mathrm{d}u$ 得

$$\int u\,\mathrm{d}v = uv - \int v\,\mathrm{d}u$$

当 $u\,\mathrm{d}v$ 不易积分而 $v\,\mathrm{d}u$ 易积分时,可以采用此方法.

例C-19 试计算:

(1) $\displaystyle\int \ln x\,\mathrm{d}x$; (2) $\displaystyle\int x\ln x\,\mathrm{d}x$; (3) $\displaystyle\int t\sin t\,\mathrm{d}t$;

$$\text{原式} = \int \frac{1}{\sqrt{1-\sin^2\theta}}\cos\theta\mathrm{d}\theta = \int \mathrm{d}\theta = \theta + C = \arcsin x + C$$

(2) 设 $x = 2\tan\theta\left(\theta \in \left(-\frac{\pi}{2}, \frac{\pi}{2}\right)\right)$，则 $\mathrm{d}x = 2\sec^2\theta\mathrm{d}\theta$，故

$$\text{原式} = \int \frac{2\sec^2\theta}{4(1+\tan^2\theta)}\mathrm{d}\theta = \int \frac{2\sec^2\theta}{4\sec^2\theta}\mathrm{d}\theta = \int \frac{1}{2}\mathrm{d}\theta = \frac{1}{2}\arctan\frac{x}{2} + C$$

(3)

$$\text{原式} = \int \frac{1}{2}\frac{\mathrm{d}x^2}{1+(x^2)^2} = \frac{1}{2}\arctan x^2 + C$$

也可像(2)一样进行三角代换，请读者自行尝试.

例C-16 三角函数积分：奇凑偶降. 试计算：

(1) $\int \sin^3 x\mathrm{d}x$；　　(2) $\int \sin^2 x\mathrm{d}x$；　　(3) $\int \sin^4 x\mathrm{d}x$.

解 (1)

$$\text{原式} = \int(-\sin^2 x)\mathrm{d}\cos x = \int(\cos^2 x - 1)\mathrm{d}\cos x = \frac{1}{3}\cos^3 x - \cos x + C$$

(2)

$$\text{原式} = \int \frac{1-\cos 2x}{2}\frac{1}{2}\mathrm{d}2x = \frac{1}{4}\int(1-\cos 2x)\mathrm{d}2x = \frac{1}{4}(2x - \sin 2x) + C$$

(3)

$$\text{原式} = \int\left(\frac{1-\cos 2x}{2}\right)^2\mathrm{d}x = \frac{1}{4}\int\left(1 - 2\cos 2x + \frac{1+\cos 4x}{2}\right)\mathrm{d}x$$

$$= \frac{3}{8}\int\mathrm{d}x - \frac{1}{4}\int\cos 2x\mathrm{d}2x + \frac{1}{32}\int\cos 4x\mathrm{d}4x = \frac{3}{8}x - \frac{1}{4}\sin 2x + \frac{1}{32}\sin 4x + C$$

例C-17 试计算：

(1) $\int \tan x\mathrm{d}x$；　　(2) $\int \frac{\mathrm{d}x}{\sqrt{x+1}+1}$；　　(3) $\int \frac{\sqrt{a^2-x^2}}{x^4}\mathrm{d}x$.

解 (1)

$$\text{原式} = \int \frac{\sin x}{\cos x}\mathrm{d}x = -\int \frac{\mathrm{d}\cos x}{\cos x} = -\ln|\cos x| + C$$

(2) 令 $\sqrt{x+1} = u$，则 $x = u^2 - 1, \mathrm{d}x = 2u\mathrm{d}u$，故

$$\text{原式} = \int \frac{2u\mathrm{d}u}{u+1} = 2\int\left(1 - \frac{1}{u+1}\right)\mathrm{d}u = 2[u - \ln(u+1)] + C$$

$$= 2[\sqrt{x+1} - \ln(\sqrt{x+1} + 1)] + C$$

(3) 令 $x = a\sin\theta$，则 $\mathrm{d}x = a\cos\theta\mathrm{d}\theta$，故

$$\text{原式} = \int \frac{a\cos\theta}{a^4\sin^4\theta}a\cos\theta\mathrm{d}\theta = \int \frac{\cos^2\theta\mathrm{d}\theta}{a^2\sin^4\theta} = ?$$

不定积分是微分的逆运算，它的结果是一组函数．

2. 部分不定积分公式

$$\int k\mathrm{d}x = kx + C \qquad \int x^n \mathrm{d}x = \frac{x^{n+1}}{n+1} + C(n \neq -1) \qquad \int \frac{\mathrm{d}x}{x} = \ln x + C$$

$$\int \mathrm{e}^x \mathrm{d}x = \mathrm{e}^x + C \qquad \int a^x \mathrm{d}x = \frac{a^x}{\ln a} + C \qquad \int \cos x \mathrm{d}x = \sin x + C$$

$$\int \sin x \mathrm{d}x = -\cos x + C \qquad \int \frac{1}{\sqrt{1-x^2}} \mathrm{d}x = \arcsin x + C \qquad \int \frac{1}{1+x^2} \mathrm{d}x = \arctan x + C$$

3. 定理

$$\int a f(x) \mathrm{d}x = a \int f(x) \mathrm{d}x$$

$$\int [f(x) \pm g(x)] \mathrm{d}x = \int f(x) \mathrm{d}x \pm \int g(x) \mathrm{d}x$$

例C-13 试计算 $\int 2(x+1)\mathrm{d}x$．

解 原式 $= 2\left(\int x \mathrm{d}x + \int \mathrm{d}x\right) = x^2 + 2x + C$．

4. 积分计算常用方法

Ⅰ．换元法

例C-14 试计算：

(1) $\int \sin^2 x \cos x \mathrm{d}x$； (2) $\int \mathrm{e}^{3x} \mathrm{d}x$； (3) $\int \mathrm{e}^{x^3} x^2 \mathrm{d}x$； (4) $\int \sin(ax+b) \mathrm{d}x$．

解 (1) 原式 $= \int \sin^2 x \mathrm{d}\sin x = \frac{1}{3}\sin^3 x + C$；

(2) 原式 $= \int \frac{1}{3} \mathrm{e}^{3x} \mathrm{d}(3x) = \frac{1}{3} \mathrm{e}^{3x} + C$；

(3) 原式 $= \int \mathrm{e}^{x^3} \frac{1}{3} \mathrm{d}x^3 = \frac{1}{3} \mathrm{e}^{x^3} + C$；

(4) 原式 $= \frac{1}{a} \int \sin(ax+b) \mathrm{d}(ax+b) = -\frac{1}{a}\cos(ax+b) + C$．

例C-15 三角代换．试计算：

(1) $\int \frac{1}{\sqrt{1-x^2}} \mathrm{d}x$； (2) $\int \frac{1}{4+x^2} \mathrm{d}x$； (3) $\int \frac{x \mathrm{d}x}{1+x^4}$．

解 (1) 设 $x = \sin\theta \left(\theta \in \left[-\frac{\pi}{2}, \frac{\pi}{2}\right]\right)$，则 $\mathrm{d}x = \cos\theta \mathrm{d}\theta$，故

下限、上限；有

$$\int_a^b f(x)\mathrm{d}x = \lim_{\substack{\Delta x \to 0 \\ n \to \infty}} \sum_{i=1}^{n} f(x_i)\Delta x$$

它是在给定区域内的无穷多个无穷小量求和的极限，它的结果是一个常数而不是一个函数.

若 $f(x) = \Phi'(x)$，称 $f(x)$ 是 $\Phi(x)$ 的导函数，$\Phi(x)$ 是 $f(x)$ 的原函数. 则

$$\int_a^b f(x)\mathrm{d}x = \Phi(x)\big|_a^b = \Phi(b) - \Phi(a)$$

证明 $f(x) = \Phi'(x)$，即 $\mathrm{d}\Phi(x) = f(x)\mathrm{d}x$，故

$$\Phi(b) - \Phi(a) = \sum_a^b \Delta\Phi(x) = \lim\sum_a^b \mathrm{d}\Phi(x) = \lim\sum_a^b f(x)\mathrm{d}x = \int_a^b f(x)\mathrm{d}x$$

如图 C-4 所示，定积分是 $f(x)$ 图像在积分区间与 x 轴围成的面积. 例如变速直线运动 $v = \dot{x}$，则 $v\text{-}t$ 图像围成的面积为位移，$0 \sim t$ 时间内

$$x - x_0 = \int_{x_0}^{x} \mathrm{d}x = \int_0^t v\mathrm{d}t$$

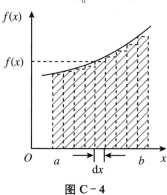

图 C-4

C.3.2 不定积分

1. 不定积分的定义

一个函数的原函数不是唯一的，例如 $f(x) = x^2$，则

$$\Phi_1(x) = \frac{1}{3}x^3, \quad \Phi_2(x) = \frac{1}{3}x^3 + 1$$

都是它的原函数，在原函数 $\Phi(x)$ 上加任一常数 C 仍是它的原函数. 函数 $f(x)$ 的原函数的全体 $\Phi(x) + C$（C 为任意常数）称为 $f(x)$ 的不定积分，记作

$$\int f(x)\mathrm{d}x$$

于是

$$\int f(x)\mathrm{d}x = \Phi(x) + C$$

$$= 1 - \frac{1}{2!}x^2 + \frac{1}{4!}x^4 - \frac{1}{6!}x^6 + \cdots$$

(2) 对 $y = \sin x$,有

$$y^{(n)}(0) = \begin{cases} 0 & (n = 0, 2, 4, 6, \cdots) \\ -1 & (n = 3, 7, 11, \cdots) \\ 1 & (n = 1, 5, 9, \cdots) \end{cases}$$

故

$$y = \sum_{n=0}^{\infty} \frac{f^{(n)}(0)}{n!} x^n$$

$$= \frac{0}{0!}x^0 + \frac{1}{1!}x^1 + \frac{0}{2!}x^2 - \frac{1}{3!}x^3 + \frac{0}{4!}x^4 + \frac{1}{5!}x^5 + \frac{0}{6!}x^6 - \frac{1}{7!}x^7 + \cdots$$

$$= x - \frac{1}{3!}x^3 + \frac{1}{5!}x^5 - \frac{1}{7!}x^7 + \cdots$$

例C-12 推导欧拉定理:$e^{\pm ix} = \cos x \pm i\sin x$.

解 对 $e^{\pm ix}$,有

$$y^{(0)} = e^{\pm ix}, \quad y^{(1)} = \pm ie^{\pm ix}, \quad y^{(2)} = -e^{\pm ix}, \quad y^{(3)} = \mp ie^{\pm ix}, \quad y^{(4)} = e^{\pm ix}, \quad \cdots$$

故

$$y^{(n)}(0) = \begin{cases} 1 & (n = 0, 4, 8, \cdots) \\ \pm i & (n = 1, 5, 9, \cdots) \\ -1 & (n = 2, 6, 10, \cdots) \\ \mp i & (n = 3, 7, 11, \cdots) \end{cases}$$

则

$$y = 1 \pm ix - \frac{1}{2!}x^2 \mp i\frac{1}{3!}x^3 + \frac{1}{4!}x^4 \pm i\frac{1}{5!}x^5 - \frac{1}{6!}x^6 \mp \cdots$$

$$= \left(1 - \frac{1}{2!}x^2 + \frac{1}{4!}x^4 - \frac{1}{6!}x^6 + \cdots\right) \pm i\left(x - \frac{1}{3!}x^3 + \frac{1}{5!}x^5 - \frac{1}{7!}x^7\right) = \cos x \pm i\sin x$$

得证.

C.3 积 分

C.3.1 定积分

$$\int_a^b f(x) \mathrm{d}x$$

叫作 $x = a$ 到 $x = b$ 区间内 $f(x)$ 对 x 的定积分, $f(x)$ 叫作被积函数, a, b 分别叫作定积分的

数值,可以利用牛顿二项式定理

$$f(x) = x^n = (x_0 + \Delta x)^n = x_0^n \left(1 + \frac{\Delta x}{x_0}\right)^n = f(x_0)\left(1 + \frac{\Delta x}{x_0}\right)^n$$

$$= f(x_0) \sum_{k=0}^{\infty} \frac{n(n-1)(n-2)\cdots(n-k+1)}{k!} \left(\frac{\Delta x}{x_0}\right)^k$$

此式适用于任何 n,如果 n 为正整数,则上式中的级数为有限多项,在 $k = n$ 处截断,余下的项自动为零;否则,上式为无穷级数. 当 $\Delta x \ll x_0$ 时,我们只需保留有限余项就足够精确了.

若 Δx 为小量,仅需要保留到一阶小量时

$$(a + \Delta x)^n = a^n \left(1 + \frac{\Delta x}{a}\right)^n \approx a^n \left(1 + \frac{n \Delta x}{a}\right) = a^n + n a^{n-1} \Delta x$$

或

$$(a + \Delta x)^n \approx a^n + n a^{n-1} \Delta x$$

2. 泰勒展开

对非幂函数作幂级数展开,可以利用泰勒公式. 非幂函数 $f(x)$ 设为

$$f(x) = A_0 + A_1(x - x_0) + A_2(x - x_0)^2 + \cdots + A_n(x - x_0)^n$$

则

$$f'(x_0) = A_1, \quad f''(x_0) = 2! A_2, \quad f'''(x_0) = 3! A_3, \quad \cdots, \quad f^{(n)}(x_0) = n! A_n$$

故

$$f(x) = f(x_0) + \frac{f'(x_0)}{1!}(x - x_0) + \frac{f''(x_0)}{2!}(x - x_0)^2 + \cdots + \frac{f^{(n)}(x_0)}{n!}(x - x_0)^n$$

$$= \sum_{n=0}^{\infty} \frac{f^{(n)}(x_0)}{n!}(x - x_0)^n$$

这就是泰勒公式;其中定义

$$f^{(0)}(x_0) = f(x_0)$$

例C-11 分别导出 $y = \cos x$, $y = \sin x$ 的麦克劳林级数(即求函数在 $x_0 = 0$ 的泰勒级数).

解 (1) 对 $y = \cos x$,有

$$y^{(n)}(0) = \begin{cases} 0 & (n = 1, 3, 5, \cdots) \\ -1 & (n = 2, 6, 10, \cdots) \\ 1 & (n = 0, 4, 8, \cdots) \end{cases}$$

故

$$y = \sum_{n=0}^{\infty} \frac{f^{(n)}(0)}{n!} x^n$$

$$= \frac{1}{0!} x^0 + \frac{0}{1!} x^1 - \frac{1}{2!} x^2 + \frac{0}{3!} x^3 + \frac{1}{4!} x^4 + \frac{0}{5!} x^5 - \frac{1}{6!} x^6 + \cdots$$

2. 一元函数可看作多元函数，利用多元函数偏微商来求一元函数的微商

例C-10 求 $y = x^x$ 的导数.

解 看作 $y = x_1^{x_2}$，有 $x_1 = x_2 = x$，$\mathrm{d}x_1 = \mathrm{d}x_2 = \mathrm{d}x$，则

$$\mathrm{d}y = \frac{\partial y}{\partial x_1}\mathrm{d}x_1 + \frac{\partial y}{\partial x_2}\mathrm{d}x_2 = \frac{\partial y}{\partial x_1}\mathrm{d}x + \frac{\partial y}{\partial x_2}\mathrm{d}x$$

故

$$\frac{\mathrm{d}y}{\mathrm{d}x} = \frac{\partial y}{\partial x_1} + \frac{\partial y}{\partial x_2} = x_2 x_1^{x_2-1} + x_1^{x_2} \ln x_1 = x^x + x^x \ln x$$

熟练后，过程可简化为

$$\frac{\mathrm{d}y}{\mathrm{d}x} = x x^{x-1} + x^x \ln x = x^x + x^x \ln x$$

C.2.5 函数的幂级数展开

1. 幂函数的展开

首先补充一点知识.

阶乘 $n!$：

$$n! = 1 \times 2 \times 3 \times \cdots \times (n-1) \times n, \quad \text{其中 } 0! = 1$$

排列数 A_n^m：在 n 个不同元素中取出 m ($m \leqslant n$) 个元素的所有排列的个数

$$\mathrm{A}_n^m = n(n-1)(n-2)\cdots(n-m+1) = \frac{n!}{(n-m)!}$$

组合数 C_n^m：在 n 个不同元素中取出 m ($m \leqslant n$) 个元素的所有组合的个数

$$\mathrm{C}_n^m = \frac{\mathrm{A}_n^m}{m!} = \frac{n!}{(n-m)!\, m!}$$

求和符号 $\sum$，例如

$$\sum_{i=1}^{n} x_i = x_1 + x_2 + \cdots + x_n$$

二项式定理：n 为正整数时

$$(a+b)^n = \sum_{k=0}^{n} \mathrm{C}_n^k a^{n-k} b^k = \mathrm{C}_n^0 a^n + \mathrm{C}_n^1 a^{n-1} b + \cdots + \mathrm{C}_n^n b^n = a^n + n a^{n-1} b + \cdots + b^n$$

广义二项式定理：α 不为正整数时

$$(a+b)^\alpha = \sum_{k=0}^{\infty} \frac{\alpha(\alpha-1)\cdots(\alpha-k+1)}{k!} a^{\alpha-k} b^k = a^\alpha + \alpha a^{\alpha-1} b + \frac{\alpha(\alpha-1)}{2!} a^{\alpha-2} b^2 + \cdots$$

故若已知一个幂函数 $f(x) = x^n$ 在 $x = x_0$ 的值 $f(x_0)$，求其附近点 $x = x_0 + \Delta x$ 处的函

(1) $\lim\limits_{x \to 0} \dfrac{\ln(1+x) - x}{x^2}$;   (2) $\lim\limits_{x \to 0} \dfrac{e^x - \sin x - 1}{(\arcsin x)^2}$.

解 (1) 由洛必达法则得

$$原式 = \lim_{x \to 0} \frac{\dfrac{1}{1+x} - 1}{2x} = \lim_{x \to 0} \frac{-1}{2(1+x)} = -\frac{1}{2}$$

(2) 由于 $x \to 0$ 时 $\arcsin x$ 与 x 为等价无穷小,故

$$原式 = \lim_{x \to 0} \frac{e^x - \sin x - 1}{x^2} = \lim_{x \to 0} \frac{e^x - \cos x}{2x} = \lim_{x \to 0} \frac{e^x + \sin x}{2} = \frac{1}{2}$$

C.2.4 多元函数的偏微商(偏导数)

1. 偏微商(偏导数)

多元函数是由多个独立自变量构成的函数,将 k 个自变量记为 x_i ($i = 1, 2, \cdots, k$),多元函数可书写成 $y = y(x_1, x_2, \cdots, x_k)$.

仅由自变量 x_1 的无穷小变化引起的函数增量为

$$\Delta y_{x_1} = y(x_1 + \mathrm{d}x_1, x_2, \cdots, x_k) - y(x_1, x_2, \cdots, x_k) = A_1 \mathrm{d}x_1 + o_1(\mathrm{d}x_1)$$

其中 $o_1(\mathrm{d}x_1)$ 为高阶小量.则将函数增量的主要部分,即 $\mathrm{d}x_1$ 的线性主部 $A_1 \mathrm{d}x_1$ 称为函数对 x_1 的偏微分.

函数对 x_1 的偏微分与 $\mathrm{d}x_1$ 的比值称为函数对 x_1 的偏微商或偏导数,书写成

$$y'_{x_1},\ 或 \frac{\partial y}{\partial x_1}$$

它也可以用极限来定义

$$y'_{x_1} = \frac{\partial y}{\partial x_1} = \lim_{\Delta x_1 \to 0} \frac{y(x_1 + \Delta x_1, x_2, \cdots, x_k) - y(x_1, x_2, \cdots, x_k)}{\Delta x_1}$$

同理可写出对 x_i 的偏导数.

k 个自变量均有无穷小增量时引起的 y 增量的主要部分称为多元函数的全微分,记作 $\mathrm{d}y$,可导出

$$\mathrm{d}y = \frac{\partial y}{\partial x_1} \mathrm{d}x_1 + \frac{\partial y}{\partial x_2} \mathrm{d}x_2 + \cdots + \frac{\partial y}{\partial x_k} \mathrm{d}x_k$$

例如: $T = \dfrac{pV}{vR}$ (v, R 为常数),则

$$\mathrm{d}T = \frac{\partial T}{\partial p} \mathrm{d}p + \frac{\partial T}{\partial V} \mathrm{d}V = \frac{V}{vR} \mathrm{d}p + \frac{p}{vR} \mathrm{d}V$$

也可以利用微分的乘法法则得到同样的结果:

$$\mathrm{d}T = \frac{1}{vR} \mathrm{d}(pV) = \frac{1}{vR} (V \mathrm{d}p + p \mathrm{d}V)$$

证明 如图 C-3 所示，有

$$\left|\frac{\mathrm{d}\boldsymbol{A}}{\mathrm{d}t}\right| = \frac{A\sin\theta\mathrm{d}\alpha}{\mathrm{d}t} = \omega A\sin\theta$$

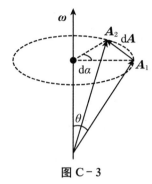

图 C-3

大小不变的旋转矢量的导数

再考虑方向，则

$$\frac{\mathrm{d}\boldsymbol{A}}{\mathrm{d}t} = \boldsymbol{\omega} \times \boldsymbol{A}$$

4. 利用导数求近似值

当 Δx 足够小时，有

$$f'(x) \approx \frac{f(x+\Delta x) - f(x)}{\Delta x}$$

故

$$f(x+\Delta x) \approx f(x) + f'(x)\Delta x$$

可由上式计算某些近似值. 例如

$$\sin 44° \approx \sin 45° + \cos 45°\left(-\frac{\pi}{180}\right) = 0.694765$$

5. 洛必达法则

洛必达法则的内容：两无穷小之比（或无穷大之比，或可化为此类的）等于它们的导数之比. 即

$$\lim_{x\to a}f(x) = 0(\text{或}\infty), \quad \lim_{x\to a}g(x) = 0(\text{或}\infty)$$

则

$$\lim_{x\to a}\frac{f(x)}{g(x)} = \lim_{x\to a}\frac{f'(x)}{g'(x)}$$

若仍为 $\frac{0}{0}\left(\text{或}\frac{\infty}{\infty}\right)$，则可连续使用下去. 还可与等价无穷小和极限其他性质结合应用.

例 C-9 试计算以下极限：

(2) 解法 1：由题意得

$$\ln f(x) = \ln 2^x = x\ln 2$$

则

$$[\ln f(x)]' = \frac{f'(x)}{f(x)} = \ln 2$$

故

$$f'(x) = 2^x \ln 2$$

解法 2：

$$f'(x) = (e^{\ln 2^x})' = (e^{x\ln 2})' = e^{x\ln 2}\ln 2 = 2^x \ln 2$$

(3) 解法 1：由题意得

$$y' = (e^{\ln x^x})' = (e^{x\ln x})' = e^{x\ln x}(x\ln x)' = x^x\left(\ln x + x \cdot \frac{1}{x}\right) = x^x(\ln x + 1)$$

解法 2：

$$\ln y = \ln x^x = x\ln x$$

则

$$(\ln y)' = \frac{y'}{y} = \ln x + x \cdot \frac{1}{x} = \ln x + 1$$

故

$$y' = x^x(\ln x + 1)$$

2. 反函数的导数

反函数的导数可由原函数的导数得到，方法为

$$\frac{\mathrm{d}y}{\mathrm{d}x} = \frac{1}{\mathrm{d}x/\mathrm{d}y} \quad \text{或} \quad f'(x) = \frac{1}{f(x)\text{的反函数的导数}}$$

例C-8 求 $y = \arcsin x$ 的导数.

解 由题意得

$$x = \sin y$$

故

$$\frac{\mathrm{d}y}{\mathrm{d}x} = \frac{1}{\mathrm{d}x/\mathrm{d}y} = \frac{1}{\cos y} = \frac{1}{\sqrt{1-x^2}}$$

3. 大小不变的旋转矢量的导数

大小不变的矢量 $\boldsymbol{A}$ 以 $\boldsymbol{\omega}$ 旋转时，有

$$\frac{\mathrm{d}\boldsymbol{A}}{\mathrm{d}t} = \boldsymbol{\omega} \times \boldsymbol{A}$$

例C-6 质点在一条直线上运动,已知其位置与时间的关系为

$$x = 3\cos\left(2t + \frac{\pi}{3}\right) + 4t$$

式中各量均采用国际单位,试求其速度、加速度与时间的关系.

解 由题意得

$$v = \dot{x} = -3\sin\left(2t + \frac{\pi}{3}\right) \cdot 2 + 4 = -6\sin\left(2t + \frac{\pi}{3}\right) + 4$$

$$a = \dot{v} = \ddot{x} = -6\cos\left(2t + \frac{\pi}{3}\right) \cdot 2 = -12\cos\left(2t + \frac{\pi}{3}\right)$$

C.2.3 其他求导数方法 导数的部分应用

1. 对数求导法

对数求导法可将乘积形式、商的形式、根式、幂的形式、指数形式或幂指数形式运算降格为加、减法运算,使求导计算量大为减少.

求导过程为:对求导的函数 $y = f(x)$,两边取对数

$$\ln y = \ln f(x)$$

再两边同时求导

$$\frac{f'(x)}{f(x)} = (\ln y)'$$

故

$$f'(x) = f(x)(\ln y)'$$

或先换底

$$f(x) = e^{\ln f(x)}$$

再求导

$$f'(x) = \left[e^{\ln f(x)}\right]' = e^{\ln f(x)}\left[\ln f(x)\right]' = f(x)\left[\ln f(x)\right]'$$

例C-7 求下列函数的导数:

(1) $y = (x^2 - 3)(x^3 - 4)(x^7 - 5)(x^2 - 6)$;   (2) $f(x) = 2^x$;   (3) $y = x^x$.

解 (1) 先取对数再求导

$$\ln y = \ln(x^2 - 3) + \ln(x^3 - 4) + \ln(x^7 - 5) + \ln(x^2 - 6)$$

$$(\ln y)' = \frac{y'}{y} = \frac{2x}{x^2 - 3} + \frac{3x^2}{x^3 - 4} + \frac{7x^6}{x^7 - 5} + \frac{2x}{x^2 - 6}$$

故

$$y' = y\left(\frac{2x}{x^2 - 3} + \frac{3x^2}{x^3 - 4} + \frac{7x^6}{x^7 - 5} + \frac{2x}{x^2 - 6}\right) = \cdots$$

$$\frac{\mathrm{d}y}{\mathrm{d}x} = \frac{\mathrm{d}x^2}{\mathrm{d}x}\mathrm{e}^x + x^2\frac{\mathrm{d}\mathrm{e}^x}{\mathrm{d}x} = 2x\mathrm{e}^x + x^2\mathrm{e}^x = (2x + x^2)\mathrm{e}^x$$

(4) 由除法公式得

$$\mathrm{d}y = \frac{\mathrm{d}(4x^2 - 2) \cdot (5x + 1) - (4x^2 - 2)\mathrm{d}(5x + 1)}{(5x + 1)^2}$$

$$= \frac{8x(5x + 1) - 5(4x^2 - 2)}{(5x + 1)^2}\mathrm{d}x = \frac{20x^2 + 8x + 10}{(5x + 1)^2}\mathrm{d}x$$

$$y' = \frac{(4x^2 - 2)' \cdot (5x + 1) - (4x^2 - 2)(5x + 1)'}{(5x + 1)^2}$$

$$= \frac{8x(5x + 1) - 5(4x^2 - 2)}{(5x + 1)^2} = \frac{20x^2 + 8x + 10}{(5x + 1)^2}$$

(5) 由除法公式得

$$\mathrm{d}y = \mathrm{d}\left(\frac{\sin x}{\cos x}\right) = \frac{\mathrm{d}\sin x \cdot \cos x - \sin x \mathrm{d}\cos x}{\cos^2 x} = \frac{\cos^2 x + \sin^2 x}{\cos^2 x}\mathrm{d}x = \frac{1}{\cos^2 x}\mathrm{d}x$$

$$y' = \left(\frac{\sin x}{\cos x}\right)' = \frac{\cos x \cos x - \sin x(-\sin x)}{\cos^2 x} = \frac{1}{\cos^2 x}$$

(6) 令 $u = x^2 - 1$,则

$$y = u^{\frac{1}{2}}$$

由链式法则得

$$\mathrm{d}y = \frac{\mathrm{d}y}{\mathrm{d}u}\mathrm{d}u = \frac{\mathrm{d}u^{\frac{1}{2}}}{\mathrm{d}u}\mathrm{d}(x^2 - 1) = \frac{1}{2}u^{-\frac{1}{2}}2x\mathrm{d}x = \frac{x}{\sqrt{x^2 - 1}}\mathrm{d}x$$

$$\frac{\mathrm{d}y}{\mathrm{d}x} = \frac{\mathrm{d}y}{\mathrm{d}u}\frac{\mathrm{d}u}{\mathrm{d}x} = \frac{\mathrm{d}u^{\frac{1}{2}}}{\mathrm{d}u}\frac{\mathrm{d}(x^2 - 1)}{\mathrm{d}x} = \frac{1}{2}u^{-\frac{1}{2}}2x = \frac{x}{\sqrt{x^2 - 1}}$$

熟练后可略去代换过程,这样计算：

$$\mathrm{d}y = \frac{\mathrm{d}\sqrt{x^2 - 1}}{\mathrm{d}(x^2 - 1)}\mathrm{d}(x^2 - 1) = \frac{1}{2\sqrt{x^2 - 1}}2x\mathrm{d}x = \frac{x}{\sqrt{x^2 - 1}}\mathrm{d}x$$

$$\frac{\mathrm{d}y}{\mathrm{d}x} = \frac{\mathrm{d}\sqrt{x^2 - 1}}{\mathrm{d}(x^2 - 1)}\frac{\mathrm{d}(x^2 - 1)}{\mathrm{d}x} = \frac{1}{2\sqrt{x^2 - 1}}2x = \frac{x}{\sqrt{x^2 - 1}}$$

更熟练后可进一步简化,如下：

$$\mathrm{d}y = \frac{1}{2\sqrt{x^2 - 1}}2x\mathrm{d}x = \frac{x}{\sqrt{x^2 - 1}}\mathrm{d}x, \quad \frac{\mathrm{d}y}{\mathrm{d}x} = \frac{1}{2\sqrt{x^2 - 1}}2x = \frac{x}{\sqrt{x^2 - 1}}$$

(7) 由链式法则、减法公式和数乘公式得

$$\mathrm{d}y = -\sin(2\sqrt{x} - x) \cdot \left(2 \cdot \frac{1}{2\sqrt{x}} - 1\right)\mathrm{d}x = \left(1 - \frac{1}{\sqrt{x}}\right)\sin(2\sqrt{x} - x)\mathrm{d}x$$

$$y' = -\sin(2\sqrt{x} - x) \cdot \left(2 \cdot \frac{1}{2\sqrt{x}} - 1\right) = \left(1 - \frac{1}{\sqrt{x}}\right)\sin(2\sqrt{x} - x)$$

2. 微分、微商定理

(1) 数乘公式

$$微分形式:d[Cf(x)] = Cdf(x),\quad C\text{ 为常数}$$

$$微商形式:\frac{d[Cf(x)]}{dx} = C \cdot \frac{df(x)}{dx},\quad C\text{ 为常数}$$

(2) 加/减法公式

$$微分形式:d[f(x) \pm g(x)] = df(x) \pm dg(x)$$

$$微商形式:\frac{d}{dx}[f(x) \pm g(x)] = \frac{d}{dx}f(x) \pm \frac{d}{dx}g(x)$$

(3) 乘法公式

$$微分形式:d[f(x) \cdot g(x)] = df(x) \cdot g(x) + f(x) \cdot dg(x)$$

$$微商形式:\frac{d}{dx}[f(x) \cdot g(x)] = \frac{df(x)}{dx} \cdot g(x) + f(x) \cdot \frac{dg(x)}{dx}$$

(4) 除法公式

$$微分形式:d\left[\frac{f(x)}{g(x)}\right] = \frac{df(x) \cdot g(x) - f(x) \cdot dg(x)}{[g(x)]^2}$$

$$微商形式:\frac{d}{dx}\left[\frac{f(x)}{g(x)}\right] = \frac{\frac{df(x)}{dx} \cdot g(x) - f(x) \cdot \frac{dg(x)}{dx}}{[g(x)]^2}$$

(5) 链式法则（复合函数的微分、微商）

$$微分形式:df[g(x)] = \frac{df[g(x)]}{dg(x)}dg(x)$$

$$微商形式:\frac{d}{dx}f[g(x)] = \frac{df[g(x)]}{dg(x)}\frac{dg(x)}{dx}$$

下面应用公式和定理来计算一些函数的微商和导数.

例C-5 计算下列函数的微分和导数：

(1) $y = 4\sin x$；　　(2) $y = x^3 + 4$；　　(3) $y = x^2 e^x$；　　(4) $y = \dfrac{4x^2 - 2}{5x + 1}$；

(5) $y = \tan x$；　　(6) $y = \sqrt{x^2 - 1}$；　　(7) $y = \cos(2\sqrt{x} - x)$.

解 (1) 由数乘公式得

$$dy = 4d\sin x = 4\cos x\, dx,\quad y' = 4(\sin x)' = 4\cos x$$

(2) 由加法公式得

$$dy = dx^3 + d4 = 3x^2 dx,\quad y' = (x^3)' + (4)' = 3x^2$$

(3) 由乘法公式得

$$dy = dx^2 \cdot e^x + x^2 de^x = 2x dx e^x + x^2 e^x dx = (2x + x^2)e^x dx$$

三阶导数同理；n 阶导数表示为
$$f^{(n)}(x)$$

设 $f(x)$ 在 $[a,b]$ 上连续，若在 (a,b) 内 $f''(x)>0$，则 $f(x)$ 在 $[a,b]$ 上的图形是凹的，略去坐标轴和自变量的取值区间，图线的形状如图 C-2(a)，(b)，(c) 所示；若在 (a,b) 内 $f''(x)<0$，则 $f(x)$ 在 $[a,b]$ 上的图形是凸的，如图 C-2(d)，(e)，(f) 所示.

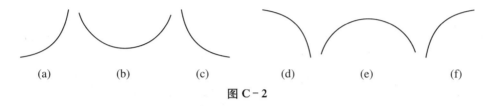

图 C-2

由此可知，若函数在某点一阶导数等于零，二阶导数大于零，则此点为函数的极小值点；若一阶导数等于零，二阶导数小于零，则此点为函数的极大值点.

C.2.2　微分、微商公式与定理

为了方便，我们可以直接使用以下公式与定理来计算所求函数的微分或微商.

1. 部分微分、微商公式

(1) 微分形式

$dC = 0$（C 为常数）　　$dx^n = nx^{n-1}dx\,(n\neq 0)$　　$d\sin x = \cos x\,dx$

$d\cos x = -\sin x\,dx$　　$de^x = e^x dx$　　$da^x = a^x \ln a\,dx$

$d\ln x = \dfrac{1}{x}dx$　　$d\log_a x = \dfrac{1}{x\ln a}dx$　　$d(\arcsin x) = \dfrac{1}{\sqrt{1-x^2}}dx$

$d(\arccos x) = -\dfrac{1}{\sqrt{1-x^2}}dx$　　$d(\arctan x) = \dfrac{1}{1+x^2}dx$　　$d(\text{arccot}\,x) = -\dfrac{1}{1+x^2}dx$

(2) 微商形式

$\dfrac{dC}{dx} = 0$　　$\dfrac{dx^n}{dx} = nx^{n-1}\,(n\neq 0)$　　$\dfrac{d\sin x}{dx} = \cos x$

$\dfrac{d\cos x}{dx} = -\sin x$　　$\dfrac{de^x}{dx} = e^x$　　$\dfrac{da^x}{dx} = a^x \ln a$

$\dfrac{d\ln x}{dx} = \dfrac{1}{x}$　　$\dfrac{d\log_a x}{dx} = \dfrac{1}{x\ln a}$　　$\dfrac{d(\arcsin x)}{dx} = \dfrac{1}{\sqrt{1-x^2}}$

$\dfrac{d(\arccos x)}{dx} = -\dfrac{1}{\sqrt{1-x^2}}$　　$\dfrac{d(\arctan x)}{dx} = \dfrac{1}{1+x^2}$　　$\dfrac{d(\text{arccot}\,x)}{dx} = -\dfrac{1}{1+x^2}$

微商形式也可以写为 $(\sin x)' = \cos x$ 这类形式，读者可自行写出.

数在 x 处的导数为函数曲线在 x 处切线的斜率.

函数的导数等于零时,原函数可能出现极值.如图 C-1(b)所示, a,b,c 点函数的导数为零(图线切线的斜率为零),其中 a,b 点处原函数出现极值,但 c 点处原函数未出现极值.

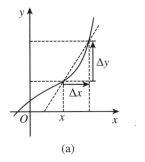
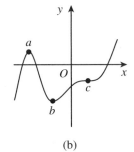

图 C-1

例 C-4 写出以下函数的导数:

(1) $y = Ax + B$;

(2) $y = Ax^2$;

(3) $y = \sin x$;

(4) $y = e^x$.

解 直接利用例 C-3 计算的结果:

(1) $\dfrac{dy}{dx} = A$,或 $y' = A$(以下略去别的写法);

(2) $\dfrac{dy}{dx} = 2Ax$;

(3) $\dfrac{dy}{dx} = \cos x$;

(4) $\dfrac{dy}{dx} = e^x$.

3. 二阶导数、三阶导数……

函数的导数仍是一个函数,称为一阶导数;对一阶导数再次求导,得到的函数称为二阶导数;还可继续求导得到三阶导数、四阶导数等.

二阶导数也有多种写法:

$$\frac{d^2 y}{dx^2}, \quad \frac{d^2 f(x)}{dx^2}, \quad \frac{d^2}{dx^2} y, \quad \frac{d^2}{dx^2} f(x), \quad y'', \quad f''(x)$$

物理中对时间的二阶导数也常用在物理量上加两点表示,如

$$\ddot{x} = \frac{d^2 x}{dt^2}$$

$$dy = A dx$$

例C-3 体验利用定义计算微分. 计算以下函数的微分：

(1) $y = Ax + B$;   (2) $y = Ax^2$;   (3) $y = \sin x$;   (4) $y = e^x$.

解 (1)
$$\Delta y = [A(x + dx) + B] - (Ax + B) = A dx \Rightarrow dy = A dx$$

(2)
$$\Delta y = A(x + dx)^2 - Ax^2 = A(2x + dx) dx$$

故
$$dy = 2Ax dx$$

(3)
$$\Delta y = \sin(x + dx) - \sin x = \sin x \cos dx + \cos x \sin dx - \sin x$$
$$= \sin x \left(1 - 2\sin^2 \frac{dx}{2}\right) + \cos x \sin dx - \sin x$$
$$\approx \sin x \left[1 - 2\left(\frac{dx}{2}\right)^2 - 1\right] + \cos x dx \approx \cos x dx$$

故
$$dy = \cos x dx \quad 或 \quad d(\sin x) = \cos x dx$$

(4)
$$\Delta y = e^x (e^{dx} - 1) \approx e^x (1 + dx - 1) = e^x dx$$

故
$$dy = e^x dx \quad 或 \quad d(e^x) = e^x dx$$

2. 微商（导数）的定义

函数微分与自变量微分的商称为函数的微商或导数. 有多种写法：

$$\frac{dy}{dx}, \quad \frac{df(x)}{dx}, \quad \frac{d}{dx}y, \quad \frac{d}{dx}f(x), \quad y', \quad f'(x)$$

物理中在物理量上边加点表示对时间求导, 如

$$\dot{x} = \frac{dx}{dt}$$

微商还可用极限来定义：

$$f'(x) = \lim_{\Delta x \to 0} \frac{\Delta y}{\Delta x} = \lim_{\Delta x \to 0} \frac{f(x + \Delta x) - f(x)}{\Delta x} = \frac{dy}{dx}$$

如图 C-1(a) 所示, $\Delta y/\Delta x$ 为函数在 x 到 $x + \Delta x$ 的平均变化率或割线的斜率, $\Delta x \to 0$ 时的极限变为 x 处的切线, 则 dy/dx 为函数在 x 处的变化率或在 x 处切线的斜率. 所以函

C.1.3 常用的极限

1. $\lim\limits_{x\to 0}\dfrac{\sin x}{x}=\lim\limits_{x\to 0}\dfrac{\tan x}{x}=\lim\limits_{x\to 0}\dfrac{\arcsin x}{x}=\lim\limits_{x\to 0}\dfrac{\arctan x}{x}=1.$

等价于

$$x\to 0 \text{ 时}, \sin x\approx\tan x\approx x\approx\arcsin x\approx\arctan x$$

或

$$x\to 0 \text{ 时}, \sin x, \tan x, x, \arcsin x, \arctan x \text{ 为等价无穷小}$$

例C-2 试计算 $\lim\limits_{x\to 0}\dfrac{\sin 5x}{x}$ 的值.

解 解法1：原式 $=\lim\limits_{x\to 0}\dfrac{5\sin 5x}{5x}=5$.

解法2：原式 $=\lim\limits_{x\to 0}\dfrac{5x}{x}=5$.

2. $\lim\limits_{x\to 0}(1+x)^{\frac{1}{x}}=\mathrm{e}$，其中 e 为自然常数，其值为 $\mathrm{e}\approx 2.7182\cdots$.

等价于

$$x\to 0 \text{ 时}, \mathrm{e}^x\approx 1+x$$

或

$$x\to 0 \text{ 时}, \ln(1+x)\approx x$$

C.2 微分、微商（导数）

C.2.1 微分、微商（导数）的定义

1. 微分的定义

对 $y=f(x)$，自变量若从 x 增加到 $x+\Delta x$，称 Δx 为 x 的增量；当 $\Delta x\to 0$ 时，称为自变量微分，改记作 $\mathrm{d}x$.

在连续区域内，自变量增量取 $\mathrm{d}x$ 时，函数增量 $\Delta y\to 0$，为

$$\Delta y=f(x+\mathrm{d}x)-f(x)=A\mathrm{d}x+o(\mathrm{d}x)$$

其中 $o(\mathrm{d}x)$ 为高阶小量. 则将函数增量的主要部分，即 $\mathrm{d}x$ 的线性主部 $A\mathrm{d}x$ 称为函数微分，记作 $\mathrm{d}y$ 或 $\mathrm{d}f(x)$，即

若自变量趋于某个值时,两个函数均为无穷大:
$$\lim_{x \to x_0} f(x) = \infty, \quad \lim_{x \to x_0} g(x) = \infty$$

若满足 $\lim\limits_{x \to x_0} \dfrac{f(x)}{g(x)} = \infty$,则称当 $x \to x_0$ 时,$f(x)$ 为 $g(x)$ 的高阶无穷大;

若 $\lim\limits_{x \to x_0} \dfrac{f(x)}{g(x)} = 0$,则称当 $x \to x_0$ 时,$f(x)$ 为 $g(x)$ 的低阶无穷大;

若 $\lim\limits_{x \to x_0} \dfrac{f(x)}{g(x)} = C \neq 0$,则称当 $x \to x_0$ 时,$f(x)$ 与 $g(x)$ 为同阶无穷大;

若 $\lim\limits_{x \to x_0} \dfrac{f(x)}{g(x)} = 1$,则称当 $x \to x_0$ 时,$f(x)$ 为 $g(x)$ 的等价无穷大.

例如:$\lim\limits_{x \to \infty} \dfrac{x^2}{x} = \infty$,故 $x \to \infty$ 时,x^2 是 x 的高阶无穷大;

$\lim\limits_{x \to \infty} \dfrac{3x^2}{2x^2} = \dfrac{3}{2}$,故 $x \to \infty$ 时,$3x^2$ 是 $2x^2$ 的同阶无穷大;

$\lim\limits_{x \to \infty} \dfrac{x^2 + x}{x^2} = 1$,故 $x \to \infty$ 时,$x^2 + x$ 是 x^2 的等价无穷大.

2. 无穷小

若 $x \to x_0$ 时,$|f(x)|$ 大于零小于任意正数,则称 $f(x)$ 为无穷小,记为
$$f(x) \to 0 \quad \text{或} \quad \lim_{x \to x_0} f(x) = 0$$

设自变量趋于某个值时,两个函数均为无穷小:
$$\lim_{x \to x_0} f(x) = 0, \quad \lim_{x \to x_0} g(x) = 0$$

若满足 $\lim\limits_{x \to x_0} \dfrac{f(x)}{g(x)} = 0$,则称当 $x \to x_0$ 时,$f(x)$ 为 $g(x)$ 的高阶无穷小;

若 $\lim\limits_{x \to x_0} \dfrac{f(x)}{g(x)} = \infty$,则称当 $x \to x_0$ 时,$f(x)$ 为 $g(x)$ 的低阶无穷小;

若 $\lim\limits_{x \to x_0} \dfrac{f(x)}{g(x)} = C \neq 0$,则称当 $x \to x_0$ 时,$f(x)$ 与 $g(x)$ 为同阶无穷小;

若 $\lim\limits_{x \to x_0} \dfrac{f(x)}{g(x)} = 1$,则称当 $x \to x_0$ 时,$f(x)$ 为 $g(x)$ 的等价无穷小.

例如:$\lim\limits_{x \to 0} \dfrac{x^2}{x} = 0$,故 $x \to 0$ 时,x^2 是 x 的高阶无穷小;

$\lim\limits_{x \to 0} \dfrac{\sin x}{x} = 1$,故 $x \to 0$ 时,$\sin x$ 与 x 是等价无穷小.

等价无穷大(或等价无穷小)有时可相互替换.

(5) $x \to 0$ 时，$\dfrac{1}{x} \to \infty$，函数的值在 $-1 \sim +1$ 之间摆动不能确定，故没有极限.

(6) 理由同(1)，故
$$\lim_{x \to \frac{2}{\pi}} \sin \frac{1}{x} = \sin \frac{\pi}{2} = 1$$

可约分的 $\dfrac{0}{0}$ 或 $\dfrac{\infty}{\infty}$ 型函数的极限

对 $\lim\limits_{x \to 1} \dfrac{x-1}{x^2-1}$，当 x 的值从小于 1 和大于 1 两方面趋于 1 时值的变化情况，如表 C-1 所示.

表 C-1

x	$x-1$	x^2-1	$\dfrac{x-1}{x^2-1}$
0.99	-0.01	-0.0199	0.502513
0.999	-0.001	-0.001999	0.500250
0.9999	-0.0001	-0.00019999	0.500025
1.01	0.01	0.0201	0.497512
1.001	0.001	0.002001	0.499750
1.0001	0.0001	0.00020001	0.499975

可知其值应为 0.5.

实际上，对可约分的 $\dfrac{0}{0}$ 和 $\dfrac{\infty}{\infty}$ 型极限，可以先约分再计算，即
$$\lim_{x \to 1} \frac{x-1}{x^2-1} = \lim_{x \to 1} \frac{1}{x+1} = \frac{1}{2}$$

极限

再给出两例：
$$\lim_{x \to 0} \frac{x}{x^2} = \infty, \quad \lim_{x \to 0} \frac{x^2}{x} = 0$$

C.1.2 无穷大与无穷小

1. 无穷大

若 $x \to x_0$ 时，$|f(x)|$ 大于任意正数，则称 $f(x)$ 为无穷大，记为
$$f(x) \to \infty \quad 或 \quad \lim_{x \to x_0} f(x) = \infty$$

∞ 有 $+\infty$，$-\infty$.

附录C

微积分与微分方程

C.1 极 限

C.1.1 极限的定义

如果当 x 无限趋近于某一数值 x_0 时，$f(x)$ 的数值无限趋近于某一确定的数值 a，则 a 叫作 $f(x)$ 的极限值，记作

$$\lim_{x \to x_0} f(x) = a$$

读作"当 x 趋近于 x_0 时，$f(x)$ 的极限值等于 a".

例C-1 极限的理解. 试求以下极限的值：

(1) $\lim\limits_{x \to 1}(x^2 - 7x^3 + 5)$；
(2) $\lim\limits_{x \to 2^+} \dfrac{1}{(x-2)^3}$；
(3) $\lim\limits_{x \to 2^-} \dfrac{1}{(x-2)^3}$；
(4) $\lim\limits_{x \to 2} \dfrac{1}{(x-2)^3}$；
(5) $\lim\limits_{x \to 0} \sin \dfrac{1}{x}$；
(6) $\lim\limits_{x \to \frac{2}{\pi}} \sin \dfrac{1}{x}$.

解 (1) $x = 1$ 时，函数结果有确定的值，且在附近连续，故原式的极限即 $x = 1$ 时的值

$$\lim_{x \to 1}(x^2 - 7x^3 + 5) = 1^2 - 7 \times 1^3 + 5 = -1$$

(2) 从 $x > 2$ 的方向逐渐趋近于 2 时，函数结果趋近于正无穷，故

$$\lim_{x \to 2^+} \frac{1}{(x-2)^3} = +\infty$$

(3) 从 $x < 2$ 的方向逐渐趋近于 2 时，函数结果趋近于负无穷，故

$$\lim_{x \to 2^-} \frac{1}{(x-2)^3} = -\infty$$

(4) 由(2)和(3)可知从两个方向趋近于 2 时，函数趋近于 2 的数值不同，故极限不存在；这类问题由于函数结果分别趋近于正无穷、负无穷，也称为趋近于无穷，即

$$\lim_{x \to 2} \frac{1}{(x-2)^3} = \infty \text{ 或不存在}$$

B.4　矢量的三重积

1. 三重标积

$$A \cdot (B \times C) = ABC\sin\theta\cos\varphi$$

其绝对值等于 A, B, C 组成的平行六面体的体积,如图 B-8 所示.有

$$A \cdot (B \times C) = B \cdot (C \times A) = C \cdot (A \times B)$$

直角坐标系中

$$A \cdot (B \times C) = \begin{vmatrix} A_x & A_y & A_z \\ B_x & B_y & B_z \\ C_x & C_y & C_z \end{vmatrix}$$

$$= A_x(B_yC_z - B_zC_y) + A_y(B_zC_x - B_xC_z) + A_z(B_xC_y - B_yC_x)$$

2. 三重矢积

$$A \times (B \times C) = B \cdot (A \cdot C) - C \cdot (A \cdot B)$$

与 B, C 共面.

故
$$i \times i = j \times j = k \times k = 0$$

两个非零矢量叉积为零时,这两个矢量必平行.

$A \perp B$ 时,$C = A \times B$ 最大,此时 $C = AB$. 则
$$k = i \times j, \quad i = j \times k, \quad j = k \times i$$
$$-k = j \times i, \quad -i = k \times j, \quad -j = i \times k$$

故直角坐标系中
$$A \times B = (A_x i + A_y j + A_z k) \times (B_x i + B_y j + B_z k)$$
$$= (A_y B_z - A_z B_y) i + (A_z B_x - A_x B_z) j + (A_x B_y - A_y B_x) k$$

可用以下行列式比较快捷地得到结果:
$$A \times B = \begin{vmatrix} i & j & k \\ A_x & A_y & A_z \\ B_x & B_y & B_z \end{vmatrix} \quad 或 \quad A \times B = \begin{vmatrix} i & A_x & B_x \\ j & A_y & B_y \\ k & A_z & B_z \end{vmatrix}$$

两矢量的矢量积只有垂直的分量起作用,共线的分量不起作用.

矢积满足反交换律
$$A \times B = - B \times A$$

满足分配律
$$A \times (B + C) = A \times B + A \times C$$

不服从结合律
$$A \times (B \times C) \neq (A \times B) \times C$$

例如:带电粒子射入磁场中,v 为粒子速度,B 为磁感应强度.带电粒子所受磁场力的大小与 v,B 垂直分量乘积成正比,其中 $v \parallel B$ 时粒子不会受力的作用,$v \perp B$ 时受力最大;力的方向与带电粒子电性有关,考虑电性后符合右手定则.这种力称为洛伦兹力,可表述为
$$F = qv \times B$$

如图 B-7 所示.

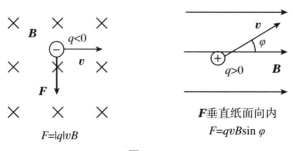

图 B-7

矢量的标量积含义是一个矢量在另一个矢量方向上的投影与另一矢量模的乘积,故两矢量的标积只有共线的分量起作用,垂直的分量不起作用.

$A \perp B$ 时

$$A \cdot B = AB\cos\frac{\pi}{2} = 0$$

故

$$i \cdot j = j \cdot k = k \cdot i = 0$$

两非零矢量点积为零时,这两个矢量必垂直.

A 与 B 同向时

$$A \cdot B = AB$$

故

$$A^2 = A \cdot A = A^2, \quad i^2 = j^2 = k^2 = 1$$

直角坐标系中

$$A \cdot B = (A_x i + A_y j + A_z k) \cdot (B_x i + B_y j + B_z k) = A_x B_x + A_y B_y + A_z B_z$$

A 与 B 反向时

$$A \cdot B = -AB$$

矢量的标量积满足交换律和分配率

$$A \cdot B = B \cdot A, \quad A \cdot (B + C) = A \cdot B + A \cdot C$$

不服从结合律

$$A \cdot (B \cdot C) \neq (A \cdot B) \cdot C$$

例如:力随空间的积累是功,做功会使物体的动能 $mv^2/2$ 改变,力与位移共线分量的乘积等于动能的变化量,故功是力与位移的标积:

$$dW = F \cdot dl = F dl \cos\theta$$

3. 矢量与矢量的矢量积(叉积、外积)

$A \times B$ 结果为矢量,故称为矢积,数学上称为向量积,也称为叉积、外积. 如图 B-6 所示.

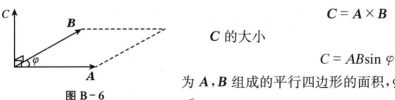

图 B-6

$$C = A \times B$$

C 的大小

$$C = AB\sin\varphi$$

为 A,B 组成的平行四边形的面积,φ 为 A,B 的夹角,$0 \leqslant \varphi \leqslant \pi$.

C 的方向用右手定则判断:C 垂直于 A 与 B 组成的平面(即 C 既垂直于 A,又垂直于 B),伸出右手,四指从 A 以小于 180° 转向 B,则拇指指向为 C 方向.

$A /\!/ B$ 时

$$A \times B = 0$$

矢量的减法:利用逆矢量转换成加法运算.如图 B-4 所示.

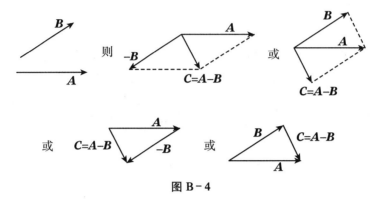

图 B-4

推论:任意多个矢量首尾相接组成闭合多边形,其矢量和必为零.

B.3 矢量的乘法

1. 标量与矢量的乘积

$$kA = kAe_A \begin{cases} k>0 \text{ 时}, kA \text{ 与 } A \text{ 同向}, \text{大小为 } A \text{ 的 } k \text{ 倍} \\ k=0 \text{ 时}, kA = 0 \\ k<0 \text{ 时}, kA \text{ 与 } A \text{ 反向}, \text{大小为 } A \text{ 的 } -k \text{ 倍} \end{cases}$$

其中 e_A 为与 A 同向的单位矢量.

在直角系中

$$kA = kA_x i + kA_y j + kA_z k$$

例如:$a = F/m$,物体的 a 与物体所受的 F 同向;$F = qE$,但 q 有正负,故正电荷所受 F 与所处位置 E 同向,负电荷所受 F 与所处位置 E 反向.

2. 矢量与矢量的标量积(点积、内积)

$A \cdot B$ 的结果为标量,故称为标量积,也称为内积、点积.如图 B-5 所示,有

$$A \cdot B = AB\cos\varphi$$

其中 φ 为 A 与 B 的夹角,规定 $0 \leqslant \varphi \leqslant \pi$.

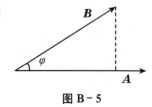

图 B-5

则有
$$A = A_x i + A_y j, \quad A^2 = A_x^2 + A_y^2$$

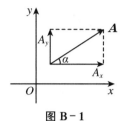

图 B-1

矢量的解析表示

空间直角坐标系中矢量 A 与 x,y,z 轴的夹角分别为 α,β,γ,则它在 x,y,z 轴的分量分别为
$$A_x = A\cos\alpha, \quad A_y = A\cos\beta, \quad A_z = A\cos\gamma$$
且有
$$\cos^2\alpha + \cos^2\beta + \cos^2\gamma = 1$$
其中 α,β,γ 称为 A 的方向角;A 写成解析形式为
$$A = A_x i + A_y j + A_z k, \quad A^2 = A_x^2 + A_y^2 + A_z^2$$

B.2 矢量的加、减法

1. 矢量的加法

服从平行四边形(或三角形)定则,如图 B-2 所示.
满足交换律和结合律
$$A + B = B + A, \quad A + (B + C) = (A + B) + C$$
直角坐标系下矢量加法运算
$$A + B = (A_x + B_x)i + (A_y + B_y)j + (A_z + B_z)k$$

 则 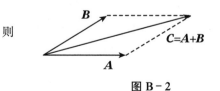 或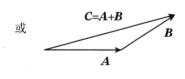

图 B-2

2. 矢量的减法

逆矢量:大小相等、方向相反的矢量互为逆矢量.例如图 B-3 中的 A 和 $-A$.

附录B

矢量运算

B.1 矢量及其解析表示

1. 标量和矢量

标量：遵从算数相加法则.一般只有大小没有方向，例如质量、路程、温度、功等；少数有方向，例如电流等.标量的正负不一定表示大小，例如温度 $-5\ ℃<3\ ℃$，功 $-5\ \text{J}>3\ \text{J}$.

矢量：既有大小又有方向，且遵从平行四边形（或三角形）法则，例如位移、速度、力等.矢量的绝对值表示大小，正负号表示方向，例如位移大小 $-5\ \text{m}>3\ \text{m}$.

矢量在数学中称为向量.

2. 矢量的书写

以力为例，手写体为物理量字母上加箭头"$\vec{F}$"，印刷体为加粗斜体"$\boldsymbol{F}$".

矢量的大小为标量，以力的大小为例，手写体为不加箭头的物理量字母"F"，印刷体为不加粗斜体"F"；数学上叫作向量的模，手写体为"$|\vec{F}|$"，印刷体为"$|\boldsymbol{F}|$".

3. 单位矢量、基矢

长度为1的矢量称为单位矢量.

沿坐标轴的单位矢量称为坐标系的基矢.空间直角坐标系沿 x,y,z 轴的基矢分别记为 $\boldsymbol{i},\boldsymbol{j},\boldsymbol{k}$，或 $\boldsymbol{e}_x,\boldsymbol{e}_y,\boldsymbol{e}_z$；平面极坐标系沿径向、横向的基矢分别记为 $\boldsymbol{e}_\rho,\boldsymbol{e}_\varphi$；自然坐标系沿法向、切向的基矢分别记为 $\boldsymbol{e}_n,\boldsymbol{e}_t$；另有柱坐标系、球坐标系的基矢，不一一复述.

4. 矢量的解析表示

如图 B-1 所示，平面直角坐标系中有一矢量 $\boldsymbol{A}$，大小为 A，与 x 轴的夹角为 α，则它在 x 轴、y 轴的投影（即分量）分别为

$$A_x = A\cos\alpha, \quad A_y = A\sin\alpha$$

(a) 标准方程 $\quad y^2 = 2px$

顶点 $\quad O(0,0)$

焦点 $\quad F\left(\dfrac{p}{2}, 0\right)$

准线 L $\quad x = -\dfrac{p}{2}$

若取向左为 x 正方向,则方程 $y^2 = -2px$,焦点 $F\left(-\dfrac{p}{2}, 0\right)$,准线 $x = \dfrac{p}{2}$.

(b) 标准方程 $\quad x^2 = 2py$

顶点 $\quad O(0,0)$

焦点 $\quad F\left(0, \dfrac{p}{2}\right)$

准线 L $\quad y = -\dfrac{p}{2}$

(c) 取抛物线的焦点为极点,从此点指向顶点的射线为极轴,极坐标方程

$$\rho = \frac{p}{1 + e\cos\varphi}, \quad e = 1$$

取抛物线的焦点为极点,从此点背离顶点的射线为极轴,极坐标方程

$$\rho = \frac{p}{1 - e\cos\varphi}, \quad e = 1$$

4. 抛物线的性质

如图 A-20 所示.

由定义 $MF = ME$.

过抛物线上 M 点的切线把 $\angle EMF$ 平分.

p 和 e 分别控制圆锥曲线的大小和形状,抛物线 $e = 1$,故抛物线的形状都相同.

由第一定义 $|r_1 - r_2| = 2a$.

由第二定义 $e = \dfrac{MF_1}{ME_1} = \dfrac{MF_2}{ME_2}$.

过双曲线上某点的切线把此点的两焦半径间的内角平分,法线把外角平分.

A.4.4 抛物线

1. 定义

平面上到一个定点 F 的距离和到一条定直线 l 的距离相等的点的轨迹是抛物线. 点 F 是它的焦点, 直线 l 是它的准线. 抛物线的离心率 $e = 1$.

2. 抛物线的基本元素

如图 A-20 所示.

顶点	A
焦点	F
主轴	AB
离心率	$e = \dfrac{MF}{ME} = 1$
通径 $2p$	过焦点且垂直于主轴的弦
焦点参数 p	等于过焦点且垂直于主轴的弦长的一半
焦点半径 MF	即抛物线上一点 (x,y) 到焦点的距离
准线 L	垂直于主轴,到顶点的距离为 $p/2$,到焦点的距离为 p

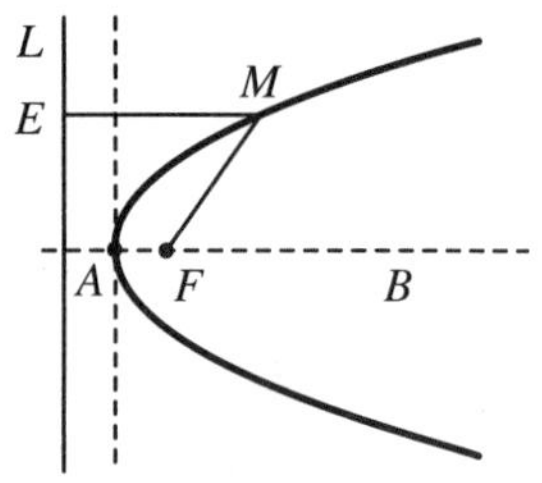

图 A-20

3. 抛物线的方程、顶点、焦点与准线

如图 A-21 所示,各抛物线的方程、顶点、焦点与准线如下:

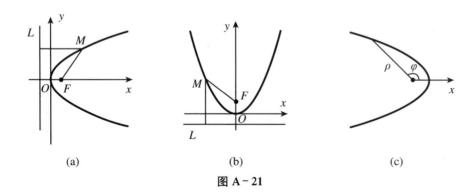

(a)   (b)   (c)

图 A-21

(a) 标准方程 $\dfrac{x^2}{a^2} - \dfrac{y^2}{b^2} = 1$

参数方程 $x = a\sec\alpha, y = b\tan\alpha$

顶点 $A(a, 0), B(-a, 0)$

焦点 $F_1(c, 0), F_2(-c, 0)$

渐近线 $y = \pm\dfrac{b}{a}x$

(b) 标准方程 $\dfrac{y^2}{a^2} - \dfrac{x^2}{b^2} = 1$

参数方程 $y = a\sec\alpha, x = b\tan\alpha$

顶点 $A(0, a), B(0, -a)$

焦点 $F_1(0, c), F_2(0, -c)$

渐近线 $y = \pm\dfrac{a}{b}x$

(c) 取双曲线的一个焦点为极点,从此点指向某顶点的射线为极轴,则极坐标方程

$$\rho = \frac{p}{1 + e\cos\varphi}, \quad e > 1$$

双曲线极坐标方程

当 $1 + e\cos\varphi > 0$ 时,其表示较近的一支;当 $1 + e\cos\varphi < 0$ 时,其表示较远的一支.

若只表示较远的一支,且取 $\rho > 0$,则

$$\rho = -\frac{p}{1 - e\cos\varphi}, \quad e > 1, \quad 1 - e\cos\varphi < 0$$

取双曲线的一个焦点为极点,从此点背离某顶点的射线为极轴,则极坐标方程

$$\rho = \frac{p}{1 - e\cos\varphi}, \quad e > 1$$

当 $1 - e\cos\varphi > 0$ 时,其表示较近的一支;当 $1 - e\cos\varphi < 0$ 时,其表示较远的一支.

若只表示较远的一支,且取 $\rho > 0$,则

$$\rho = -\frac{p}{1 + e\cos\varphi}, \quad e > 1, \quad 1 + e\cos\varphi < 0$$

实轴 $2a = \dfrac{2p}{e^2 - 1}$;虚轴 $2b = \dfrac{2p}{\sqrt{e^2 - 1}}$;焦距 $2c = \dfrac{2pe}{e^2 - 1}$.

(d) $y = \dfrac{k}{x}$,$k > 0$ 时在第一、第三象限,$k < 0$ 时在第二、第四象限.

渐近线 $x = 0, y = 0$.

4. 双曲线的性质

如图 A-18 所示.

2. 双曲线的基本元素

如图 A-18 所示.

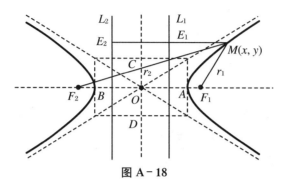

图 A-18

中心	O
顶点	A,B
焦点	F_1,F_2

$$\begin{cases} 实轴\ AB=2a \\ 虚轴\ CD=2b \end{cases}(a>0,b>0)$$

焦距　　　　$F_1F_2=2c,c=\sqrt{a^2+b^2}$

离心率　　　$e=\dfrac{c}{a}>1$

通径 $2p$　　过焦点且垂直于实轴的弦

焦点参数　　$p=\dfrac{b^2}{a}$，等于通径长的一半

焦点半径 r_1,r_2　　双曲线上一点 (x,y) 到焦点的距离 $r_1=\pm(ex-a),r_2=\pm(ex+a)$

准线 L_1,L_2　　垂直于实轴，到中心的距离为 $\dfrac{a}{e}$

3. 双曲线的方程、顶点与焦点

如图 A-19 所示，各双曲线的方程、顶点与焦点如下：

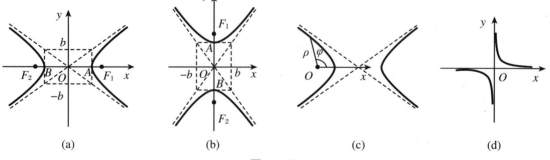

图 A-19

(a) 标准方程　　$\dfrac{x^2}{a^2} + \dfrac{y^2}{b^2} = 1$

　　参数方程　　$x = a\cos\alpha, y = b\sin\alpha$
　　顶点　　　　$A(a,0), B(-a,0), C(0,b), D(0,-b)$
　　焦点　　　　$F_1(c,0), F_2(-c,0)$

(b) 标准方程　　$\dfrac{y^2}{a^2} + \dfrac{x^2}{b^2} = 1$

　　参数方程　　$x = b\cos\alpha, y = a\sin\alpha$
　　顶点　　　　$A(0,a), B(0,-a), C(b,0), D(-b,0)$
　　焦点　　　　$F_1(0,c), F_2(0,-c)$

(c) 取椭圆的一个焦点为极点,从此点指向最近的一个顶点的射线为极轴,则极坐标方程

$$\rho = \frac{p}{1 + e\cos\varphi}, \quad e < 1$$

取椭圆的一个焦点为极点,从此点指向最远的一个顶点的射线为极轴,则极坐标方程

$$\rho = \frac{p}{1 - e\cos\varphi}, \quad e < 1$$

长轴 $2a = \dfrac{2p}{1-e^2}$；短轴 $2b = \dfrac{2p}{\sqrt{1-e^2}}$；焦距 $2c = \dfrac{2pe}{1-e^2}$.

4. 椭圆的性质

如图 A-16 所示.
由第一定义 $r_1 + r_2 = 2a$.
由第二定义 $e = \dfrac{MF_1}{ME_1} = \dfrac{MF_2}{ME_2}$.

椭圆是将半径为 a 的圆沿短轴方向按比例 $\mu = \dfrac{b}{a}$ 压缩而得到的.

过椭圆上某点的切线把此点的两焦半径间的外角平分,法线把内角平分.
椭圆可用平面截圆锥面得到,也可用平面截圆柱体得到.

A.4.3　双曲线

1. 定义

第一定义:平面内与两个定点 F_1, F_2 的距离差的绝对值等于常数 $2a(2a < |F_1F_2|)$ 的点的轨迹叫作双曲线.这两个定点叫作双曲线的焦点,两焦点间的距离叫作双曲线的焦距.

第二定义:平面上到一个定点 F 的距离和到一条定直线 l 的距离之比为一个常数 e ($e > 1$)的点的轨迹是双曲线.点 F 是它的焦点(之一),直线 l 是它的(这个焦点一侧的)准线,e 是它的离心率.

2. 椭圆的基本元素

如图 A-16 所示.

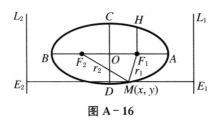

图 A-16

中心	O
顶点	A,B,C,D
焦点	F_1,F_2
	$\begin{cases} 长轴\ AB=2a \\ 短轴\ CD=2b \end{cases} (a>b>0)$
焦距	$F_1F_2=2c, c=\sqrt{a^2-b^2}$
	$CF_1=CF_2=a$
离心率	$e=\dfrac{c}{a}<1, e=0$ 时为圆
通径 $2p$	过焦点且垂直于长轴的弦
压缩系数	$\mu=\dfrac{b}{a}, \mu^2=1-e^2$
焦点参数	$p=\dfrac{b^2}{a}$,等于通径长的一半,即 F_1H
焦点半径 r_1, r_2	椭圆上一点 (x,y) 到焦点的距离 $r_1=a-ex, r_2=a+ex$
准线 L_1, L_2	平行于短轴,到短轴的距离为 $\dfrac{a}{e}$
直径	通过椭圆中心的弦

3. 椭圆的方程、顶点与焦点

如图 A-17 所示,各椭圆的方程、顶点与焦点分别如下:

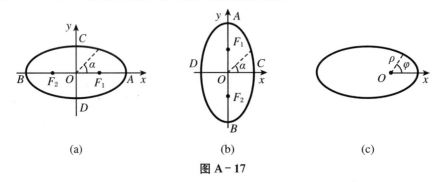

图 A-17

当平面倾斜到和圆锥的一条母线平行时,它仍只与圆锥面一侧相交,交线为抛物线;继续倾斜平面,它与圆锥面两侧均相交时,交线为双曲线.

A.4.1 圆

如图 A-15 所示,各圆方程为(其中极坐标方程均以 O 为极点,x 为极轴):

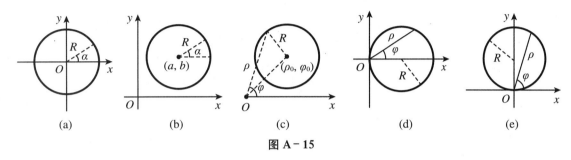

图 A-15

(a) 标准方程 $\quad x^2 + y^2 = R^2$

参数方程 $\quad x = R\cos\alpha, y = R\sin\alpha$

极坐标方程 $\quad \rho = R$

(b) 标准方程 $\quad (x-a)^2 + (y-b)^2 = R^2$

参数方程 $\quad x = a + R\cos\alpha, y = b + R\sin\alpha$

(c) 极坐标方程 $\quad \rho^2 - 2\rho\rho_0\cos(\varphi - \varphi_0) + \rho_0^2 = R^2$

(d) 标准方程 $\quad (x-R)^2 + y^2 = R^2$

极坐标方程 $\quad \rho = 2R\cos\varphi$

(e) 标准方程 $\quad x^2 + (y-R)^2 = R^2$

极坐标方程 $\quad \rho = 2R\sin\varphi$

A.4.2 椭圆

1. 定义

第一定义:平面内与两个定点 F_1, F_2 的距离和等于常数 $2a(2a > |F_1F_2|)$ 的点的轨迹叫作椭圆.这两个定点叫作椭圆的焦点,两焦点间的距离叫作椭圆的焦距.

第二定义:平面上到一个定点 F 的距离和到一条定直线 l 的距离之比为一个常数 $e(0 < e < 1)$ 的点的轨迹是椭圆.点 F 是它的焦点(之一),直线 l 是它的(这个焦点一侧的)准线,e 是它的离心率.

$$y = \frac{1}{2}[2x(8-2x)]$$

当 $2x = 8 - 2x$,即 $x = 2$ 时

$$y_{\max} = \frac{1}{2} \times (4 \times 4) = 8 \quad 或 \quad y_{\max} = \frac{1}{2}\left(\frac{2x+8-2x}{2}\right)^2 = 8$$

(5) 原式化为

$$y = -\left[(5-4x) + \frac{1}{5-4x}\right] + 3$$

当 $5 - 4x = \frac{1}{5-4x}$,即 $x = 1$ 或 $\frac{3}{2}$(舍)时

$$y_{\max} = -2\sqrt{(5-4x) \cdot \frac{1}{5-4x}} + 3 = 1$$

(6) 原式化为

$$y = \frac{(x+1)^2 + 5(x+1) + 4}{x+1} = (x+1) + \frac{4}{x+1} + 5$$

当 $x + 1 = \frac{4}{x+1}$,即 $x = 1$ 或 -3(舍)时

$$y_{\min} = 2\sqrt{(x+1) \cdot \frac{4}{x+1}} + 5 = 9$$

A.4　圆　锥　曲　线

二次曲线都是用平面切割圆锥面的截线,因此二次曲线也称为圆锥曲线.如图 A-14 所示.圆锥曲线包括椭圆(圆为椭圆的特例)、抛物线和双曲线.

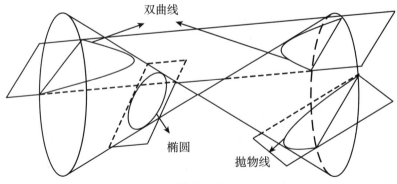

图 A-14

在平面不过圆锥面顶点时:用垂直于锥轴的平面去截圆锥面,它只与圆锥面一侧相交,交线为圆;将平面渐渐倾斜,但仍只与圆锥面一侧相交且未平行于某条母线时,交线为椭圆;

的公比，一般用 q 表示．

通项公式
$$a_n = a_1 q^{n-1}$$

前 n 项和
$$S_n = \frac{a_1(1-q^n)}{1-q} = \frac{a_1 - a_n q}{1-q}, \quad q \neq 1$$

A.3.3　均值不等式求最值

$a_1, a_2, \cdots, a_n$ 均大于零时，有

$$a_1 + a_2 + \cdots + a_n \geqslant n \cdot \sqrt[n]{a_1 a_2 \cdots a_n} \quad \text{或} \quad a_1 a_2 \cdots a_n \leqslant \left(\frac{a_1 + a_2 + \cdots + a_n}{n}\right)^n$$

当且仅当 $a_1 = a_2 = \cdots = a_n$ 时等号成立．

据此，当多个可变正数的积为定值时，可求它们和的最小值；当多个可变正数的和为定值时，可求它们积的最大值，即积定和最小，和定积最大．

求最值的条件可记为：一正，二定，三取等．

例 求以下 y 的最值：

(1) $y = x + \dfrac{2}{x}\,(x>0)$；　　　　　　(2) $y = 2x + \dfrac{1}{x^2}\,(x>0)$；

(3) $y = x(2-x)\,(0<x<2)$；　　　　(4) $y = x(8-2x)\,(0<x<4)$；

(5) $y = 4x - 2 + \dfrac{1}{4x-5}\left(x<\dfrac{5}{4}\right)$；　　(6) $y = \dfrac{x^2 + 7x + 10}{x+1}\,(x>-1)$．

解　(1) 当 $x = \dfrac{2}{x}$，即 $x = \sqrt{2}$ 时

$$y_{\min} = \sqrt{2} + \frac{2}{\sqrt{2}} = 2\sqrt{2} \quad \text{或} \quad y_{\min} = 2\sqrt{x \cdot \frac{2}{x}} = 2\sqrt{2}$$

(2) 原式化为
$$y = x + x + \frac{1}{x^2}$$

当 $x = \dfrac{1}{x^2}$，即 $x = 1$ 时

$$y_{\min} = 1 + 1 + 1 = 3 \quad \text{或} \quad y_{\min} = 3\sqrt[3]{x \cdot x \cdot \frac{1}{x^2}} = 3$$

(3) 当 $x = 2 - x$，即 $x = 1$ 时

$$y_{\max} = 1 \times (2-1) = 1 \quad \text{或} \quad y_{\max} = \left(\frac{x+2-x}{2}\right)^2 = 1$$

(4) 原式化为

A.3 解三角形、数列、均值不等式

A.3.1 三角形的正、余弦定理

1. 正弦定理

如图 A-13 所示,可推得(推导略)

$$\frac{a}{\sin A} = \frac{b}{\sin B} = \frac{c}{\sin C} = 2R$$

2. 余弦定理

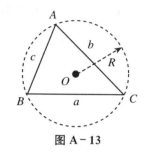

图 A-13

如图 A-13 所示,多种方法可证得(证明略)

$$a^2 = b^2 + c^2 - 2bc\cos A, \quad b^2 = c^2 + a^2 - 2ca\cos B, \quad c^2 = a^2 + b^2 - 2ab\cos C$$

A.3.2 数列

按一定规则排列的一列数叫作数列,可以写成

$$a_1, \quad a_2, \quad a_3, \quad \cdots, \quad a_n, \quad \cdots$$

简记为 $\{a_n\}$.

如果第 n 项与序号 n 之间的关系可以用一个式子来表示,那么这个式子叫作这个数列的通项公式.

1. 等差数列

从第二项起,每一项与它前一项的差为常数的数列为等差数列,这个常数叫作等差数列的公差,一般用 d 表示.

通项公式

$$a_n = a_1 + (n-1)d$$

前 n 项和

$$S_n = \frac{n(a_1 + a_n)}{2} = na_1 + \frac{n(n-1)}{2}d$$

2. 等比数列

从第二项起,每一项与它前一项的比为常数的数列为等比数列,这个常数叫作等比数列

$$\begin{cases} x = l_1 X + l_2 Y + l_3 Z \\ y = m_1 X + m_2 Y + m_3 Z \\ z = n_1 X + n_2 Y + n_3 Z \end{cases}$$

空间直角坐标系

2. 柱坐标系

图 A-11 所示为柱坐标系,又叫半极坐标系.某点 P 的柱坐标为 (ρ,φ,z), ρ,φ 为点 P 在 Oxy 平面上投影的极坐标, z 为 P 到 Oxy 平面的距离. $0 \leqslant \rho < \infty$, $-\infty < \varphi < \infty$, $-\infty < z < \infty$.

直角坐标系与柱坐标系的互换为

$$\begin{cases} x = \rho\cos\varphi \\ y = \rho\sin\varphi \\ z = z \end{cases}, \quad \begin{cases} \rho = \sqrt{x^2 + y^2} \\ \varphi = \begin{cases} \arctan\dfrac{y}{x} & (x>0) \\ \pi + \arctan\dfrac{y}{x} & (x<0) \end{cases} \\ z = z \end{cases}$$

3. 球坐标系(空间极坐标系)

图 A-12 所示为球坐标系,又叫空间极坐标系.某点 P 的球坐标为 (r,θ,φ),矢径长 r 为 OP 的长度,极角 θ 为 OP 与 z 轴的夹角,方位角 φ 为 OP 在 xy 平面内的投影与 x 轴的夹角. $0 \leqslant r < \infty$, $-\infty < \varphi < \infty$, $0 \leqslant \theta \leqslant \pi$.

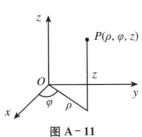

图 A-11

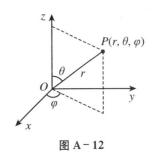

图 A-12

球坐标系与直角坐标系的互换为

$$\begin{cases} x = r\sin\theta\cos\varphi \\ y = r\sin\theta\sin\varphi \\ z = r\cos\theta \end{cases}, \quad \begin{cases} r = \sqrt{x^2 + y^2 + z^2} \\ \varphi = \begin{cases} \arctan\dfrac{y}{x} & (x>0) \\ \pi + \arctan\dfrac{y}{x} & (x<0) \end{cases} \\ \theta = \begin{cases} \arctan\dfrac{\sqrt{x^2+y^2}}{z} & (z>0) \\ \pi + \arctan\dfrac{\sqrt{x^2+y^2}}{z} & (z<0) \end{cases} \end{cases}$$

$$\begin{cases} x = \rho\cos\varphi \\ y = \rho\sin\varphi \end{cases}, \quad \begin{cases} \rho = \sqrt{x^2 + y^2} \\ \varphi = \begin{cases} \arctan\dfrac{y}{x} & (x>0) \\ \pi + \arctan\dfrac{y}{x} & (x<0) \end{cases} \end{cases}$$

A.2.2 空间坐标系及其变换

1. 空间直角坐标系

(1) 右手系与左手系

在空间中规定直角坐标系的方法有右手系和左手系,如图 A-9 所示,一般应用右手系.

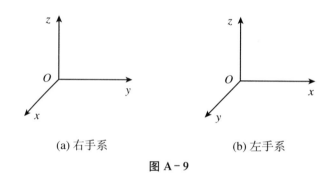

(a) 右手系　　　(b) 左手系

图 A-9

(2) 坐标轴的平移(略)

(3) 坐标轴的旋转

如图 A-10 所示,有向线段 OP(设长度为 r)与 Ox, Oy, Oz 的夹角 α, β, γ 称为线段的方向角,这三个角的余弦称为方向余弦,分别表示为

$$l = \cos\alpha = \frac{x}{r}, \quad m = \cos\beta = \frac{y}{r}, \quad n = \cos\gamma = \frac{z}{r}$$

有

$$r^2 = x^2 + y^2 + z^2$$

故

$$l^2 + m^2 + n^2 = 1$$

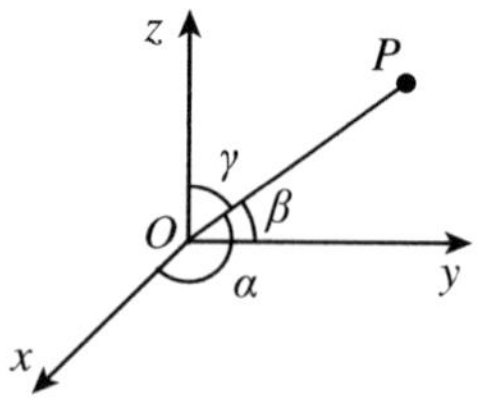

图 A-10

若 $O\text{-}xyz$ 坐标系绕原点转动得到新坐标系 $O\text{-}XYZ$,分别给出新坐标轴 OX, OY, OZ 对原坐标系的方向余弦 $l_1, m_1, n_1, l_2, m_2, n_2, l_3, m_3, n_3$,则同一点在两个坐标系中的坐标关系为

A.2 坐标系与坐标变换

A.2.1 平面坐标系及其变换

1. 平面直角坐标系

(1) 坐标轴的平移(略).

(2) 坐标轴的旋转. 如图 A-6 所示, Oxy 坐标系绕过原点垂直于纸面的轴转过 α 得到新坐标系 OXY, 则同一点在两个坐标系中的坐标关系为

$$\begin{cases} x = X\cos\alpha - Y\sin\alpha \\ y = X\sin\alpha + Y\cos\alpha \end{cases}$$

2. 极坐标系

平面内选一个定点 O 为极点, 引一条射线 Ox 为极轴就建立了极坐标系, 如图 A-7 所示.

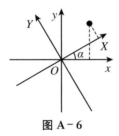

图 A-6

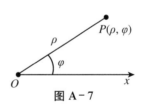

图 A-7

平面内某点 P 的位置可用极坐标 $P(\rho, \varphi)$ 表示; ρ 为 P, O 的距离, 称为极径或矢径, $0 \leqslant \rho < \infty$(物理中取 $-\infty < \rho < \infty$); φ 为极角, $-\infty < \varphi < \infty$, φ 从极轴开始, 一般取逆时针转动为正, 顺时针转动为负.

3. 直角坐标系与极坐标系的互换

如图 A-8 所示, 可得到

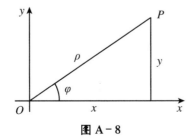

图 A-8

图 A-8

由余弦的倍角公式可推得(正负取决于 $\alpha/2$)

$$\sin\frac{\alpha}{2} = \pm\sqrt{\frac{1-\cos\alpha}{2}}$$

$$\cos\frac{\alpha}{2} = \pm\sqrt{\frac{1+\cos\alpha}{2}}$$

$$\tan\frac{\alpha}{2} = \pm\sqrt{\frac{1-\cos\alpha}{1+\cos\alpha}} = \frac{1-\cos\alpha}{\sin\alpha} = \frac{\sin\alpha}{1+\cos\alpha}$$

$$\cot\frac{\alpha}{2} = \pm\sqrt{\frac{1+\cos\alpha}{1-\cos\alpha}} = \frac{1+\cos\alpha}{\sin\alpha} = \frac{\sin\alpha}{1-\cos\alpha}$$

(7) 降幂公式

$$\sin^2\alpha = \frac{1}{2}(1-\cos 2\alpha), \quad \cos^2\alpha = \frac{1}{2}(1+\cos 2\alpha)$$

4. 反三角函数

反三角函数是三角函数的反函数,三角函数具有周期性,因此反三角函数是多值函数,其图像与其原函数的图像关于 $y=x$ 对称. 例如正弦函数 $y=\sin x$ ($-\infty<x<+\infty$)的反函数为反正弦函数,记为 $y=\text{Arcsin } x$ ($-1\leqslant x\leqslant 1$),一个 x 值对应多个(无数个) y 值.

在实函数中一般只研究单值函数,故一般只把定义在包含锐角的单调区间上的基本三角函数的反函数称为反三角函数. 例如正弦函数 $y=\sin x$ 在包含锐角的单调区间 $-\pi/2\leqslant x\leqslant\pi/2$ 的反函数为反正弦函数(或称为反正弦函数主值),记为 $y=\arcsin x$. 如表 A-3 所示.

表 A-3 反三角函数定义域与主值范围

函数	主值记号	定义域	主值范围
反正弦	$\arcsin x$	$-1\leqslant x\leqslant 1$	$[-\pi/2,\pi/2]$
反余弦	$\arccos x$	$-1\leqslant x\leqslant 1$	$[0,\pi]$
反正切	$\arctan x$	$-\infty<x<\infty$	$(-\pi/2,\pi/2)$
反余切	$\text{arccot } x$	$-\infty<x<\infty$	$(0,\pi)$
反正割	$\text{arcsec } x$	$x\leqslant -1, x\geqslant 1$	$[0,\pi]$
反余割	$\text{arccsc } x$	$x\leqslant -1, x\geqslant 1$	$[-\pi/2,\pi/2]$

反三角函数

一般反三角函数与主值的关系为

$\text{Arcsin } x = n\pi + (-1)^n\arcsin x,\quad \text{Arccos } x = 2n\pi \pm \arccos x,\quad \text{Arctan } x = n\pi + \arctan x$

式中 n 为任意整数.

(3) 和差角公式

可用单位圆与矢量(数学中的向量)乘积得到,也可用单位圆与几何方法得到,略去推导,给出结论：

$$\sin(\alpha \pm \beta) = \sin\alpha\cos\beta \pm \cos\alpha\sin\beta, \quad \cos(\alpha \pm \beta) = \cos\alpha\cos\beta \mp \sin\alpha\sin\beta$$

由这两个公式可推得

$$\tan(\alpha \pm \beta) = \frac{\tan\alpha \pm \tan\beta}{1 \mp \tan\alpha\tan\beta}, \quad \cot(\alpha \pm \beta) = \frac{\cot\alpha\cot\beta \mp 1}{\cot\beta \pm \cot\alpha}$$

(4) 和差与积互化公式

由正、余弦的和差角公式可推得

$$\sin\alpha\sin\beta = -\frac{1}{2}[\cos(\alpha+\beta) - \cos(\alpha-\beta)]$$

$$\cos\alpha\cos\beta = \frac{1}{2}[\cos(\alpha+\beta) + \cos(\alpha-\beta)]$$

$$\sin\alpha\cos\beta = \frac{1}{2}[\sin(\alpha+\beta) + \sin(\alpha-\beta)]$$

$$\tan\alpha \pm \tan\beta = \frac{\sin(\alpha \pm \beta)}{\cos\alpha\cos\beta}$$

$$\cot\alpha \pm \cot\beta = \pm\frac{\sin(\alpha \pm \beta)}{\sin\alpha\sin\beta}$$

$$\tan\alpha \pm \cot\beta = \pm\frac{\cos(\alpha \mp \beta)}{\cos\alpha\sin\beta}$$

由正、余弦的积化和差公式可推得

$$\sin\alpha + \sin\beta = 2\sin\frac{\alpha+\beta}{2}\cos\frac{\alpha-\beta}{2}$$

$$\sin\alpha - \sin\beta = 2\cos\frac{\alpha+\beta}{2}\sin\frac{\alpha-\beta}{2}$$

$$\cos\alpha + \cos\beta = 2\cos\frac{\alpha+\beta}{2}\cos\frac{\alpha-\beta}{2}$$

$$\cos\alpha - \cos\beta = -2\sin\frac{\alpha+\beta}{2}\sin\frac{\alpha-\beta}{2}$$

(5) 倍角公式

由正、余弦的和角公式可推得

$$\sin 2\alpha = 2\sin\alpha\cos\alpha = \frac{2\tan\alpha}{1+\tan^2\alpha}$$

$$\cos 2\alpha = \cos^2\alpha - \sin^2\alpha = 1 - 2\sin^2\alpha = 2\cos^2\alpha - 1 = \frac{1-\tan^2\alpha}{1+\tan^2\alpha}$$

进一步推出

$$\tan 2\alpha = \frac{2\tan\alpha}{1-\tan^2\alpha}, \quad \cot 2\alpha = \frac{\cot^2\alpha - 1}{2\cot\alpha}$$

(6) 半角公式

3. 三角函数的基本关系和公式

(1) 诱导公式

如表 A-2 所示,表中 k 为整数.利用诱导公式可以实现把任意角的三角函数转化为锐角三角函数,或实现正、余弦函数与正、余切函数的相互转化.例如

$$\sin\left(\frac{\pi}{2} - \alpha\right) = \cos \alpha$$

也可以借助单位圆或函数图像帮助得到转化的结果.

表 A-2 三角函数诱导公式表

	sin	cos	tan
$\alpha + 2k\pi$	$\sin \alpha$	$\cos \alpha$	$\tan \alpha$
$-\alpha$	$-\sin \alpha$	$\cos \alpha$	$-\tan \alpha$
$\pi \pm \alpha$	$\mp \sin \alpha$	$-\cos \alpha$	$\pm \tan \alpha$
$\frac{\pi}{2} \pm \alpha$	$\cos \alpha$	$\mp \sin \alpha$	$\mp \cot \alpha$

(2) 基本关系

$$\sin^2 \alpha + \cos^2 \alpha = 1, \quad \tan \alpha = \frac{\sin \alpha}{\cos \alpha}, \quad \cot \alpha = \frac{\cos \alpha}{\sin \alpha} = \frac{1}{\tan \alpha}$$

$$\sin \alpha \cdot \csc \alpha = 1, \quad \cos \alpha \cdot \sec \alpha = 1, \quad \sec^2 \alpha - \tan^2 \alpha = 1, \quad \csc^2 \alpha - \cot^2 \alpha = 1$$

合理利用这些基本关系,运用三角代换,可使某些问题求解过程简化或使某些难以求解的问题快速求解.常见的三角代换有:

对 $\sqrt{1-x^2}$,令 $x = \sin \alpha, -\frac{\pi}{2} \leqslant \alpha \leqslant \frac{\pi}{2}$,则

$$原式 = \cos \alpha$$

α 取值范围是为了保证 $\cos \alpha$ 的值非负(也可令 $x = \cos \alpha (0 \leqslant \alpha \leqslant \pi)$);若为 $\sqrt{a^2 - x^2}$,令 $x = |a| \sin \alpha \left(-\frac{\pi}{2} \leqslant \alpha \leqslant \frac{\pi}{2}\right)$,则

$$原式 = |a| \cos \alpha$$

以下略去这种讨论.

对 $\sqrt{1+x^2}$,令 $x = \tan \alpha \left(-\frac{\pi}{2} \leqslant \alpha \leqslant \frac{\pi}{2}\right)$,则

$$原式 = \sec \alpha = \frac{1}{\cos \alpha}$$

对 $\sqrt{x^2-1}$,令 $x = \sec \alpha \left(0 \leqslant \alpha < \frac{\pi}{2}\right)$,则

$$原式 = \tan \alpha$$

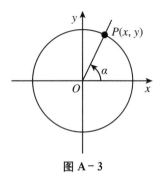

图 A-3

坐标值)有可能为负数或零,但斜边一定为 1.

正弦 $\sin\alpha = \dfrac{\text{对边}}{\text{斜边}} = y$ 余弦 $\cos\alpha = \dfrac{\text{邻边}}{\text{斜边}} = x$

正切 $\tan\alpha = \dfrac{\text{对边}}{\text{邻边}} = \dfrac{y}{x}$ 余切 $\cot\alpha = \dfrac{\text{邻边}}{\text{对边}} = \dfrac{x}{y}$

正割 $\sec\alpha = \dfrac{\text{斜边}}{\text{邻边}} = \dfrac{1}{\cos\alpha} = \dfrac{1}{x}$ 余割 $\csc\alpha = \dfrac{\text{斜边}}{\text{对边}} = \dfrac{1}{\sin\alpha} = \dfrac{1}{y}$

(2) 三角函数的图像

可以利用单位圆帮助作出三角函数的图像. 以下均采用弧度制, x 表示角, y 表示三角函数.

如图 A-4 所示:标准正弦曲线 $y = \sin x$,周期为 $T = 2\pi$;余弦曲线 $y = \cos x$,周期为 $T = 2\pi$;正切曲线 $y = \tan x$,周期为 $T = \pi$;余切曲线 $y = \cot x$,周期为 $T = \pi$.

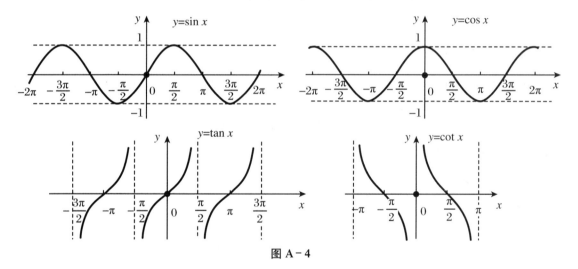

图 A-4

一般三角函数的图像,以一般正弦曲线 $y = A\sin(\omega x + \varphi_0)$ 为例,式中 $|A|$ 为振幅, $|\omega|$ 为角频率, $\omega x + \varphi_0$ 为相位, φ_0 为初相位;如图 A-5 所示,它是将 $y = \sin x$ 图像在 y 轴上伸长为 A 倍,在 x 轴上压缩为 $1/\omega$,并向左平移 φ_0/ω 而得到的,周期为 $T = 2\pi/\omega$.

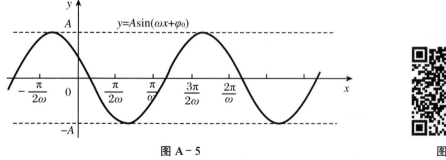

图 A-5

图 A-5

图像如图 A-2 所示,与 x 轴交于点(1,0),渐近线为 x=0.

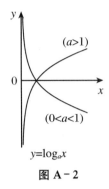

图 A-2

A.1.4 平面三角函数与反三角函数

1. 任意角与弧度制

我们规定,按逆时针旋转形成的角叫作正角,按顺时针旋转形成的角叫作负角.

用度作为单位来度量角的单位叫作角度制,1 度的角等于周角的 1/360,记作 1°.

用弧度作为单位来度量角的单位叫作弧度制,1 弧度的角等于半径长的弧所对的圆心角,记作 1 rad,rad 读作弧度. 故有

$$l = |\alpha| r$$

式中 l 为弧长,α 为圆心角的弧度,r 为半径.

弧度与度的关系是

$$\frac{\alpha}{\pi} = \frac{\theta}{180°}$$

式中 α,θ 分别表示同一角的弧度数与度数. 如表 A-1 所示.

表 A-1 度与弧度的换算

度	0°	30°	45°	60°	90°	180°	360°
弧度	0	$\frac{\pi}{6}$	$\frac{\pi}{4}$	$\frac{\pi}{3}$	$\frac{\pi}{2}$	π	2π

2. 三角函数

(1) 三角函数的定义

如图 A-3 所示,在直角坐标系中,以原点为圆心、单位长度为半径($r=1$)的圆称为单位圆. 设角 α 的顶点与原点重合,始边与 x 正半轴重合,终边与单位圆交于一点 $P(x,y)$. 过 P 作 x 轴的垂线可以得到斜边长为 1 的直角三角形,则锐角三角函数可以用单位圆上点的坐标表示;同样地,我们可以利用单位圆定义任意角的三角函数,此时对边或邻边(即 y 或 x

2. 指数函数

形如 $y = a^x (a>0, a \neq 1, -\infty < x < \infty)$ 的函数称为指数函数.

图像如图 A-1 所示,与 y 轴交于点 $(0,1)$,渐近线为 $y=0$.

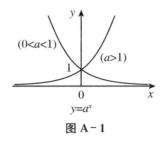

图 A-1

3. 对数与对数运算法则

一般地,如果 $a^x = N(a>0, a \neq 1)$,那么数 x 叫作以 a 为底 N 的对数,记作
$$x = \log_a N \quad (a>0 \text{ 且 } a \neq 1, N>0)$$
其中 a 叫作对数的底数,N 叫作真数.

负数和零没有对数,即 N 不能为负数和零.(若拓展到复数,则负数有对数,故物理中若出现负数的对数可以继续做下去.)

通常将以 10 为底的对数叫作常用对数,并把 $\log_{10} N$ 记作 $\lg N$.

在科学技术中常用以无理数 $e = 2.71828\cdots$ 为底数的对数,以 e(自然常数)为底的对数称为自然对数,并把 $\log_e N$ 记作 $\ln N$.

如果 $a>0$ 且 $a \neq 1, b>0$ 且 $b \neq 1, M>0, N>0$,那么

$$\log_a a = 1, \quad \log_a 1 = 0, \quad \log_a(MN) = \log_a M + \log_a N$$

$$\log_a \frac{M}{N} = \log_a M - \log_a N, \quad \log_a M^\alpha = \alpha \log_a M, \quad \log_{a^\beta} M^\alpha = \frac{\alpha}{\beta} \log_a M$$

$$\log_a b \cdot \log_b a = 1 \text{ 或 } \log_a b = \frac{1}{\log_b a}, \quad M^{\log_a N} = N^{\log_a M}$$

对数恒等式
$$a^{\log_a M} = M = \log_a a^M$$

换底公式
$$\log_a M = \frac{\log_b M}{\log_b a} \quad \text{或} \quad \log_a M \cdot \log_b a = \log_b M$$

4. 对数函数

形如 $y = \log_a x (a>0$ 且 $a \neq 1, x>0)$ 的函数称为对数函数.

4. 简单函数与复合函数

若 y 是 u 的函数 $y=f(u)$,而 u 又是 x 的函数 $u=\varphi(x)$,则 y 称为 x 的复合函数,u 称为中间变量,记作

$$y=f[\varphi(x)]$$

无中间变量的函数称为简单函数.

5. 单调函数与非单调函数

递增函数和递减函数通称为单调函数,不是递增或递减的函数称为非单调函数.

6. 奇函数与偶函数

若对于定义域中任意 x 恒有 $f(-x)=-f(x)$,则称 $f(x)$ 为奇函数;若对于定义域中任意 x 恒有 $f(-x)=f(x)$,则称 $f(x)$ 为偶函数.

7. 周期函数与非周期函数

若有一实数 $T\neq 0$,使对定义域中的任意 x 恒有 $f(x+T)=f(x)$,则称 $f(x)$ 为以 T 为周期的周期函数;否则称 $f(x)$ 为非周期函数.

8. 初等函数

幂函数、指数函数、对数函数、三角函数、反三角函数通称为"基本初等函数",凡是由基本初等函数经过有限次四则运算及有限次复合步骤而构成并能用一个数学式子表示的函数都属于初等函数.

A.1.2 幂函数

函数 $y=x^{\alpha}$ 叫作幂函数,其中 x 是自变量,α 是常数.

A.1.3 指数函数与对数函数

1. 指数运算法则

$$a^r a^s = a^{r+s}, \quad a^0 = 1(a\neq 0), \quad a^{-r} = \frac{1}{a^r}, \quad (a^r)^s = a^{rs}$$

$$a^{\frac{r}{s}} = \sqrt[s]{a^r} = (\sqrt[s]{a})^r, \quad \frac{a^r}{a^s} = a^{r-s}, \quad (ab)^r = a^r b^r, \quad \left(\frac{a}{b}\right)^r = \frac{a^r}{b^r}$$

指数运算法则

附录A

初等数学

A.1 初等函数及其数值计算

A.1.1 函数的概念和分类

1. 函数与反函数

如果按照某种确定的对应关系 f,使对于集合 A 中的任意一个数 x,都有确定的数 $y=f(x)$ 和它对应,就称 y 是 x 的函数,记作

$$y=f(x), \quad x \in A$$

x 叫作自变量,y 叫作因变量,A 叫作定义域,A 对应的 y 构成的集合 B 称为值域.

反过来,把 y 视作自变量,x 视为因变量,用 y 写出 x 的表达式:

$$x=\varphi(y), \quad y \in B$$

则称 $y=f(x)$ 和 $x=\varphi(y)$ 互为反函数.

习惯上,通常用 x 表示自变量,y 表示因变量,故常常对调函数中的 x,y,写成

$$y=\varphi(x), \quad x \in B$$

则称 $y=f(x)$ 和 $y=\varphi(x)$ 互为反函数.

例如 $y=x+1$ 与 $x=y-1$(或 $y=x-1$)互为反函数.

2. 一元函数与多元函数

只有一个自变量的函数称为一元函数,有两个或两个以上自变量的函数称为多元函数.

3. 显函数与隐函数

因变量可用自变量用数学式子直接表示出来的函数称为显函数;若函数关系式包含在一个方程式或一组方程式中,则称为隐函数.

(2) (i) 395 mm. (ii) 198 mm. (iii) 790 mm.

(3) (i) 455 mm,满足. (ii) 137 mm,132 mm. (iii) 虚像,−396 mm;实像,393 mm.

7−16 (1) $I_\theta = I_x \cos^2\theta + I_y \sin^2\theta + \sqrt{I_x I_y} \sin 2\theta \cos\delta$.

(2) 长轴方位及对应的透射光强的极大值为

$$\theta = \frac{\alpha}{2}, \quad I_{\max} = \frac{1}{2}(I_x + I_y) + \frac{1}{2}\sqrt{I_x^2 + I_y^2 + 2I_x I_y \cos 2\delta}$$

短轴方位及对应的透射光强的极小值为

$$\theta = \frac{\alpha}{2} + \frac{\pi}{2}, \quad I_{\min} = \frac{1}{2}(I_x + I_y) - \frac{1}{2}\sqrt{I_x^2 + I_y^2 + 2I_x I_y \cos 2\delta}$$

其中 $\alpha = \arctan \dfrac{2\sqrt{I_x I_y}\cos\delta}{I_x - I_y}$.

$$t_H = \frac{\sqrt{n_L^2 + n_H^2}}{4n_H^2}\lambda$$

同理可得 t_L 的最小值为

$$t_L = \frac{\sqrt{n_L^2 + n_H^2}}{4n_L^2}\lambda$$

(3) 代入数据得

$$t_H = 6.1 \times 10^{-8} \text{ m}, \quad t_L = 2.21 \times 10^{-7} \text{ m}$$

7-1 120°.

7-2 1.08°.

7-3 1.5.

7-4 证明略.

7-5 1.77 mm.

7-6 原位置,倒立、等大、实像.

7-7 10 cm.

7-8 (1) 在凸透镜右侧 20 cm 处成等大的像,圆盘状.

(2) 光阑半径 $r > 12$ cm 时,光阑半径减小,圆盘像无变化;$r \leq 12$ cm 时,随着光阑半径减小,圆盘像亮度变暗,但大小、形状不变.

(3) $r > 6$ cm 时,光阑半径减小,圆盘像无变化;3 cm $< r \leq 6$ cm 时,随着光阑半径减小,圆盘像亮度变暗,但大小、形状不变;$r \leq 3$ cm 时,随着光阑半径减小,圆盘像亮度变暗,大小减小,形状不变.

(4) $r > 12$ cm 时,光阑半径减小,圆盘像无变化;$r \leq 12$ cm 时,随着光阑半径减小,圆盘像亮度变暗,但大小、形状不变.

(5) 光阑放置凸透镜后方距凸透镜大于 15 cm 时,像的大小将与光阑半径有关.

7-9 (1) 半径为 5 cm 的凸球面;

(2) 2.

7-10 厚 -1.2×10^{-5} m,或薄 1.2×10^{-5} m.

7-11 (1) 3.6×10^{-4} m;

(2) 50 条.

7-12 $t_1 = \frac{\lambda}{6n_1}, t_2 = \frac{5\lambda}{12n_2}$.

7-13 凹的.证明略.

7-14 (1) $d_1 = 0.34$ mm, $R = 0.96$ mm, $p = 1.6$ mm;

(2) $R' \approx 0.68$ nm, $p' \approx 3.9$ nm.

7-15 以下均为到 O 点的距离.

(1) 1580 mm, 527 mm.

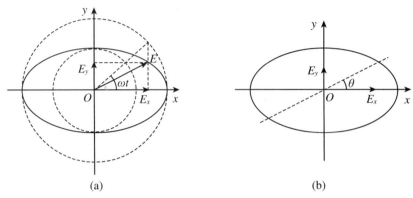

答图 7-13

合振动矢量端点轨迹为椭圆,即为椭圆偏振光,故椭圆偏振光可分解为两相互垂直的线偏振光,并可知 x,y 方向分别为最大、最小透射光强方向,故

$$I_{\max} = A_x^2, \quad I_{\min} = A_y^2$$

透射方向与光强最大透射方向间的夹角为 θ 时,如答图 7-13(b)所示,则

$$E_\theta = E_x \cos \theta + E_y \sin \theta = A_x \cos \theta \cos \omega t + A_y \sin \theta \sin \omega t$$

$$= \sqrt{(A_x \cos \theta)^2 + (A_y \sin \theta)^2} \cos(\omega t + \varphi) = A_\theta \cos(\omega t + \varphi)$$

透射光强为

$$I_\theta = A_\theta^2 = (A_x \cos \theta)^2 + (A_y \sin \theta)^2 = I_{\max} \cos^2 \theta + I_{\min} \sin^2 \theta$$

练习 7-17 (1) 由折射定律得

$$n \sin 45° = n_H \sin \theta_H = n_L \sin \theta_L$$

反射光完全偏振,则

$$\tan \theta_H = \frac{n_L}{n_H}$$

由于 $\theta_H + \theta_L = 90°$,故已满足 $\tan \theta_L = \frac{n_H}{n_L}$,两材料界面处均达到起偏角,联立解得

$$n = \frac{\sqrt{2} n_L n_H}{\sqrt{n_L^2 + n_H^2}}$$

(2) 为使透射光偏振度最大,在两相邻界面反射光应干涉叠加加强,如答图 7-14 所示,对高折射率层有

$$n_H \frac{2 t_H}{\cos \theta_H} - n_L 2 t_H \tan \theta_H \sin \theta_L + \frac{\lambda}{2} = k_1 \lambda \quad (k_1 = 1, 2, \cdots)$$

整理得

$$t_H = \left(k_1 - \frac{1}{2}\right) \frac{\sqrt{n_L^2 + n_H^2}}{2 n_H^2} \lambda \quad (k_1 = 1, 2, \cdots)$$

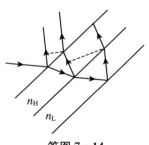

答图 7-14

$k_1 = 1$ 时得 t_H 的最小值为

$$d\sin\theta_2 = 2\lambda$$

则
$$\sin\theta_2 = \frac{2}{d}\lambda$$

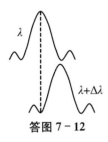

答图 7-12

可知第二级谱线 589.6 nm 比 589.0 nm 角位置大,恰能分辨时,如答图 7-12 所示,根据瑞利判据,需使 589.0 nm 的第二级极大与 589.6 nm 靠近第二级极大且偏向角位移减小处的极小重合.(也可使 589.6 nm 的第二级极大与 589.0 nm 靠近第二级极大且偏向角位移变大处的极小重合.)589.0 nm 第二级极大

$$d\sin\theta = 2\lambda$$

589.6 nm 第二级极大内侧的极小
$$N\frac{2\pi}{\lambda+\Delta\lambda}d\sin\theta = k'2\pi$$

即
$$d\sin\theta = \frac{k'(\lambda+\Delta\lambda)}{N}$$

应取
$$k' = 2N - 1$$

联立得
$$N = 491$$

故缝数 $N \geqslant 491$.

(2) 对第二级主极大代入 $\theta \leqslant 30°$,解得光栅常数
$$d \geqslant 2.36 \times 10^{-3} \text{ mm}$$

(3) 由缺级条件得
$$\frac{d}{a} = 3$$

若取 $d = 2.36 \times 10^{-3}$ mm,则缝宽
$$a = \frac{1}{3}d = 0.79 \times 10^{-3} \text{ mm}$$

缝间
$$b = d - a = 1.57 \times 10^{-3} \text{ mm}$$

练习 7-16 (1) 椭圆偏振光的光强为
$$I = I_{\max} + I_{\min}$$

(2) 建立平面直角坐标系,如答图 7-13(a)所示,可设 x, y 方向的振动矢量分别为
$$E_x = A_x\cos\omega t, \quad E_y = A_y\sin\omega t$$

且令 $A_x > A_y$,则合振动矢量
$$\boldsymbol{E} = E_x\boldsymbol{i} + E_y\boldsymbol{j}$$

练习 7-13 光程差的改变量为

$$\Delta L = 2\Delta n \cdot l = m\lambda$$

解得

$$\Delta n = \frac{m\lambda}{2l}$$

练习 7-14 眼睛焦距可以在一定范围内调节,能看清的物体

$$\frac{1}{u} + \frac{1}{b} = \frac{1}{f}, \quad u \leqslant a$$

则

$$f \leqslant \frac{ab}{a+b}$$

(1) 如答图 7-11(a)所示,则

$$\frac{D}{d} = \frac{f}{b-f}$$

故

$$d = \frac{(b-f)D}{f} \geqslant \frac{b}{a}D$$

人眼应调节至使光斑直径尽可能小,故应取等号:

$$d = \frac{b}{a}D$$

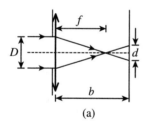 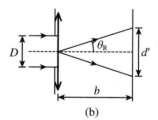

答图 7-11

(2) 如答图 7-11(b)所示,则

$$\theta_R = 1.22\frac{\lambda}{D} = \frac{d'/2}{b}$$

故

$$d' = \frac{2.44\lambda b}{D}$$

可知 D 增大时,d 增大,d' 减小,最恰当的大小应为

$$d = d'$$

解得

$$D = \sqrt{2.44\lambda a} = 0.54 \text{ mm}$$

练习 7-15 (1) 第二级主极大

$$\Delta y = \frac{l+D}{S_1 S_2}\lambda = 6.6 \times 10^{-4} \text{ m} = 0.66 \text{ mm}$$

练习 7-11 由题意得

$$2nd = \left(k_1 + \frac{1}{2}\right)\lambda_1 \quad (k_1 = 0,1,2,\cdots)$$

$$2nd = \left(k_2 + \frac{1}{2}\right)\lambda_2 \quad (k_2 = 0,1,2,\cdots)$$

故

$$(2k_1+1)\lambda_1 = (2k_2+1)\lambda_2$$

即

$$(2k_1+1)5 = (2k_2+1)3$$

$k_1 = 1, k_2 = 2$ 为满足此式的最小取值,此时膜厚度最小,为

$$d = \frac{k_1 + \frac{1}{2}}{2n}\lambda_1 = 393.75 \text{ nm}$$

练习 7-12 如答图 7-10 所示,经下、上界面反射的光好像分别是从 S_1, S_2 发出的,则

$$\overline{SS_1} = 2L, \quad \overline{SS_2} \approx 2L(1-\theta)$$

$$\overline{CS_1} = \overline{SS_1} - \overline{SC} \approx \overline{SS_1} - \overline{SS_2} = 2\theta L, \quad \overline{CS_2} = \overline{SS_2} \cdot \theta \approx 2\theta L$$

故

$$\overline{S_1 S_2} = 2\sqrt{2}\theta L, \quad \angle CS_1 S_2 = 45°$$

即 $S_1 S_2$ 与光屏垂直,设 $S_1 S_2$ 的延长线交光屏于 O' 点,可知干涉条纹为以 O' 为圆心的圆;与 $S_1 S_2$ 的夹角为 α 处有

$$\Delta L = \overline{S_1 S_2}\cos\alpha + \frac{\lambda}{2} = \begin{cases} k\lambda & \text{(亮环)} \\ (2k+1)\dfrac{\lambda}{2} & \text{(暗环)} \end{cases}$$

由于 $D \gg L \gg \overline{S_1 S_2}$,故圆半径为

$$r = \frac{D}{\sqrt{2}}\tan\alpha = \begin{cases} \dfrac{D}{\sqrt{2}}\dfrac{\sqrt{8\theta^2 L^2 - \left(k - \frac{1}{2}\right)^2 \lambda^2}}{\left(k - \frac{1}{2}\right)\lambda} & \text{(亮环)} \\ \dfrac{D}{\sqrt{2}}\dfrac{\sqrt{8\theta^2 L^2 - k^2\lambda^2}}{k\lambda} & \text{(暗环)} \end{cases}$$

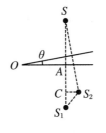 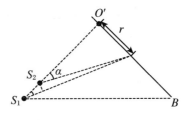

答图 7-10

称性,最后经凸透镜成正立、等大实像于物位置(此处正、倒均为相对于初始物而言).

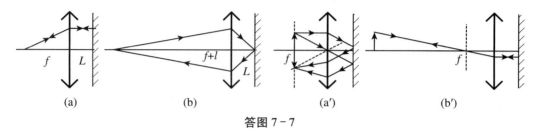

答图 7-7

解法 2:公式法.无论成像位置如何,均可示意如答图 7-8 来求解. S 经凸透镜成像于 S_1,则

$$\frac{1}{u} + \frac{1}{v} = \frac{1}{f}$$

S_1 经平面镜成像于 S_2,S_1,S_2 关于平面镜对称;S_2 经凸透镜成像于 S_3,则

$$\frac{1}{L+L-v} + \frac{1}{u} = \frac{1}{f}$$

联立得

$$\frac{1}{v} = \frac{1}{2L-v}$$

解得

$$v_1 = 4 \text{ cm} \quad 或 \quad v_2 \to \infty$$

纸距凸透镜较远时为 v_1,较近时为 v_2,故

$$\frac{1}{u_1} + \frac{1}{4} = \frac{1}{f}, \quad \frac{1}{u_1-9} + 0 = \frac{1}{f}$$

解得

$$f = 3 \text{ cm}, \quad u_1 = 12 \text{ cm}, \quad u_2 = u_1 - 9 = 3 \text{ cm}$$

较远时放大率

$$m_1 = \left(-\frac{v_1}{u_1}\right) \cdot 1 \cdot \left(-\frac{u_1}{L+L-v_1}\right) = 1$$

即成正立、等大实像;较近时

$$m_1 = \left(-\frac{v_1}{u_1}\right) \cdot 1 \cdot \left(-\frac{u_1}{L+L-v_1}\right) = -1$$

即成倒立、等大实像.

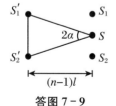

答图 7-9

练习 7-10 如答图 7-9 所示,S_1',S_2' 为 S 经双棱镜左成的像,S_1,S_2 为 S_1',S_2' 分别经双棱镜右成的像,可判断 S,S_1,S_2 几乎在一条线上,有

$$\overline{S_1 S_2} \approx 2\alpha(n-1)l$$

故条纹间距为

$$(x_B - a)(x_{B_1} + 6a) = f^2, \quad x_B x_{B_1} = f^2, \quad (x_B + a)(x_{B_1} - 3a) = f^2$$

解得

$$x_B = 3a, \quad x_{B_1} = 12a, \quad f = 6a \text{(舍负)}$$

三齿确成实像；BD 部分成像放大率为

$$m = -\frac{x_{B_1} + f}{x_B + f} = -2$$

成倒立、放大的实像．

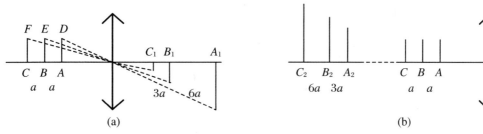

答图 7-6

(2) 设 $\overline{AB} = \overline{BC} = a$，则 $\overline{A_2 B_2} = 3a$，$\overline{B_2 C_2} = 6a$，应成虚像，如答图 7-6(b)所示，则

$$(x_B - a)(x_{B_2} + 3a) = f^2, \quad x_B x_{B_2} = f^2, \quad (x_B + a)(x_{B_2} - 6a) = f^2$$

解得

$$x_B = -3a, \quad x_{B_2} = -12a, \quad f = 6a \text{(舍负)}$$

三齿确成虚像；BD 部分成像放大率为

$$m = -\frac{x_{B_2} + f}{x_B + f} = 2$$

成正立、放大的虚像．

练习 7-9 解法 1：作图法．先利用纸在主光轴上的物点成像于自身位置作光路图，如答图 7-7 所示，(a)图为纸放在焦平面上；(b)图为左移 l，此时物点经凸透镜成像于平面镜处，有

$$\frac{1}{f+l} + \frac{1}{L} = \frac{1}{f}$$

即

$$\frac{1}{f+9} + \frac{1}{4} = \frac{1}{f}$$

故

$$f = 3 \text{ cm}$$

再作物成像的图，判断像的正倒、大小．(a')图成倒立、等大的实像，(b')图成正立、等大的实像，(b)图也可物经凸透镜成倒立实像于平面镜，再经平面镜成倒立虚像于平面镜，由对

则
$$f_2 = \frac{R}{2(n-1)}$$

后来三次成像,则
$$\frac{1}{L'} + \frac{1}{L'} = \frac{1}{f_2} + \frac{1}{f_1} + \frac{1}{f_2}$$

故
$$L' = 12 \text{ cm}$$

练习 7-7 直接像
$$\frac{n}{2R} + \frac{1}{v} = \frac{1-n}{-R} \quad \Rightarrow \quad v = -3R$$
$$m = -\frac{v}{2R}\frac{n}{1} = 2$$

反射像,先经平面镜反射
$$v_1 = -2R, \quad m_1 = 1$$

再经左球面折射
$$\frac{1}{2R - v_1} + \frac{n}{v_2} = \frac{n-1}{R} \quad \Rightarrow \quad v_2 = 16R$$
$$m_2 = -\frac{v_2}{2R - v_1}\frac{1}{n} = -3$$

最后经右球面折射
$$\frac{n}{2R - v_2} + \frac{1}{v'} = \frac{1-n}{-R} \quad \Rightarrow \quad v' = \frac{7}{3}R$$
$$m_3 = -\frac{v'}{2R - v_2}\frac{n}{1} = \frac{2}{9}$$

故反射像
$$m' = m_1 m_2 m_3 = -\frac{2}{3}$$

将鱼经 dt 时间游动的距离 $u dt$ 作为物,设直接像为 $V dt$,反射像为 $V' dt$,则
$$m = \frac{V dt}{u dt}, \quad m' = \frac{V' dt}{u dt}$$

联立解得
$$V = 2u, \quad V' = -\frac{2}{3}u$$

方向相反,故相对速度
$$V - V' = \frac{8}{3}u$$

练习 7-8 (1) 设 $\overline{AB} = \overline{BC} = a$,则 $\overline{A_1 B_1} = 6a$,$\overline{B_1 C_1} = 3a$,应成实像,如答图 7-6(a) 所示,则

$$n = \frac{1}{e}$$

也可用折射定律来做,略.

练习 7-5 眼睛在凸面镜反射成像时,薄玻璃板可忽略,则

$$\frac{1}{u} + \frac{1}{v} = \frac{1}{-f}$$

即

$$\frac{1}{40} + \frac{1}{v} = \frac{1}{-10}$$

解得

$$v = -8 \text{ cm}$$

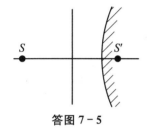

答图 7-5

成像位置如答图 7-5 所示,则薄玻璃板反射成像也在此处;设玻璃板距 S 为 x,则有

$$2x = u - v$$

即

$$2x = 40 + 8$$

解得

$$x = 24 \text{ cm}$$

练习 7-6 解法 1:原为一凹面镜,则

$$\frac{1}{L} + \frac{1}{L} = \frac{2}{R}$$

故

$$R = 20 \text{ cm}$$

后来折射、反射、折射成像,则

$$\frac{1}{L'} + \frac{1}{L'} = \frac{n-1}{R} + \frac{2n}{R} + \frac{1-n}{-R} = \frac{4n-2}{R}$$

故

$$L' = 12 \text{ cm}$$

解法 2:在水、凹面镜间加一空气薄层,后来经凸透镜、凹面镜、凸透镜三次成像.原为一凹面镜,则

$$\frac{1}{L} + \frac{1}{L} = \frac{2}{R} = \frac{1}{f_1}$$

故

$$R = 20 \text{ cm}, \quad f_1 = 10 \text{ cm}$$

对凸透镜有

$$\frac{n-1}{R} + \frac{1-n}{-R} = \frac{1}{f_2}$$

最大出射角由 $\gamma_{\max}$,$\beta_{\max}$ 中较小者决定:若 $\gamma_{\max}\geqslant\beta_{\max}$,即

$$n_1^2 - n_2^2 < 1, \quad \frac{r}{l} \geqslant \arcsin\sqrt{n_1^2 - n_2^2}$$

则最大出射角为 $\beta_{\max}$,光斑直径

$$D = 2r + 2L \cdot \frac{\sqrt{n_1^2 + n_2^2}}{\sqrt{1 + n_2^2 - n_1^2}}$$

若 $\gamma_{\max} < \beta_{\max}$,即

$$n_1^2 - n_2^2 < 1, \frac{r}{l} < \arcsin\sqrt{n_1^2 - n_2^2}; \quad 或 \quad n_1^2 - n_2^2 \geqslant 1$$

则最大出射角为 $\gamma_{\max}$,光斑直径

$$D = 2(r + L\tan\gamma_{\max}) = 2r\left(1 + \frac{L}{l}\right)$$

练习 7-4 解法 1:设 S_2 面的半径为 R,从椭球面左准面波面射来的平行光会聚于 F_2,如答图 7-4 所示,光程为

$$L = l + n(r_2 - R) + R$$

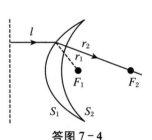

答图 7-4

由椭圆性质得

$$e = \frac{r_1}{l}, \quad r_1 + r_2 = 2a \text{ 为恒量}$$

故

$$L = \frac{r_1}{e} + n(2a - r_1 - R) + R = \left(\frac{1}{e} - n\right)r_1 + n(2a - R) + R$$

由物像等光程性,L 应为恒量,故 r_1 系数为零,即

$$\frac{1}{e} - n = 0$$

故

$$n = \frac{1}{e}$$

解法 2:以 F_2 为极点,以向左为极轴,椭圆极坐标方程为

$$r = \frac{p}{1 - e\cos\varphi}$$

由过椭圆左顶点且垂直于长轴的波面上射来的平行光线会聚于 F_2 的光程为

$$L = (a + c - r\cos\varphi) + n(r - R) + R = (n - \cos\varphi)\frac{p}{1 - e\cos\varphi} + a + c - (n-1)R$$

其中 n, p, e, a, c, R 均为常数,光程 L 应为定值,故

$$(n - \cos\varphi)\frac{p}{1 - e\cos\varphi} = \frac{p(n - \cos\varphi)}{e\left(\frac{1}{e} - \cos\varphi\right)}$$

对任意 φ 角均应为常数,则有

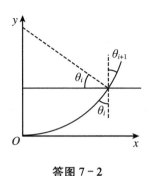

答图 7-2

层，由折射定律得

$$n_0 \sin 90° = n_1 \sin \theta_1 = \cdots = n_i \sin \theta_i = \cdots$$

则

$$\sin \theta_i = \frac{n_0}{n_i}$$ ☆

路径为圆弧，故

$$y = R - R\sin \theta_i = R\left(1 - \frac{n_0}{n_i}\right)$$

则

$$n_i = \frac{R}{R - y} n_0$$

☆式中代入 $n_0 = 1$，$n_i = n_{\max} = 2.5$ 得

$$\sin \theta_{\min} = \frac{1}{2.5}$$

故圆心角最大为

$$\alpha_{\max} = 90° - \theta_{\min} \approx 66.4°$$

练习 7-3 （1）光导纤维中全反射的临界角设为 C，有

$$\sin C = \frac{n_2}{n_1}$$

只有全发射的光线，即 $\alpha \geq C$ 的光线才会通过细棒的内芯，如答图 7-3(a)所示，右端折射：

$$n_1 \sin(90° - \alpha) = \sin \beta$$

$\alpha = C$ 时，出射角 β 最大，故

$$\sin \beta_{\max} = n_1 \cos C = \sqrt{n_1^2 - n_2^2}$$

若 $n_1^2 - n_2^2 < 1$，则光斑直径

$$D = 2(r + L\tan \beta_{\max}) = 2r + 2L \cdot \frac{\sqrt{n_1^2 - n_2^2}}{\sqrt{1 + n_2^2 - n_1^2}}$$

若 $n_1^2 - n_2^2 \geq 1$，光线将在 $\beta \leq \pi/2$ 射出，光斑直径无限大.

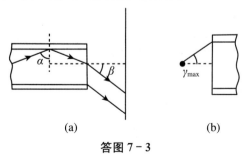

答图 7-3

（2）点光源 A 沿细棒左移 l 时，如答图 7-3(b)所示，入射角

$$\gamma \leq \gamma_{\max} \approx \frac{r}{l} < \frac{\pi}{2}$$

(3) 波带片不仅可以实现平行光的聚焦,还可以成像.以上的 4 级波带片平行光的聚焦过程,相当于物距无穷远、像距等于焦距的情形.将一个点光源(物)置于轴上 O 点左侧 3 m 处的 S 点,其像点为 S',如习图 7-11(c)所示.

(i) 4 级波带片主焦点对应的像距 OS' 是多少?并验证成像公式是否满足.

(ii) 如果该波带片所成的像不是唯一的,轴上还有其他像点,那么距离第(i)问所得到的像点最近的另一个像点在哪里?与此成像过程对应的次焦点的焦距是多少?(不能应用成像公式)

(iii) 如果将物放置于此波带片左侧,与 O 点距离为 $OP'_0/2$,求分别将 4 级波带片的主焦点和第(ii)问所述的次焦点作为焦点而成的像的类型(虚像或实像)与位置.(不能应用成像公式)

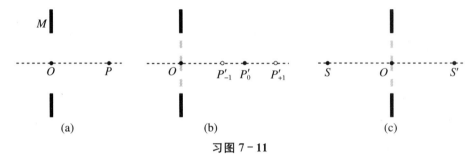

习图 7-11

7-16 用一偏振片检验椭圆偏振光时,透过偏振片的光强将随偏振片的旋转角度变化.对于已设定的坐标系统,已知合成为椭圆偏振光的两个垂直振动的光强分别为 I_x, I_y,y 与 x 方向的振动之间的相位差为 δ.

(1) 试导出透射光强随偏振片旋转角度变化的普遍公式;
(2) 试确定椭圆偏振光长轴和短轴的方位,以及对应的透射光强的极大值和极小值.

第 7 章练习详解及习题答案

练习 7-1 如答图 7-1 所示,将反射折线化为直线,当恰到光接收器时,入射方向与圆柱相切:

$$\sin \frac{\alpha}{2} = \frac{d/2}{L+R}, \quad \sin \theta = \frac{R}{L+R}$$

故

$$\varphi_{\max} = \frac{\alpha}{2} + \theta \approx 36°$$

练习 7-2 如答图 7-2 所示,将介质分为无数薄

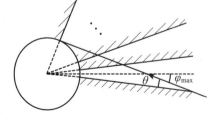

答图 7-1

7-10)十分相似.

(1) 利用习图 7-9 右侧给出的尺寸信息,通过测量估算弹簧钢丝的直径 d_1、弹簧圈的半径 R 和弹簧的螺距 p.

(2) 习图 7-10 是用波长为 0.15 nm 的平行 X 射线照射 DNA 分子样品后,在距离样品 9.0 cm 的照相底片上拍摄的.假设 DNA 分子与底片平行,且均与 X 射线照射方向垂直.根据习图 7-10 中给出的尺寸信息,试估算 DNA 螺旋结构的半径 R' 和螺距 p'.

说明:由光学原理可知,弹簧上两段互成角度的细铁丝的衍射、干涉图像与两条同样角度、相同宽度的狭缝的衍射、干涉图像一致.

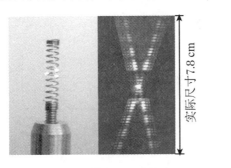

习图 7-9

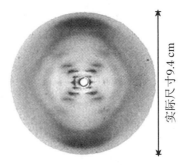

习图 7-10

(习图 7-10 中黑色表示 X 射线曝光较强.中心零级亮纹不可见,1 级亮纹刚好可见,2,3,5 级较清晰,4 级亮纹因 DNA 双螺旋结构的关系"失踪了".)

7-15 (第 38 届全国中学生物理竞赛决赛)一个不透明薄片上的小圆孔如习图 7-11(a)中黑色之间的部分所示,半径 OM 为 1.00 mm.用波长 $\lambda = 632.8$ nm 的氦氖激光作为光源从小孔左侧平行正入射.在垂直于小孔的对称轴上右侧有某个点 P;相对于 P 点,小孔处的波面可视为半波带的组合:以 P 点为球心,P 点到小孔中心 O 的距离为 r_0($r_0 \gg \lambda$),分别以 $r_0 + \lambda/2, r_0 + 2\lambda/2, r_0 + 3\lambda/2, \cdots$ 为半径作球面,将小孔所在平面的波面划分成 N(N 为自然数)个环带,P 点到小孔边缘 M 的距离为 $r_0 + N\lambda/2$,半径最小的环带则是一个圆面,这样划分出的环带称为半波带(因为相邻环带的相应边缘到 P 点的光程差为 $\lambda/2$).显然,环带的数目 N 决定了 P 点的位置.在需要将原有半波带重新划分或合并时,只考虑将已有的每个半波带重新划分为若干个新的半波带,或者将已有的若干个半波带重新合并为一个新的半波带.

(1) 若 $N = 2n+1$,试分别求相应于 $n = 0$ 和 $n = 1$ 的 P 点的位置 P_0(P_0 为轴上最右侧的亮点,称为主焦点)和 P_1(P_1 也为亮点,称为次焦点).

(2) 若 $N = 4$(4 级波带片),且在第 1,3 半波带放置透明材料(习图 7-11(b)中灰色部分),使通过该透明材料的光增加 $\lambda/2$ 光程.求:

(i) 此 4 级波带片的主焦点 P_0' 的位置;

(ii) 紧邻主焦点 P_0' 左侧暗点 P_{-1}' 的位置;

(iii) 紧邻主焦点 P_0' 右侧暗点 P_{+1}' 的位置.

系统的视角放大率).

7-10 如习图 7-5 所示,在杨氏双缝干涉上、下缝右侧放入折射率为 $n=1.5$ 的玻璃砖,入射光波长 $\lambda=600$ nm,双缝间距 $d=1$ mm,缝与屏之间的距离为 $L=1$ m.放入玻璃砖后零级亮纹从 $x=0$ 处向上移动到 $x'=6$ mm 处,试问下缝处的玻璃砖比上缝处厚多少?

7-11 劳埃德镜如习图 7-6 所示,平面镜宽度 $b=15$ cm,点光源发出波长为 600 nm 的单色光,与平面镜(延长线)的垂直距离为 $a=1$ mm,与平面镜左侧的水平距离为 $l=5$ cm,接收屏足够大且与平面镜垂直,与平面镜右侧水平距离为 $D=1$ m.试问:

(1) 条纹间距 Δx 是多少?
(2) 最多有多少条条纹?

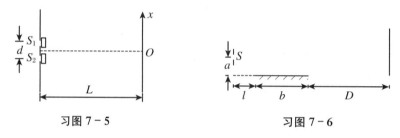

习图 7-5　　　　习图 7-6

7-12 如习图 7-7 所示,在玻璃基底上涂两层薄膜,它们的厚度分别为 t_1 和 t_2.空气、两层膜和玻璃的折射率依次为 n_0,n_1,n_2,n_3,且满足 $n_0<n_1<n_2>n_3$.波长为 λ 的单色光垂直入射,已知在三个界面处反射后所得的三束光振幅相等.为了使反射光的总强度为零,必须适当选择所涂薄膜的厚度,试求满足条件的 t_1,t_2 的最小值.

7-13 利用空气劈尖的等厚干涉条纹可测量精密加工工件表面极小的纹路的深度.在工件表面上放一平板玻璃,使其形成空气楔,如习图 7-8(a)所示.以波长为 λ 的单色光垂直照射玻璃表面,在显微镜中观察干涉条纹.由于工件表面不平,观察到的条纹如习图 7-8(b)所示,试根据纹路弯曲的方向,说明工件表面上纹路是凹的还是凸的,并证明纹路深度可用下式表示:

$$H=\frac{a}{b}\frac{\lambda}{2}$$

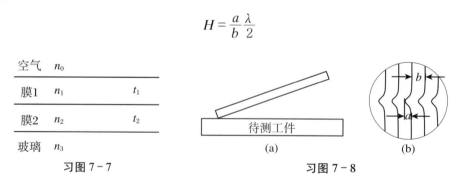

习图 7-7　　　　　　　习图 7-8

7-14 (第 35 届全国中学生物理竞赛复赛)用波长为 633 nm 的激光水平照射竖直圆珠笔中的小弹簧,在距离弹簧 4.2 m 的光屏(与激光水平照射方向垂直)上形成衍射图像.如习图 7-9 所示.其右图与 1952 年拍摄的首张 DNA 分子双螺旋结构 X 射线图像(习图

7-6 如习图7-3所示,一玻璃半球的曲率半径为 R,折射率 $n=1.5$,其平面的一边镀银.一物高为 h,放在曲面顶点前 $2R$ 处.试求这一光具组成的最后一个像的位置、实虚、正倒、放大还是缩小.

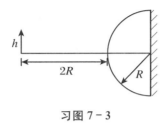

习图 7-3

7-7 有一薄平凸透镜,曲面的曲率半径 $R=30\text{ cm}$.若将此透镜的平面镀银,其作用等同于一个焦距为 30 cm 的凹面镜;若将此透镜的凸面镀银,其作用也等同于一个凹面镜.试求此情况下的等效凹面镜的焦距.

7-8 如习图7-4所示,现有一圆盘状发光体,其半径为 5 cm,放置在一焦距为 10 cm、半径为 15 cm 的凸透镜前,圆盘与凸透镜的距离为 20 cm,透镜后放置一半径大小可调的圆形光阑和一个接收圆盘像的光屏.图中所有光学元件相对于光轴对称放置.请在几何光学近轴范围内考虑下列问题,并忽略像差和衍射效应.

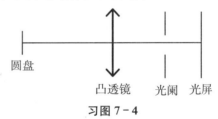

习图 7-4

(1) 未放置光阑时,给出圆盘像的位置、大小、形状;

(2) 若将光阑放置于凸透镜后方 6 cm 处,当圆形光阑的半径逐渐减小时,圆盘的像会有什么变化?

(3) 若将光阑放置于凸透镜后方 18 cm 处,当圆形光阑的半径逐渐减小时,圆盘的像会有什么变化?

(4) 若将光阑放置于凸透镜前方 6 cm 处,当圆形光阑的半径逐渐减小时,圆盘的像会有什么变化?

(5) 光阑放置在哪些位置时,圆盘像的大小将与光阑的半径有关?

7-9 有一放在空气中的玻璃棒,折射率 $n=1.5$,中心轴线长 $L=45\text{ cm}$,一端是半径为 $R_1=10\text{ cm}$ 的凸球面.

(1) 要使玻璃棒的作用相当于一架理想的天文望远镜(使主光轴上无限远处物成像于主光轴上无限远处的望远系统),取中心轴为主光轴,玻璃棒另一端应磨成什么样的球面?

(2) 对于这个玻璃棒,由无限远物点射来的平行入射光束与玻璃棒的主光轴成小角度 φ_1 时,从玻璃棒射出的平行光束与主光轴成小角度 φ_2,求 φ_2/φ_1(此比值等于此玻璃棒望远

(2) 为使透射光的偏振度最大,高折射率层的厚度 t_H 与低折射率层的厚度 t_L 的最小值分别是多少? 设入射光的波长为 λ.

(3) 若两材料的折射率依次为 $n_H = 2.38$ 与 $n_L = 1.25$,对于波长 $\lambda = 514.5$ nm 的激光以 $45°$ 角入射到多层膜上,试求 t_H, t_L 的最小值.

第7章习题

7-1 圆锥面的内表面镀上反射层,构成圆锥面镜.在圆锥形内沿轴拉紧一根细丝,要使细丝发出的光线在圆锥内面上反射不多于一次,圆锥形最小的顶角为多少?

7-2 通常用阿贝数 $v = (n_D - 1)/(n_F - n_C)$ 来表示光学材料的色散特性,其中 n_D, n_C, n_F 分别表示材料对单色光 D, C, F 的折射率.一束白光照射到一顶角 $A = 60°$ 的冕牌玻璃 ($n_D = 1.500, n_C = 1.495, v = 40$) 棱镜上,使单色光 D 在棱镜中的传播方向垂直于角 A 的平分面.试求棱镜射出的单色光 C, F 之间的夹角.

7-3 如习图 7-1 所示,等腰直角玻璃镜只有底面 AC 和侧面 BC 是光滑且透光的,其余面均涂为黑色.棱镜的底面放在报纸上,一位观察者从光滑面 BC 看去,只看见报纸上一篇文章的一部分,可见部分占报纸被压住部分的 0.95.试求玻璃的折射率.

7-4 球面透镜一般只对近轴光线才能近似地成像.对于习图 7-2 所示的弯月形透镜,当物点位于主光轴上的特殊点时,即使是非近轴光线,经透镜折射后的出射光线也能交于同一点,即能理想成像.已知弯月形透镜的折射率为 n,放置在空气中,两球面 S_1, S_2 的球心分别为 C_1, C_2,球面 S_2 的半径为 R,$\overline{C_1 C_2} = R/n$,物点 Q 位于 C_1 点.试证明:

(1) 从 Q 点发出的任何经透镜的光线经透镜折射后,出射光线都能相交于同一像点 Q';

(2) $\overline{C_2 Q'} = nR$.

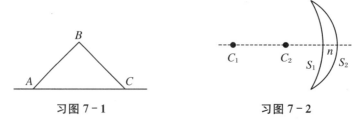

习图 7-1　　　　习图 7-2

7-5 玻璃毛细管的外径显著大于管道直径.玻璃的折射率为 1.5,通过管的侧面看见管道直径 $d' = 2.66$ mm.试求管道的真实直径.

7.6.3 反射光和折射光的偏振 布儒斯特定律

自然光在两种介质分界面反射和折射时,反射光和折射光都将成为部分偏振光,反射光中垂直入射面的振动比平行入射面的振动强,折射光与之相反,如图 7-69(a)所示.

布儒斯特定律:当反射光与折射光互相垂直时,在反射光中只有垂直于入射面的振动,即反射光变为完全偏振光,这一结论称为布儒斯特定律,如图 7-69(b)所示.这时的入射角叫起偏角,也叫布儒斯特角,用 i_B 表示,有

$$i_B + r = 90°, \quad n_1 \sin i_B = n_2 \sin r$$

解得

$$\tan i_B = \frac{n_2}{n_1}$$

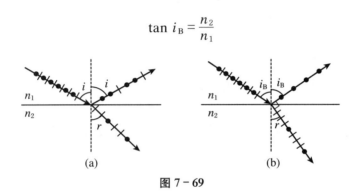

图 7-69

当自然光按起偏角入射时,在经过一次反射、折射后,反射光虽然是完全偏振光,但光强很弱,因此折射光部分是部分偏振光,折射光占有入射光中平行入射面振动的全部光能和垂直入射面振动的大部分光能.将许多玻璃片叠在一起,令自然光以布儒斯特角入射,每遇一界面,约 15% 的垂直分量被反射掉,而平行分量却 100% 透过,最后透射出来的光束几乎是 100% 的平行方向的线偏振光,可以此制成偏振片.

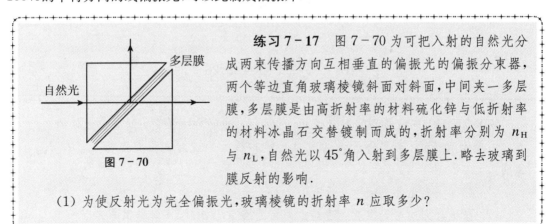

练习 7-17 图 7-70 为可把入射的自然光分成两束传播方向互相垂直的偏振光的偏振分束器,两个等边直角玻璃棱镜斜面对斜面,中间夹一多层膜,多层膜是由高折射率的材料硫化锌与低折射率的材料冰晶石交替镀制而成的,折射率分别为 n_H 与 n_L,自然光以 45° 角入射到多层膜上.略去玻璃到膜反射的影响.

(1) 为使反射光为完全偏振光,玻璃棱镜的折射率 n 应取多少?

$$A_2 = A_1 \cos \alpha, \quad I_2 = A_2^2$$

联立解得

$$I_2 = I_1 \cos^2 \alpha$$

这就是马吕斯定律,式中 I_1,I_2 分别为入射线偏振光、透射线偏振光的光强,α 为入射光矢量振动方向与偏振片透振方向的夹角.

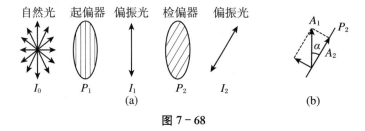

图 7 - 68

例7-17 自然光投射到互相重叠的两块偏振片上,如果最终透射光的强度为:

(1) 通过第一块偏振片后的透射光束最大强度的 1/3;

(2) 入射光束强度的 1/3.

则这两个偏振片的透振方向之间的夹角是多大?假定偏振片是理想的.

解 (1) 由题意得

$$I_2 = I_1 \cos^2 \theta = \frac{1}{3} I_1$$

则

$$\cos \theta = \sqrt{\frac{1}{3}}, \quad \theta = 54.74°$$

(2) 由题意得

$$I_1 = \frac{1}{2} I_0, \quad I_2 = I_1 \cos^2 \theta, \quad I_2 = \frac{1}{3} I_0$$

则

$$\cos \theta = \sqrt{\frac{2}{3}}, \quad \theta = 35.26°$$

> **练习 7-16** 一束椭圆偏振光通过一偏振片,透射光的强度将随着偏振片的透振方向的转动而变化.若测得最大的透射光强和最小的透射光强分别为 $I_{\max}$ 和 $I_{\min}$,试问:
> (1) 椭圆偏振光的光强为多少?
> (2) 当透射方向与光强最大透射方向间的夹角为 θ 时,透射光强为多少?

传播方向的平面上看,按统计平均来说,E 的振动在各个方向上分布对称,振幅也相等,这样的光称为自然光,它是非偏振的,可以分解为两相互垂直的线偏振光,光强各为原来的一半,可用图 7 - 67(c)表示.

3. 部分偏振光

若光的两个互相垂直的独立振动分量不相等,则称为部分偏振光,可用图 7 - 67(d),(e)表示.

4. 圆和椭圆偏振光

光传播时,若光矢量以角频率 ω 绕着传播方向旋转,迎着光的传播方向考察,如果光矢量端点轨迹是一个圆,这种光称为圆偏振光;如果光矢量端点轨迹是一个椭圆,这种光称为椭圆偏振光.

两束传播方向相同,振动方向互相垂直,相位差为 $\pm \pi/2$ 的同频率线偏振光合成后成为圆或正椭圆偏振光.当相位差取除 $0, \pm \pi, \pm \pi/2$ 之外的其他值时,一般合成斜椭圆偏振光.反过来,圆和椭圆偏振光也可分解为两正交线偏振光.

椭圆偏振光沿长轴、短轴方向正交分解时得到的两线偏振光光强(或振幅)分别最大、最小,设两线偏振光振幅分别为 $A_{\max}, A_{\min}$,光强分别为 $I_{\max}, I_{\min}$,椭圆偏振光光强为 I,则有

$$I_{\max} = A_{\max}^2, \quad I_{\min} = A_{\min}^2, \quad I = I_{\max} + I_{\min}$$

正交分解但不沿长轴、短轴时则有

$$I_x = A_x^2, \quad I_y = A_y^2, \quad I = I_x + I_y$$

椭圆偏振光的光强

7.6.2 起偏和检偏 马吕斯定律

偏振片只能透过沿某个方向的光矢量或光矢量沿该方向的分量,这个方向称为偏振片的偏振化方向或透振方向,用一组平行线表示.

如图 7 - 68(a)所示,起偏器 P_1 和检偏器 P_2 均是偏振片,设自然光光强为 I_0,透过起偏器 P_1 后成为线偏振光,其光强为

$$I_1 = \frac{1}{2} I_0$$

再入射到检偏器 P_2 上;转动 P_2,透过 P_2 的光强度周期性变化,P_1, P_2 透振方向平行时最强,垂直时光强最弱,几乎为零,这就是光的偏振现象.对 P_2,设 A_1 为入射线偏振光的光矢量振幅,则

$$I_1 = A_1^2$$

若入射光矢量与 P_2 的透振方向的夹角为 α,则如图 7 - 68(b)所示,透过 P_2 的光振幅和光强分别为

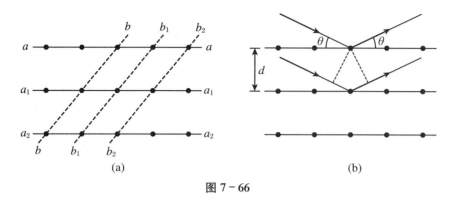

图 7-66

波.在同一层晶面上,符合反射定律的方向上的衍射光强度最大,其他方向的衍射光可以忽略,故只需考虑各个晶面反射光的相干叠加,产生衍射主极大的条件为

$$2d\sin\theta = k\lambda \quad (k=1,2,3,\cdots)$$

此式称为晶体衍射的布拉格公式.

7.6 光的偏振

7.6.1 光的偏振状态

只有横波才有偏振现象,光的干涉和衍射说明了光的波动性,光的偏振现象进一步表明了光的横波性.

光是电磁波,光的振动矢量 E 与光的传播方向垂直.在垂直于光的传播方向的平面内,光矢量 E 还可能有各种不同的振动状态.

1. 线偏振光

如果光矢量始终在某一方向振动,这样的光线称为线偏振光,线偏振光可用图 7-67(a),(b)表示.

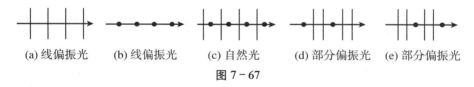

(a) 线偏振光   (b) 线偏振光   (c) 自然光   (d) 部分偏振光   (e) 部分偏振光

图 7-67

2. 自然光

对于普通光源发出的光,波列的振动方向和相位是无规则的、随机变化的,在垂直于光

(2) 如图 7-65 所示，斜入射时光栅方程为

$$d(\sin\theta_k - \sin 30°) = k\lambda$$

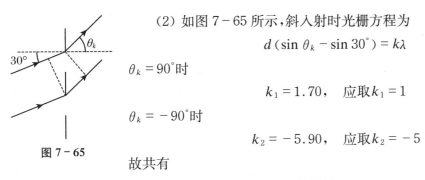

图 7-65

$\theta_k = 90°$ 时

$$k_1 = 1.70, \quad 应取 k_1 = 1$$

$\theta_k = -90°$ 时

$$k_2 = -5.90, \quad 应取 k_2 = -5$$

故共有

$$k_1 - k_2 + 1 = 7 \text{ 条明纹}$$

(3) 正入射时光栅方程取微分为

$$d \cdot \cos\theta_k \cdot \mathrm{d}\theta_k = k \cdot \mathrm{d}\lambda$$

第一级条纹取 $\theta_k = \theta_1$；又第一级条纹角位置为

$$\theta_1 = \arcsin\frac{\lambda}{d} = 17°8'$$

联立得第一级条纹分开的角距离

$$\mathrm{d}\theta_1 = 3.15 \times 10^{-4} \text{ rad}$$

分开的线距离

$$\mathrm{d}x_1 = f\mathrm{d}\theta_1 = 0.63 \text{ mm}$$

练习 7-15 设计一光栅，要求：

(1) 能分辨钠光谱的 589.0 nm 和 589.6 nm 的第二级谱线；
(2) 第二级谱线的衍射角 $\theta \leqslant 30°$；
(3) 第三级谱线缺级．

7.5.3 布拉格公式

X 射线波长短，不能用普通机械刻痕的光栅产生明显的衍射，因为光栅常数 $d \gg \lambda$．晶体内部原子具有周期性的排列，这种结构晶体学上叫作晶格，晶体内部的原子间隔 $a \approx \lambda$，能使 X 射线产生明显的衍射效应．X 射线衍射可以用来测定 X 射线的波长或测定晶体的晶格常数．

图 7-66(a) 代表某种晶体的截面，各原子用"·"表示，晶体内部有各种不同方位的晶面，如 $aa, bb, \cdots$；与某一晶面平行的各个晶面构成一个晶面组，如 $aa, a_1a_1, a_2a_2, \cdots$．

图 7-66(b) 代表一个晶面组，d 为晶格常数，不同的晶面组晶格常数不同．X 射线与某晶面成 θ 角的方向照射到这一组晶面上，每个原子成为一个子波源，像各个方向发射相干子

随着缝数 N 的增加,主极大位置不变,高度显著增加,宽度显著减小. 次极大的光线很弱,光栅的缝数 N 很大时,两相邻主极大之间的暗条纹和次极大的数目都很大,两者几乎无法分辨,形成一个较大的暗区,使光栅衍射的条纹成为黑暗背景上又细又亮的条纹.

光栅衍射区的光强也可以定量计算,或通过定量计算确定主极大、极小位置和缺级情况,若有兴趣可自行查阅学习.

干涉、衍射并不存在实质性的区别,习惯上把有限光束的相干叠加说是干涉,而把无穷多子波的相干叠加说是衍射.

3. 缝宽大于缝间情形

若透光的缝宽大于挡光的缝间,根据巴比涅原理,衍射部分应以挡光的缝间为准,即应取缝宽为 b,缝间为 $a(a<b)$,则上述各结论仍然成立.

光栅衍射

4. 斜入射光栅

斜入射时,要考虑入射光线在光栅处相位不同带来的光程差. 参见例 7-16.

注 衍射角和入射角的正负规定:从法线逆时针转到光线为正,顺时针为负.

例 7-16 用每毫米刻有 500 条栅纹的光栅,观察钠光谱线($\lambda = 589.3$ nm).

(1) 平行光线垂直入射时,最多能看到第几级条纹? 总共有多少条条纹?

(2) 平行光线以与法线成 30° 角入射时,最多能看到第几级条纹? 总共有多少条条纹?

(3) 由于钠光谱线 λ 实际上是 $\lambda_1 = 589.0$ nm 及 $\lambda_2 = 589.6$ nm 两条谱线的平均波长,求在正入射时第一级条纹中此双线分开的角距离及在屏上分开的线距离. 设光栅后透镜的焦距为 2 m.

解 (1) 光栅常量

$$d = \frac{10^{-3}}{500} = 2 \times 10^{-6} \text{(m)}$$

光栅方程

$$d \sin \theta_k = k\lambda$$

需满足

$$|\sin \theta_k| < 1$$

解得

$$|k| < \frac{d}{\lambda} = 3.4$$

故取 $k = 3$,即能看到第三级条纹,总共有 $2k + 1 = 7$ 条明纹.

图 7-63 为多光束干涉缝数 $N=4$ 时,相邻主极大间有 3 个极小和 2 个次极大.

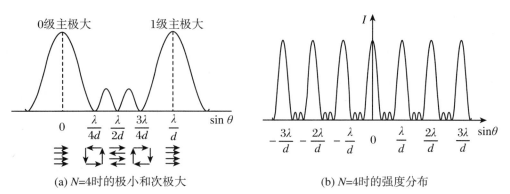

图 7-63

缝数 N 增多,干涉主极大位置不变,干涉主极大与相邻极小间的半角宽度减小,即干涉主极大的宽度减小,干涉条纹变得更细更锐.

2. 衍射影响

每个狭缝都产生各自的衍射条纹,而已知单缝上下平移时,其衍射条纹不发生移动,故各条衍射条纹完全重合. 多光束干涉受到单缝衍射的调制,屏上的强度等于多光束干涉强度与单缝衍射强度的乘积. 如图 7-64 所示.

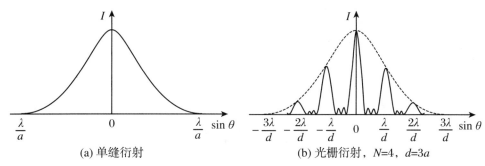

图 7-64

光栅衍射主极大位置即多光束干涉主极大位置:
$$d\sin\theta = k\lambda \quad (k=0,\pm1,\pm2,\cdots)$$
这个表达式称为光栅方程.

单缝衍射强度为零即单缝衍射极小位置:
$$a\sin\theta = k''\lambda \quad (k''=\pm1,\pm2,\cdots)$$

若两者同时满足,则相应级次的衍射主极大消失,这一现象称为缺级,缺级的级数为
$$k = \frac{d}{a}k'' \quad (k''=\pm1,\pm2,\cdots)$$

如图 7-64(b)所示,$d=3a$ 时,所缺的级次为 $k=\pm3,\pm6,\pm9,\cdots$.

目 录

前言 ··· i

第1章 运动学 ·· 1
  1.1 位矢 位移 速度 加速度 ·· 1
    1.1.1 位矢 位移 ··· 1
    1.1.2 速度 加速度 ·· 2
  1.2 平面曲线运动 ·· 6
    1.2.1 抛体运动 ·· 6
    1.2.2 自然坐标系分解 ·· 10
    1.2.3 极坐标系分解 ··· 15
  1.3 刚体运动学 ·· 18
  1.4 关联速度 ··· 21
  1.5 相对运动 ··· 25
    1.5.1 互做平动的参考系中的相对运动 ······································· 25
    1.5.2 互做转动的参考系中的相对运动 ······································· 26
  第1章习题 ··· 32
  第1章练习详解及习题答案 ··· 35

第2章 牛顿定律 动量 ·· 46
  2.1 质心 牛顿运动定律 ··· 46
    2.1.1 质心 ·· 46
    2.1.2 牛顿运动定律 质点系平动动力学方程 质心运动定理 ········ 49
  2.2 力 ··· 50
    2.2.1 重力 万有引力 弹力 ··· 50
    2.2.2 摩擦力与摩擦角 ·· 54
  2.3 非惯性系和惯性力 ·· 56
    2.3.1 平动加速参考系 质心系 潮汐 ······································· 56
    2.3.2 转动参考系 ·· 62
  2.4 动量 ··· 64

  2.4.1 动量定理 ·· 64
  2.4.2 冲击过程 ·· 67
  2.4.3 连续作用问题 ·· 68
  2.4.4 重绳、链条问题 ·· 70
  2.4.5 变质量物体的基本运动微分方程 ·· 73
 第 2 章习题 ··· 76
 第 2 章练习详解及习题答案 ··· 79

第 3 章 功能 ·· 89
 3.1 动能定理 ·· 89
  3.1.1 功与功率 ·· 89
  3.1.2 动能定理 ·· 91
  3.1.3 柯尼西定理 ·· 96
 3.2 保守力与势能 ·· 101
  3.2.1 保守力 ·· 101
  3.2.2 质点系的势能 ·· 101
 3.3 机械能和机械能守恒定律 ·· 104
  3.3.1 功能原理 ·· 104
  3.3.2 机械能守恒定律 ·· 106
 3.4 碰撞 ·· 108
  3.4.1 牛顿碰撞定律 ·· 109
  3.4.2 正碰撞 ·· 109
  3.4.3 斜碰撞 ·· 114
 3.5 国际单位制与量纲分析 ·· 118
 第 3 章习题 ··· 120
 第 3 章练习详解及习题答案 ··· 122

第 4 章 角动量 天体运动 ··· 133
 4.1 角动量定理与角动量守恒定律 ·· 133
  4.1.1 惯性系中质点的角动量定理及角动量守恒定律 ······························ 133
  4.1.2 惯性系中质点系、质心的角动量定理及角动量守恒定律 ·············· 140
  4.1.3 非惯性系中的角动量定理及角动量守恒定律 ·································· 142
  4.1.4 角动量柯尼西定理 ·· 143
  4.1.5 二质点系统 ·· 144
 4.2 角动量与刚体动力学 ·· 146
  4.2.1 刚体定轴转动 ·· 146
  4.2.2 刚体平面平行运动 ·· 153

4.3　有心力场 ··· 159
4.4　天体运动 ··· 164
　4.4.1　开普勒三定律 ··· 164
　4.4.2　万有引力与引力势能 ··· 164
　4.4.3　孤立二体引力系统($M \gg m$ 时) ································· 166
　4.4.4　宇宙航行 ··· 175
　4.4.5　孤立二体引力系统(质量相差不悬殊时) ························· 176
第 4 章习题 ··· 180
第 4 章练习详解及习题答案 ··· 184

第 5 章　静力学　流体 ··· 196
5.1　平衡的条件 ··· 196
　5.1.1　力偶与力偶矩 ··· 196
　5.1.2　物体的平衡条件 ·· 196
5.2　平衡的稳定性 ··· 208
5.3　流体 ··· 213
　5.3.1　流体静力学 ·· 213
　5.3.2　连续性方程与连续性原理 ·· 216
　5.3.3　伯努利方程 ·· 217
第 5 章习题 ··· 219
第 5 章练习详解及习题答案 ··· 222

第 6 章　机械振动　机械波 ··· 235
6.1　简谐运动的性质与判定 ·· 235
6.2　旋转矢量图示法　简谐运动的矢量表述和复数表述 ············· 242
　6.2.1　旋转矢量图示法(参考圆法) ······································ 242
　6.2.2　简谐运动的矢量表述 ·· 245
　6.2.3　简谐运动的复数表述 ·· 246
6.3　应用 ··· 247
　6.3.1　复摆 ·· 247
　6.3.2　简谐运动性质的应用 ·· 248
　6.3.3　有滑动摩擦力的简谐运动 ·· 252
　6.3.4　有心力场中的径向微小振动、进动 ···························· 256
6.4　简谐运动的合成 ·· 259
　6.4.1　同方向、同频率的两简谐运动合成 ···························· 259
　6.4.2　同方向、不同频率的两简谐运动合成 ························· 261
　6.4.3　互相垂直的两简谐运动合成 ····································· 262

- 6.5 阻尼振动　受迫振动　共振 · 265
  - 6.5.1 阻尼振动 · 265
  - 6.5.2 受迫振动和共振 · 266
- 6.6 简谐波 · 268
  - 6.6.1 波动的基本概念 · 268
  - 6.6.2 平面简谐波 · 269
  - 6.6.3 惠更斯原理　波的反射和折射 · 275
  - 6.6.4 波叠加原理　衍射、干涉和驻波 · 278
  - 6.6.5 机械波的多普勒效应 · 284
- 第6章习题 · 289
- 第6章练习详解及习题答案 · 293

第7章　光学 · 312

- 7.1 光的传播 · 312
  - 7.1.1 光的直线传播 · 312
  - 7.1.2 反射定律 · 313
  - 7.1.3 折射定律 · 314
  - 7.1.4 全反射 · 315
  - 7.1.5 惠更斯原理 · 316
  - 7.1.6 费马原理与成像 · 316
- 7.2 傍轴成像问题 · 321
  - 7.2.1 基本概念和物理量 · 321
  - 7.2.2 单球面折射近轴成像 · 322
  - 7.2.3 球面反射近轴成像 · 324
  - 7.2.4 薄透镜近轴成像 · 326
  - 7.2.5 逐次成像 · 328
  - 7.2.6 牛顿公式 · 331
  - 7.2.7 作图法——利用特殊光线求物像关系 · 332
  - 7.2.8 放大镜　显微镜　望远镜 · 335
- 7.3 光的干涉 · 337
  - 7.3.1 反射光的相位突变和附加光程差 · 337
  - 7.3.2 相干光 · 338
  - 7.3.3 分波阵面干涉 · 339
  - 7.3.4 分振幅干涉（薄膜干涉） · 344
- 7.4 光的衍射 · 348
  - 7.4.1 单缝的夫琅禾费衍射 · 348

7.4.2　巴比涅原理 ·· 350
　　7.4.3　圆孔的夫琅禾费衍射　光学仪器的分辨本领 ········· 350
7.5　光栅　光栅衍射 ··· 352
　　7.5.1　光栅 ·· 352
　　7.5.2　光栅衍射 ·· 353
　　7.5.3　布拉格公式 ··· 356
7.6　光的偏振 ·· 357
　　7.6.1　光的偏振状态 ·· 357
　　7.6.2　起偏和检偏　马吕斯定律 ······························· 358
　　7.6.3　反射光和折射光的偏振　布儒斯特定律 ············· 360
第 7 章习题 ·· 361
第 7 章练习详解及习题答案 ·· 365

附录 A　初等数学 ·· 378
A.1　初等函数及其数值计算 ··· 378
　　A.1.1　函数的概念和分类 ·· 378
　　A.1.2　幂函数 ··· 379
　　A.1.3　指数函数与对数函数 ····································· 379
　　A.1.4　平面三角函数与反三角函数 ···························· 381
A.2　坐标系与坐标变换 ··· 386
　　A.2.1　平面坐标系及其变换 ····································· 386
　　A.2.2　空间坐标系及其变换 ····································· 387
A.3　解三角形、数列、均值不等式 ································ 389
　　A.3.1　三角形的正、余弦定理 ·································· 389
　　A.3.2　数列 ·· 389
　　A.3.3　均值不等式求最值 ·· 390
A.4　圆锥曲线 ··· 391
　　A.4.1　圆 ··· 392
　　A.4.2　椭圆 ·· 392
　　A.4.3　双曲线 ··· 394
　　A.4.4　抛物线 ··· 397

附录 B　矢量运算 ·· 399
B.1　矢量及其解析表示 ··· 399
B.2　矢量的加、减法 ·· 400
B.3　矢量的乘法 ·· 401
B.4　矢量的三重积 ··· 404

附录 C 微积分与微分方程 ··· 405
C.1 极限 ··· 405
C.1.1 极限的定义 ·· 405
C.1.2 无穷大与无穷小 ·· 406
C.1.3 常用的极限 ·· 408
C.2 微分、微商(导数) ·· 408
C.2.1 微分、微商(导数)的定义 ·· 408
C.2.2 微分、微商公式与定理 ··· 411
C.2.3 其他求导数方法　导数的部分应用 ··· 414
C.2.4 多元函数的偏微商(偏导数) ·· 417
C.2.5 函数的幂级数展开 ·· 418
C.3 积分 ··· 420
C.3.1 定积分 ·· 420
C.3.2 不定积分 ··· 421
C.3.3 线积分　面积分　体积分 ·· 425
C.4 常微分方程 ·· 426
C.4.1 基本概念 ··· 426
C.4.2 一阶线性微分方程 ·· 427
C.4.3 二阶常系数线性微分方程 ·· 431

附录 D 全国中学生物理竞赛内容提要 ·· 435

参考文献 ··· 438

第 1 章 运 动 学

运动学即对物体运动的描述,而不涉及物体做这种运动的原因.学习本章前,需掌握很多的数学工具,故须先学习书后附录中的函数、坐标系、矢量、微积分的部分知识.

1.1 位矢 位移 速度 加速度

1.1.1 位矢 位移

1. 位矢

如图 1-1 所示,一个质点在坐标系中的位置可表示为一个起于坐标原点 O,终于质点位置 P 的位置矢量,简称位矢,记为 $\overrightarrow{OP}$ 或 r.

质点位置与时间关系可表述为 $r = r(t)$,称为质点的运动方程.直角坐标系下,可以写为三个分量方程:

$$x = x(t), \quad y = y(t), \quad z = z(t)$$

位矢可表示为

$$r = x(t)i + y(t)j + z(t)k$$

其中 i, j, k 为沿各轴的单位矢量,也可写作 e_x, e_y, e_z.

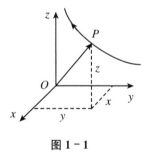

图 1-1

2. 位移

t 时刻质点位于 $r(t)$ 处,$t + \Delta t$ 时刻质点位于 $r(t + \Delta t)$ 处,则位矢的改变量

$$\Delta r = r(t + \Delta t) - r(t)$$

称为位移,位移为矢量.直角坐标系下

$$\Delta r = [x(t + \Delta t) - x(t)]i + [y(t + \Delta t) - y(t)]j + [z(t + \Delta t) - z(t)]k$$

1.1.2 速度　加速度

1. 速度

速度是描述物体运动快慢和方向的物理量,速度是矢量.质点平均速度定义式为

$$\bar{v} = \frac{\Delta r}{\Delta t}$$

与位移或运动轨迹割线方向相同;瞬时速度为

$$v = \lim_{\Delta t \to 0} \frac{\Delta r}{\Delta t} = \frac{\mathrm{d} r}{\mathrm{d} t} = \dot{r}$$

与该时刻运动方向或运动轨迹切线方向相同.瞬时速度简称速度.

2. 加速度

加速度是描述速度变化快慢和方向的物理量,也是矢量,也有瞬时加速度和平均加速度.一般使用瞬时加速度,简称加速度,定义为

$$a = \lim_{\Delta t \to 0} \frac{\Delta v}{\Delta t} = \frac{\mathrm{d} v}{\mathrm{d} t} = \frac{\mathrm{d}^2 r}{\mathrm{d} t^2} = \ddot{r}$$

加速度方向与速度变化方向相同.

加速度保持不变的运动称为匀变速运动,如果还做直线运动,则称为匀变速直线运动.

推导一下匀变速运动的公式,取初始时刻为零时刻,匀变速运动有

$$a = \frac{v - v_0}{t} \quad \text{或} \quad v = v_0 + at \qquad ☆$$

☆式即匀变速运动的速度 v 与 v_0, a, t 的关系;元位移

$$\mathrm{d} r = v \mathrm{d} t = (v_0 + at) \mathrm{d} t$$

积分

$$\int_{r_0}^{r} \mathrm{d} r = \int_{0}^{t} (v_0 + at) \mathrm{d} t$$

得

$$r - r_0 = v_0 t + \frac{1}{2} a t^2 \qquad \triangle$$

△式即匀变速运动的位移 $r - r_0$ 与 v_0, a, t 的关系.

由☆,△两式消去 a 得 $r - r_0$ 与 v_0, v, t 的关系:

$$r - r_0 = v_0 t + \frac{1}{2}(v - v_0) t = \frac{1}{2}(v_0 + v) t$$

由☆,△两式消去 t,为避免出现两矢量相除,用 a 同时点乘△式两侧,则

$$a \cdot (r - r_0) = a \cdot v_0 t + a \cdot \frac{1}{2} a t^2 = v_0 \cdot (at) + \frac{1}{2}(at)^2$$

$$= \boldsymbol{v}_0 \cdot (\boldsymbol{v} - \boldsymbol{v}_0) + \frac{1}{2}(\boldsymbol{v} - \boldsymbol{v}_0)^2$$

$$= \frac{1}{2}(\boldsymbol{v} - \boldsymbol{v}_0) \cdot (\boldsymbol{v} + \boldsymbol{v}_0)$$

$$= \frac{v^2 - v_0^2}{2}$$

即

$$v^2 - v_0^2 = 2\boldsymbol{a} \cdot (\boldsymbol{r} - \boldsymbol{r}_0)$$

等等.

匀变速直线运动公式不再赘述.

例 1-1 一石子从空中由静止下落,由于空气阻力,石子并非做自由落体运动,现测得其加速度 $a = A - Bv$,式中 A,B 为正恒量,试求石子速度与时间的关系、下落距离与时间的关系.

解 由已知得

$$a = \frac{\mathrm{d}v}{\mathrm{d}t} = A - Bv$$

分离变量并整理得

$$\frac{\mathrm{d}v}{v - \frac{A}{B}} = -B\mathrm{d}t \qquad\qquad ☆$$

☆式处理 1:两侧分别定积分,则

$$\int_0^v \frac{\mathrm{d}v}{v - \frac{A}{B}} = -B\int_0^t \mathrm{d}t$$

得

$$\ln \frac{v - \frac{A}{B}}{-\frac{A}{B}} = -Bt$$

故

$$v = \frac{A}{B}(1 - \mathrm{e}^{-Bt})$$

☆式处理 2:两侧分别不定积分,再利用初始条件确定任意常数的值,则

$$\int \frac{\mathrm{d}v}{v - \frac{A}{B}} = -B\int \mathrm{d}t$$

得

$$\ln\left(v - \frac{A}{B}\right) = -Bt + C_1$$

故
$$v = \frac{A}{B} + Ce^{-Bt}$$

其中 C_1, C 为任意常数,代入初始条件 $v(t=0)=0$ 确定 C 的值,即
$$0 = \frac{A}{B} + C$$

则
$$C = -\frac{A}{B}$$

故
$$v = \frac{A}{B}(1 - e^{-Bt})$$

注 这里出现了负数的对数 $\ln\left(v - \frac{A}{B}\right)$ 和 $\ln\left(-\frac{A}{B}\right)$,从复变函数的角度看,负数的对数是有意义的,因为 $e^{i\pi} = -1$,所以 $\ln(-1) = i\pi$,对任意负数 $x < 0$,有 $\ln x = \ln|x| + \ln(-1) = \ln|x| + i\pi$,故出现负数的对数时可以继续做下去;当然,也可以变形避免出现负数的对数.

下落距离
$$y = \int_0^t v \, dt = \frac{A}{B}\int_0^t (1 - e^{-Bt}) \, dt = \frac{A}{B}\left(t + \frac{1}{B}e^{-Bt} - \frac{1}{B}\right)$$

也可不定积分,代入初始条件 $y(t=0)=0$ 计算任意常数,得到结果.略去.

练习 1-1 一质点在弹簧的作用下做直线运动,现测得其加速度与位置坐标之间满足的关系为 $a = -kx$,其中 k 为正恒量,初始质点位于 $x=0$ 处且有初速度 v_0,试求质点位于 x 处的速度.

例 1-2 如图 1-2(a)所示,河水流速为 w,流向与河岸平行,河岸上 A 处站着一个小孩,他沿河岸跑动速度为 V,而在水中的游泳速度为 v(相对于水),且 $v < w$. 试问:为能在最短时间内到达浮标 B 处,小孩下水处与 A 点之间的距离 x 应为多大?下水后应向什么方向游动?已知浮标 B 到岸的距离 $BC = h$,A,C 两点间的距离 $AC = l$.

解 解法 1:先确定 T 时间可到达的边界,只需考虑跑动方向逆水流方向.如图 1-2(b)所示,从 A 出发:直接沿岸逆水跑动 T,可到 D 处:
$$\overline{AD} = VT$$

直接下水游动,则随水而下至 E 处:
$$\overline{AE} = wT$$

同时游至半圆范围内,半径为

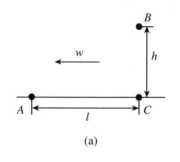
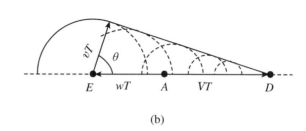
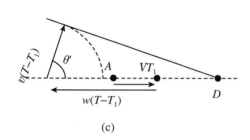
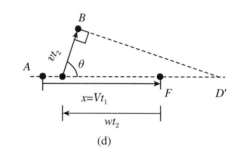

图 1-2

$$R = vT$$

D 点与半圆相切时游动方向 θ 满足

$$\cos\theta = \frac{vT}{VT + wT} = \frac{v}{V + w}$$

若先走 T_1，再游 $T - T_1$，过 D 点作可到达区域半圆的切线，如图 1-2(c) 所示，有

$$\cos\theta' = \frac{v(T - T_1)}{VT - VT_1 + w(T - T_1)} = \frac{v}{V + w} = \cos\theta$$

可知在 T 内跑动方向逆水流时可到达区域的边界即为图 1-2(b) 中的切线及左侧圆弧（实线所示），且能达到此边界应下水后沿 θ 角方向游动. 由此，小孩用时最短的运动轨迹如图 1-2(d) 所示，在 F 点下水并向 θ 方向游动：

$$\theta = \arccos\frac{v}{V + w}$$

$$vt_2\sin\theta = h \quad\Rightarrow\quad t_2 = \frac{h}{v\sin\theta}$$

下水处 F 距 A 点

$$x = l - h\cot\theta + wt_2 = l + \frac{h}{v}\frac{Vw + w^2 - v^2}{\sqrt{(V + w)^2 - v^2}}$$

解法 2：求导法. 如图 1-2(d) 所示，设从 F 点入水，向 θ 方向游动. 垂直于岸方向

$$vt_2\sin\theta = h \quad\Rightarrow\quad t_2 = \frac{h}{v\sin\theta}$$

沿岸方向

$$l = Vt_1 - wt_2 + vt_2\cos\theta \Rightarrow t_1 = \frac{l+(w-v\cos\theta)t_2}{V} = \frac{l}{V} + \frac{h(w-v\cos\theta)}{Vv\sin\theta}$$

总时间

$$t = t_1 + t_2 = \frac{l}{V} + \frac{h}{Vv}\frac{V+w-v\cos\theta}{\sin\theta}$$

要使时间最短，则 t 的导数为零，即

$$t' = \frac{h}{Vv}\frac{v-(V+w)\cos\theta}{\sin^2\theta} = 0 \Rightarrow \cos\theta = \frac{v}{V+w}$$

θ 即为所求入水后游动方向：

$$\theta = \arccos\frac{v}{V+w}$$

下水处 F 距 A 点

$$x = Vt_1 = l + \frac{h}{v}\frac{w^2-v^2+wV}{\sqrt{(V+w)^2-v^2}}$$

1.2 平面曲线运动

1.2.1 抛体运动

1. 抛体运动的方程

将物体抛出，只在重力作用下的运动称为抛体运动，抛体运动为匀变速运动，加速度为重力加速度 g. 上抛、下抛为匀变速直线运动，平抛、斜抛为匀变速曲线运动.

抛体运动的方程为

$$\boldsymbol{v} = \boldsymbol{v}_0 + \boldsymbol{g}t, \quad \boldsymbol{r} - \boldsymbol{r}_0 = \boldsymbol{v}_0 t + \frac{1}{2}\boldsymbol{g}t^2$$

$$v^2 - v_0^2 = 2\boldsymbol{g}\cdot(\boldsymbol{r}-\boldsymbol{r}_0) = 2gh \quad (h \text{ 为竖直向下的分位移})$$

2. 斜抛运动的常用分解方式

分解 1：v_0 方向的匀速直线运动和竖直向下的自由落体运动，即

$$\boldsymbol{v} = \boldsymbol{v}_0 + \boldsymbol{g}t, \quad \boldsymbol{r} - \boldsymbol{r}_0 = \boldsymbol{v}_0 t + \frac{1}{2}\boldsymbol{g}t^2$$

然后采用图解法解题.

例1-3 斜上抛运动的初速度为 v_0，与水平方向的夹角为 θ，已知重力加速度为 g，试问经多长时间达到最高？最高点高度为多少？

解 最高时速度水平,如图 1-3(a)所示,则

$$\sin\theta = \frac{gt}{v_0} \Rightarrow t = \frac{v_0\sin\theta}{g}$$

此时如图 1-3(b)所示,故

$$h_{\max} = v_0 t\sin\theta - \frac{1}{2}gt^2 = \frac{v_0^2\sin^2\theta}{2g}$$

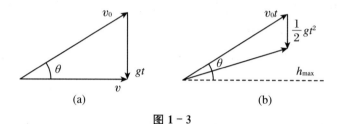

图 1-3

> **练习 1-2** 物体从水平地面斜上抛,初速度 v_0 与水平方向的夹角为 θ,已知重力加速度为 g,试问经多长时间落地?落地时水平位移为多少?

分解 2:水平方向的匀速直线运动和竖直方向的上抛(或下抛)运动.

$$\boldsymbol{v} = \boldsymbol{v}_{0x} + (\boldsymbol{v}_{0y} + \boldsymbol{g}t), \quad \boldsymbol{r} - \boldsymbol{r}_0 = \boldsymbol{v}_{0x}t + \left(\boldsymbol{v}_{0y}t + \frac{1}{2}\boldsymbol{g}t^2\right)$$

然后采用平面直角坐标系或图解法解题.在平面直角坐标系中分量式为

$$v_x = v_{0x}, \quad v_y = v_{0y} + at, \quad x = v_{0x}t, \quad y = v_{0y}t + \frac{1}{2}at^2$$

若取竖直向下为 y 正方向,则 $a = g$;反之,则 $a = -g$.

分解 3:沿斜面抛出物体时,常分解为沿斜面、垂直于斜面的两个匀变速直线运动,不再赘述.

极值问题方法 1:图解法

如图 1-4 所示,速度三角形满足

$$S_\triangle = \frac{1}{2}gt \cdot v_0\cos\theta = \frac{1}{2}gx$$

$$S_\triangle = \frac{1}{2}v_0 v\sin(\theta + \alpha)$$

$$v = \sqrt{v_0^2 + 2gy} \quad (y\text{ 为竖直向下分位移})$$

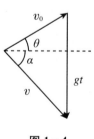

图 1-4

整理得

$$gx = v_0\sqrt{v_0^2 + 2gy}\sin(\theta + \alpha)$$

可以用来求解:

(1) x,y 已知时的最小 v_0 值和对应抛射角 θ,可知 $\theta + \alpha = 90°$ 时 v_0 值最小;

(2) v_0,x 已知时的最大上升高度 h 及对应抛射角 θ,将 y 替换为 $-h$,可知 $\theta + \alpha = 90°$ 时可上升最高;

(3) v_0,y 已知时的最大水平位移 x 及对应抛射角 θ,可知 $\theta + \alpha = 90°$ 时 x 有最大值.

> **练习 1-3** 足球运动员在 11 m 远处罚点球,球准确从球门横梁边缘射入.横梁边缘离地面高度 $h = 2.5$ m,不计空气阻力,试问运动员至少要给足球多大的速度?相应的抛射角为多大? g 取 9.8 m/s².

3. 轨道方程

正交分解时利用 $y-t$, $x-t$ 方程联立消去时间 t,得到轨道方程(略).将轨道方程改写为关于 $\tan\theta$ 的一元二次方程,若有两个解,则在 v_0 一定时,有两个不同的抛射角 θ_1,θ_2 击中 (x,y) 点;若有重根(即 $\Delta = 0$ 时),则在 v_0 一定时只有一个抛射角 $\theta = \theta_1 = \theta_2$ 击中 (x,y) 点;若无解,则在 v_0 一定时无法击中 (x,y) 点.

可分析出:当逐渐减小 v_0 并击中 (x,y) 点时,两抛射角将逐渐接近,当 v_0 达最小值时两抛射角相等,若再减小,则无法击中.

极值问题方法 2:重根法

关于 $\tan\theta$ 的方程有重根时可用来确定:

(1) x,y 已知时的最小 v_0 值和对应抛射角 θ;
(2) v_0,x 已知时的最大上升高度 h 及对应抛射角 θ;
(3) v_0,h 已知时的最大水平位移 x 及对应抛射角 θ.

请试用重根法解答练习 1-3.除此之外,也可灵活采用别的解决方式.

例 1-4 初速度为 v_0 的炮弹向空中射击,不考虑空气阻力,试求出空间安全区域的边界的方程.

分析 安全区域边界可用各抛体运动水平位移相同时的最大高度来确定.

解 如图 1-5 所示.先考虑在某竖直面内的情况:

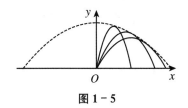

图 1-5

$$x = v_0 t \cos\theta, \quad y = v_0 t \sin\theta - \frac{1}{2}gt^2$$

消去 t 得

$$y = -\frac{gx^2}{2v_0^2}\left(\tan\theta - \frac{v_0^2}{gx}\right)^2 + \frac{v_0^2}{2g} - \frac{gx^2}{2v_0^2}$$

在 v_0,x 大小一定时

$$y_{\max} = \frac{v_0^2}{2g} - \frac{gx^2}{2v_0^2}$$

每组 $(x, y_{\max})$ 都为安全区域边界的点,故 Oxy 平面上安全区域边界方程即为

$$y = \frac{v_0^2}{2g} - \frac{gx^2}{2v_0^2}$$

将此曲线绕 y 轴旋转半圈形成的旋转抛物面即为所求,建立空间直角坐标系,以竖直向上为 z 轴,则方程为

$$z = \frac{v_0^2}{2g} - \frac{g}{2v_0^2}(x^2 + y^2)$$

也可采用图解法或重根法等方法求 $y_{\max}$;也可直接建立空间直角坐标系求解. 请读者自行尝试.

> **练习 1-4**　如果要使石头在运动过程中始终远离抛掷石头的人,那么人抛出石头时与地面成的最大角度是多少?

例 1-5　喷灌用的喷头如图 1-6(a)所示,球面上分布有孔径相同的小孔,用以喷出水柱,球面半径为 r,小孔相对于对称轴的极角 θ 的分布范围为 $0 \leqslant \theta \leqslant \theta_0 = \pi/4$. 喷头安装于地表,$r$ 很小. 为使喷到大地的水柱能均匀分布,试求喷头球面上单位面积小孔数的分布,即小孔数密度 n 的表达式.

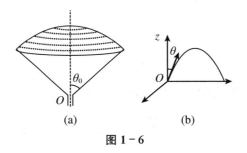

图 1-6

解　设 θ 处圆周上喷出的水落在大地半径为 R 的圆上,如图 1-6(b)所示.

$$t = \frac{2v_0 \cos\theta}{g}, \quad R = v_0 t \sin\theta = \frac{2v_0^2 \sin\theta\cos\theta}{g} = \frac{v_0^2 \sin 2\theta}{g}$$

$0 \leqslant \theta \leqslant \pi/4$,故 R 为关于 θ 的单调函数,即水的每一个落点只对应一个抛射角,不可能有两个水柱落到同一个点上.

$$dR = \frac{2v_0^2 \cos 2\theta}{g} d\theta$$

θ 到 $\theta + d\theta$ 环带喷出的水柱落到 R 到 $R + dR$ 的环带,面积各为

$$dS_1 = r d\theta \cdot 2\pi r \sin\theta = 2\pi r^2 \sin\theta d\theta, \quad dS_2 = 2\pi R \cdot dR = \frac{2\pi v_0^4 \sin 4\theta}{g^2} d\theta$$

应有
$$\frac{n\,dS_1}{dS_2} = C_1 \quad (C_1 \text{ 为常数})$$

联立得
$$n = \frac{C_1 v_0^4 \sin 4\theta}{g^2 r^2 \sin \theta} = C\cos\theta\cos 2\theta \quad (C \text{ 为常数})$$

1.2.2 自然坐标系分解

1. 自然(或内禀)坐标系

通常所谓直角坐标系都是指坐标框架固定的直角坐标系,而自然坐标系(即内禀坐标系)是坐标框架随质点移动的坐标系.

自然(或内禀)坐标系:由法向、切向构成的随质点移动的正交坐标系.法向正方向垂直于质点运动轨迹切线,指向曲率中心,法向单位矢量记为 $\boldsymbol{n}$ 或 $\boldsymbol{e}_n$;切向正方向沿轨迹切线,通常取逆时针转动方向,物理中也可以取物体运动方向,切向单位矢量记为 $\boldsymbol{t}$ 或 $\boldsymbol{e}_t$.

$\boldsymbol{e}_n, \boldsymbol{e}_t$ 的方向随位置的不同而不同,故
$$\frac{d\boldsymbol{e}_n}{dt} \neq 0, \quad \frac{d\boldsymbol{e}_t}{dt} \neq 0$$

2. 圆周运动的自然坐标系分解

(1) 匀速圆周运动,如图 1-7(a),(b)所示.
$$\boldsymbol{a} = \frac{d\boldsymbol{v}}{dt}$$

$\boldsymbol{a}$ 与 $d\boldsymbol{v}$ 方向相同,可知 $\boldsymbol{a}$ 指向圆心,称为向心加速度或法向加速度;$\boldsymbol{a}$ 的大小为
$$a = a_n = \frac{|d\boldsymbol{v}|}{dt} = \frac{v\,d\theta}{dt} = v\omega = \frac{v^2}{R}$$

非匀速圆周运动,如图 1-7(c),(d)所示.

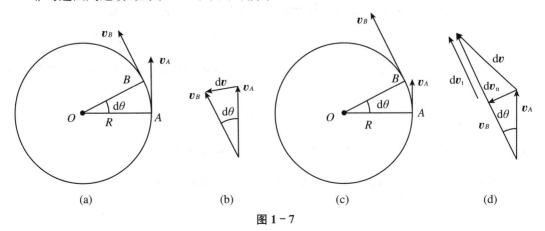

图 1-7

$$d\boldsymbol{v} = d\boldsymbol{v}_n + d\boldsymbol{v}_t$$

故

$$\boldsymbol{a} = \frac{d\boldsymbol{v}}{dt} = \frac{d\boldsymbol{v}_n}{dt} + \frac{d\boldsymbol{v}_t}{dt}$$

第一项与匀速圆周运动相同,是向心加速度 $\boldsymbol{a}_n$;第二项与速度方向即切线方向一致,称为切向加速度 $\boldsymbol{a}_t$. 故非匀速圆周运动

$$\boldsymbol{a} = \boldsymbol{a}_n + \boldsymbol{a}_t = a_n \boldsymbol{e}_n + a_t \boldsymbol{e}_t$$

其中

$$a_n = \frac{v^2}{R}, \quad a_t = \frac{dv}{dt}$$

注意区分 $|d\boldsymbol{v}|$ 与 dv,$|d\boldsymbol{v}|$ 指速度变化量的大小,dv 指速度大小的变化量.

(2) 圆周运动用线量描述有运动的弧长 Δl、线速度 v、向心加速度 a_n、切向加速度 a_t,用角量描述有相对圆心的角位移 $\Delta\theta$(转过的角度)、角速度 ω、角加速度 α(或 β),则

$$\omega = \frac{d\theta}{dt}, \quad \alpha = \frac{d\omega}{dt}$$

关系为

$$\Delta l = R\Delta\theta, \quad v = \omega R, \quad a_n = \omega^2 R, \quad a_t = \alpha R$$

质点做匀速圆周运动时,ω 为恒量,$\alpha = 0$.

质点做变速圆周运动时,若 α 为恒量,称质点做匀变速圆周运动,运动学公式为

$$\omega = \omega_0 + \alpha t, \quad \Delta\theta = \omega_0 t + \frac{1}{2}\alpha t^2, \quad \omega^2 - \omega_0^2 = 2\alpha\Delta\theta$$

匀变速圆周运动,a_t 大小为恒量,沿圆周方向有

$$v = v_0 + a_t t, \quad \Delta l = v_0 t + \frac{1}{2}a_t t^2, \quad v^2 - v_0^2 = 2a_t\Delta l$$

质点相对参考点的角速度、角加速度为矢量,合成遵从平行四边形定则(证明从略). 角位移、角速度方向由右手螺旋定则规定为:伸出右手,弯曲的四指指向质点曲线运动的方向,则拇指指向即为角位移或角速度方向. 角位移虽有大小和方向,但有限大角位移的合成与转动的先后次序有关,不服从交换律,而平行四边形法则是服从交换律的,故有限大角位移为标量,如图 1-8 所示;无限小角位移的合成服从平行四边形法则,故为矢量.

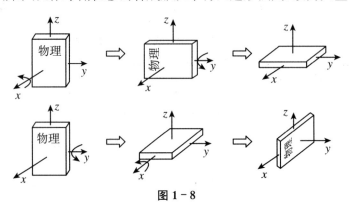

图 1-8

取角速度(或无限小角位移)方向单位矢量为 k,圆周运动中 k 不变,则

$$d\boldsymbol{\theta} = d\theta k, \quad \boldsymbol{\omega} = \frac{d\boldsymbol{\theta}}{dt} = \frac{d\theta}{dt}k = \omega k, \quad \boldsymbol{\alpha} = \frac{d\boldsymbol{\omega}}{dt} = \frac{d\omega}{dt}k = \alpha k$$

$\alpha > 0$ 则 $\boldsymbol{\alpha}$ 与 k 同向,$\alpha < 0$ 则 $\boldsymbol{\alpha}$ 与 k 反向.

取径向向外为 $\boldsymbol{R}$ 正方向,则

$$d\boldsymbol{l} = d\boldsymbol{\theta} \times \boldsymbol{R}, \quad \boldsymbol{v} = \frac{d\boldsymbol{l}}{dt} = \boldsymbol{\omega} \times \boldsymbol{R}$$

$$\boldsymbol{a} = \frac{d\boldsymbol{v}}{dt} = \frac{d\boldsymbol{\omega}}{dt} \times \boldsymbol{R} + \boldsymbol{\omega} \times \frac{d\boldsymbol{R}}{dt} = \frac{d\boldsymbol{\omega}}{dt} \times \boldsymbol{R} + \boldsymbol{\omega} \times \frac{d\boldsymbol{l}}{dt} = \boldsymbol{\alpha} \times \boldsymbol{R} + \boldsymbol{\omega} \times \boldsymbol{v} = \boldsymbol{a}_t + \boldsymbol{a}_n$$

> **练习 1-5** 一辆汽车沿一圆周轨道以 $v_0 = 7\ \text{m/s}$ 的初速度做匀减速行驶. 经过 $t_1 = 5\ \text{s}$ 后,汽车的加速度与速度之间的夹角为 $\theta_1 = 135°$. 又经过 $t_2 = 3\ \text{s}$ 后,其加速度与速度之间的夹角 $\theta_2 = 150°$. 试求:
> (1) 圆轨道半径 R;
> (2) 切向加速度的大小 a_t;
> (3) 这两个时刻的法向加速度 a_{n1} 和 a_{n2}.

3. 曲线运动的自然坐标系分解

质点沿平滑曲线运动时,可看作沿一系列无穷小的小圆弧运动. 曲线某处无穷小圆弧对应的圆称为曲线在该处的曲率圆,圆心称为曲率中心,圆半径称为曲率半径 ρ (ρ 小处弯曲程度大,ρ 大处弯曲程度小). 则质点的加速度可分解为

$$\boldsymbol{a} = \boldsymbol{a}_n + \boldsymbol{a}_t = \frac{v^2}{\rho}\boldsymbol{e}_n + \frac{dv}{dt}\boldsymbol{e}_t$$

曲线运动的自然坐标系分解

曲率半径的两种求法:

(1) 几何方法求曲率半径. 如图 1-9 所示,无限小曲线段 $dl = \overset{\frown}{AB}$,$A,B$ 点切线的垂线交于点 O,切线间(或 $\overline{OA},\overline{OB}$ 间)夹角为 $d\theta$,则

$$\rho = \left|\frac{dl}{d\theta}\right|$$

曲率半径

下面推导一下函数 $y(x)$ 在 x 处的曲率半径. 函数图像 $x \to x + dx$ 段

$$dl = \sqrt{(dx)^2 + (dy)^2} = \sqrt{1 + y'^2}\,dx$$

$$y' = \tan\theta \Rightarrow \theta = \arctan y'$$

$$\Rightarrow d\theta = d(\arctan y') = \frac{dy'}{1 + y'^2}$$

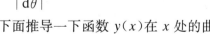

图 1-9

故
$$\rho = \left|\frac{\mathrm{d}l}{\mathrm{d}\theta}\right| = \left|\frac{(1+y'^2)^{\frac{1}{2}}\mathrm{d}x}{\frac{\mathrm{d}y'}{1+y'^2}}\right| = \frac{(1+y'^2)^{\frac{3}{2}}}{|y''|}$$

(2) 运动学公式法求曲率半径. 利用
$$a_\mathrm{n} = \frac{v^2}{\rho}$$

选择质点在此轨道上的一种运动,来计算 ρ.

例1-6 如图 1-10 所示,椭圆方程为 $\frac{x^2}{a^2} + \frac{y^2}{b^2} = 1, a > b > 0$,试用运动学方法求 $A(a,0)$ 和 $B(0,b)$ 两点处的曲率半径.

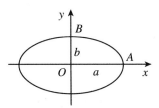

图 1-10

解 解法 1:设质点沿椭圆轨道运动,运动方程为
$$x = a\cos t, \quad y = b\sin t$$

质点从 A 点出发逆时针运动,则
$$v_x = \dot{x} = -a\sin t, \quad v_y = \dot{y} = b\cos t$$
$$a_x = \ddot{x} = -a\cos t, \quad a_y = \ddot{y} = -b\sin t$$

A 点时 $t = 0$,故
$$v_x = 0, \quad v_y = b, \quad a_x = -a, \quad a_y = 0$$

有
$$|a_x| = \frac{v_y^2}{\rho_A} \Rightarrow \rho_A = \frac{b^2}{a}$$

B 点时 $t = \frac{\pi}{2}$,故
$$v_x = -a, \quad v_y = 0, \quad a_x = 0, \quad a_y = -b$$

有
$$|a_y| = \frac{v_x^2}{\rho_B} \Rightarrow \rho_B = \frac{a^2}{b}$$

解法 2:(已知圆柱面斜切可以得到椭圆,取一半径为 b 的圆柱面被两平面相截,一个平面与轴线垂直,另一个平面与前一平面的夹角为 θ,且 $\cos\theta = b/a$,则第一平面截得半径为 b 的圆,第二平面截得题目所给的椭圆.) 设质点沿椭圆轨道以 v 做匀速率运动,则在其投影圆上做圆周运动,如图 1-11 所示. 圆半径

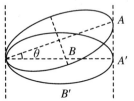

图 1-11

$$R = b, \quad \cos\theta = \frac{b}{a}$$

A 与 A' 点满足
$$v_A = v_{A'} = v$$

$$\cos\theta = \frac{a_{A'}}{a_A}, \quad a_{A'} = \frac{v_{A'}^2}{R}, \quad a_A = \frac{v_A^2}{\rho_A}$$

则

$$\rho_A = \frac{b^2}{a}$$

B 与 B' 点满足

$$\cos\theta = \frac{v_{B'}}{v_B}$$

$$a_B = a_{B'}, \quad a_{B'} = \frac{v_{B'}^2}{R}, \quad a_B = \frac{v_B^2}{\rho_B}$$

则

$$\rho_B = \frac{a^2}{b}$$

也可以令质点沿投影圆做匀速圆周运动来解题,读者可自行练习.

练习 1-6 一等距螺旋线螺距为 h,垂直于轴平面内的投影圆半径为 R,试用运动学方法求此等距螺旋线的曲率半径.

例 1-7 一只狐狸以不变的速度 v_1 沿直线 AB 奔逃,一只猎犬以不变的速度 v_2 追击,其运动方向始终对准狐狸.某时刻狐狸在 F 处,猎犬在 D 处,$FD \perp AB$,已知 $\overline{FD} = L$,如图 1-12(a) 所示.试求:

(1) 此时猎犬的加速度大小;

(2) 猎犬追上狐狸所需的时间.

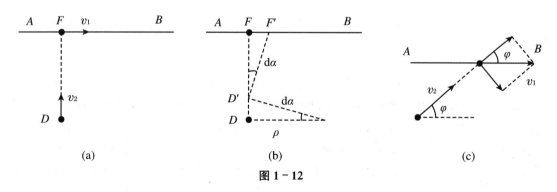

图 1-12

解 (1) 如图 1-12(b) 所示,v_2 大小不变,无切向加速度,故猎犬

$$a = \frac{v_2^2}{\rho}$$

又

$$d\alpha = \frac{v_1 dt}{L}, \quad \rho = \frac{v_2 dt}{d\alpha}$$

联立解得

$$a = \frac{v_1 v_2}{L}$$

(2) 某时刻如图 1-12(c)所示,对从图 1-12(a)所示时刻到追上的过程,两者接近方向

$$L = \int_l (v_2 - v_1 \cos\varphi) dt = v_2 t - v_1 \int_l \cos\varphi dt$$

直线 AB 方向

$$v_1 t = \int_l v_2 \cos\varphi dt = v_2 \int_l \cos\varphi dt$$

联立消去 $\int_l \cos\varphi dt$,解得

$$t = \frac{L v_2}{v_2^2 - v_1^2}$$

练习 1-7 A,B,C 三个小孩分别站在正三角形的三个顶点,以相同的不变速率 v 做追逐游戏,A 追 B,B 追 C,C 追 A,每个小孩始终对准自己追逐的目标运动.初始正三角形边长为 l,如图 1-13 所示.试问:

(1) 三个小孩再经过多少时间追到自己的目标?
(2) 每个小孩跑了多少路程?
(3) 每个小孩在初始时的加速度为多大?

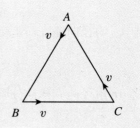

图 1-13

1.2.3 极坐标系分解

如图 1-14(a)所示,极坐标中两个基矢 e_r 和 e_φ 大小均为 1,但方向随位置的不同而不同,故

$$\frac{de_r}{dt} \neq 0, \quad \frac{de_\varphi}{dt} \neq 0$$

如图 1-14(b)所示,若经 dt 从 A 运动至 B,则由图 1-14(c),(d)可知

$$de_r = d\varphi \cdot e_\varphi, \quad de_\varphi = -d\varphi \cdot e_r$$

或

$$\dot{e}_r = \dot\varphi e_\varphi, \quad \dot{e}_\varphi = -\dot\varphi e_r$$

质点运动方程为

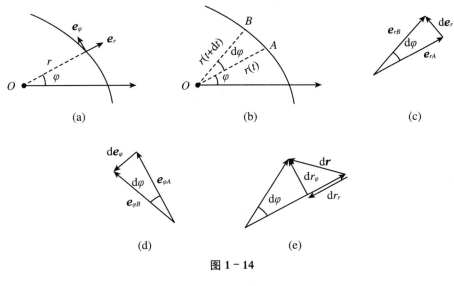

图 1-14

$$r = r(t), \quad \varphi = \varphi(t)$$

速度分解为

$$\boldsymbol{v} = v_r \boldsymbol{e}_r + v_\varphi \boldsymbol{e}_\varphi$$

其中 v_r 为径向速度，v_φ 为横向速度；由速度定义式得

$$\boldsymbol{v} = \frac{\mathrm{d}\boldsymbol{r}}{\mathrm{d}t} = \frac{\mathrm{d}(r\boldsymbol{e}_r)}{\mathrm{d}t} = \frac{\mathrm{d}r}{\mathrm{d}t}\boldsymbol{e}_r + r\frac{\mathrm{d}\boldsymbol{e}_r}{\mathrm{d}t} = \dot{r}\boldsymbol{e}_r + r\dot\varphi \boldsymbol{e}_\varphi$$

或将 $\mathrm{d}\boldsymbol{r}$ 沿径向和横向分解，如图 1-14(e)所示，有

$$\boldsymbol{v} = \frac{\mathrm{d}\boldsymbol{r}}{\mathrm{d}t} = \frac{\mathrm{d}r}{\mathrm{d}t}\boldsymbol{e}_r + \frac{r\mathrm{d}\varphi}{\mathrm{d}t}\boldsymbol{e}_\varphi = \dot{r}\boldsymbol{e}_r + r\dot\varphi \boldsymbol{e}_\varphi$$

故

$$v_r = \dot{r} = \frac{\mathrm{d}r}{\mathrm{d}t}, \quad v_\varphi = r\dot\varphi = \omega r$$

其中 ω 为随同质点运动的基矢 $\boldsymbol{e}_r$（或 $\boldsymbol{e}_\varphi$）转动的角速度．

加速度分解为

$$\boldsymbol{a} = \boldsymbol{a}_r + \boldsymbol{a}_\varphi = a_r \boldsymbol{e}_r + a_\varphi \boldsymbol{e}_\varphi$$

其中 a_r 为径向加速度，a_φ 为横向加速度；由加速度定义式得

$$\boldsymbol{a} = \frac{\mathrm{d}\boldsymbol{v}}{\mathrm{d}t} = \frac{\mathrm{d}(\dot{r}\boldsymbol{e}_r + r\dot\varphi\boldsymbol{e}_\varphi)}{\mathrm{d}t} = \left(\ddot{r}\boldsymbol{e}_r + \dot{r}\frac{\mathrm{d}\boldsymbol{e}_r}{\mathrm{d}t}\right) + \left(\dot{r}\dot\varphi\boldsymbol{e}_\varphi + r\ddot\varphi\boldsymbol{e}_\varphi + r\dot\varphi\frac{\mathrm{d}\boldsymbol{e}_\varphi}{\mathrm{d}t}\right)$$

$$= (\ddot{r}\boldsymbol{e}_r + \dot{r}\dot\varphi\boldsymbol{e}_\varphi) + (\dot{r}\dot\varphi\boldsymbol{e}_\varphi + r\ddot\varphi\boldsymbol{e}_\varphi - r\dot\varphi^2\boldsymbol{e}_r) = (\ddot{r} - r\dot\varphi^2)\boldsymbol{e}_r + (r\ddot\varphi + 2\dot{r}\dot\varphi)\boldsymbol{e}_\varphi$$

故

$$a_r = \ddot{r} - r\dot\varphi^2, \quad a_\varphi = r\ddot\varphi + 2\dot{r}\dot\varphi$$

其中 $\ddot{r}$ 是由径向运动引起的径向加速度，$-r\dot\varphi^2$ 是由横向旋转引起的径向加速度（与向心加速度形式相同），$r\ddot\varphi$ 是由横向旋转引起的横向加速度（与切向加速度形式相同），$2\dot{r}\dot\varphi$ 是由

径向运动、横向旋转引起的横向加速度.

另外还有
$$\ddot{r} = \dot{v}_r, \quad -r\dot{\varphi}^2 = -\omega^2 r = -\frac{v_\varphi^2}{r} = -v_\varphi \omega, \quad 2\dot{r}\dot{\varphi} = 2\omega v_r$$

但是由于 r 一般在变化,故一般
$$r\ddot{\varphi} \neq \dot{v}_\varphi$$

除非 r 是不变的,两者才会相等;一般情况下
$$\dot{v}_\varphi = (r\dot{\varphi})' = \dot{r}\dot{\varphi} + r\ddot{\varphi}$$

例 1-8 一只狐狸沿半径为 R 的圆形岛边缘以速率 v 匀速奔跑,一只猎犬以相同的速率 v 从圆形岛中心 O 出发追击狐狸.设在猎犬追击过程中狐狸、猎犬和圆心 O 三者始终在同一直线上.试求猎犬的轨道方程,以及在何处追上狐狸.

解 如图 1-15 所示,以圆心为极点建立极坐标系,取 $t=0$ 时狐狸从 $\varphi_0=0$ 出发,则 t 时刻猎犬与狐狸角位置
$$\varphi = \frac{v}{R}t$$

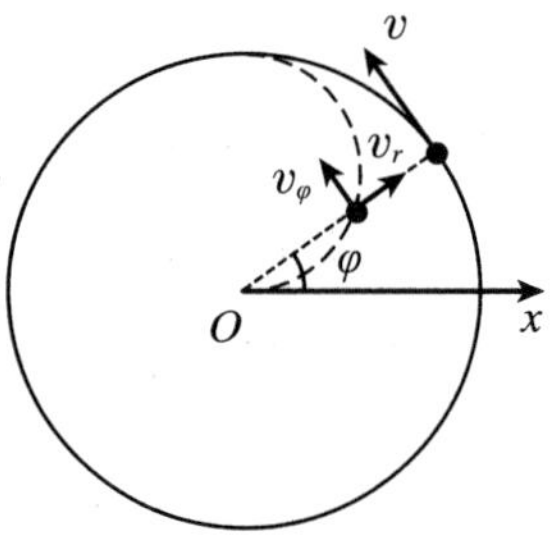

猎犬、狐狸和圆心共线,故猎犬
$$v_\varphi = \frac{v}{R}r$$

又由于
$$v_\varphi^2 + v_r^2 = v^2$$

约去 v_φ 整理得
$$R^2 v_r^2 + v^2 r^2 - v^2 R^2 = 0 \qquad ☆$$

☆式求导得
$$R^2 \dot{r}\ddot{r} + v^2 r\dot{r} = 0$$

即
$$v^2 r + R^2 \ddot{r} = 0 \qquad ★$$

结合猎犬初始 $r(t=0)=0$ 可设
$$r = A\sin\omega t, \quad \dot{r} = \omega A\cos\omega t, \quad \ddot{r} = -\omega^2 A\sin\omega t \qquad ○$$

○式代入★式得
$$v^2 - R^2 \omega^2 = 0$$

即
$$\omega = \frac{v}{R}$$

○式代入☆式得
$$R^2 \frac{v^2}{R^2} A^2 \cos^2\omega t + v^2 A^2 \sin^2\omega t - v^2 R^2 = 0$$

图 1-15

解得
$$A = R$$
故猎犬
$$r = R\sin\frac{v}{R}t$$
与△式联立消去 t 得到的轨道方程
$$r = R\sin\varphi$$
为圆,半径为 $\frac{R}{2}$,如图中虚线半圆所示;追上处
$$r = R$$
则
$$\varphi = \frac{\pi}{2}$$
故在 $\left(\frac{\pi}{2}, R\right)$,即猎犬在 $\frac{1}{4}$ 圆处追上狐狸.

> **练习 1-8** 请用极坐标分解求解练习 1-7 中的第(3)问.

1.3 刚体运动学

1. 自由度

确定系统的几何位形所必需的独立参量数称为此系统的自由度.

确定一个自由质点的位置需要 3 个独立参量,例如空间直角坐标系中的 (x, y, z),或球坐标系中的 (r, θ, φ),或柱坐标系中的 (ρ, φ, z),故有 3 个自由度.

2. 刚体

不会发生形变的理想物体称为刚体.形变可忽略的物体可看作刚体.

对自由线段形刚体,可先确定一个端点的位置 (x, y, z),再以此端点为原点确定另一个端点的位置 (r, θ, φ),其中 r 为距离,固定不变,故只需 5 个参量,自由度为 5;自由空间形刚体可找不共线的三点,如前述方法确定前两个点位置,则第三个点只需增加一个以前两个点连线为转轴的角度参量即可确定位置,此三点位置确定了,自由刚体位形就确定了,故需 6 个参量,自由度为 6;自由平面形刚体的自由度仍为 6.

3. 刚体运动的类型

（1）平动．刚体上所有质点运动情况都相同，运动可用刚体上的任一质点代表．平动刚体有 3 个自由度．刚体平动可以是直线运动，也可以是曲线运动，例如乘坐摩天轮时，轿厢做平动圆周运动．

（2）定轴转动．例如开门时门的运动．定轴转动只有一个自由度，常用角位置 φ 表示．只用一个参量描述的问题称为一维问题，因此定轴转动是一维问题．

（3）平面平行运动．刚体每一个质点都在与某固定平面相平行的某个平面内运动，它有 3 个自由度．

（4）定点转动．有 3 个自由度，做定点转动的刚体每一瞬时总是绕过定点的某一条轴转动，不同瞬时可以有通过定点的不同转轴．

（5）一般运动．有 6 个自由度．

平面平行运动可分解为随同某一基点的平动和绕过此基点与运动平面垂直的轴的定轴转动的组合．

一般运动可分解为随同某一基点的平动和绕过此基点的定点转动的组合．每一瞬时也可分解为随同某轴的平动和绕此轴的定轴转动的组合，且这条轴上各点速度均一致；任意速度相同的两点所在直线均可取为一条平动的转轴．

刚体运动

4. 刚体角速度的绝对性

刚体运动可分解为随同某一基点的平动和绕此基点的定点转动的组合，选择不同的基点，平动速度就不同；而转动角速度则与基点的选择无关，无论选择刚体上哪一点，角速度矢量的大小和方向都不变，称为刚体角速度的绝对性．

角加速度也是如此．

以平面平行运动为例，如图 1-16 所示，三角形 ABC 由 Ⅰ 运动至 Ⅱ，可以随 B 平移到 $A_1B_1C_1$，再相对 B_1 转过 $\Delta\varphi$；也可以随 C 平移到 $A_2B_2C_2$，再相对 C_2 转过 $\Delta\varphi$．可知两种方式转过的角度 $\Delta\varphi$ 是相同的．改为无限小运动仍然成立，故 $\Delta\varphi$、角速度 $\boldsymbol{\omega}$ 以及角加速度 $\boldsymbol{\alpha}$ 与基点的选择无关．

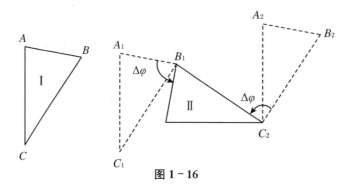

图 1-16

5. 刚体平面平行运动中的速度瞬心

平面平行运动中,某时刻刚体及其延拓上速度为零的点既无平动也无转动,称为速度瞬心,也称为瞬时转动中心.此时刻,各质点相对于过该点垂直于运动平面的轴(瞬时转轴)做定轴转动.它是同一运动平面上任意两点速度垂线的交点.车轮在地面纯滚动时,车轮上与地面的接触点是车轮的速度瞬心.

一般运动不一定有瞬时转轴.

一般运动

例 1-9 一片胶合板从空中下落,发现在某个时刻板上 a 点速度和 b 点速度相同,大小均为 v,且方向沿板面;板上 c 点速度大小为 $2v$;$\triangle abc$ 是边长为 l 的等边三角形.试问板上哪些点的速度等于 $3v$?

解 如图 1-17 所示,由于 $v_a = v_b = v$,故此时刻可分解为随轴 ab 的平动和相对轴 ab 的转动. c 点

$$2v = \sqrt{v^2 + \left(\omega \cdot \frac{\sqrt{3}}{2}l\right)^2} \Rightarrow \omega = \frac{2v}{l}$$

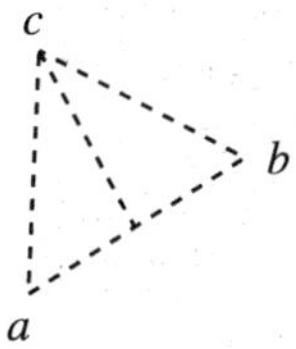

故板上速度为 $3v$ 的点

$$3v = \sqrt{v^2 + (\omega d)^2} \Rightarrow d = \sqrt{2}l$$

图 1-17 即距离 ab 轴为 $\sqrt{2}l$ 的点速度等于 $3v$.

练习 1-9 如图 1-18 所示,滚珠轴承有内、外两个圆环,在两环之间分布的球形滚珠半径为 r.外环以 v_1 顺时针转动,内环以 v_2 顺时针转动,试求滚珠中心绕圆环中心的速度和滚珠自转的角速度.设滚珠和圆环之间无相对滑动.

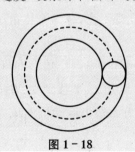

图 1-18

例 1-10 有一个半径为 R 的刚性圆环竖直地在刚性水平面做纯滚动,圆环中心以不变速度 v_0 在圆环平面内水平向前运动.求圆环上与圆心等高的 P 点的瞬时速度、切向加速度和法向加速度.

解 如图 1-19 所示,纯滚动,故环上 D 点为速度瞬心,圆环角速度为

$$\omega = \frac{v_0}{R}$$

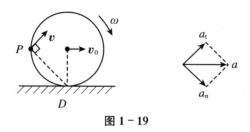

图 1-19

P 点速度

$$v = \omega\sqrt{2}R = \sqrt{2}v_0$$

与水平方向夹角 45° 向右上;环心参考系中 P 做匀速圆周运动,加速度水平向右,且

$$a = \omega^2 R$$

环心参考系与地面参考系均为惯性系,P 点加速度在这两个系中相同. a_t 与 v 共线,a_n 与 v 垂直,故

$$a_t = a_n = \frac{\sqrt{2}}{2}a = \frac{\sqrt{2}}{2}\frac{v_0^2}{R}$$

a_t 与 v 同向,a_n 沿 PD 方向.

也可以用随同环心平动与相对环心匀速转动叠加计算.

环在平直面上纯滚动有这样的特点:环心速度大小等于环上一点绕环转动的线速度大小,环心加速度大小等于环上一点绕环转动切向的加速度大小,即

$$v_0 = \omega R, \quad a_0 = R\alpha$$

练习 1-10 一个刚性圆环在直线轨道上纯滚动时,环边缘上一点的轨迹称为摆线.设圆环半径为 R,纯滚动转过一周,研究圆环上初始与地面接触点的轨迹.

(1) 试写出轨迹的轨道方程,利用环自转过的角度作为参量,如图 1-20 所示;
(2) 试求轨迹上各点的曲率半径;
(3) 试求图中轨迹的长度.

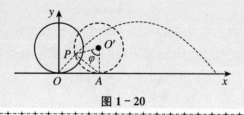

图 1-20

1.4 关联速度

对不可伸长的绳、接触面或刚性杆相关联的速度问题,可以采用微元法求解,也可根据

以下结论求解：

1. 绳、杆约束物系

沿绳、杆的分速度相等.

2. 接触面约束

垂直于接触面的分速度相等；沿接触面的分速度在无相对滑动时相同.故线轴系统,线与轴无相对滑动时,线与轴接触处线上点与轴上点速度大小和方向都相同.

实际处理时不一定沿绳(杆、接触面)和垂直于绳(杆、接触面)分解,可除共同速度外,其余分速度垂直于绳(杆)或平行于接触面.

例1-11 如图1-21(a)所示,物体 A 置于水平面上,物体 A 前有固定动滑轮 B,D 为定滑轮,一根轻绳绕过 D 和 B 后固定在 C 点,BC 段水平,当以速度 v 拉绳头时,物体 A 沿水平面运动,若绳与水平面的夹角为 α,物体 A 运动的速度为多大?

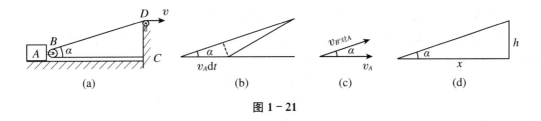

图 1-21

解 解法1：微元法.如图1-21(b)所示,被收走的绳长度为
$$v_A dt \cos\alpha + v_A dt = v dt$$
故
$$v_A = \frac{v}{1+\cos\alpha}$$

解法2：物体 A 以 v_A 向右运动,BD 绳上与 B 相切处取为 B',B' 与 C 相对 A 的速度大小相等,且 B' 相对于 A 的速度沿 BD(线轴无滑时线与轴接触处速度大小和方向都相同),有
$$v_{C对A} = v_A = v_{B'对A}$$
B' 沿绳的分速度为 v,如图1-21(c)所示,有
$$v = v_A\cos\alpha + v_{B'对A} = v_A\cos\alpha + v_A$$
故
$$v_A = \frac{v}{1+\cos\alpha}$$

解法3：求导.如图1-21(d)所示,拉绳头速度
$$v = -\frac{d(\sqrt{h^2+x^2}+x)}{dt} = -\left(\frac{x}{\sqrt{h^2+x^2}}+1\right)\frac{dx}{dt} = -(1+\cos\alpha)\frac{dx}{dt}$$

A 运动的速度

$$v_A = -\frac{\mathrm{d}x}{\mathrm{d}t} = \frac{v}{1+\cos\alpha}$$

练习 1-11 如图 1-22 所示，AB 杆的 A 端以匀速 v 运动，在运动时杆恒与一半圆周相切，半圆周的半径为 R，当杆与水平线的交角为 θ 时，求杆的角速度 ω 及杆上与半圆相切点 C 的速度.

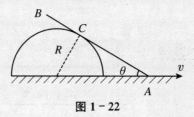

图 1-22

练习 1-12 如图 1-23 所示，线轴沿水平面做无滑动的滚动，并且线段 A 点速度为 v，方向水平. 以铰链固定于 B 点的木板靠在线轴上，线轴的内、外半径分别为 r 和 R. 试确定木板的角速度 ω 与角 α 的关系.

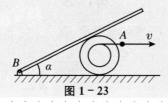

图 1-23

3. 线状交叉物系

交叉点的速度等于相交双方沿对方切向运动分速度的矢量和.

如图 1-24(a)所示，将 AB，CD 的速度 $\boldsymbol{v}_1$，$\boldsymbol{v}_2$ 分别分解到沿自身和沿对方，其中沿自身的分速度不会使交叉点 O 移动；则如图 1-24(b)所示，沿对方的分速度合成即为交叉点的速度. 用微元法解释如图 1-24(c)所示.

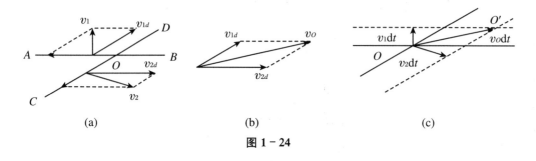

图 1-24

例 1-12 如图 1-25(a)所示，水平直杆 AB 在圆心为 O、半径为 r 的固定圆圈上以匀

速 u 竖直下落,试求套在该直杆和圆圈的交点处一小滑环 M 的速度,设 OM 与竖直方向的夹角为 φ.

解 解法 1:微元法. 如图 1-25(b)所示,有

$$\sin \varphi = \frac{u\mathrm{d}t}{v_M \mathrm{d}t}$$

故

$$v_M = \frac{u}{\sin \varphi}$$

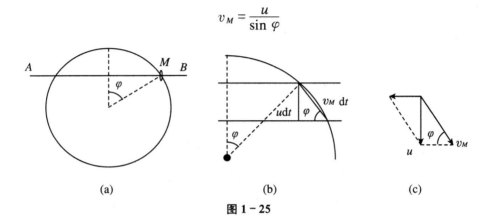

图 1-25

解法 2:线状交叉物系. 如图 1-25(c)所示,有

$$v_M = \frac{u}{\sin \varphi}$$

解法 3:求导. 直杆下降速度

$$u = -\frac{\mathrm{d}(R\cos \varphi)}{\mathrm{d}t} = R\sin \varphi \frac{\mathrm{d}\varphi}{\mathrm{d}t}$$

小环速度

$$v = \omega R = R\frac{\mathrm{d}\varphi}{\mathrm{d}t} = \frac{u}{\sin \varphi}$$

练习 1-13 如图 1-26 所示,一人身高 h,在灯下以匀速率 v 沿水平直线行走. 设灯距地面高度为 H,求人影顶端 M 点沿地面移动的速度.

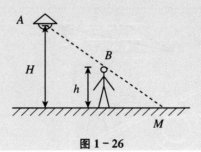

图 1-26

1.5 相对运动

1.5.1 互做平动的参考系中的相对运动

如图 1-27 所示，S' 系相对于 S 系平动，S' 系相对于 S 系的速度为 u，加速度为 A，$\overrightarrow{OO'} = \boldsymbol{\rho}$；质点 P 在 S 系中位矢为 r，速度为 v，加速度为 a；P 在 S' 系中位矢为 r'，速度为 v'，加速度为 a'. 则

$$r = r' + \boldsymbol{\rho}$$

对时间求导得

$$v = v' + u$$

再对时间求导得

$$a = a' + A$$

也可记为

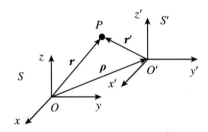

图 1-27

$$r_{P\text{对}O} = r_{P\text{对}O'} + r_{O'\text{对}O}$$
$$v_{P\text{对}O} = v_{P\text{对}O'} + v_{O'\text{对}O}$$
$$a_{P\text{对}O} = a_{P\text{对}O'} + a_{O'\text{对}O}$$

通常将相对观察者静止的参考系称为静止参考系，相对观察者运动的参考系称为运动参考系. 物体相对静止参考系的运动称为绝对运动，相对运动参考系的运动称为相对运动，动系相对于静系的运动称为牵连运动. 则上式可表述为绝对运动等于相对运动加牵连运动. 在互做平动的参考系中，绝对速度等于相对速度加牵连速度，绝对加速度等于相对加速度加牵连加速度.

例 1-13 如图 1-28(a)所示，一半径为 R 的半圆柱体沿垂直于柱轴的方向水平向右运动. 在圆柱面上搁置一竖直杆，此杆只能竖直方向上下运动. 半圆柱体的速度为 v 时，杆与半圆柱体接触点 P 的角位置为 θ.

(1) 若半圆柱体做匀速直线运动，试求此时竖直杆运动的速度和加速度；

(2) 若半圆柱体做加速度为 a 的匀加速直线运动，试求此时竖直杆运动的速度和加速度.

解 先解第(2)问.

(2) P 的速度、加速度均沿竖直方向，杆的运动分解为杆相对于半圆柱体的圆周运动（相对运动）和随同半圆柱体的运动（牵连运动），如图 1-28(b),(c)所示，有

$$v_P = v\tan\theta$$

速度方向竖直向上.

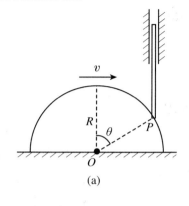
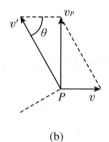
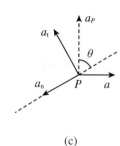

图 1-28

$$\boldsymbol{a}_P = \boldsymbol{a}_n + \boldsymbol{a}_t + \boldsymbol{a}$$

其中

$$a_n = \frac{v'^2}{R} = \frac{v^2}{R\cos^2\theta}$$

沿径向有

$$a_P\cos\theta = a\sin\theta - a_n$$

解得

$$a_P = a\tan\theta - \frac{v^2}{R\cos^3\theta}$$

若为正,则加速度竖直向上;反之,则竖直向下.

(1) 只需取 $a = 0$ 即可.

$$v_P = v\tan\theta, \quad a_P = \frac{v^2}{R\cos^3\theta}$$

速度竖直向上,加速度竖直向下.

1.5.2 互做转动的参考系中的相对运动

S 系与 S' 系互做转动,取 S 系为静系,S' 系为转动系,S' 系相对 S 系以 $\boldsymbol{\omega}$ 转动,S' 系与 S 系原点重合.

我们已经知道若矢量 $\boldsymbol{A}$ 大小不变,以 $\boldsymbol{\omega}$ 转动时有

$$\frac{\mathrm{d}\boldsymbol{A}}{\mathrm{d}t} = \boldsymbol{\omega} \times \boldsymbol{A}$$

S' 系的 $\boldsymbol{i}', \boldsymbol{j}', \boldsymbol{k}'$ 在 S 系中均以 $\boldsymbol{\omega}$ 转动,在 S 系看来

$$\frac{\mathrm{d}\boldsymbol{i}'}{\mathrm{d}t} = \boldsymbol{\omega} \times \boldsymbol{i}', \quad \frac{\mathrm{d}\boldsymbol{j}'}{\mathrm{d}t} = \boldsymbol{\omega} \times \boldsymbol{j}', \quad \frac{\mathrm{d}\boldsymbol{k}'}{\mathrm{d}t} = \boldsymbol{\omega} \times \boldsymbol{k}'$$

设有一矢量 $\boldsymbol{B}$，在两系中的分量表示式分别为
$$\boldsymbol{B} = B_x\boldsymbol{i} + B_y\boldsymbol{j} + B_z\boldsymbol{k}, \quad \boldsymbol{B} = B'_x\boldsymbol{i}' + B'_y\boldsymbol{j}' + B'_z\boldsymbol{k}'$$
则
$$\left(\frac{\mathrm{d}\boldsymbol{B}}{\mathrm{d}t}\right)_{\text{静}} = \frac{\mathrm{d}B_x}{\mathrm{d}t}\boldsymbol{i} + \frac{\mathrm{d}B_y}{\mathrm{d}t}\boldsymbol{j} + \frac{\mathrm{d}B_z}{\mathrm{d}t}\boldsymbol{k}$$
$$\left(\frac{\mathrm{d}\boldsymbol{B}}{\mathrm{d}t}\right)_{\text{静}} = \frac{\mathrm{d}B'_x}{\mathrm{d}t}\boldsymbol{i}' + \frac{\mathrm{d}B'_y}{\mathrm{d}t}\boldsymbol{j}' + \frac{\mathrm{d}B'_z}{\mathrm{d}t}\boldsymbol{k}' + B'_x\frac{\mathrm{d}\boldsymbol{i}'}{\mathrm{d}t} + B'_y\frac{\mathrm{d}\boldsymbol{j}'}{\mathrm{d}t} + B'_z\frac{\mathrm{d}\boldsymbol{k}'}{\mathrm{d}t}$$
$$= \left(\frac{\mathrm{d}\boldsymbol{B}}{\mathrm{d}t}\right)_{\text{转动}} + B'_x\boldsymbol{\omega}\times\boldsymbol{i}' + B'_y\boldsymbol{\omega}\times\boldsymbol{j}' + B'_z\boldsymbol{\omega}\times\boldsymbol{k}'$$
$$= \left(\frac{\mathrm{d}\boldsymbol{B}}{\mathrm{d}t}\right)_{\text{转动}} + \boldsymbol{\omega}\times\boldsymbol{B}$$

公式推导

S 系与 S' 系互做转动且原点重合，S' 系相对 S 系以 $\boldsymbol{\omega}$ 转动，质点在 S,S' 系中的位矢、速度、加速度分别设为 $\boldsymbol{r},\boldsymbol{v},\boldsymbol{a}$ 和 $\boldsymbol{r}',\boldsymbol{v}',\boldsymbol{a}'$，应用上述结论有
$$\boldsymbol{r} = \boldsymbol{r}'$$
以下均写作 $\boldsymbol{r}$：
$$\left(\frac{\mathrm{d}\boldsymbol{r}}{\mathrm{d}t}\right)_{\text{静}} = \left(\frac{\mathrm{d}\boldsymbol{r}}{\mathrm{d}t}\right)_{\text{转动}} + \boldsymbol{\omega}\times\boldsymbol{r} \Rightarrow \boldsymbol{v} = \boldsymbol{v}' + \boldsymbol{\omega}\times\boldsymbol{r}$$
$$\left(\frac{\mathrm{d}\boldsymbol{v}}{\mathrm{d}t}\right)_{\text{静}} = \left(\frac{\mathrm{d}\boldsymbol{v}}{\mathrm{d}t}\right)_{\text{转动}} + \boldsymbol{\omega}\times\boldsymbol{v} = \left[\frac{\mathrm{d}(\boldsymbol{v}'+\boldsymbol{\omega}\times\boldsymbol{r})}{\mathrm{d}t}\right]_{\text{转动}} + \boldsymbol{\omega}\times(\boldsymbol{v}'+\boldsymbol{\omega}\times\boldsymbol{r})$$
$$= \left(\frac{\mathrm{d}\boldsymbol{v}'}{\mathrm{d}t}\right)_{\text{转动}} + \left(\frac{\mathrm{d}\boldsymbol{\omega}}{\mathrm{d}t}\right)_{\text{转动}}\times\boldsymbol{r} + \boldsymbol{\omega}\times\left(\frac{\mathrm{d}\boldsymbol{r}}{\mathrm{d}t}\right)_{\text{转动}} + \boldsymbol{\omega}\times\boldsymbol{v}' + \boldsymbol{\omega}\times(\boldsymbol{\omega}\times\boldsymbol{r})$$
其中
$$\left(\frac{\mathrm{d}\boldsymbol{\omega}}{\mathrm{d}t}\right)_{\text{静}} = \left(\frac{\mathrm{d}\boldsymbol{\omega}}{\mathrm{d}t}\right)_{\text{转动}} + \boldsymbol{\omega}\times\boldsymbol{\omega} = \left(\frac{\mathrm{d}\boldsymbol{\omega}}{\mathrm{d}t}\right)_{\text{转动}}$$
故
$$\left(\frac{\mathrm{d}\boldsymbol{v}}{\mathrm{d}t}\right)_{\text{静}} = \left(\frac{\mathrm{d}\boldsymbol{v}'}{\mathrm{d}t}\right)_{\text{转动}} + \left(\frac{\mathrm{d}\boldsymbol{\omega}}{\mathrm{d}t}\right)_{\text{静}}\times\boldsymbol{r} + \boldsymbol{\omega}\times\boldsymbol{v}' + \boldsymbol{\omega}\times\boldsymbol{v}' + \boldsymbol{\omega}\times(\boldsymbol{\omega}\times\boldsymbol{r})$$
即
$$\boldsymbol{a} = \boldsymbol{a}' + \dot{\boldsymbol{\omega}}\times\boldsymbol{r} + 2\boldsymbol{\omega}\times\boldsymbol{v}' + \boldsymbol{\omega}\times(\boldsymbol{\omega}\times\boldsymbol{r})$$

总结如下：
$$\boldsymbol{r} = \boldsymbol{r}', \quad \boldsymbol{v} = \boldsymbol{v}' + \boldsymbol{\omega}\times\boldsymbol{r}, \quad \boldsymbol{a} = \boldsymbol{a}' + \dot{\boldsymbol{\omega}}\times\boldsymbol{r} + 2\boldsymbol{\omega}\times\boldsymbol{v}' + \boldsymbol{\omega}\times(\boldsymbol{\omega}\times\boldsymbol{r})$$
我们可以发现，仍有
$$\boldsymbol{r}_{P\text{对}O} = \boldsymbol{r}_{P\text{对}O'} + \boldsymbol{r}_{O'\text{对}O} = \boldsymbol{r}_{P\text{对}O'} + 0$$
注意到 S' 系相对 S 系转动导致 S' 系各处相对于 S 系速度不同，速度关系应代入物体所在位置处 S' 系相对 S 系的速度，仍有
$$\boldsymbol{v}_{P\text{对}S} = \boldsymbol{v}_{P\text{对}S'} + \boldsymbol{v}_{S'\text{对}S} = \boldsymbol{v}_{P\text{对}S'} + \boldsymbol{\omega}\times\boldsymbol{r}$$
但加速度关系不再满足上述这样的关系，即
$$\boldsymbol{a}_{P\text{对}S} \neq \boldsymbol{a}_{P\text{对}S'} + \boldsymbol{a}_{S'\text{对}S}$$

物体所在位置处 S' 系相对 S 系的加速度有切向加速度 $\dot{\boldsymbol{\omega}}\times\boldsymbol{r}$，有向心加速度 $\boldsymbol{\omega}\times(\boldsymbol{\omega}\times\boldsymbol{r})$，但并没有 $2\boldsymbol{\omega}\times\boldsymbol{v}'$.

v 为绝对速度，v' 为相对速度，$\boldsymbol{\omega}\times\boldsymbol{r}$ 为牵连速度.

a 为绝对加速度，a' 为相对加速度；$\dot{\boldsymbol{\omega}}\times\boldsymbol{r}$ 为切向加速度，$\boldsymbol{\omega}\times(\boldsymbol{\omega}\times\boldsymbol{r})$ 为向心加速度，这两者是由 S' 系相对 S 系的角加速度和角速度引起的牵连加速度；$2\boldsymbol{\omega}\times\boldsymbol{v}'$ 称为科里奥利加速度，是由 S' 系相对 S 系的角速度 $\boldsymbol{\omega}$ 和质点相对 S' 系速度 $\boldsymbol{v}'$ 引起的，即由牵连运动和相对运动交互耦合而成.（有时把后三者统称为牵连加速度.）

故互做转动系中，绝对速度等于相对速度加牵连速度，绝对加速度等于相对加速度加牵连加速度加科里奥利加速度.

加速度　　　相对运动

请注意与极坐标系分解得到的加速度相区分.

若取 S 系为静系，S' 系为动系，S' 系相对 S 系转动，且 S' 系的转轴相对 S 系还有平动，这时可引入 S'' 系，S'' 系满足：S' 系相对 S'' 系只有转动，S'' 系相对 S 系只有平动，先后应用互做转动、平动参考系间相对运动结论得到结果.

例 1-14 竖直面内的装置如图 1-29(a)所示，$\overline{O_1A}=\overline{O_2B}=\overline{O_1O_2}/2=\overline{AB}/2=l$，$O_1, O_2$ 处为垂直于纸面的水平转轴，A, B 处均为铰接连接，套筒 C 可在 AB 杆上滑动，套筒 C 固连于杆 CD，CD 杆被限制在铅垂槽内运动. O_1A 以匀角速度 ω 转动，以 O_1A 杆为动参照系，图示位置时 O_1A, O_2B 为铅垂，AB 为水平，C 在 AB 的中点，试求此时刻套筒上销钉 C 的：

(1) 牵连速度的大小 v_e；
(2) 相对速度的大小 v_r；
(3) 牵连加速度的大小 a_e；
(4) 相对加速度的大小 a_r；
(5) 科里奥利加速度的大小 a_{Cor}.

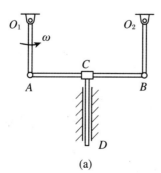 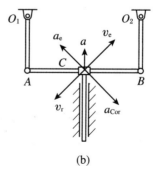

图 1-29

解 如图1-29(b)所示,先求牵连运动:
$$v_e = \omega\sqrt{2}l = \sqrt{2}\omega l, \quad \text{向右上,与}O_1C\text{垂直}$$
$$a_e = a_n = \omega^2\sqrt{2}l = \sqrt{2}\omega^2 l, \quad \text{向左上方,指向}O_1$$

再求绝对运动. AB 杆以 ω 做匀速圆周运动(平动),C 被约束,竖直方向与 AB 杆一致,水平方向不运动,故此时 C 满足
$$v = v_{Ay} = 0, \quad a = a_{Ay} = \omega^2 l, \quad \text{向上}$$

再求相对运动和 a_{Cor}:
$$\boldsymbol{v} = \boldsymbol{v}_e + \boldsymbol{v}_r \Rightarrow v_r = \sqrt{2}\omega l, \quad \text{向右下与}O_1C\text{垂直}$$
$$\boldsymbol{a}_{\text{Cor}} = 2\boldsymbol{\omega} \times \boldsymbol{v}_r \Rightarrow a_{\text{Cor}} = 2\omega\sqrt{2}\omega l = 2\sqrt{2}\omega^2 l, \quad \text{沿}O_1C\text{向右下}$$
$$\boldsymbol{a} = \boldsymbol{a}_r + \boldsymbol{a}_e + \boldsymbol{a}_{\text{Cor}}$$

故
$$(a_r)_x = (a_e - a_{\text{Cor}})\cos 45° = -\omega^2 l, \quad (a_r)_y = a - (a_e - a_{\text{Cor}})\sin 45° = 2\omega^2 l$$
$$a_r = \sqrt{(a_r)_x^2 + (a_r)_y^2} = \sqrt{5}\omega^2 l$$

> **练习1-14** 半径为 R 的水平圆盘绕通过盘心的铅垂轴匀速转动,测得一质点通过盘心时相对圆盘的速度为 v,离开圆盘边缘时相对圆盘速度为 $2v$,设运动过程中质点不受水平摩擦力以及其他水平外力作用.试分别求质点通过圆盘中心、$R/\sqrt{3}$ 处、边缘处时相对圆盘的加速度大小.

例1-15 如图1-30(a)所示,半径为 R 的水平圆盘绕固定在地面上的竖直转轴 O 以角速度 ω 匀速转动. 棒 PO_1 可绕固定于盘面的竖直转轴 O_1 在盘面上转动,$\overline{OO_1} = \overline{O_1P} = R/2$,棒 PO_1 相对盘面的转动角速度 $\omega' = \omega$,$\overline{OO_1}$ 与 $\overline{O_1P}$ 的交角设为 φ,在初始时刻($t=0$),$\varphi = 0$. 试求:

(1) 当 $\varphi = \pi/2$ 时,直棒端点 P 相对地面的速度和加速度;

(2) P 点相对地面的速度和加速度数值最大时的 φ 角.

解 解法1:如图1-30(b)所示,有
$$\alpha = \omega t, \quad \varphi = \omega' t = \omega t = \alpha$$

故在随同 O_1 平动参考系中 O_1P 匀速转动,角速度为
$$\Omega = \frac{\alpha + \varphi}{t} = 2\omega$$

如图1-30(c),(d)所示,相对运动
$$v' = \Omega\,\overline{PO_1} = \omega R, \quad \text{垂直于}\overline{PO_1}$$
$$a' = \Omega^2\,\overline{PO_1} = 2\omega^2 R, \quad \text{由}P\text{指向}O_1$$

牵连运动

$$V = \omega \overrightarrow{OO_1} = \frac{1}{2}\omega R, \quad 垂直于\overrightarrow{OO_1}$$

$$A = \omega^2 \overrightarrow{OO_1} = \frac{1}{2}\omega^2 R, \quad 沿\overrightarrow{O_1 O}方向$$

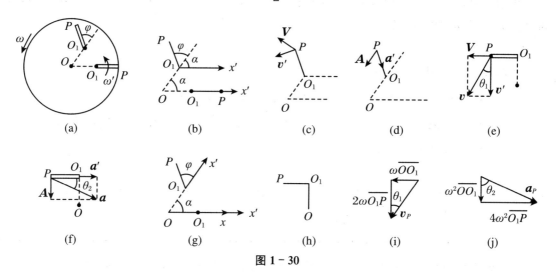

图 1-30

(1) 当 $\varphi = \dfrac{\pi}{2}$ 时, $\varphi' = \dfrac{\pi}{2}$, 如图 1-30(e),(f)所示,有

$$v = \sqrt{v'^2 + V^2} = \frac{\sqrt{5}}{2}\omega R, \quad \tan\theta_1 = \frac{V}{v'} = \frac{1}{2}$$

$$a = \sqrt{a'^2 + A^2} = \frac{\sqrt{17}}{2}\omega^2 R, \quad \tan\theta_2 = \frac{A}{a'} = \frac{1}{4}$$

(2) 可知当 $\varphi = 0$ 时, $\boldsymbol{v}'$, $\boldsymbol{V}$ 同向, $\boldsymbol{a}'$, $\boldsymbol{A}$ 同向, 速度和加速度都为最大.

解法 2: 随圆盘转动系中, 如图 1-30(g)所示, 有

$$\alpha = \omega t, \quad \varphi = \omega' t$$

由 $\omega = \omega'$, 得 $\alpha = \varphi$, 故

$$\boldsymbol{v}_P = \boldsymbol{v}'_P + \boldsymbol{\omega} \times \boldsymbol{r}_P = \boldsymbol{\omega}' \times \overrightarrow{O_1 P} + \boldsymbol{\omega} \times \overrightarrow{OP} = \boldsymbol{\omega} \times \overrightarrow{O_1 P} + \boldsymbol{\omega} \times (\overrightarrow{OO_1} + \overrightarrow{O_1 P})$$

$$= \boldsymbol{\omega} \times (\overrightarrow{OO_1} + 2\overrightarrow{O_1 P})$$

$$\boldsymbol{a}_P = \boldsymbol{a}'_P + \boldsymbol{\omega} \times (\boldsymbol{\omega} \times \boldsymbol{r}_P) + 2\boldsymbol{\omega} \times \boldsymbol{v}'_P$$

$$= \boldsymbol{\omega}' \times (\boldsymbol{\omega}' \times \overrightarrow{O_1 P}) + \boldsymbol{\omega} \times [\boldsymbol{\omega} \times (\overrightarrow{OO_1} + \overrightarrow{O_1 P})] + 2\boldsymbol{\omega} \times (\boldsymbol{\omega}' \times \overrightarrow{O_1 P})$$

$$= \boldsymbol{\omega} \times [\boldsymbol{\omega} \times (\overrightarrow{OO_1} + 4\overrightarrow{O_1 P})]$$

几何法续解:

(1) 当 $\varphi = \dfrac{\pi}{2}$ 时, 位形如图 1-30(h)所示, 速度如图 1-30(i)所示, 加速度如图 1-30(j)所示, 有

$$v_P = \omega \frac{R}{2}\sqrt{1^2+2^2} = \frac{\sqrt{5}}{2}\omega R, \quad \tan\theta_1 = \frac{1}{2}$$

$$a_P = \omega^2 \frac{R}{2}\sqrt{1^2+4^2} = \frac{\sqrt{17}}{2}\omega^2 R, \quad \tan\theta_2 = \frac{1}{4}$$

(2) $\overrightarrow{OO_1}$, $\overrightarrow{O_1P}$ 大小一定，故两者同向时，即 $\varphi = 0$ 时速度和加速度都为最大．

代数法续解：

$$\overrightarrow{OO_1} = \frac{R}{2}\cos\alpha \cdot \boldsymbol{i} + \frac{R}{2}\sin\alpha \cdot \boldsymbol{j} = \frac{R}{2}\cos\varphi \cdot \boldsymbol{i} + \frac{R}{2}\sin\varphi \cdot \boldsymbol{j}$$

$$\overrightarrow{O_1P} = \frac{R}{2}\cos(\alpha+\varphi) \cdot \boldsymbol{i} + \frac{R}{2}\sin(\alpha+\varphi) \cdot \boldsymbol{j} = \frac{R}{2}\cos 2\varphi \cdot \boldsymbol{i} + \frac{R}{2}\sin 2\varphi \cdot \boldsymbol{j}$$

$$\boldsymbol{\omega} = \omega \boldsymbol{k}$$

故

$$\boldsymbol{v}_P = \omega\boldsymbol{k} \times \left[\frac{R}{2}(\cos\varphi+2\cos 2\varphi)\boldsymbol{i} + \frac{R}{2}(\sin\varphi+2\sin 2\varphi)\boldsymbol{j}\right]$$

$$= -\frac{\omega R}{2}(\sin\varphi+2\sin 2\varphi)\boldsymbol{i} + \frac{\omega R}{2}(\cos\varphi+2\cos 2\varphi)\boldsymbol{j}$$

$$\boldsymbol{a}_P = -\omega^2 R\left[\left(\frac{1}{2}\cos\varphi+2\cos 2\varphi\right)\boldsymbol{i} + \left(\frac{1}{2}\sin\varphi+2\sin 2\varphi\right)\boldsymbol{j}\right]$$

(1) 当 $\varphi = \frac{\pi}{2}$ 时

$$\boldsymbol{v}_P = -\frac{\omega R}{2}\boldsymbol{i} - \omega R\boldsymbol{j}, \quad \boldsymbol{a}_P = 2\omega^2 R\boldsymbol{i} - \frac{1}{2}\omega^2 R\boldsymbol{j}$$

(2) 整理得

$$v_P = \frac{\omega R}{2}\sqrt{5+4\cos\varphi}, \quad a_P = \omega^2 R\sqrt{\frac{17}{4}+2\cos\varphi}$$

速度和加速度均在 $\varphi = 0$ 时最大．

练习 1-15 高为 h、顶角为 2α 的正圆锥在一水平面上绕顶点 O 做纯滚动．已知正圆锥的几何对称轴以恒定角速度 Ω 绕竖直轴 z 转动，如图 1-31 所示．试求此刻圆锥底面上最高点 A 的速度和加速度．

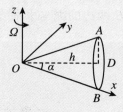

图 1-31

第 1 章习题

1-1 如习图 1-1 所示,斜面体两斜面的倾角分别为 θ 和 φ.一个物体从倾角为 θ 的斜面底角处做斜上抛运动.为使物体从斜面体的顶角处切过,并落在倾角为 φ 的斜面底角处,则物体的抛射角 α 与倾角 θ,φ 应满足什么关系?

1-2 如习图 1-2 所示,一人做射靶游戏,为使每次枪弹都击中靶面的同一水平线,则每次射击的瞄准点必须在靶面的同一圆周上,试加以证明.已知水平线离地面高度为 h,枪与靶相距为 d,子弹发射速率为 v_0.

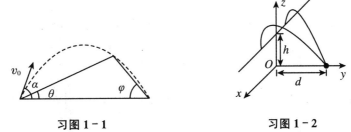

习图 1-1　　　　　习图 1-2

1-3 试用物理方法求抛物线 $x^2 = 2py$ 在 x 处的曲率半径.

1-4 狐狸在追兔子,兔子以 5 m/s 匀速直线奔跑,狐狸速度大小恒为 4 m/s,且速度方向始终指向兔子.起始它们之间距离减小,后来开始增大,狐、兔之间最近距离为 30 m.试求狐狸与兔子相距最近时狐狸的加速度.

1-5 如习图 1-3 所示,A,B,C,D,E 五个质点位于一个半径为 R 的圆上五等分的位置,各质点均以恒定速率 v 运动,且在运动中速度方向始终 A 指向 C,B 指向 D,C 指向 E,D 指向 A,E 指向 B.试问:

(1) 从开始直至五个质点会聚于一点经历的时间为多长?

(2) 质点 A 在运动中将沿一条曲线运动,初始时此曲线的曲率半径为多大?

1-6 如习图 1-4 所示,一根细绳的一端连接于 A 点,绳上距 A 为 a 处系有一重物 B,绳的另一端通过 C 点处定滑轮,A 和 C 位于同一水平线上.现拉住细绳右端,以恒定速率 v 收绳,当绳收至图示位置时,重物 B 两边的绳与水平线的夹角分别为 α 和 β,试求这时 B 点的速度大小和加速度大小.

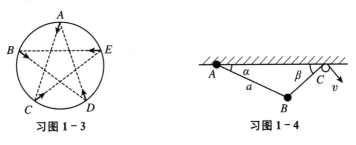

习图 1-3　　　　　习图 1-4

1-7 如习图 1-5 所示,长度为 $l = 10$ cm 的棒在光滑水平面上运动,其中点以 $v = 10$ cm/s 向左运动,棒相对中点匀速转动.初始棒平行于墙且距墙 $L = 50$ cm,要使棒平着与墙相撞,试问棒的角速度应为多少?

1-8 半径为 r 的圆柱沿水平面做纯滚动.若已知角速度 ω 和角加速度 ε,且均不为零,如习图 1-6 所示.试求:

(1) 圆柱上速度方向和加速度方向平行的点的集合;
(2) 圆柱上速度方向和加速度方向垂直的点的集合;
(3) 证明圆柱的速度瞬心、加速度瞬心和圆心的连线为一个直角三角形.

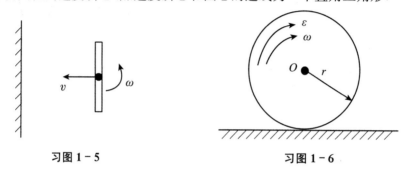

习图 1-5   习图 1-6

1-9 如习图 1-7 所示,合页构件由三个菱形组成,其边长之比为 3∶2∶1,顶点 A_3 以速度 v 沿水平方向向右运动,求当构件 A_0 处的夹角为 θ 时顶点 B_2 的速度.

1-10 如习图 1-8 所示,大圆不动,小圆绕大圆公转一周,不打滑,大圆半径为 $3r$,小圆半径为 r,试问小圆自转了几圈?

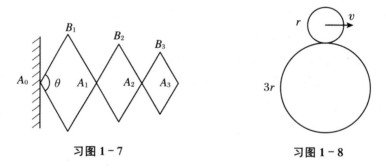

习图 1-7   习图 1-8

1-11 如习图 1-9 所示,半径为 R_1 的圆 A 以恒定角速度 ω_1 绕其中心 O_1 转动,另一半径为 R_2 的圆 B 以恒定角速度 ω_2 在圆 A 外面无滑动地滚动,设运动中两圆始终在同一平面内.试求:

(1) 两圆连心线 O_1O_2 的角速度 ω;
(2) 圆 B 绕圆 A 滚一圈所需的时间 t_1;
(3) 圆 B 相对圆 A 滚一圈所需的时间 t_2.

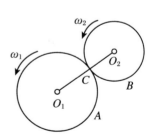

习图 1-9

1-12 如习图1-10所示,绳的一端固定,另一端缠在圆筒上,圆筒半径为 R,放在与水平面成 α 角的光滑斜面上,当绳变为竖直方向时,圆筒转动角速度为 ω(此时绳未松弛),试求此刻圆筒上的与绳分离处 A 的速度,以及与斜面切点 C 的速度.

1-13 如习图1-11所示,两只小环 O 和 O' 分别套在静止不动的竖直杆 AB 和 CD 上,一根不可伸长的绳子一端系在 C 点上,穿过环 O',另一端系在环 O 上,若环 O' 以恒定速度 v_1 向下运动,试求当 $\angle AOO' = \alpha$ 时环 O 的速度.

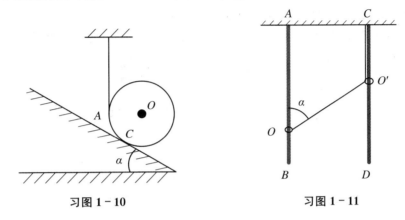

习图1-10　　　　　　　习图1-11

1-14 如习图1-12所示,在水平地面上,用两根沿水平方向不可伸长的绳子 AM 和 BM 共同拉动一个物体.某时刻绳端点 A,B 的移动速度分别为 $v_1 = 4.48$ m/s 和 $v_2 = 3.63$ m/s,且均沿各自绳的方向,两绳夹角 $\alpha = 43.9°$.试求物体移动速度的大小.

1-15 如习图1-13所示,两同轴薄壁圆筒 A 和 B 的半径分别为 R 和 $2R$,两筒壁间夹有一个半径恰为 $R/2$ 的小圆筒.当 A,B 两筒分别以角速度 ω_1,ω_2 沿相反方向匀速转动时,小圆筒与 A,B 两筒的接触点 D,C 间无相对滑动.试求:

(1) 小圆筒相对地面和相对 B 筒运动一周所需的时间;

(2) 小圆筒上与 B 筒接触的点 C 此时相对地面和相对 A 筒的加速度大小;

(3) 以地面为参考系时 C,D 的相对速度和以 A 筒为参考系时 C,D 的相对速度大小,其中 C,D 点均指小圆筒上的点.

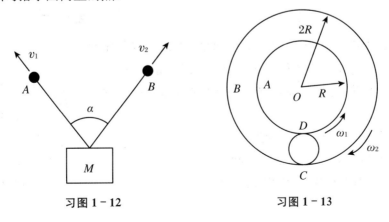

习图1-12　　　　　　　习图1-13

第 1 章练习详解及习题答案

练习 1-1 由题意得

$$a = \frac{\mathrm{d}v}{\mathrm{d}t} = \frac{\mathrm{d}v}{\mathrm{d}x}\frac{\mathrm{d}x}{\mathrm{d}t} = \frac{\mathrm{d}v}{\mathrm{d}x}v = -kx$$

分离变量并求定积分:

$$\int_{v_0}^{v} v\mathrm{d}v = \int_{0}^{x} -kx\mathrm{d}x$$

即

$$\frac{1}{2}(v^2 - v_0^2) = -\frac{1}{2}kx^2$$

故

$$v = \pm\sqrt{v_0^2 - kx^2}$$

练习 1-2 抛出到落地,位移水平,如答图 1-1 所示,有

$$\sin\theta = \frac{\frac{1}{2}gt^2}{v_0 t}$$

则

$$t = \frac{2v_0\sin\theta}{g}$$

水平位移为

$$x = v_0 t\cos\theta = \frac{v_0^2\sin 2\theta}{g}$$

练习 1-3 解法 1:如答图 1-2 所示,有

$$S_\triangle = \frac{1}{2}gt \cdot v_0\cos\alpha = \frac{1}{2}gx \quad (为定值)$$

$$S_\triangle = \frac{1}{2}v_0 v\sin(\alpha+\beta) = \frac{1}{2}v_0\sqrt{v_0^2 - 2gh}\sin(\alpha+\beta)$$

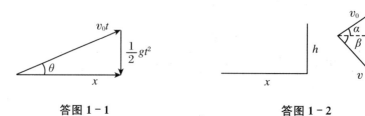

答图 1-1　　　　　　　　**答图 1-2**

v_0 最小时

此时
$$\alpha + \beta = 90°$$

故
$$gx = v_0\sqrt{v_0^2 - 2gh}$$

$$v_{0\,\min} = \sqrt{g(h + \sqrt{h^2 + x^2})} \approx 11.62 \text{ m/s}$$

$$\tan\alpha = \frac{v_0}{\sqrt{v_0^2 - 2gh}} \approx 1.25$$

解法 2：设初速度与水平方向的夹角为 θ，有
$$x = v_0 t\cos\theta, \quad h = v_0 t\sin\theta - \frac{1}{2}gt^2$$

约去 t 并整理为关于 $\tan\theta$ 的方程：
$$\tan^2\theta - \frac{2v_0^2}{gx}\tan\theta + \frac{2v_0^2}{gx^2}h + 1 = 0$$

当 $\tan\theta$ 有重根时，即
$$\Delta = \left(\frac{2v_0^2}{gx}\right)^2 - 4\left(\frac{2v_0^2}{gx^2}h + 1\right) = 0$$

时，v_0 有最小值，解得
$$v_{0\,\min} = \sqrt{g(h + \sqrt{h^2 + x^2})} \approx 11.62 \text{ m/s}$$

此时弹射角满足
$$\tan\theta = \frac{v_0^2}{gx} = \frac{1}{x}(h + \sqrt{h^2 + x^2}) \approx 1.25$$

练习 1-4 设初速度为 $\boldsymbol{v}_0$，抛射角为 α，有
$$\boldsymbol{r} = \boldsymbol{v}_0 t + \frac{1}{2}\boldsymbol{g}t^2$$

故
$$r^2 = v_0^2 t^2 + \boldsymbol{v}_0 \cdot \boldsymbol{g}t^3 + \frac{1}{4}g^2 t^4 = v_0^2 t^2 - (v_0 g\sin\alpha)t^3 + \frac{1}{4}g^2 t^4$$

始终远离，则
$$\frac{\mathrm{d}r^2}{\mathrm{d}t} = g^2 t^3 - (3v_0 g\sin\alpha)t^2 + 2v_0^2 t > 0$$

由于 $t > 0$，故只需
$$t^2 - \left(\frac{3v_0}{g}\sin\alpha\right)t + \frac{2v_0^2}{g^2} = \left(t - \frac{3v_0}{2g}\sin\alpha\right)^2 + \frac{v_0^2(8 - 9\sin^2\alpha)}{4g^2} > 0$$

t 取任意值均应成立，故
$$8 - 9\sin^2\alpha > 0$$

即

$$\alpha < \arcsin \frac{2\sqrt{2}}{3}$$

练习 1-5 如答图 1-3 所示，有

$$v_1 = v_0 - a_t t_1, \quad v_2 = v_0 - a_t(t_1 + t_2)$$

$$a_{n1} = \frac{v_1^2}{R}, \quad a_{n2} = \frac{v_2^2}{R}$$

$$\tan(\theta_1 - 90°) = \frac{a_t}{a_{n1}}, \quad \tan(\theta_2 - 90°) = \frac{a_t}{a_{n2}}$$

联立解得

$$a_t = 0.4 \text{ m/s}^2, \quad R = 62.5 \text{ m}, \quad a_{n1} = 0.4 \text{ m/s}^2, \quad a_{n2} = 0.23 \text{ m/s}^2$$

练习 1-6 如答图 1-4 所示，螺旋线的倾角满足

$$\tan\theta = \frac{h}{2\pi R}$$

令一质点沿此等距螺旋线以 v 匀速率运动，则

$$a = \frac{v^2}{\rho}$$

其轴向的分运动为匀速直线运动，故加速度垂直于轴指向轴心；其垂直于轴向的分运动为匀速圆周运动，加速度等于实际加速度：

$$v_\perp = v\cos\theta = \frac{2\pi R}{\sqrt{4\pi^2 R^2 + h^2}} v, \quad a = a_\perp = \frac{v_\perp^2}{R}$$

联立解得

$$\rho = \frac{4\pi^2 R^2 + h^2}{4\pi^2 R}$$

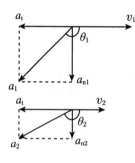

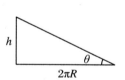

答图 1-3　　　　　答图 1-4

练习 1-7 (1) 相遇于中心，指向中心的分速度保持不变，故

$$t = \frac{\frac{l}{2} / \cos 30°}{v\cos 30°} = \frac{2l}{3v}$$

或以 B 为参考系，A 指向 B 的分速度大小不变使 A, B 距离减小，如答图 1-5(a) 所示，有

$$t = \frac{l}{v(1 + \cos 60°)} = \frac{2l}{3v}$$

(2) 路程为
$$S = vt = \frac{2}{3}l$$

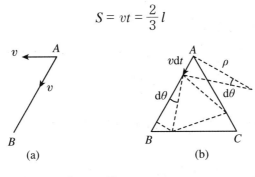

答图 1-5

(3) 做匀速率曲线运动,只有向心加速度.初始经 dt 过程,如答图 1-5(b)所示,有
$$d\theta \approx \frac{vdt\sin 60°}{l} = \frac{vdt}{\rho}$$

则
$$\rho \approx \frac{2\sqrt{3}}{3}l$$

故初始加速度为
$$a = \frac{v^2}{\rho} = \frac{\sqrt{3}}{2}\frac{v^2}{l}$$

练习 1-8 如答图 1-6 所示,以正三角形中心为极点建立极坐标系,则 v 与 r 的夹角恒为 $30°$, v_r, v_φ 分别恒为
$$v_r = -\frac{\sqrt{3}}{2}v, \quad v_\varphi = \frac{1}{2}v$$

则
$$a_r = \dot{v}_r - \frac{v_\varphi^2}{\frac{\sqrt{3}}{3}l} = 0 - \frac{\sqrt{3}v^2}{4l} = -\frac{\sqrt{3}v^2}{4l}$$

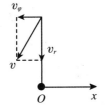 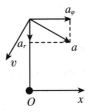

答图 1-6

做匀速曲线运动,故 a 与 v 垂直,因此

$$a = 2|a_r| = \frac{\sqrt{3}}{2}\frac{v^2}{l}$$

练习 1-9 设滚珠中心速度沿顺时针,滚珠角速度沿顺时针,则
$$v_0 = v_1 - \omega r, \quad v_0 = v_2 + \omega r$$
解得
$$v = \frac{1}{2}(v_1 + v_2), \quad \omega = \frac{v_1 - v_2}{2r}$$
故滚珠中心顺时针绕环运动,若 $v_1 > v_2$,则顺时针自转;反之,则逆时针自转.

练习 1-10 (1) 初始与地面接触点在环转动 φ 时到达 P 点,则
$$\widehat{PA} = \overline{OA} = R\varphi, \quad x = \overline{OA} - R\sin\varphi = R(\varphi - \sin\varphi), \quad y = R(1 - \cos\varphi)$$

(2) 解法 1:令环以 v 纯滚动,如答图 1-7 所示,则
$$\omega = \frac{v}{R}, \quad v_P = \omega 2R\sin\frac{\varphi}{2} = 2v\sin\frac{\varphi}{2}$$
$$a_P = \frac{v^2}{R}, \quad a_n = a_P\sin\frac{\varphi}{2}$$
又
$$a_n = \frac{v_P^2}{\rho}$$

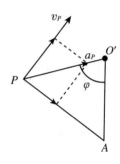

答图 1-7

解得
$$\rho = 4R\sin\frac{\varphi}{2}$$

解法 2:数学方法求解.
$$dS = \sqrt{(dx)^2 + (dy)^2} = \sqrt{[R(1-\cos\varphi)d\varphi]^2 + (R\sin\varphi d\varphi)^2} = 2R\sin\frac{\varphi}{2}d\varphi$$
设 $\angle PAO = \theta$,有
$$\theta = \frac{\varphi}{2}$$
则
$$d\theta = \frac{1}{2}d\varphi$$
故
$$\rho = \frac{dS}{d\theta} = 4R\sin\frac{\varphi}{2}$$

(3) 解法 1:
$$S = \int_0^t v_P dt = \int_0^{2\pi} 2v\sin\frac{\varphi}{2}\frac{d\varphi}{\omega} = \int_0^{2\pi}\frac{4v}{\omega}\sin\frac{\varphi}{2}d\frac{\varphi}{2} = 8R$$

解法 2:

$$S = \int_0^S \mathrm{d}S = \int_0^{2\pi} 2R\sin\frac{\varphi}{2}\mathrm{d}\varphi = 8R$$

练习 1-11 C 点速度沿切线即沿杆,如答图 1-8 所示,则

$$v_C = v\cos\theta$$

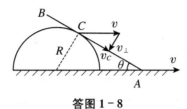

答图 1-8

以 A 为轴,C 点满足

$$v_\perp = v\sin\theta = \omega R\cot\theta$$

$$\omega = \frac{v\sin^2\theta}{R\cos\theta}$$

练习 1-12 解法 1:微元法.如答图 1-9(a)所示.设线轴的角速度为 ω',有

$$\omega' = \frac{v}{R+r}$$

经 $\mathrm{d}t$ 线轴前进

$$\mathrm{d}x = \omega'R\mathrm{d}t = \frac{vR}{R+r}\mathrm{d}t$$

$$\cot\frac{\alpha}{2} = \frac{x}{R}$$

故

$$\frac{\mathrm{d}}{\mathrm{d}t}\left(\cot\frac{\alpha}{2}\right) = -\frac{1}{2\sin^2\frac{\alpha}{2}}\frac{\mathrm{d}\alpha}{\mathrm{d}t} = \frac{\mathrm{d}x}{R\mathrm{d}t}$$

又

$$\omega = \frac{-\mathrm{d}\alpha}{\mathrm{d}t}$$

联立解得

$$\omega = \frac{2v\sin^2\frac{\alpha}{2}}{R+r}$$

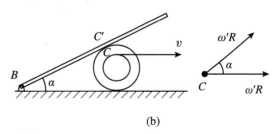

答图 1-9

解法 2:关联速度法.线轴角速度同上,即
$$\omega' = \frac{v}{R+r}$$
如答图 1-9(b)所示,轮上与板接触点 C 有
$$\boldsymbol{v}_C = \boldsymbol{v}_{C对轴心} + \boldsymbol{v}_{轴心}, \quad v_{C对轴心} = v_{轴心} = \omega'R$$
垂直于板的分速度为
$$v_\perp = \omega'R\sin\alpha$$
板上与轮接触点 C' 的速度为
$$v_{C'} = \omega R\cot\frac{\alpha}{2}$$
关系为
$$v_{C'} = v_\perp$$
解得
$$\omega = \frac{2v\sin^2\frac{\alpha}{2}}{R+r}$$

练习 1-13 解法 1:如答图 1-10(a)所示,则
$$\overline{CC'} = v\mathrm{d}t = \overline{OC'} - \overline{OC}, \quad \overline{MM'} = v_M\mathrm{d}t = \overline{OM'} - \overline{OM}$$
$$\frac{\overline{OC}}{\overline{OM}} = \frac{\overline{OC'}}{\overline{OM'}} = \frac{H-h}{H}$$
即
$$\frac{\overline{OC'} - \overline{OC}}{\overline{OM'} - \overline{OM}} = \frac{H-h}{H}$$
于是
$$\frac{v}{v_M} = \frac{H-h}{H}$$
故
$$v_M = \frac{H}{H-h}v$$

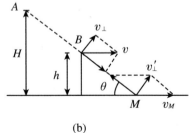

答图 1-10

解法 2：如答图 1-10(b)所示，看作人顶着光线杆运动，B 处为接触物系，则
$$v_\perp = v\sin\theta$$

光线杆
$$\frac{v_\perp}{v'_\perp} = \frac{\overline{AB}}{\overline{AM}} = \frac{H-h}{H}$$

M 处为线状交叉物系，故
$$v_M = \frac{v'_\perp}{\sin\theta}$$

解得
$$v_M = \frac{H}{H-h}v$$

练习 1-14 取圆盘为 S 系，地面为 S' 系，盘心为共同的原点. 质点在 S 系中的速度设为 V. 设地面相对圆盘逆时针匀速旋转，角速度为 $\boldsymbol{\omega}$，有
$$\dot{\boldsymbol{\omega}} = 0$$

无水平外力，故在惯性系 S' 系中做匀速直线运动
$$a' = 0, \quad v' \text{ 恒定}$$

当运动至 r 时
$$\boldsymbol{v} = \boldsymbol{v}' + \boldsymbol{\omega} \times \boldsymbol{r}$$
$$\boldsymbol{a} = \boldsymbol{a}' + \dot{\boldsymbol{\omega}} \times \boldsymbol{r} + 2\boldsymbol{\omega} \times \boldsymbol{v}' + \boldsymbol{\omega} \times (\boldsymbol{\omega} \times \boldsymbol{r}) = 0 + 0 + 2\boldsymbol{\omega} \times \boldsymbol{v}' + \boldsymbol{\omega} \times (\boldsymbol{\omega} \times \boldsymbol{r})$$

如答图 1-11 所示，有
$$V^2 = (\omega r)^2 + v'^2, \quad a^2 = (\omega^2 r)^2 + (2\omega v')^2$$

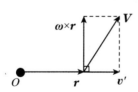 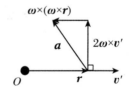

答图 1-11

其中在盘心时 $r_1 = 0$，$V_1 = v$，故
$$v' = v, \quad a_1 = 2\omega v'$$

在圆盘边缘时 $r_3 = R$，$V_3 = 2v$，故
$$(2v)^2 = (\omega R)^2 + v'^2 \quad \Rightarrow \quad \omega = \frac{\sqrt{3}\,v}{R}$$

$$a_3^2 = (\omega^2 R)^2 + (2\omega v')^2 \quad \Rightarrow \quad a_3 = \frac{\sqrt{21}\,v^2}{R}$$

并计算出在圆盘中心时
$$a_1 = \frac{2\sqrt{3}\,v^2}{R}$$

在圆盘 $\dfrac{R}{\sqrt{3}}$ 处时 $r_2 = \dfrac{R}{\sqrt{3}}$, 故

$$a_2 = \sqrt{\left(\omega^2 \cdot \dfrac{R}{\sqrt{3}}\right)^2 + (2\omega v')^2} = \dfrac{\sqrt{15}\,v^2}{R}$$

也可选地面为 S 系,圆盘为 S' 系计算,请读者自行尝试.

练习 1-15 解法 1:以地面为静系,以 OD 为动系,如答图 1-12(a)所示. B 牵连速度

$$\boldsymbol{u}_B = \Omega \dfrac{h}{\cos \alpha} \cdot \boldsymbol{j}$$

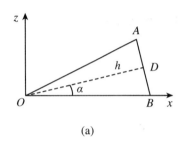
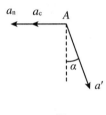
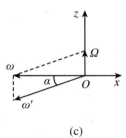

答图 1-12

设圆锥绕 OD 的角速度为 ω', B 相对速度

$$\boldsymbol{v}'_B = -\omega' h \tan \alpha \cdot \boldsymbol{j}$$

纯滚动,则 B 绝对速度

$$\boldsymbol{v}_B = \boldsymbol{v}'_B + \boldsymbol{u}_B = \boldsymbol{0}$$

故

$$\omega' = \dfrac{\Omega}{\sin \alpha}$$

练习 1-15

A 牵连速度

$$\boldsymbol{u}_A = \Omega \dfrac{h}{\cos \alpha} \cos 2\alpha \cdot \boldsymbol{j}$$

A 相对速度

$$\boldsymbol{v}'_A = \omega' h \tan \alpha \cdot \boldsymbol{j} = \dfrac{\Omega h}{\cos \alpha} \cdot \boldsymbol{j}$$

故 A 速度即绝对速度为

$$\boldsymbol{v}_A = \boldsymbol{v}'_A + \boldsymbol{u}_A = 2\Omega h \cos \alpha \cdot \boldsymbol{j}$$

如答图 1-12(b)所示, A 相对加速度

$$a' = \omega'^2 h \tan \alpha = \dfrac{\Omega^2 h}{\sin \alpha \cos \alpha}, \quad \text{由 } A \text{ 指向 } B$$

A 牵连加速度

$$a_n = \Omega^2 \dfrac{h}{\cos \alpha} \cos 2\alpha, \quad \text{沿 } x \text{ 轴负方向}$$

A 科里奥利加速度

$$a_c = 2\Omega \cdot v_A' = \frac{2\Omega^2 h}{\cos\alpha}, \quad \text{沿 } x \text{ 轴负方向}$$

故 A 加速度即绝对加速度为

$$\boldsymbol{a}_A = \boldsymbol{a}' + \boldsymbol{a}_n + \boldsymbol{a}_c = -2\Omega^2 h\cos\alpha \cdot \boldsymbol{i} - \frac{\Omega^2 h}{\sin\alpha}\boldsymbol{k}$$

解法 2：圆锥转动瞬轴为 OB，各质点相对 O 点的角速度相同，沿 x 轴负方向，设为 ω，角速度沿 $\overrightarrow{DO}$ 和 z 方向分解为 ω' 和 Ω，如答图 1-12(c) 所示，则

$$\omega = \Omega\cot\alpha$$

故 A 速度为

$$v_A = \omega\frac{h}{\cos\alpha}\sin 2\alpha = 2\Omega h\cos\alpha, \quad \text{沿 } y \text{ 轴正方向}$$

其余同解法 1.

1-1 $\tan\alpha = \tan\varphi + \tan\theta$.

1-2 证明瞄准点坐标满足 $\left(z - \dfrac{v_0^2}{g}\right)^2 + x^2 = \dfrac{v_0^4}{g^2} - \dfrac{2v_0^2 h}{g} - d^2$.

1-3 $\rho = \dfrac{\sqrt{(p^2 + x^2)^3}}{p^2}$.

1-4 $a = 0.4 \text{ m/s}^2$.

1-5 (1) $t = \dfrac{R}{v\cos 18°}$；

(2) $\rho = \dfrac{R}{\sin 18°}$.

1-6 $v_B = \dfrac{v}{\sin(\alpha+\beta)}, a_B = \dfrac{v^2}{a}\dfrac{\sqrt{\sin^2\alpha + \sin^2\beta\cos^4(\alpha+\beta) + 2\sin\alpha\sin\beta\cos^3(\alpha+\beta)}}{\sin\alpha\sin^3(\alpha+\beta)}$.

1-7 $\dfrac{\pi}{5}$ s^{-1}, $\dfrac{2\pi}{5}$ s^{-1} 或 $\dfrac{3\pi}{5}$ s^{-1}.

1-8 如答图 1-13 所示.

(1) 为以 $\overline{OP}$ 为直径的圆；

(2) 为以 A 为圆心、$\dfrac{\omega^2 r}{\varepsilon}$ 为直径的圆；

(3) C 为加速度瞬心，由图可证得.

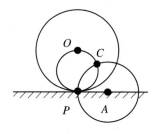

答图 1-13

1-9 $v_{B_2} = \dfrac{1}{6}v\sqrt{16 + \cot^2\dfrac{\theta}{2}}$.

1-10 4 圈.

1-11 (1) $\omega = \dfrac{\omega_1 R_1 + \omega_2 R_2}{R_1 + R_2}$；

(2) $t_1 = \dfrac{2\pi(R_1 + R_2)}{\omega_1 R_1 + \omega_2 R_2}$；

(3) $t_2 = \dfrac{2\pi(R_1+R_2)}{|\omega_2-\omega_1|R_2}$.

1-12 $v_A = \omega R \cot\alpha$,水平向右;$v_C = \dfrac{1-\sin\alpha}{\sin\alpha}\omega R$,沿斜面向下.

1-13 $\dfrac{1-\cos\alpha}{\cos\alpha}v_1$,方向向上.

1-14 $v = 4.52$ m/s.

1-15 (1) $\dfrac{6\pi}{2\omega_2-\omega_1}$,$\dfrac{6\pi}{\omega_1+\omega_2}$;

(2) $\dfrac{2}{3}R[(\omega_1+\omega_2)^2+3\omega_2^2]$,$\dfrac{8}{3}R(\omega_1+\omega_2)^2$;

(3) $(\omega_1+2\omega_2)R$,$2(\omega_1+\omega_2)R$.

第 2 章

牛顿定律 动量

2.1 质心 牛顿运动定律

2.1.1 质心

多个质点组成的系统称为质点系.

质量中心简称质心,是质点系中各质点的位矢以其质量为权重的平均. 质心位矢为

$$r_C = \frac{\sum_{i=1}^{N} m_i r_i}{\sum_{i=1}^{N} m_i}$$

求导可得质心速度和质心加速度分别为

$$v_C = \frac{\sum_{i=1}^{N} m_i v_i}{\sum_{i=1}^{N} m_i}, \quad a_C = \frac{\sum_{i=1}^{N} m_i a_i}{\sum_{i=1}^{N} m_i}$$

质心位矢、速度、加速度可以写成分量式

$$x_C = \frac{\sum_{i=1}^{N} m_i x_i}{\sum_{i=1}^{N} m_i}, \quad y_C = \frac{\sum_{i=1}^{N} m_i y_i}{\sum_{i=1}^{N} m_i}, \quad z_C = \frac{\sum_{i=1}^{N} m_i z_i}{\sum_{i=1}^{N} m_i}$$

速度、加速度的分量式不再赘述.

均匀重力场中,重心与质心重合;非均匀重力场中不重合.

质心位置的求法有:

(1) 定义法.

(2) 对称法.

(3) 分割法. 例如将物体分为 m_A, m_B 两部分,则

$$\boldsymbol{r}_C = \frac{1}{m_A + m_B}[m_A(\boldsymbol{r}_A)_C + m_B(\boldsymbol{r}_B)_C]$$

其中 $(\boldsymbol{r}_A)_C, (\boldsymbol{r}_B)_C$ 分别为 A, B 两部分质心的位置. 推导如下:

$$\boldsymbol{r}_C = \frac{1}{m_A + m_B}\left(\sum_A m_i \boldsymbol{r}_i + \sum_B m_i \boldsymbol{r}_i\right) = \frac{1}{m_A + m_B}\left[m_A \frac{\sum_A m_i \boldsymbol{r}_i}{m_A} + m_B \frac{\sum_B m_i \boldsymbol{r}_i}{m_B}\right]$$

$$= \frac{1}{m_A + m_B}[m_A(\boldsymbol{r}_A)_C + m_B(\boldsymbol{r}_B)_C]$$

(4) 负质量法. 如练习 2-1 这类问题, 可引入负质量, 再利用分割法求解.

(5) 利用巴普斯定理及其推论.

巴普斯定理: 一个质量分布均匀的平面物体, 令其上各质点沿垂直于平面的方向运动, 在空间扫过一个立体体积, 则此体积等于物体面积乘以质心在运动中所经过的路程.

巴普斯定理

推论: 一条质量分布均匀的平面曲线, 令其上各点沿垂直于曲线平面方向运动, 在空间扫过一个曲面, 则此曲面面积等于质心在运动中所经路程与曲线长度的乘积.

巴普斯定理的证明如下: 符合定理要求的第 i 个无限小运动, 随质心平动扫过

$$\Delta V_1 = S \cdot \Delta l_C$$

在物体平面建 Oxy 坐标系, 取质心为原点, y 轴为转轴, 则

$$x_C = 0$$

绕 y 轴转动扫过 (σ 为质量面密度)

$$\Delta V_2 = \sum \Delta S \cdot \Delta \theta \cdot x = \Delta \theta \sum \frac{\Delta m}{\sigma} \cdot x = \frac{\Delta \theta}{\sigma} \sum \Delta m \cdot x = \frac{\Delta \theta}{\sigma} m_{总} x_C = 0$$

故

$$\Delta V = \sum (\Delta V_1 + \Delta V_2) = S l_C$$

得证.

推论只需把平面曲线看成非常窄的面即可得出.

例 2-1 (1) 试求面质量分布均匀的直角三角板质心的位置, 设直角边长分别为 a, b.
(2) 试求线质量分布均匀的线直角三角形质心的位置, 设直角边长分别为 a, b.

解 (1) 解法 1: 定义法. 如图 2-1(a) 所示, x 处取 dx 微元矩形, 则

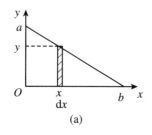
(a)

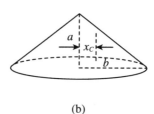
(b)

图 2-1

$$\frac{b-x}{b} = \frac{y}{a} \implies y = \frac{a}{b}(b-x)$$

$$dm = m \cdot \frac{y dx}{\frac{1}{2}ab} = \frac{2m(b-x)}{b^2}dx$$

$$x_C = \frac{1}{m}\int dm \cdot x = \frac{1}{m}\int_0^b \frac{2m(b-x)x}{b^2}dx = \frac{2}{b^2}\left(\frac{1}{2}bx^2 - \frac{1}{3}x^3\right)\bigg|_0^b = \frac{1}{3}b$$

同理

$$y_C = \frac{1}{3}a$$

解法 2：巴普斯定理. 如图 2-1(b) 所示，令其绕 a 边旋转一周，有

$$\frac{1}{2}ab \cdot 2\pi x_C = \frac{1}{3}\pi b^2 a \implies x_C = \frac{1}{3}b$$

同理

$$y_C = \frac{1}{3}a$$

解法 3：三条中线的交点为重心，即为此处质心. 过程略去.

(2) 解法 1：分割法. 如图 2-1(a) 所示，质量线密度

$$\lambda = \frac{m}{a+b+\sqrt{a^2+b^2}}$$

三条边各自的质量、质心位置分别为

$$\lambda a, \left(0, \frac{a}{2}\right); \quad \lambda b, \left(\frac{b}{2}, 0\right); \quad \lambda\sqrt{a^2+b^2}, \left(\frac{b}{2}, \frac{a}{2}\right)$$

则质心坐标为

$$x_C = \frac{1}{m}\left(\lambda b \frac{b}{2} + \lambda\sqrt{a^2+b^2}\frac{b}{2}\right) = \frac{\lambda b}{2m}\left(b + \sqrt{a^2+b^2}\right) = \frac{b}{2}\frac{b+\sqrt{a^2+b^2}}{a+b+\sqrt{a^2+b^2}}$$

$$y_C = \frac{1}{m}\left(\lambda a \frac{a}{2} + \lambda\sqrt{a^2+b^2}\frac{a}{2}\right) = \frac{\lambda a}{2m}\left(a + \sqrt{a^2+b^2}\right) = \frac{a}{2}\frac{a+\sqrt{a^2+b^2}}{a+b+\sqrt{a^2+b^2}}$$

解法 2：巴普斯定理推论. 如图 2-1(b) 所示，令其绕 a 边旋转一周，扫过一个含底面的圆锥面，其中圆锥侧面展开后为扇形，故总面积为

$$S = \pi b^2 + \frac{1}{2}\theta\left(\sqrt{a^2+b^2}\right)^2$$

又

$$\theta = \frac{2\pi b}{\sqrt{a^2+b^2}}$$

故

$$S = \pi b^2 + \pi b\sqrt{a^2+b^2}$$

则由巴普斯定理推论得

$$S = (a + b + \sqrt{a^2 + b^2})2\pi x_C$$

解得

$$x_C = \frac{b}{2} \frac{b + \sqrt{a^2 + b^2}}{a + b + \sqrt{a^2 + b^2}}$$

同理

$$y_C = \frac{a}{2} \frac{a + \sqrt{a^2 + b^2}}{a + b + \sqrt{a^2 + b^2}}$$

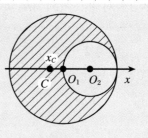

图 2-2

练习 2-1 如图 2-2 所示，圆 O_1 的半径为 R，圆 O_2 的半径为 $R/2$，$\overline{O_1 O_2} = R/2$，即两圆内切，试求两圆围成的阴影部分的质心位置。已知阴影部分为质量分布均匀的平面物体。

练习 2-2 (1) 求质量分布均匀的半圆形金属线的质心位置，设圆的半径为 R；
(2) 将(1)中的金属线两端用同样质量分布的金属直线段连接起来(即连接两端点的直径)，再求质心位置。

2.1.2 牛顿运动定律 质点系平动动力学方程 质心运动定理

牛顿运动定律适用于惯性系，在非惯性系中牛顿第三定律对真实力仍然成立。

质点牛顿第二定律更基本的普遍形式为

$$F = \frac{\mathrm{d}(m\boldsymbol{v})}{\mathrm{d}t} \qquad ☆$$

质量不随时间变化时

$$F = m \frac{\mathrm{d}\boldsymbol{v}}{\mathrm{d}t} = m\boldsymbol{a} \qquad △$$

在相对论中，质量与运动速度有关，△式不再成立，但☆式仍然适用。

对质点系，设总质量为 M，可得质点系平动动力学方程

$$\boldsymbol{F}_{外} = \sum \boldsymbol{F}_i = \sum \frac{\mathrm{d}(m_i \boldsymbol{v}_i)}{\mathrm{d}t} = \frac{\mathrm{d}\sum m_i \boldsymbol{v}_i}{\mathrm{d}t} = \frac{\mathrm{d}(M\boldsymbol{v}_C)}{\mathrm{d}t}$$

质量不随时间变化时，可得质心运动定理

$$\boldsymbol{F}_{外} = M \frac{\mathrm{d}\boldsymbol{v}_C}{\mathrm{d}t} = M\boldsymbol{a}_C$$

即质点系(可以是刚体、柔体、多物体组成的系统)的质心加速度由外力确定，与内力无关；质心的运动行为好像是将质量集中于质心的一个质点的行为。

例2-2 质量为 M、半径为 a 的圆环水平静置于光滑水平面上,有一质量为 m 的甲虫由静止开始沿此圆环爬行. 试求甲虫及圆环中心的运动轨迹.

解 系统质心保持静止. 设甲虫距质心 r,圆环中心距质心 R,则
$$mr = MR, \quad r + R = a$$
解得
$$r = \frac{M}{M+m}a, \quad R = \frac{m}{M+m}a$$
两者均相对质心做圆周运动,甲虫和圆环中心的圆周运动半径分别为 r 和 R.

练习2-3 如图2-3所示,长为 $2l$ 的匀质细杆 AB 竖直立于光滑水平面上,稍受扰动后杆倾倒,试求 B 点的轨迹.

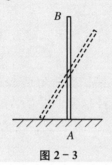

图2-3

2.2 力

2.2.1 重力 万有引力 弹力

对于高中已经较为充分学习的部分将不再赘述,仅列出其公式.

1. 重力
$$G = mg$$

2. 万有引力

如图2-4(a)所示,则

$$F = -G\frac{m_1 m_2}{r^2}\frac{\boldsymbol{r}}{r} = -G\frac{m_1 m_2}{r^2}\boldsymbol{e}_r$$

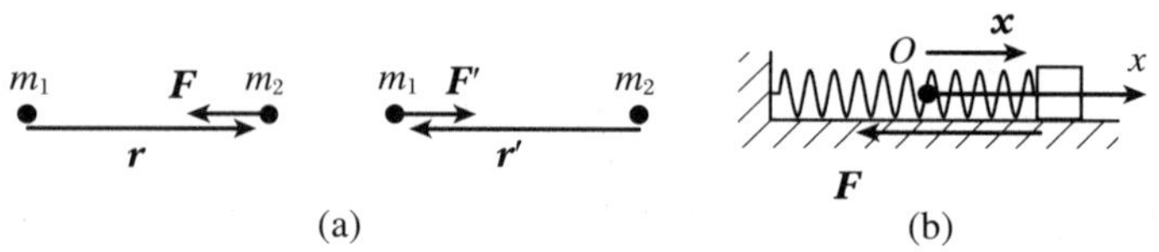

图 2-4

3. 弹簧的弹力

如图 2-4(b)所示，O 为原长处，则

$$\boldsymbol{F} = -k\boldsymbol{x}$$

4. 弹簧的串并联

n 根轻弹簧串联作为一根弹簧使用，施加力 F，有

$$x_1 = \frac{F}{k_1}, \quad x_2 = \frac{F}{k_2}, \quad \cdots, \quad x_n = \frac{F}{k_n}$$

整体有

$$x = \frac{F}{k}, \quad x = x_1 + x_2 + \cdots + x_n$$

推得轻弹簧串联时

$$\frac{1}{k} = \frac{1}{k_1} + \frac{1}{k_2} + \cdots + \frac{1}{k_n}$$

n 根原长相等的轻弹簧并联作为一根弹簧使用，施加力 F，有

$$F_1 = k_1 x, \quad F_2 = k_2 x, \quad \cdots, \quad F_n = k_n x$$

整体有

$$F = kx, \quad F = F_1 + F_2 + \cdots + F_n$$

推得原长相等的轻弹簧并联时

$$k = k_1 + k_2 + \cdots + k_n$$

例 2-3 一根质量为 m 的弹簧竖直悬挂保持静止，已知重力加速度 g，弹簧劲度系数 k，试求其形变量和平均弹力。

解 解法1：如图 2-5 所示，等质量分成 $n \to \infty$ 份，每份

$$\Delta m = \frac{m}{n}, \quad \Delta k = nk$$

从下端起前 $i-1$ 份使第 i 份伸长 Δx_i，则

$$(i-1)\Delta m g = \Delta k \cdot \Delta x_i \quad \Rightarrow \quad \Delta x_i = \frac{(i-1)mg}{n^2 k}$$

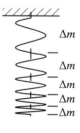

图 2-5

$$x = \sum \Delta x_i = \lim_{n \to \infty} \sum_{i=1}^{n} \frac{(i-1)mg}{n^2 k} = \lim_{n \to \infty} \frac{mg}{n^2 k} \frac{n(n-1)}{2} = \frac{mg}{2k}$$

平均弹力

$$\overline{F} = kx = \frac{1}{2}mg$$

解法 2：(改为用积分计算)下端起质量为 M 部分之上的 $\mathrm{d}M$ 形变 $\mathrm{d}x$，则

$$Mg = \frac{m}{\mathrm{d}M} k \mathrm{d}x$$

即

$$\frac{g}{m} M \mathrm{d}M = k \mathrm{d}x$$

积分得

$$\frac{g}{m} \cdot \frac{1}{2} m^2 = kx$$

即

$$x = \frac{mg}{2k}$$

解法 3：(根据量纲和自相似计算,将弹簧均分两半再叠加算出)设

$$x = C \cdot \frac{mg}{k}$$

分成相同的两个半条，下半条

$$x_1 = C \cdot \frac{\frac{1}{2}mg}{2k}$$

上半条除受自身重力伸长外，还叠加下半条重力作用均匀伸长，则

$$x_2 = C \cdot \frac{\frac{1}{2}mg}{2k} + \frac{\frac{1}{2}mg}{2k}$$

故

$$x_1 + x_2 = x$$

即

$$\frac{1}{4}C + \frac{1}{4}(C+1) = C$$

解得

$$C = \frac{1}{2}$$

有这样的结论：有质量的弹簧平均弹力大小等于两端弹力大小和的一半，等于劲度系数乘以总形变量.

例2-4 如图2-6所示，A,B 质量分别为 $m_A = 2\sqrt{3}m/3$，$m_B = 2m$，一根轻绳分别跨过同高的轻质光滑滑轮 O_1 和 O_2 后与滑块 A,B 相连，滑块 A,B 分别置于倾角为 $60°$ 和 $30°$ 的固定光滑斜面上，在轻绳上 C 点固定一质量为 m 的质点. 当系统平衡时，C 点固定质点的质量突然变为 $2m$，试求此瞬间物体 A 和 B 的加速度.

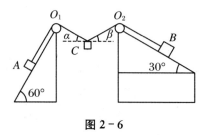

图 2-6

解 C 点的质点质量为 m，系统平衡时
$$T_A = m_A g\sin 60°, \quad T_B = m_B g\sin 30°$$
$$T_A\cos\alpha = T_B\cos\beta, \quad T_A\sin\alpha + T_B\sin\beta = mg$$

解得
$$\alpha = \beta = 30°$$

C 点的质点质量突变为 $2m$ 时，A,B,C 速度均为零，故 C 处质点加速度（正交分解）沿 O_1C 分量与 A 的加速度相等，沿 O_2C 分量与 B 的加速度相等，则
$$F_A - m_A g\sin 60° = m_A a_A, \quad F_B - m_B g\sin 30° = m_B a_B$$
$$2mg\sin\alpha + F_B\cos(\alpha+\beta) - F_A = 2ma_A$$
$$2mg\sin\beta + F_A\cos(\alpha+\beta) - F_B = 2ma_B$$

解得
$$a_A = \frac{15}{48+14\sqrt{3}}g, \quad a_B = \frac{3(2+\sqrt{3})}{48+14\sqrt{3}}g$$

例 2-4

练习 2-4 光滑水平地面有一个半径为 r 的竖直固定圆柱，一根不能拉伸的轻细绳沿着地面与圆柱的交界处紧密缠绕在圆柱上，一端固定在圆柱上，另一端系一质点，质点靠在地面和圆柱交界的某处. 零时刻给质点一个与柱面垂直的初速度 v，缠着的绳子开始打开. 试求绳子打开部分的长度和时间的关系.

练习 2-5 如图 2-7 所示，绳子不可伸长，绳和滑轮的质量不计，摩擦不计. 重物 A 和 B 的质量分别为 m_1 和 m_2，试求当左边绳的上端剪断后两重物的加速度.

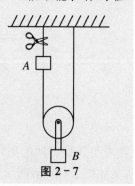

图 2-7

2.2.2 摩擦力与摩擦角

摩擦力公式为

$$f_\text{动} = \mu_\text{动} N, \quad f_\text{静} \leqslant \mu_\text{静} N, \quad (f_\text{静})_\text{max} = \mu_\text{静} N$$

很多时候粗糙地取为

$$\mu_\text{动} = \mu_\text{静}, \quad (f_\text{静})_\text{max} = f_\text{动}$$

如图 2-8 所示，接触面弹力 N 与滑动摩擦力 f 的合力 F 称为全反力或约束力；发生滑动摩擦时全反力 F 与法向（即弹力 N 方向）的夹角称为滑动摩擦角 $\varphi_\text{动}$，未发生相对滑动且达最大静摩擦时全反力 F 与法向（即弹力 N 方向）的夹角称为静摩擦角 $\varphi_\text{静}$，即

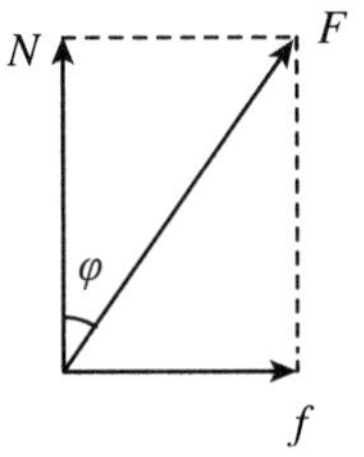

$$\tan\varphi_\text{动} = \frac{f_\text{动}}{N} = \mu_\text{动}, \quad \varphi_\text{动} \text{为滑动摩擦角}$$

$$\tan\varphi_\text{静} = \frac{(f_\text{静})_\text{max}}{N} = \mu_\text{静}, \quad \varphi_\text{静} \text{为静摩擦角}$$

其中未发生相对滑动时

$$\tan\varphi = \frac{f_\text{静}}{N} \leqslant \tan\varphi_\text{静}$$

图 2-8

故

$$\varphi \leqslant \varphi_\text{静}$$

可知滑动摩擦时，改变外界条件，只会改变合力 F 的大小，但不会改变 $\varphi = \varphi_\text{动}$ 的大小；静摩擦时，一定有 $\varphi \leqslant \varphi_\text{静}$.

当除 N, f 以外的力的合力与 N 反向的夹角小于静摩擦角时，无论外力多大，都不会发生相对滑动，称为自锁。如图 2-9(a) 所示，取最大静摩擦力等于滑动摩擦力，有静摩擦角满足

$$\tan\varphi_0 = \mu$$

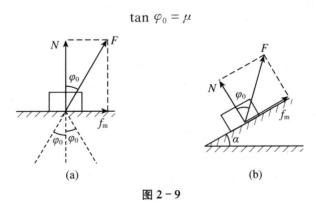

图 2-9

当外力与竖直方向的夹角小于 φ_0 斜向下时，无论外力多大，物体都不会相对滑动，即发生自锁；又如图 2-9(b) 所示，仍取最大静摩擦力等于滑动摩擦力，同样有静摩擦角满足

$$\tan\varphi_0 = \mu$$

当 $\varphi_0 > \alpha$ 时,无论物体多重或施加多大竖直向下的力,物体都不会相对斜面滑动,即也发生自锁.

固体在流体中运动时也会产生阻碍相对运动的力,固体表面受的力称为湿摩擦力或黏性阻力.相对速度较小时近似满足

$$\boldsymbol{F} = -\eta\boldsymbol{v}$$

相对速度较大时近似满足

$$\boldsymbol{F} = -cv\boldsymbol{v}$$

其中 η, c 为正的常数.

例2-5 一个质量为 $m = 20$ kg 的钢件架在两根完全相同的平行的长直圆柱上,如图 2-10(a)所示.钢件的重心与两柱等距,两柱的轴线在同一水平面上,圆柱的半径 $r = 0.025$ m,钢件与圆柱间的滑动摩擦因数 $\mu = 0.20$.两圆柱各绕着自己的轴线做转向相反的转动,角速度 $\omega = 40$ rad/s.若沿平行于柱轴的方向施力推着钢件做速度为 $v_0 = 0.050$ m/s 的匀速运动,推力是多大?设钢件左右受光滑导槽限制(图中未画出),不发生横向运动.

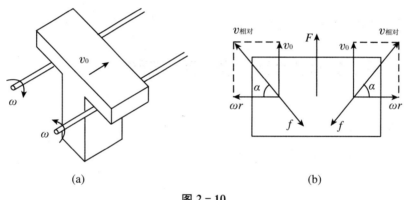

图 2-10

解 俯视图如图 2-10(b)所示,竖直方向平衡,则

$$2N = mg$$

解得

$$N = 100 \text{ N}$$

滑动摩擦力

$$f = \mu N = 20 \text{ N}$$

滑动摩擦力与相对速度方向相反,则

$$\tan\alpha = \frac{v_0}{\omega r} = 0.05$$

故推力

$$F = 2f\sin\alpha = 2 \text{ N}$$

> **练习 2-6** 质量为 m 的物体置于倾角为 θ 的固定斜面上,物体与斜面间的滑动摩擦因数为 μ。试问在下列两种情况下,要使物体匀速滑动,至少要加多大的外力以及这个外力的方向:(1) 向下滑动;(2) 向上滑动。

2.3 非惯性系和惯性力

相对惯性系有加速度的参考系称为非惯性系。

为在非惯性系中应用牛顿运动定律或平衡方程而引入的虚拟的力称为惯性力。惯性力不真实存在,没有反作用力。

非惯性系中牛顿第二定律的形式为

$$F + F_{惯} = ma$$

其中 F 为实际受到的力,$F_{惯}$ 为引入的虚拟力,a 为物体或系统在非惯性系中的加速度。

2.3.1 平动加速参考系　质心系　潮汐

1. 平动加速参考系

设非惯性系 S' 相对惯性系 S 以加速度 a_0 平动,质量为 m 的质点在 S 系、S' 系中加速度分别为 a, a',则有

$$a = a' + a_0$$

S 系中,由牛顿第二定律得

$$F = ma$$

联立推出

$$F = ma' + ma_0$$

故在平动加速参考系 S' 中有

$$F + (-ma_0) = ma'$$

为在 S' 系中应用牛顿定律,引入 $F_{惯}$,令

$$F + F_{惯} = ma'$$

则

$$F_{惯} = -ma_0$$

另定义

$$F_惯 = ma_惯$$

则

$$a_惯 = -a_0$$

即平动加速参考系中

$$F_惯 = -ma_0, \quad F + F_惯 = ma'$$

其中 a_0 为平动加速参考系的加速度，a' 为物体在平动加速参考系中的加速度，F 为真实力，$F_惯$ 为虚拟力，$F + F_惯$ 称为表观力.

注意，在平动加速参考系中，质点系（多个质点组成的系统，含刚体）所受的惯性力等效作用于质心；在转动参考系中，质点系所受的惯性力不一定等效作用于质心，一般需要积分计算惯性力的力矩、功、冲量矩等. 对此的证明或讨论将在学习到相应部分时进行.

平动加速参考系的平动分两类：一类是直线的，例如加速前进的车厢；另一类是曲线的，例如摩天轮坐厢做圆周运动，但并无自转，故也是平动加速参考系.

2. 质心系

质心系指随同质心平动的参考系，若质心匀速运动，则质心系是惯性系；若质心有加速度，则质心系为平动加速参考系（无论质心是做直线运动还是做曲线运动）.

质心系中质点系的质心保持静止，位移、速度、加速度均为零. 质心系还有许多其他优越的特性，我们在后面的学习中会逐步体会，选质心系能使很多问题较方便地解答.

例2-6 一质量为 M、倾角为 α 的斜面体放在粗糙水平地面上，它与水平面的摩擦因数为 μ. 将一质量为 m 的光滑质点轻轻放在斜面上，如图 2-11(a)所示，试求 M 运动的加速度.

解 解法1：利用平动加速参考系求解. 设 M 的加速度为 a. 以 M 为参考系，m 垂直于斜面方向平衡，如图 2-11(b)所示，则

$$N + ma\sin\alpha = mg\cos\alpha$$

以地面为参考系，对 M，如图 2-11(c)所示，则

$$N' = Mg + N\cos\alpha, \quad N\sin\alpha - \mu N' = Ma$$

联立解得

$$a = \frac{m\cos\alpha(\sin\alpha - \mu\cos\alpha) - \mu M}{m\sin\alpha(\sin\alpha - \mu\cos\alpha) + M}g$$

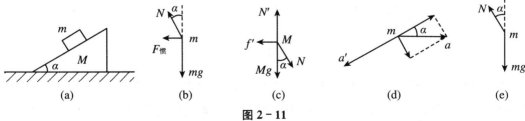

图 2-11

解法 2：利用互做平动参考系中的相对运动. 设 m 相对 M 的加速度为 a'，则 m 的加速度和受力分别如图 2-11(d)，(e) 所示，垂直于斜面方向

$$mg\cos\alpha - N = ma\sin\alpha$$

M 的列式同解法 1，联立可得结果，略去.

练习 2-7 如图 2-12 所示，已知方木块的质量为 m，楔形体的质量为 M，斜面倾角为 θ，滑轮及绳子的质量可以忽略，各接触面间光滑，由静止释放 M 和 m. 试求 M 的加速度.

练习 2-8 长 $2b$ 的轻绳两端各系一质量为 m 的小球，中央系一质量为 M 的小球. 三球均静止于光滑水平桌面上，绳处于拉直状态. 今给小球 M 一冲击，使它获得水平速度 V，V 的方向与绳垂直，如图 2-13 所示. 试求在两端的小球发生互碰前瞬间绳中的张力.

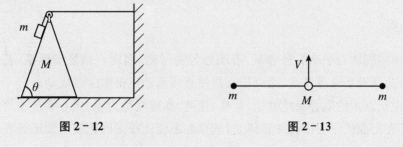

图 2-12　　　　　图 2-13

例 2-7 光滑水平地面上有一个固定的竖直立柱，立柱与桌面的交线是一条凸的平滑的封闭曲线 C，如图 2-14(a) 所示. 一根不可伸长的柔软的轻细绳一端固定在封闭曲线 C 上的某一点，另一端系一质量为 m 的小物块. 将小物块放在地面上并把绳拉直，给小物块一个方向与绳垂直、大小为 v_0 的初速度. 物块在桌面上运动时绳将缠绕在立柱上. 当绳的张力为 T_0 时，绳即断开，已知初始时绳中张力小于 T_0. 试求当绳刚要断开时，绳的伸直部分的长度.

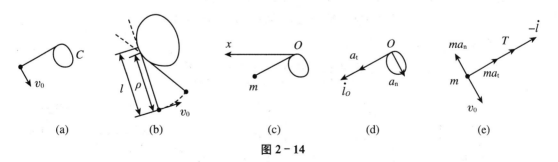

图 2-14

解 解法 1：物块与绳绕绳与曲线 C 的切点旋转，如图 2-14(b) 所示，t，$t+\mathrm{d}t$ 时刻速度垂线（即绳伸直部分所在直线）的交点为 t 时刻物块曲线运动的曲率中心，故物块轨迹的

曲率中心即为切点，曲率半径为伸直部分长度 l，则
$$\rho = l$$
小物块速度始终与绳垂直，绳张力不做功，物块速度大小不变。刚要断开时有
$$T_0 = m\frac{v^2}{\rho}$$
故
$$l = \frac{mv_0^2}{T_0}$$

解法 2：物块速度大小不变。取随同切点 O 平动的参考系，建立极坐标系，如图 2-14(c)所示。O 沿曲线 C 运动，其速度和加速度如图 2-14(d)所示。则在随 O 平动系中，小物块 m 的受力和速度如图 2-14(e)所示，其中 $\dot{l}_O$ 为 O 运动的速度，在 O 系中曲线 C 反向运动，以 $\dot{l}_O$ 将绳绕在 C 上，$-\dot{l}$ 为 O 系中 m 沿绳分速度，有
$$\dot{l}_O = -\dot{l}, \quad \ddot{l}_O = -\ddot{l}, \quad a_t = -\ddot{l}$$
O 系中，m 径向有
$$-T - ma_t = m\left(\ddot{l} - \frac{v_0^2}{l}\right)$$
联立得
$$T = m\frac{v_0^2}{l}$$
故
$$l = \frac{mv_0^2}{T_0}$$

例 2-7 解法 2

例 2-8 两块与水平方向成角 α 的光滑斜面构成轻架，架上有图 2-15(a)所示放置的两个小球，架可以沿水平面做无摩擦滑动。释放质量为 m_1 的小球，试问在什么条件下，质量为 m_2 的小球将沿架子滚上？

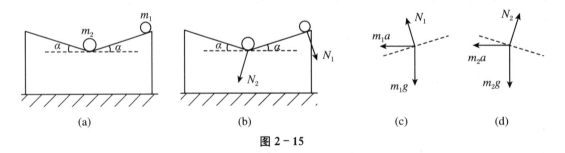

图 2-15

解 m_2 能沿架子滚上，则其对右斜面无压力，轻架受小球压力如图 2-15(b)所示。轻架合力应为零，故水平方向
$$N_1 \sin\alpha = N_2 \sin\alpha$$

轻架应向右加速,设轻架加速度为 a,以轻架为参考系,两小球受力如图 2-15(c),(d)所示,则

$$N_1 + m_1 a\sin\alpha = m_1 g\cos\alpha, \quad N_2 = m_2 g\cos\alpha + m_2 a\sin\alpha$$

m_2 需满足

$$m_2 a\cos\alpha > m_2 g\sin\alpha$$

联立解得需满足

$$m_2 < m_1 \cos 2\alpha$$

练习 2-9 如图 2-16 所示,一对绕固定水平轴 O 和 O' 同步转动的杆与传送装置的水平平板铰接.问杆以多大角速度匀速转动时,放在平板上的零件开始移动?当杆按顺时针方向转动的情况下,零件将往什么方向移动?零件与平板的摩擦因数为 μ,杆长度为 r.

练习 2-9

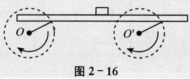
图 2-16

3. 潮汐

地球受太阳引力作用和月球引力作用都会发生潮汐.以地球受太阳引力作用为例,选随同地心平动参考系(为非惯性系),粗略认为地球在地心系中 24 h 自转一周(实际并非如此,稍后分析),分析一个近似的结果:

地心加速度

$$a_0 = \frac{GM_S}{r_{SE}^2}$$

地心系中,如图 2-17(a)所示,1,2,3,4 取质量同为 m 的微元.平移惯性力 F_i 相同,背离太阳

$$F_i = ma_0 = G\frac{M_S m}{r_{SE}^2}$$

受太阳引力为 F_{gi},则表观力为

$$F_i' = F_{gi} + F_i$$

对 1

$$F_{g1} = G\frac{M_S m}{(r_{SE} - R_E)^2} > F_1$$

故 1 表观力 F_1' 背离地球;对 2

$$F_{g2} = G\frac{M_S m}{(r_{SE} + R_E)^2} < F_1$$

故 2 表观力 F_2' 背离地球;对 3,4,F_i' 与 F_{gi} 的夹角接近 180°,表观力几乎指向地心.故海水在 1,2 处有两个突起,即潮汐.由于地球的自转,每天同一地点出现两次潮汐.

可计算日、月对地球表观力的大小(略),发现虽然地球上太阳引力场比月球约大 200 倍,但月球对地球潮汐效应约为太阳的 2 倍.

每个月出现两次大潮(初一、十五),两次小潮(初七、二十二),如图 2-17(b)所示.

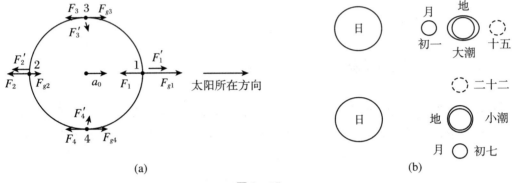

图 2-17

另外,地球自转一周的时间为 23 小时 56 分 4 秒,指地球在地心平动系或太阳惯性系中绕轴自转一周的时间.由于地球同时也在绕太阳公转,故自转一周时日(或月)还未到"原位置",即未到一天(或一昼夜).示意图如图 2-18 所示.

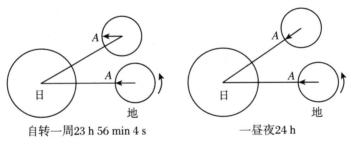

图 2-18

4. 引力质量与惯性质量

爱因斯坦提出了等效原理,即引力加速度与参考系加速度在效果上是等效的,在局部范围内无法区分.在一个封闭的电梯里观察到一个物体以地表重力加速度 g 自由落体运动时,无法判断电梯是静止在地表,还是在远离天体的太空中以 $-g$ 在运动,或者既有引力场作用又有电梯加速度的影响.

一个物体具有引力质量 $m_{引}$ 和惯性质量 $m_{惯}$,它受一个引力质量为 M 的物体的引力作用时,其引力大小为

$$F = G\frac{Mm_{引}}{r^2}$$

加速度为

$$a = \frac{F}{m_{惯}} = G\frac{M}{r^2}\frac{m_{引}}{m_{惯}}$$

若不同物体 $m_{引}/m_{惯}$ 不同,则等效原理不成立:假设两物体 A,B,A 的 $m_{引}/m_{惯}$ 是 B 的两倍,将 A,B 在"爱因斯坦电梯"中释放,若 A,B 以同样加速度 a 运动,则只能是电梯在以 $-a$ 运动;若 $a_A = 2a_B$,则只能是引力场的影响,等效原理不再成立. 由于实验表明 $m_{引}/m_{惯}$ 对一切物体为定值(在国际单位制中 $m_{引}/m_{惯} = 1$),故等效原理成立.

2.3.2 转动参考系

相对惯性系 S 转动的参考系 S' 一定是非惯性系,称为转动参考系,简称转动系. 设非惯性系 S' 相对惯性系 S 以 $\boldsymbol{\omega}$ 转动,质量为 m 的质点在 S 系、S' 系中的加速度分别为 $\boldsymbol{a},\boldsymbol{a}'$,在 S' 系中速度为 $\boldsymbol{v}'$,质点对转动轴的位矢为 $\boldsymbol{r}$,则有

$$\boldsymbol{a} = \boldsymbol{a}' + \boldsymbol{\omega} \times (\boldsymbol{\omega} \times \boldsymbol{r}) + \dot{\boldsymbol{\omega}} \times \boldsymbol{r} + 2\boldsymbol{\omega} \times \boldsymbol{v}'$$

S 系中,由牛顿第二定律得

$$\boldsymbol{F} = m\boldsymbol{a}$$

联立推出

$$\boldsymbol{F} = m\boldsymbol{a}' + m\boldsymbol{\omega} \times (\boldsymbol{\omega} \times \boldsymbol{r}) + m\dot{\boldsymbol{\omega}} \times \boldsymbol{r} + 2m\boldsymbol{\omega} \times \boldsymbol{v}'$$

故在转动系 S' 中

$$\boldsymbol{F} + [-m\boldsymbol{\omega} \times (\boldsymbol{\omega} \times \boldsymbol{r}) - m\dot{\boldsymbol{\omega}} \times \boldsymbol{r} - 2m\boldsymbol{\omega} \times \boldsymbol{v}'] = m\boldsymbol{a}'$$

为在 S' 系中应用牛顿定律,引入 $\boldsymbol{F}_{惯}$,令

$$\boldsymbol{F} + \boldsymbol{F}_{惯} = m\boldsymbol{a}'$$

则

$$\boldsymbol{F}_{惯} = -m\boldsymbol{\omega} \times (\boldsymbol{\omega} \times \boldsymbol{r}) - m\dot{\boldsymbol{\omega}} \times \boldsymbol{r} - 2m\boldsymbol{\omega} \times \boldsymbol{v}'$$

另定义

$$\boldsymbol{F}_{惯} = m\boldsymbol{a}_{惯}$$

则

$$\boldsymbol{a}_{惯} = -\boldsymbol{\omega} \times (\boldsymbol{\omega} \times \boldsymbol{r}) - \dot{\boldsymbol{\omega}} \times \boldsymbol{r} - 2\boldsymbol{\omega} \times \boldsymbol{v}'$$

即转动系中

$$\boldsymbol{F}_{惯} = \boldsymbol{F}_{离} + \boldsymbol{F}_{切} + \boldsymbol{F}_{科}, \quad \boldsymbol{F} + \boldsymbol{F}_{惯} = m\boldsymbol{a}'$$

其中

$$\boldsymbol{F}_{离} = -m\boldsymbol{\omega} \times (\boldsymbol{\omega} \times \boldsymbol{r}), \quad \boldsymbol{F}_{切} = -m\dot{\boldsymbol{\omega}} \times \boldsymbol{r}, \quad \boldsymbol{F}_{科} = -2m\boldsymbol{\omega} \times \boldsymbol{v}'$$

$\boldsymbol{a}'$ 为物体在转动系中的加速度,$\boldsymbol{F}$ 为真实力,$\boldsymbol{F}_{惯}$ 为虚拟力,包括惯性离心力 $\boldsymbol{F}_{离}$、惯性切向力 $\boldsymbol{F}_{切}$ 和科里奥利力 $\boldsymbol{F}_{科}$,$\boldsymbol{F} + \boldsymbol{F}_{惯}$ 称为表观力.

由公式可知转动系中科里奥利力垂直于速度,故科里奥利力不做功;惯性离心力大小为

$F_惯 = m\omega^2 r$,方向垂直于转轴向外.

若参考系既有平动又有转动,则
$$F_惯 = -ma_0 - m\boldsymbol{\omega}\times(\boldsymbol{\omega}\times r) - m\dot{\boldsymbol{\omega}}\times r - 2m\boldsymbol{\omega}\times v'$$
其中 a_0 为平动加速度.

例 2-9 如图 2-19(a)所示,一双摆系统由摆长为 l_1 和 l_2 的不可伸长的轻绳和质量为 m_1 和 m_2 的两小球 A,B 组成,并处于竖直平衡位置.现突然给小球 A 以水平速度 v_0.试求之后瞬间两段绳中的张力 T_1 和 T_2.

解 对 A 小球有
$$T_1 - T_2 - m_1 g = m_1 \frac{v_0^2}{l_1}$$
之后体验选不同参考系来继续解答.

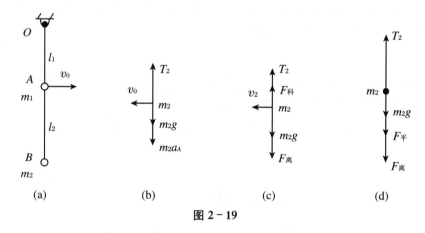

图 2-19

解法 1:(最方便)选随同 A 平动参考系,对 B,如图 2-19(b)所示,有
$$T_2 - m_2 g - m_2 \frac{v_0^2}{l_1} = m_2 \frac{v_0^2}{l_2}$$
联立解得
$$T_1 = (m_1+m_2)g + (m_1+m_2)\frac{v_0^2}{l_1} + m_2\frac{v_0^2}{l_2}, \quad T_2 = m_2 g + m_2\frac{v_0^2}{l_1} + m_2\frac{v_0^2}{l_2}$$
解法 2:以 OA 为参考系(转动系),如图 2-19(c)所示.转动系角速度垂直于纸面向外,大小为
$$\omega = \frac{v_0}{l_1}$$
转动系中 B 小球速度向左,有
$$v_2 = \omega(l_1+l_2) = \frac{v_0}{l_1}(l_1+l_2)$$
惯性力为
$$F_离 = m_2\omega^2(l_1+l_2), \quad F_科 = 2m_2\omega v_2$$

B 绕 A 做圆周运动,有

$$T_2 - m_2 g - F_{离} + F_{科} = m \frac{v_2^2}{l_2}$$

联立解得结果(结果略).

解法 3:选随 A 平动、绕 A 匀速转动的平动转动参考系,且选参考系角速度垂直纸面向内,大小为

$$\omega = \frac{v_0}{l_2}$$

则 B 此时速度为 0,惯性力只有平动惯性力和惯性离心力,如图 2-19(d)所示,有

$$F_{平} = m_2 \frac{v_0^2}{l_1}, \quad F_{离} = m_2 \omega^2 l_2, \quad T_2 - m_2 g - F_{平} - F_{离} = 0$$

即可解得结果(结果略).

解法 3 中参考系角速度可取其他任意值,则 B 还会受到科里奥利力且速度不为零,然后对 B 绕 A 做圆周运动列牛顿第二定律的方程.

> **练习 2-10** 地球是近似均匀转动的球体,试问地球表面物体在水平面内运动时因受科里奥利力的作用将偏向何方?

2.4 动　　量

2.4.1 动量定理

以下均为矢量方程,可矢量图解,可列某方向分量方程;且普遍适用,微观、高速也适用. 电磁学中要把电磁场的动量也计入.

1. 质点的动量定理

牛顿第二定律

$$\boldsymbol{F} = \frac{\mathrm{d}(m\boldsymbol{v})}{\mathrm{d}t}$$

改写为

$$\boldsymbol{F}\mathrm{d}t = \mathrm{d}(m\boldsymbol{v})$$

称为动量定理.

$m\boldsymbol{v}$ 称为质点的动量,即

$$p = mv$$

Fdt 称为力 F 的元冲量,积分得到力 F 的冲量,即

$$dI = Fdt, \quad I = \int_{t_0}^{t} Fdt$$

动量定理还可书写为

$$dI = dp \quad 或 \quad I = \Delta p$$

动量守恒定律(略).

2. 质点系动量定理

质点系的总动量等于(质量集中于质心时的)质心动量:

$$p = \sum m_i v_i = \left(\sum m_i \right) v_C = p_C$$

对质点系,由于系统内相互作用力等大反向,作用时间相等,因此内力冲量之和为零,故质点系的总冲量只需计算外力的冲量.

对质点系中所有质点的动量定理求和即可得到质点系的动量定理,表达式为

$$I_{外} = \Delta p = \Delta p_C$$

3. 非惯性系中的动量定理

非惯性系中增加惯性力后牛顿第二定律成立,故增加惯性力后动量定理成立.非惯性系中动量定理表达式为

$$I_{惯} + I_{外} = \Delta p \quad 或 \quad dI_{惯} + dI_{外} = dp$$

4. 质心系中的动量

质心系中质心速度恒为零:

$$v'_C \equiv 0$$

故质心系中的动量和(质量集中于质心时的)质心的动量相等,均恒为零:

$$p' = p'_C \equiv 0$$

即质心系为零动量参考系.

例 2-10 物体以速度 $v_0 = 10$ m/s 从地面竖直上抛,落地时速度 $v = 9$ m/s,若运动中所受阻力与速度成正比,即 $f = kmv$,m 为物体的质量,试求物体在空中运动的时间及系数 k. g 取 10 m/s². ☆

解 取初速度方向为正方向,上升过程

$$(-mg - kmv)dt = mdv$$

积分得

$$-mgt_1 - kmh = 0 - m \cdot 10$$

下降过程

积分得

$$(mg - kmv)dt = mdv \qquad \triangle$$

联立得

$$mgt_2 - kmh = m \cdot 9$$

故

$$mg(t_1 + t_2) = m(10 + 9)$$

☆式变形为

$$t = t_1 + t_2 = \frac{10 + 9}{10} = 1.9 \text{ (s)}$$

积分得

$$\frac{dv}{g + kv} = -dt$$

故

$$\frac{1}{k}[\ln g - \ln(g + 10k)] = -t_1$$

△式变形为

$$t_1 = \frac{1}{k} \ln \frac{g + 10k}{g}$$

积分得

$$\frac{dv}{g - kv} = dt$$

故

$$-\frac{1}{k}[\ln(g - 9k) - \ln g] = t_2$$

则有

$$t_2 = \frac{1}{k} \ln \frac{g}{g - 9k}$$

$$\frac{1}{k}\left(\ln \frac{g + 10k}{g} + \ln \frac{g}{g - 9k}\right) = \frac{1}{k} \ln \frac{10 + 10k}{10 - 9k} = 1.9$$

应有 $0 < k < \frac{10}{19}$，用计算器解得此超越方程的数值解为

$$k = 0.166 \text{ s}^{-1}$$

练习 2-11 光滑水平面上有一块质量为 nm 的足够长的木板 AB，板上有 n 块质量均为 m 的相同木块 $1, 2, 3, \cdots, n$. 最初木板静止，木块 $1, 2, 3, \cdots, n$ 分别以 $v, 2v, 3v, \cdots, nv$ 朝同一方向运动. 已知木块与木板之间的动摩擦因数和静摩擦因数均为 μ，且运动中木块之间不发生碰撞，也不离开木板. 试求运动中第 i 块木块的最小速度.

2.4.2 冲击过程

不可伸长的轻细绳连接或轻细杆光滑铰接物体系统的冲击过程，轻绳、轻杆两端只能提供沿绳、杆（弯轻细杆则沿杆两端点连线）的等大反向的力或冲量．

冲击过程

例2-11 如图 2-20(a)所示，小球 A,B,C,D 质量相同，用长度相同的轻质刚性细杆光滑铰接，开始时为正方形．系统在光滑水平面上沿 AC 方向以 v 匀速运动，将与竖直黏性墙壁发生碰撞．墙壁与 v 方向垂直，C 球与其相碰后立即停止运动．试求：

(1) 碰后瞬间 A 球的速度 v_A；

(2) 各杆对各球的冲量大小及墙壁对 C 的冲量大小．

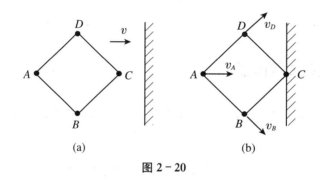

图 2-20

解 (1) 如图 2-20(b)所示，沿杆速度相等，故

$$v_D \perp \overline{CD}, \quad v_B \perp \overline{BC}, \quad v_B = v_D = \frac{\sqrt{2}}{2} v_A$$

A,D 系统沿 $\overline{AD}$ 方向动量守恒，则

$$2m \cdot \frac{\sqrt{2}}{2} v = m \cdot \frac{\sqrt{2}}{2} v_A + m v_D$$

解得

$$v_A = v, \quad v_B = v_D = \frac{\sqrt{2}}{2} v$$

(2) $\overline{AD}, \overline{AB}$ 杆对各球的冲量大小相等，设为 I_1，对 A 球，有

$$-\sqrt{2} I_1 = m v_A - m v = 0$$

则

$$I_1 = 0$$

$\overline{CD}, \overline{BC}$ 杆对各球的冲量大小相等，设为 I_2，对 D 球，有

$$I_2 = m\frac{\sqrt{2}}{2}v = \frac{\sqrt{2}}{2}mv$$

设墙壁对 C 球的冲量为 I_3，对 C 球，有

$$-I_3 + \sqrt{2}I_2 = 0 - mv$$

则

$$I_3 = 2mv$$

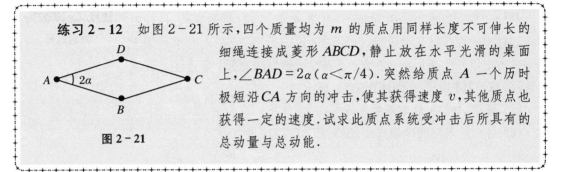

练习 2-12 如图 2-21 所示，四个质量均为 m 的质点用同样长度不可伸长的细绳连接成菱形 $ABCD$，静止放在水平光滑的桌面上，$\angle BAD = 2\alpha (\alpha < \pi/4)$. 突然给质点 A 一个历时极短沿 CA 方向的冲击，使其获得速度 v，其他质点也获得一定的速度. 试求此质点系受冲击后所具有的总动量与总动能.

图 2-21

2.4.3 连续作用问题

对质量连续分布的流体，若单位长度质量为 λ，以 v 入射垂直打向壁，以 v' 反弹离开壁，则冲击力

$$F = \frac{\lambda v \mathrm{d}t(v'+v)}{\mathrm{d}t} = \lambda v(v+v')$$

若不反弹，$v' = 0$，则

$$F = \lambda v^2$$

若完全反弹，$v' = v$，则

$$F = 2\lambda v^2$$

注意，反射流体单位长度质量不是 λ，由质量不变得

$$\lambda v \mathrm{d}t = \lambda' v' \mathrm{d}t$$

故

$$\lambda' = \frac{v}{v'}\lambda$$

例 2-12 由喷泉中喷出的竖直水柱把一个质量为 M 的木桶倒顶在空中，若水以恒定的速率 v_0 从面积为 S 的小孔中喷出，射向天空，在冲击木桶后以原速竖直流下，试求木桶停留的高度 h. 已知水的密度为 ρ.

解 水到木桶高度时冲击前速度设为 v，则

$$v^2 - v_0^2 = -2gh$$

冲击过程中有
$$F dt = dm \cdot 2v = \rho v_0 dt \cdot S \cdot 2v$$
则
$$F = 2\rho v_0 S \sqrt{v_0^2 - 2gh}$$
桶受力平衡，即
$$Mg = F$$
解得
$$h = \frac{v_0^2}{2g} - \frac{g}{8}\left(\frac{M}{\rho v_0 S}\right)^2$$
需
$$\frac{v_0^2}{2g} > \frac{g}{8}\left(\frac{M}{\rho v_0 S}\right)^2$$
即
$$v_0 > \sqrt{\frac{gM}{2\rho S}}$$

若 $v_0 \leqslant \sqrt{\dfrac{gM}{2\rho S}}$，则桶不会被顶起，$h = 0$.

练习2-13 把粉状物料从小车 B 中以 b kg/s 的速率吹进小车 A 中，物料铅直向下地喷出料筒，故而和小车 B 有着相同的水平速度 u. 在观察瞬间，小车 A 具有质量 M 和速度 v，如图2-22所示. 试求此瞬间 A 的加速度 a. 已知地面是光滑的.

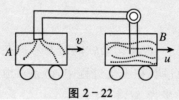

图 2-22

例2-13 自动称米装置如图2-23所示，准备称质量为 M 的米，米出口处的初速度为 0，单位时间内流出米的质量即质量流量为 Q_m，台秤的示数已经去掉容器的重量. 当台秤的示数为 M 时，自动装置能及时在出米口处切断米流. 问这种装置是否准确？并说明理由.

解 准确. 设某时刻出米口与米面间的距离为 h，如图中所示，即将落下的米在空中运动时间为

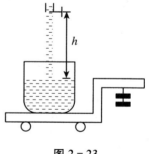

图 2-23

$$t = \sqrt{\frac{2h}{g}}$$

空中米的重力为

$$G = Q_m tg = Q_m \sqrt{2gh}$$

即将落下部分米对静止米的冲击力设为 F,则

$$-F\mathrm{d}t = 0 - Q_m \mathrm{d}t \cdot v, \quad v = \sqrt{2gh}$$

解得

$$F = Q_m \sqrt{2gh} = G$$

即运动米对静止米的冲击力等于空中米的重力,故这种装置准确.

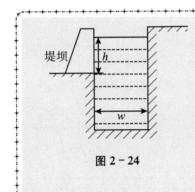

练习 2-14 河流拐弯处外侧建有一个堤坝,以防止河水上涨时溢出,如图 2-24 所示.河道宽度为 w,河流拐弯处是半径为 R 的圆弧,且 $w \ll R$,河水流速 v 可视为定值.一方面,堤坝要经受住河水的静压强 $\rho g h$,h 为坝底到水面的高度,ρ 为水的密度.另一方面,由于河流弯曲,水流的冲击将产生一个附加的动压强.试求动压强与坝底静压强之比.

图 2-24

2.4.4 重绳、链条问题

例 2-14 (全国力学竞赛)一根均匀柔软的链条悬挂在天花板上,且下端正好触地.若松开悬点,让链条自由下落.试证明:在下落过程中,链条对地板的作用力等于已落到地板上的那段链条重的 3 倍.设绳的质量为 M,长为 l.

解 解法 1:落在地板上 x 时,落在地上部分动量为零,空中部分动量为总动量,对空中部分有

$$v = \sqrt{2gx}, \quad m = \frac{l-x}{l}M, \quad p = mv = \frac{M\sqrt{2g}}{l}(l\sqrt{x} - x\sqrt{x})$$

$$\frac{\mathrm{d}p}{\mathrm{d}t} = \frac{\mathrm{d}p}{\mathrm{d}x}\frac{\mathrm{d}x}{\mathrm{d}t} = \frac{\mathrm{d}p}{\mathrm{d}x}v = \frac{M\sqrt{2g}}{l}\left(\frac{l}{2\sqrt{x}} - \frac{3}{2}\sqrt{x}\right)\sqrt{2gx} = Mg\left(1 - \frac{3x}{l}\right)$$

对整根绳有

$$-N + Mg = \frac{\mathrm{d}p}{\mathrm{d}t}$$

故

$$N = \frac{3x}{l}Mg$$

即链条对地板的作用力等于已落到地板上的那段链条重的 3 倍.

解法 2:对即将落地的 dx 有

$$-N_1 dt = 0 - \frac{dx}{l}Mv$$

则

$$N_1 = \frac{dx}{dt}\frac{M}{l}v = \frac{M}{l}v^2 = \frac{2x}{l}Mg$$

对地面部分有

$$N_2 = \frac{x}{l}Mg$$

故

$$N = N_1 + N_2 = \frac{3x}{l}Mg$$

解法 3:对地面部分和即将落地部分有

$$\left(-N + \frac{x}{l}Mg\right)dt = 0 - \frac{dx}{l}Mv$$

故

$$N = \frac{x}{l}Mg + \frac{dx}{dt}\frac{M}{l}v = \frac{x}{l}Mg + \frac{Mv^2}{l} = \frac{3x}{l}Mg$$

练习 2-15 一根均匀的、不可伸长的软缆绳全长为 l,质量为 M. 开始两端都固定在邻近的挂钩上,自由地悬挂着,如图 2-25(a)所示. 某瞬时缆绳右端松开,下落部分做自由落体运动,转到左侧时速度变为零,如图 2-25(b)所示.

(1) 已知每个挂钩的最大负荷为 N(大于缆绳重量 Mg),为使缆绳右端下落过程中,左端不会把挂钩拉断,Mg 和 N 必须满足什么条件?

(2) 当右端掉到距天花板 $l/2$ 时将左端剪断,试问再经过多长时间,绳子刚好伸直?设运动中缆绳无横向摆动.

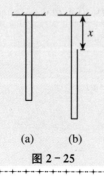

图 2-25

练习 2-15(2)

例2-15 (第33届全国中学生物理竞赛复赛)蹦极是年轻人喜爱的运动. 如图2-26所示,为研究蹦极过程,现将一长为 L、质量为 m、当仅受到绳本身重力时几乎不可伸长的均匀弹性绳的一端系在桥沿 b,绳的另一端系一质量为 M 的小物块(模拟蹦极者);假设 M 比 m 大很多,以至于均匀弹性绳受到绳本身重力和蹦极者的重力向下时会显著伸长,但仍在弹性限度内. 在蹦极者从静止下落直至蹦极者到达最下端,但未向下拉紧绳之前的下落过程中,不考虑水平运动和可能的能量损失. 重力加速度大小为 g.

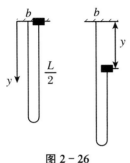

图 2-26

(1) 求蹦极者从静止下落距离 $y(y<L)$ 时的速度和加速度大小,蹦极者在所考虑的下落过程中的速度和加速度大小的上限;

(2) 求蹦极者从静止下落距离 $y(y<L)$ 时,绳在其左端悬点 b 处张力的大小.

解 (1) $y<L$ 时,绳几乎不可伸长,形变量 $x \to 0$,故弹性势能

$$E_p = \frac{1}{2}kx^2 \sim Fx \to 0$$

下落距离 $y(y<L)$ 时左侧绳长 $(L+y)/2$,右侧绳长 $(L-y)/2$. 由题意机械能守恒,取桥沿为零势面,故

$$-mg\frac{L}{4} = -\frac{m}{L}\frac{L+y}{2}g\frac{L+y}{4} - \frac{m}{L}\frac{L-y}{2}g\left(y+\frac{L-y}{4}\right) - Mgy + \frac{1}{2}\left(M + \frac{m}{L}\frac{L-y}{2}\right)v^2$$

整理得

$$\frac{mg}{4L}(2Ly - y^2) + Mgy = \frac{1}{2}\left(M + \frac{L-y}{2L}m\right)v^2$$

解得

$$v^2 = \frac{gy(4ML + 2mL - my)}{2ML + mL - my} \quad 或 \quad v = \sqrt{\frac{gy(4ML + 2mL - my)}{2ML + mL - my}}$$

令

$$A = gy(4ML + 2mL - my), \quad B = 2ML + mL - my$$

因为 $y<L$,所以 $A>0, B>0$,则

$$\frac{dv^2}{dy} = \frac{g(4ML + 2mL - 2my)B + mA}{B^2} > 0$$

故 $y<L$ 时随 y 增大 v^2 增大,$y \to L$ 时得速度上限

$$v_{y \to L} = \sqrt{\frac{4M+m}{2M}gL}$$

又

$$\frac{dv^2}{dy} = 2v\frac{dv}{dy} = \frac{2dv}{dt} = 2a$$

故

$$a = \frac{g(4ML + 2mL - 2my)B + mA}{2B^2} = g\left[1 + \frac{my(4ML + 2mL - my)}{2(2ML + mL - my)^2}\right]$$

$$\frac{da}{dy} = \frac{mg}{2}\frac{2B^3 + 2mAB/g}{B^4} = \frac{mgB^2 + m^2A}{B^3} > 0$$

故 $y<L$ 时随 y 增大 a 增大,$y \to L$ 时得加速度上限

$$a_{y \to L} = g\left[1 + \frac{m(4M + m)}{8M^2}\right]$$

(或由 $y<L$ 时 $a>0$,得一直加速,故 $y \to L$ 时有速度上限.)

(2) 整体

$$[(M + m)g - T]dt = d\left[\left(M + \frac{m}{L}\frac{L - y}{2}\right)v\right]$$

即

$$(M + m)g - T = \frac{d\left(M + \frac{m}{L}\frac{L - y}{2}\right)}{dt}v + \left(M + \frac{m}{L}\frac{L - y}{2}\right)\frac{dv}{dt}$$

$$= -\frac{m}{2L}\frac{dy}{dt}v + \frac{B}{2L}a = -\frac{m}{2L}v^2 + \frac{B}{2L}a = -\frac{m}{2L}\frac{A}{B} + \frac{B}{2L}g\left(1 + \frac{mA}{2B^2g}\right)$$

$$= -\frac{m}{2L}\frac{A}{B} + \frac{Bg}{2L} + \frac{mA}{4LB} = \frac{Bg}{2L} - \frac{mA}{4LB}$$

故

$$T = (M + m)g - \frac{Bg}{2L} + \frac{mA}{4LB} = mg\left[\frac{L + y}{2L} + \frac{y(4ML + 2mL - my)}{4L(2ML + mL - my)}\right]$$

2.4.5 变质量物体的基本运动微分方程

设主体质量为 m,速度为 v;dt 内即将进入主体的部分质量为 dm,进入主体前速度为 u,进入主体后速度变为 $v + dv$;又设外力为 F,则

$$\boldsymbol{F}dt = (m + dm)(v + dv) - [mv + (dm)\boldsymbol{u}] \approx m d\boldsymbol{v} + dm(\boldsymbol{v} - \boldsymbol{u})$$

从而得到变质量物体的基本运动微分方程(即密舍尔斯基方程)

$$m\frac{d\boldsymbol{v}}{dt} = (\boldsymbol{u} - \boldsymbol{v})\frac{dm}{dt} + \boldsymbol{F}$$

其中 $(\boldsymbol{u} - \boldsymbol{v})dm$ 为 dm 附着于主体前相对于主体的动量,$(\boldsymbol{u} - \boldsymbol{v})dm/dt$ 为附着过程中主体动量的增加率,即主体受到的冲击力. 减质量时 $dm < 0$.

$\boldsymbol{u} = 0$ 时

$$\boldsymbol{F} = \frac{d(m\boldsymbol{v})}{dt}$$

$\boldsymbol{u} = \boldsymbol{v}$ 时

$$F = m\frac{\mathrm{d}v}{\mathrm{d}t}$$

同时流入、流出时

$$m\frac{\mathrm{d}v}{\mathrm{d}t} = \sum(u_i - v)\frac{\mathrm{d}m_i}{\mathrm{d}t} + F$$

例 2-16 假设火箭不受外力作用,火箭初始质量为 M_0,初始速度为零,设所有燃料用完时火箭质量为 M_f,气体以相对火箭为 v_r 的速率向后喷射出去,试求火箭燃料用完时火箭的速率 v_f.若考虑重力影响,并设火箭在加速中所受重力不变,重力加速度为 g,燃料经 t_f 喷射完毕,则 v_f 为多少?

解 以运动方向为正方向.

(1) 不考虑外力作用时,由密舍尔斯基方程得

$$M\frac{\mathrm{d}v}{\mathrm{d}t} = -v_r\frac{\mathrm{d}M}{\mathrm{d}t}$$

即

$$\mathrm{d}v = -v_r\frac{\mathrm{d}M}{M}$$

积分得

$$\int_0^{v_f}\mathrm{d}v = -v_r\int_{M_0}^{M_f}\frac{\mathrm{d}M}{M}$$

故

$$v_f = v_r\ln\frac{M_0}{M_f}$$

(2) 考虑重力作用时

$$M\frac{\mathrm{d}v}{\mathrm{d}t} = -v_r\frac{\mathrm{d}M}{\mathrm{d}t} - Mg$$

即

$$\mathrm{d}v = -v_r\frac{\mathrm{d}M}{M} - g\mathrm{d}t$$

积分得

$$\int_0^{v_f}\mathrm{d}v = -v_r\int_{M_0}^{M_f}\frac{\mathrm{d}M}{M} - g\int_0^{t_f}\mathrm{d}t$$

故

$$v_f = v_r\ln\frac{M_0}{M_f} - gt_f$$

可知燃料喷射时间越短,即单位时间喷射燃料质量越大,火箭可获得的速度越大.

> **练习 2-16** 雨滴开始自由下落时质量为 m_0,在下落过程中,单位时间凝聚的水汽质量为 λ(λ 为常量).试求雨滴经时间 t 下落的距离.忽略空气阻力.

例2-17 一质量为 M_0、面积为 A 的圆盘受一垂直于盘面的常力 F 的作用，由静止开始在密度为 ρ 的均匀尘埃中运动，尘埃以常速率 V 与圆盘相向运动。假定凡与圆盘相遇的尘埃均粘在盘面上。试求圆盘的速度 v 和圆盘的位移 x 与时间 t 的关系。

解 解法1：初始到 t 时刻，对盘和附于其上的尘埃有

$$Ft = Mv - (M - M_0)(-V) = Mv + (M - M_0)V \qquad ☆$$

$$M = M_0 + \int_0^t \rho A(v+V)\mathrm{d}t = M_0 + \rho A x + \rho A V t$$

代入☆式得

$$Ft = (M_0 + \rho A x + \rho A V t)v + (\rho A x + \rho A V t)V = M_0 v + \rho A(xv + Vtv + Vx + V^2 t)$$

即

$$Ft = M_0 \dot{x} + \rho A(x\dot{x} + Vt\dot{x} + Vx + V^2 t) = M_0 \dot{x} + \rho A\left[\frac{1}{2}(x^2)' + V(xt)' + V^2 t\right]$$

此式中导数均为对 t 求导，两侧同乘以 $\mathrm{d}t$ 得

$$Ft\mathrm{d}t = M_0 \mathrm{d}x + \rho A\left[\frac{1}{2}\mathrm{d}(x^2) + V\mathrm{d}(xt) + V^2 t\mathrm{d}t\right]$$

两侧分别积分并利用 $t=0$ 时 $x=0, v=0$ 的初始条件得

$$\frac{1}{2}Ft^2 = M_0 x + \rho A\left(\frac{1}{2}x^2 + Vxt + \frac{1}{2}V^2 t^2\right)$$

解得

$$x = \frac{1}{\rho A}\left[\sqrt{M_0^2 + \rho A(Ft^2 + 2M_0 Vt)} - (M_0 + \rho A V t)\right] \quad \text{（舍负）}$$

求导得

$$v = -V + \frac{Ft + M_0 V}{\sqrt{M_0^2 + \rho A(Ft^2 + 2M_0 Vt)}}$$

解法2：由密舍尔斯基方程得

$$M\frac{\mathrm{d}v}{\mathrm{d}t} = F + \frac{\mathrm{d}M}{\mathrm{d}t}(-V-v) \qquad ☆$$

$$\mathrm{d}M = \rho A(v+V)\mathrm{d}t$$

积分得

$$M - M_0 = \rho A x + \rho A V t$$

均代入☆式整理得

$$F = M_0 \ddot{x} + \rho A(x\ddot{x} + Vt\ddot{x} + \dot{x}^2 + 2V\dot{x} + V^2)$$

$$= M_0 \ddot{x} + \rho A\left[(x\dot{x})' + V(t\dot{x})' + V\dot{x} + V^2\right]$$

此式中导数均为对 t 求导，两侧同乘以 $\mathrm{d}t$，两侧分别积分得

$$Ft = M_0 \dot{x} + \rho A(x\dot{x} + Vt\dot{x} + Vx + V^2 t) = M_0 \dot{x} + \rho A\left[\frac{1}{2}(x^2)' + V(xt)' + V^2 t\right]$$

之后略.

解法 3：(列出式子含 x(或 v), t, M, 可考虑先解 $M = M(t)$, v(或 x)与 M 的关系，再得到所求关系，可能使问题简化)

$$Ft = Mv - (M - M_0)(-V) = Mv + (M - M_0)V$$

则

$$v = \frac{Ft - (M - M_0)V}{M}$$

故

$$dM = \rho A(v + V)dt = \rho A\left[\frac{Ft - (M - M_0)V}{M} + V\right]dt = \frac{\rho A}{M}(Ft + M_0 V)dt$$

即

$$MdM = \rho A(Ft + M_0 V)dt$$

易积分，得

$$\frac{1}{2}(M^2 - M_0^2) = \rho A\left(\frac{1}{2}Ft^2 + M_0 Vt\right)$$

故

$$M = \sqrt{M_0^2 + \rho A(Ft^2 + 2M_0 Vt)}$$

代回速度公式得速度 v(略去)；积分得到 x(略去)，或由

$$dM = \rho A(v + V)dt$$

积分得

$$M - M_0 = \rho AVt + \rho Ax$$

从而推得 x.

第 2 章习题

2-1 (1) 试求均匀半圆盘的质心位置，设圆盘半径为 R；

(2) 将(1)中半圆盘沿其对称轴切开，试求其中一个 1/4 圆盘的质心位置.

2-2 质点 1 和 2 的质量分别为 m_1 和 m_2($m_1 > m_2$)，系在长为 L 的不可拉伸的轻细线两端，置于光滑水平地面上. 起始固定质点 1，而质点 2 绕 1 做圆周运动，然后释放质点 1，质点 2 开始沿习图 2-1 所示的轨迹运动. 试求：

(1) 轨迹中的间距 h 和环套宽度 d；

(2) m_2 在轨迹转折处的曲率半径.

2-3 如习图 2-2 所示，离桌边左方 l 处放一石块，一根长度为 $2l$ 的不可伸长的轻绳

将它和另一个质量相同的石块连接起来,搭在轻滑轮上,绳水平伸直,然后释放右边石块.试问:左边石块先到达桌边碰到滑轮,还是右边石块先碰到桌子？不计摩擦.

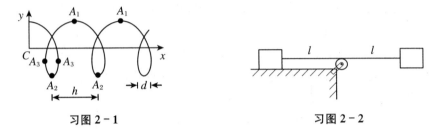

习图 2-1　　　　　　　　　　　习图 2-2

2-4　如习图 2-3 所示,一根不可伸长的轻线一端系在固定点 O_1,另一端跨过同高的小滑轮 O_2 并系有质量为 m 的物体 B,O_1,O_2 间的距离为 $2l$.光滑小环 C 在 O_1,O_2 间套在此线上,环 C 下挂一个质量为 M 的物体 A.开始时 O_1,O_2 间线呈水平,物体 A,B 的初速度均为零,然后释放物体 A,B.忽略滑轮、小环的质量,不计摩擦.

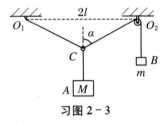

习图 2-3

(1) 当 $\alpha = 60°$ 时,物体 A 的速度达到最大,试求 M/m 以及 A 的最大速度；

(2) 若取 $M = m$,试求当 $\alpha = 60°$ 时物体 A 的加速度.

2-5　如习图 2-4 所示,质量为 m 的小球自 A 点以水平速度 v_0 抛出,在重力和空气阻力作用下,经一段时间后落在地面上 B 点,到达 B 点时的速度为 v_0',其方向与水平方向成 θ 角.小球在运动中受到的空气阻力为 $f = -kv$,其中 k 为正的常量,v 为小球在运动中的速度.试求:

(1) v_0' 的大小;

(2) A,B 两点间水平距离 S.

2-6　如习图 2-5 所示,A 为定滑轮,B 为动滑轮,摩擦不计,滑轮及线的质量不计,三物块的质量分别为 m_1,m_2,m_3,由静止释放三个物块.试求:

(1) 物块 m_1 的加速度;

(2) 跨过 A,B 的绳的张力 T_1,T_2.

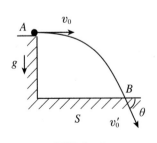　　　　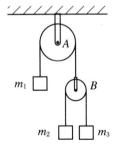

习图 2-4　　　　　　　　习图 2-5

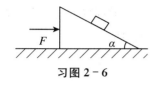

习图 2-6

2-7 如习图 2-6 所示,在光滑水平桌面上有一质量为 M 的劈形物体,其斜面倾角为 α,在这样的斜面上放一质量为 m 的物体,物体与斜面间的摩擦因数为 μ.当用方向水平向右的力 F 推劈形物体时,μ 为多少时物体间才没有相对滑动?

2-8 如习图 2-7 所示,静止车厢内的圆锥摆幅角为 θ.当摆球到达最左位置时,车厢开始向右做匀加速运动.要使摆球仍能做圆锥摆运动,试问车厢的加速度为多少? 后来的圆锥摆运动的摆角为多少? 已知重力加速度为 g.

2-9 如习图 2-8 所示,双斜面体质量为 m,两个斜面倾角分别为 α_1 和 α_2,不可伸长的轻绳跨过双斜面体顶端,轻绳两端分别连接质量为 m_1 和 m_2 的物体,轻绳与斜面均平行.整个系统由静止释放,试求斜面体的加速度和物体相对斜面体的加速度,并求斜面体保持静止的条件.摩擦可忽略.

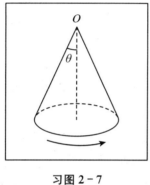

习图 2-7

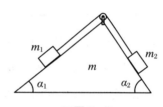

习图 2-8

2-10 轮船以等速率 v 沿赤道向东航行,试计算由此使船上物体重量产生的相对误差.已知地球自转角速度为 ω,地球半径为 R,赤道重力加速度为 g.

2-11 习图 2-9 所示的光滑曲线上套有一小环.当曲线以恒定角速度 ω 绕其竖直对称轴旋转时,小环在曲线上任意位置都能保持相对静止,试求曲线的方程.

2-12 质量分别为 m_1,m_2,m_3 的三个质点 A,B,C 位于光滑的水平面上,用已拉直的不可伸长的柔软轻绳 AB 和 BC 连接,$\angle ABC = \pi - \alpha$,$\alpha$ 为锐角,如习图 2-10 所示.极短时间内有一冲量 I 沿 BC 方向作用于质点 C,试求质点 A 开始运动时的速度.

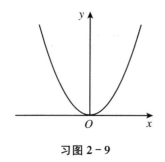

习图 2-9

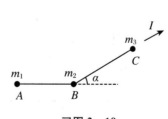

习图 2-10

2-13 小滑块 A 位于光滑的水平桌面上,小滑块 B 处在桌面上的光滑小槽中,两滑块的质量都为 m,并用长 L 不可伸长无弹性的轻绳相连,如习图 2-11 所示.开始时 A,B 间的距离为 $L/2$,A,B 连线与小槽垂直.今给滑块 A 一冲击,使其获得平行于槽的速度 v_0,试求滑块 B 开始运动时的速度.

2-14 一个半径为 R 的球形容器内装有理想气体,试导出理想气体对器壁的压强表达式.设理想气体分子质量为 m,单位体积内的分子数为 n,分子速率平方的平均值为

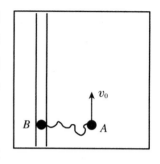

习图 2-11

$$\overline{v^2} = \frac{1}{N}\sum_{i=1}^{N} v_i^2, \quad N = n \cdot \frac{4}{3}\pi R^3$$

其中 v_i 为第 i 个分子的速率,N 为球形容器内的总分子数.

2-15 长为 l,总质量为 m 的一根不能伸长的柔软绳索盘放在水平桌面上.用手将绳索的一端以恒定速率 v 向上提起,试求当提起高度为 x 时手的提力.

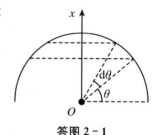

习图 2-12

2-16 如习图 2-12 所示,一条长为 l、质量为 m 的无弹性柔绳索被近乎对称地放在一个光滑水平细轴钉上.释放后受小扰动,绳索滑动.问绳索离开轴钉时,其速度应为多大?

2-17 雨滴下落时其质量增加率与雨滴表面积成正比,比例系数为 k,试求雨滴的速度与时间的关系.假设初始时雨滴半径为 a,速度为零,不计空气阻力作用,重力加速度为 g,雨滴密度为 ρ.

第 2 章练习详解及习题答案

练习 2-1 由对称性,质心必在 $\overline{O_1O_2}$ 方向.取 O_1 为原点建立一维坐标系,看作正质量大圆 O_1 与负质量小圆 O_2 叠加而成,设质量面密度分别为 $\pm\sigma$,有

$$m_1 = \sigma\pi R^2, \quad m_2 = -\sigma\pi\left(\frac{R}{2}\right)^2, \quad x_1 = 0, \quad x_2 = \frac{R}{2}$$

$$x_C = \frac{m_1x_1 + m_2x_2}{m_1 + m_2} = -\frac{1}{6}R$$

练习 2-2 解法 1:(1)定义法.如答图 2-1 所示,由对称性质心应在对称轴上,取 θ 处 $\mathrm{d}\theta$ 对应的两微元:

$$\mathrm{d}m = \frac{m}{\pi R}2R\mathrm{d}\theta, \quad x = R\sin\theta$$

$$x_C = \frac{1}{m}\int x\mathrm{d}m = \frac{1}{m}\int_0^{\frac{\pi}{2}} \frac{2mR}{\pi}\sin\theta\mathrm{d}\theta = \frac{2R}{\pi}$$

答图 2-1

(2) 直接采用定义法请自行尝试,我们利用第(1)问结果和分割法解题：
$$x_C = \frac{\lambda \pi R \dfrac{2R}{\pi}}{\lambda(\pi R + 2R)} = \frac{2R}{\pi + 2}$$

解法 2：(1) 巴普斯定理推论. 令其绕两端点连线轴旋转一周,形成一个球面,则
$$\pi R \cdot 2\pi x_C = 4\pi R^2$$
故
$$x_C = \frac{2R}{\pi}$$

(2) 巴普斯定理推论. 令其绕直径线旋转一周,形成一个球面,则
$$(\pi R + 2R) \cdot 2\pi x_C = 4\pi R^2$$
故
$$x_C = \frac{2R}{\pi + 2}$$

练习 2-3 杆水平无外力,故质心水平静止. 以初始 A 位置为原点建立直角坐标系,如答图 2-2 所示,设某时刻 $B(x,y)$,则 $A(-x,0)$,于是
$$(2x)^2 + y^2 = (2l)^2$$
即
$$\frac{x^2}{l^2} + \frac{y^2}{4l^2} = 1 \quad (0 \leqslant x \leqslant l, 0 \leqslant y \leqslant 2l)$$

B 点的轨迹为 $\dfrac{1}{4}$ 个椭圆.

练习 2-4 速度 v 一直垂直于绳子,绳拉力不做功,故 v 大小不变. 如答图 2-3 所示,展开部分的绳和质点有
$$\omega = \frac{v}{l}, \quad \mathrm{d}\theta = \omega \mathrm{d}t, \quad \mathrm{d}l = r\mathrm{d}\theta$$
故
$$\mathrm{d}l = r \cdot \frac{v}{l} \mathrm{d}t$$
即
$$l\mathrm{d}l = vr\mathrm{d}t$$

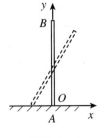

答图 2-2

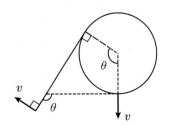

答图 2-3

积分得
$$\frac{1}{2}l^2 = vrt$$
故
$$l = \sqrt{2vrt}$$

练习 2-5 对 A, B 加滑轮分别有
$$T + m_1 g = m_1 a_1, \quad m_2 g - 2T = m_2 a_2$$
A, B 的位移关系为
$$x_1 = 2x_2$$
求其二阶导数得
$$a_1 = 2a_2$$
解得
$$a_1 = \frac{4m_1 + 2m_2}{4m_1 + m_2} g, \quad a_2 = \frac{2m_1 + m_2}{4m_1 + m_2} g$$

练习 2-6 (1) 设摩擦角为 φ,则
$$\mu = \tan \varphi$$
若 $\varphi \geqslant \theta$,即 $\mu \geqslant \tan \theta$,如答图 2-4(a)所示,有
$$T_{\min} = mg\sin(\varphi - \theta) = \frac{mg}{\sqrt{1+\mu^2}}(\mu\cos\theta - \sin\theta)$$
$T_{\min}$ 从沿斜面向下转向背离斜面一侧,转过角度为 $\varphi = \arctan \mu$.

若 $\varphi < \theta$,如答图 2-4(b)所示,有
$$T_{\min} = mg\sin(\theta - \varphi) = \frac{mg}{\sqrt{1+\mu^2}}(\sin\theta - \mu\cos\theta)$$
$T_{\min}$ 从沿斜面向上转向斜面一侧,转过角度为 $\varphi = \arctan \mu$.

(2) 若 $\theta + \varphi \leqslant 90°$,如答图 2-4(c)所示,有
$$T_{\min} = mg\sin(\theta + \varphi) = \frac{mg}{\sqrt{1+\mu^2}}(\sin\theta + \mu\cos\theta)$$
$T_{\min}$ 从沿斜面向上转向背离斜面一侧,转过角度为 $\varphi = \arctan \mu$.

若 $\theta + \varphi > 90°$,如答图 2-4(d)所示,有
$$T_{\min} = mg, \quad 竖直向上$$

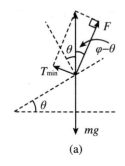
(a)

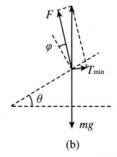
(b)

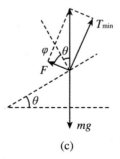
(c)

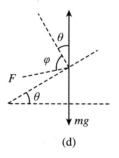
(d)

答图 2-4

练习 2-7 设 M 的加速度为 a，以 M 为参考系，m 沿斜面向下的加速度也为 a，m 受力如答图 2-5(a)所示，有

$$mg\sin\theta + ma\cos\theta - T = ma$$

以地面为参考系，整体受力如答图 2-5(b)所示，M，m 的加速度如答图 2-5(c)所示，水平方向有

$$T = ma(1-\cos\theta) + Ma$$

联立解得

$$a = \frac{mg\sin\theta}{M + 2m(1-\cos\theta)}$$

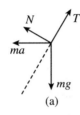 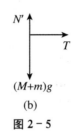 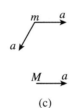

图 2-5

练习 2-8 初始到碰前瞬间有

$$MV = (M+2m)v_y, \quad \frac{1}{2}MV^2 = \frac{1}{2}Mv_y^2 + \frac{1}{2}\cdot 2m(v_y^2 + v_x^2)$$

碰前瞬间，对 M 有

$$2T = Ma$$

以 M 为参考系，对 m 有

$$T + ma = m\frac{v_x^2}{b}$$

解得

$$T = \frac{mM^2V^2}{b(M+2m)^2}$$

练习 2-9 板随杆做平动的匀速圆周运动，板的加速度与沿杆指向圆心相同，则

$$a = \omega^2 r$$

对零件静摩擦角 φ_0 有

$$\tan\varphi_0 = \mu$$

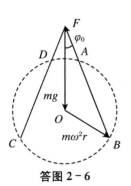

答图 2-6

以板为参考系，零件能发生移动时如答图 2-6 所示，F 为零件所受的全反力，零件所受的惯性力 $m\omega^2 r$ 与沿杆向外同向，随杆的转动而转动，故零件能发生移动的条件为惯性力的虚线圆与静摩擦角方向相交，角速度满足

$$\sin\varphi_0 < \frac{m\omega^2 r}{mg}$$

即

$$\frac{\mu}{\sqrt{1+\mu^2}} < \frac{\omega^2 r}{g}$$

故
$$\omega > \sqrt{\frac{\mu g}{r\sqrt{1+\mu^2}}}$$

当杆从 OA 方向转至 OB 方向时,零件右移;当杆从 OC 方向转至 OD 方向时,零件左移(可建立极坐标系定量描述零件移动时的极角,此处略去).

练习 2-10 将 ω 分解为沿地表切线的 $\omega_{/\!/}$ 和沿地球半径的 $\omega_\perp$,则
$$F_{科} = -2m\omega \times v = -2m(\omega_\perp + \omega_{/\!/}) \times v$$
其中 $-2m\omega_{/\!/} \times v$ 沿竖直方向,不改变物体的运动方向;北半球 $\omega_\perp$ 沿径向向外,$-2m\omega_\perp \times v$ 指向运动右方,故物体将偏向右方;南半球 $\omega_\perp$ 指向地心,$-2m\omega_\perp \times v$ 指向运动左方,故物体将偏向左方.

练习 2-10

练习 2-11 任意第 i 块木块先匀减速运动,与板同速后与板相对静止,加速运动.减速中的各块木块加速度相等,相等时间内减小的速度相等,故减速中的相邻两块木块的速度差为 v 不变.因此第 i 块木块刚与板同速时,第 i 块木块速度 v_i 最小,此时 1 至 i 块木块速度均为 v_i,第 $i+1$ 块木块速度为 $v_i + v$,第 $i+2$ 块木块速度为 $v_i + 2v$……第 n 块木块速度为 $v_i + (n-i)v$.

对整体由动量守恒得
$$mv + 2mv + \cdots + nmv = (nm + im)v_i + m(v_i + v) + m(v_i + 2v) + \cdots + m[v_i + (n-i)v]$$
即
$$\frac{n(n+1)}{2}mv = 2nmv_i + \frac{(n-i)(n-i+1)}{2}mv$$
解得
$$v_i = \frac{n(n+1) - (n-i)(n-i+1)}{4n}v = \frac{2n-i+1}{4n}iv$$

练习 2-12 如答图 2-7 所示,设 D 相对 A 的速度为 v_{DA},C 相对 D 的速度为 v_{CD},由对称性,C 点速度方向应向左,故 $v_{CD} = v_{DA}$,设
$$u = v_{CD} = v_{DA}$$

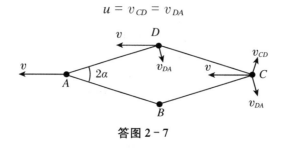
答图 2-7

对 C,D 系统,在垂直于 $\overline{AD}$ 方向动量守恒,故
$$2mv\sin\alpha + mu\cos 2\alpha - 2mu = 0$$
解得

$$u = \frac{2v\sin\alpha}{1 + 2\sin^2\alpha}$$

总动量为

$$p = 4mv - 2mu\sin\alpha - 2mu\sin\alpha = \frac{4mv}{1 + 2\sin^2\alpha}$$

总动能为

$$E_k = \frac{1}{2}mv^2 + 2 \times \frac{1}{2}m[(v - u\sin\alpha)^2 + (u\cos\alpha)^2] + \frac{1}{2}m(v - 2u\sin\alpha)^2$$

$$= \frac{2mv^2}{1 + 2\sin^2\alpha}$$

练习 2-13 A 与即将进入 A 的物料水平方向动量守恒,有

$$Mv + (b \cdot \Delta t)u = (M + b\Delta t)(v + \Delta v) \approx Mv + M\Delta v + bv\Delta t$$

故

$$a = \frac{\Delta v}{\Delta t} = \frac{b}{M}(u - v)$$

练习 2-14 如答图 2-8 所示,对 $\mathrm{d}\theta$ 圆心角所对应的堤坝基底以上的阴影部分,$\mathrm{d}t$ 时间内流入、流出的水均为

$$m = \rho \cdot wh \cdot v\mathrm{d}t$$

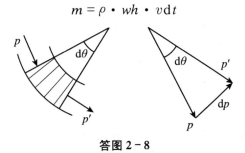

答图 2-8

动量大小均为

$$p = mv = \rho w h v^2 \mathrm{d}t$$

阴影部分 $\mathrm{d}t$ 内动量变化量

$$\mathrm{d}p = p \cdot \mathrm{d}\theta = \rho w h v^2 \mathrm{d}t \mathrm{d}\theta$$

受力

$$F = \frac{\mathrm{d}p}{\mathrm{d}t} = \rho w h v^2 \mathrm{d}\theta$$

作用面积

$$S = \mathrm{d}\theta R h$$

故动压强为

$$p_{动} = \frac{F}{S} = \frac{\rho w v^2}{R}$$

坝底静压强
$$p_{静} = \rho g h$$
故
$$\frac{p_{动}}{p_{静}} = \frac{wv^2}{Rgh}$$

练习 2-15 (1) 解法 1：如答图 2-9 所示，转入左侧 dx 需右侧下降 $2dx$，故
$$dt = \frac{2dx}{v}$$
右侧下降 x 时速度为
$$v = \sqrt{2gx}$$
对左侧和即将到达左侧的 dx，有
$$\left(\frac{Ml+x}{l\ \ 2}g - N_1\right)dt = 0 - \frac{dx}{l}Mv$$

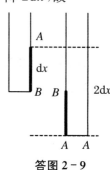

答图 2-9

故
$$N_1 = \frac{l+x}{2l}Mg + \frac{Mv}{l}\frac{dx}{dt} = \frac{l+x}{2l}Mg + \frac{Mv}{2l}\frac{v}{2} = \frac{l+3x}{2l}Mg$$
$x = l$ 时 N_1 最大，为
$$N_{1m} = 2Mg$$
故 N 应满足
$$N > N_{1m} = 2Mg$$

解法 2：右侧绳长为
$$l_{右} = \frac{l+x}{2} - x = \frac{l-x}{2}$$
右侧绳速度为
$$v = \sqrt{2gx}$$
整根绳的动量为
$$p = \frac{M}{l}l_{右}v = \frac{M\sqrt{2g}}{2l}(l-x)\sqrt{x}$$
对整根绳有
$$Mg - N_1 = \frac{dp}{dt} = \frac{dp}{dx}\frac{dx}{dt} = \frac{dp}{dx}v = \frac{M\sqrt{2g}}{2l}\left(\frac{l}{2\sqrt{x}} - \frac{3\sqrt{x}}{2}\right)\sqrt{2gx} = \frac{Mg}{l}\left(\frac{l}{2} - \frac{3x}{2}\right)$$
之后过程略去.

(2) 剪断左端瞬间，左端、右端绳长和速度分别为
$$L_{左0} = \frac{1}{2}\left(l + \frac{l}{2}\right) = \frac{3}{4}l, \quad v_{左0} = 0$$

$$L_{右0} = \frac{1}{2}\left(l - \frac{l}{2}\right) = \frac{l}{4}, \quad v_{右} = \sqrt{2g\frac{l}{2}} = \sqrt{gl}$$

选自由落体参考系,则右侧绳(未转到左侧部分)匀速直线运动,转到左侧的部分将与原左侧部分互相拖曳;整根绳动量守恒,则

$$L_{左}v_{左} + (l - L_{左})v_{右} = L_{右0}v_{右}$$

故

$$v_{左} = \sqrt{gl}\left(1 - \frac{3l}{4L_{左}}\right)$$

右端比左端多下落的部分有一半会到达左边,故

$$dL_{左} = \frac{1}{2}(v_{右} - v_{左})dt = \frac{3l\sqrt{gl}}{8L_{左}}dt$$

分离变量并积分得

$$\int_{L_{左0}}^{l} L_{左}dL_{左} = \frac{3l\sqrt{gl}}{8}\int_{0}^{t}dt$$

即

$$\frac{1}{2}\left[l^2 - \left(\frac{3l}{4}\right)^2\right] = \frac{3l\sqrt{gl}}{8}t$$

解得所需时间为

$$t = \frac{7}{12}\sqrt{\frac{l}{g}}$$

练习 2-16 由密舍尔斯基方程得

$$mg = \frac{d(mv)}{dt}$$

由题意得

$$m = m_0 + \lambda t$$

联立得

$$(m_0 + \lambda t)gdt = d(mv)$$

积分得

$$g\left(m_0 t + \frac{1}{2}\lambda t^2\right) = mv = (m_0 + \lambda t)v$$

则

$$v = \frac{g\left(m_0 t + \frac{1}{2}\lambda t^2\right)}{m_0 + \lambda t} = \frac{g}{2}\left[\left(t + \frac{m_0}{\lambda}\right) - \frac{\left(\frac{m_0}{\lambda}\right)^2}{t + \frac{m_0}{\lambda}}\right]$$

故

$$h = \int_0^t v\,\mathrm{d}t = \frac{g}{2}\left[\frac{1}{2}\left(t + \frac{m_0}{\lambda}\right)^2 - \frac{m_0^2}{\lambda^2}\ln\left(t + \frac{m_0}{\lambda}\right)\right]\Big|_0^t$$

$$= \frac{1}{4}gt^2 + \frac{m_0 g}{2\lambda}t - \frac{m_0^2 g}{2\lambda^2}\ln\left(1 + \frac{\lambda}{m_0}t\right)$$

2-1 (1) 对称轴上距圆心 $\dfrac{4R}{3\pi}$ 处;

(2) 对称轴上距圆心 $\dfrac{4\sqrt{2}R}{3\pi}$ 处.

2-2 (1) $h = \dfrac{2\pi m_2}{m_1 + m_2}L$, $d = 2L\left(\sqrt{\dfrac{m_1 - m_2}{m_1 + m_2}} - \dfrac{m_2}{m_1 + m_2}\arccos\dfrac{m_2}{m_1}\right)$;

(2) $\rho_{A1} = \dfrac{m_1}{m_1 + m_2}L$, $\rho_{A2} = \dfrac{(m_1 - m_2)^2}{m_1(m_1 + m_2)}L$, $\rho_{A3} = \sqrt{\dfrac{m_1 - m_2}{m_1 + m_2}}L$.

2-3 左边石块先到桌边.

2-4 (1) $\dfrac{M}{m} = 1.621$, $v_{A\max} = 0.691\sqrt{gl}$;

(2) $0.174g$,向上.

2-5 (1) $v_0' = \dfrac{mgv_0}{mg\cos\theta + kv_0\sin\theta}$;

(2) $S = \dfrac{mv_0^2\tan\theta}{mg + kv_0\tan\theta}$.

2-6 (1) $a_1 = \dfrac{4m_2 m_3 - m_1 m_2 - m_1 m_3}{4m_2 m_3 + m_1 m_2 + m_1 m_3}g$,以向上为正方向;

(2) $T_1 = \dfrac{8m_1 m_2 m_3}{4m_2 m_3 + m_1 m_2 + m_1 m_3}g$, $T_2 = \dfrac{4m_1 m_2 m_3}{4m_2 m_3 + m_1 m_2 + m_1 m_3}g$.

2-7 $\mu \geqslant \left|\dfrac{F - (M+m)g\tan\alpha}{(M+m)g + F\tan\alpha}\right|$.

2-8 $a = g\tan\theta(\tan^2\theta + 2)$, $\theta' = \arctan[\tan\theta(\tan^2\theta + 2)] - \theta$.

2-9 斜面体的加速度(取向右为正方向)为

$$a = \frac{(m_1\cos\alpha_1 + m_2\cos\alpha_2)(m_1\sin\alpha_1 - m_2\sin\alpha_2)}{(m_1 + m_2)(m + m_1 + m_2) - (m_1\cos\alpha_1 + m_2\cos\alpha_2)^2}g$$

两物体相对斜面体的加速度(对 m_1 和 m_2 分别取沿斜面向左下和左上)为

$$\Delta a = \frac{(m + m_1 + m_2)(m_1\sin\alpha_1 - m_2\sin\alpha_2)}{(m_1 + m_2)(m + m_1 + m_2) - (m_1\cos\alpha_1 + m_2\cos\alpha_2)^2}g$$

斜面静止条件为

$$m_1\sin\alpha_1 = m_2\sin\alpha_2$$

2-10 $\delta = \dfrac{v^2 + 2\omega vR}{gR} \approx \dfrac{2\omega v}{g}$.

2-11 $y = \dfrac{\omega^2}{2g}x^2$.

2-12 $\dfrac{m_2 I \cos\alpha}{m_2(m_1+m_2+m_3)+m_1 m_3 \sin^2\alpha}$,沿 AB 方向.

2-13 $\dfrac{3}{7}v_0$.

2-14 $p = \dfrac{1}{3}nm\overline{v^2}$.

2-15 $F = \dfrac{x}{l}mg + \dfrac{mv^2}{l}$.

2-16 $\dfrac{1}{2}\sqrt{gl}$.

2-17 $v = \dfrac{\rho g}{4k}\left[\left(a+\dfrac{k}{\rho}t\right) - \dfrac{a^4}{\left(a+\dfrac{k}{\rho}t\right)^3}\right]$.

第 3 章

功 能

3.1 动能定理

3.1.1 功与功率

1. 功

力随空间的积累称为功,用 W 或 A 表示.力对微元过程的功称为元功:

$$\mathrm{d}W = \boldsymbol{F} \cdot \mathrm{d}\boldsymbol{l} = F_x \mathrm{d}x + F_y \mathrm{d}y + F_z \mathrm{d}z$$

$a \to b$ 过程的功为

$$W = \int_a^b \boldsymbol{F} \cdot \mathrm{d}\boldsymbol{l}$$

由以上公式可知功是标量、过程量.功有正功、负功,但表示做功多少的并不是功的正负,而是功的绝对值的大小.国际单位制中功的单位为焦耳(J),定义 $1\,\mathrm{J} = 1\,\mathrm{kg} \cdot \mathrm{m}^2/\mathrm{s}^2$.

2. 相互作用力的功

一个力的功与参考系选择有关;然而一对相互作用力的功之和与参考系选择无关,只需以一个物体为参考系来计算.证明如下:

此结论在相对平动转动系中若成立,则在任意参考系中均成立.设 S' 系原点相对 S 系原点以 $\boldsymbol{v}_0$ 平动,S' 系相对 S 系以 $\boldsymbol{\omega}$ 转动,则对相互作用的 1,2 两个物体,有

$$\boldsymbol{v}_1 = \boldsymbol{v}_0 + \boldsymbol{\omega} \times \boldsymbol{r}_1' + \boldsymbol{v}_1', \quad \boldsymbol{v}_2 = \boldsymbol{v}_0 + \boldsymbol{\omega} \times \boldsymbol{r}_2' + \boldsymbol{v}_2'$$

设 $\boldsymbol{F}_1 = \boldsymbol{F}$,则 $\boldsymbol{F}_2 = -\boldsymbol{F}$,$S'$ 系中

$$\mathrm{d}W' = \boldsymbol{F} \cdot \boldsymbol{v}_1' \mathrm{d}t - \boldsymbol{F} \cdot \boldsymbol{v}_2' \mathrm{d}t = \boldsymbol{F} \cdot (\boldsymbol{v}_1' - \boldsymbol{v}_2') \mathrm{d}t$$

S 系中

$$\mathrm{d}W = \boldsymbol{F} \cdot \boldsymbol{v}_1 \mathrm{d}t - \boldsymbol{F} \cdot \boldsymbol{v}_2 \mathrm{d}t = \boldsymbol{F} \cdot (\boldsymbol{v}_1' - \boldsymbol{v}_2') \mathrm{d}t + \boldsymbol{F} \cdot [\boldsymbol{\omega} \times (\boldsymbol{r}_1' - \boldsymbol{r}_2')] \mathrm{d}t$$

(看似并不相等.)又由于

$$[\boldsymbol{\omega} \times (\boldsymbol{r}'_1 - \boldsymbol{r}'_2)] \perp (\boldsymbol{r}'_1 - \boldsymbol{r}'_2)$$

即 S' 系中 $[\boldsymbol{\omega} \times (\boldsymbol{r}'_1 - \boldsymbol{r}'_2)]$ 垂直于两质点连线, 而满足牛顿第三定律的力均沿两质点连线, 故

$$\boldsymbol{F} \perp [\boldsymbol{\omega} \times (\boldsymbol{r}'_1 - \boldsymbol{r}'_2)]$$

即

$$\boldsymbol{F} \cdot [\boldsymbol{\omega} \times (\boldsymbol{r}'_1 - \boldsymbol{r}'_2)] = 0$$

故

$$\mathrm{d}W = \boldsymbol{F} \cdot (\boldsymbol{v}'_1 - \boldsymbol{v}'_2) \mathrm{d}t = \mathrm{d}W'$$

即一对相互作用力的功之和与参考系选择无关.

对于理想轻弹簧所连接的两个物体, 由于轻弹簧两端提供的力等大、反向、共线, 可取走弹簧, 抽象地保留弹性力, 看作两物体间的相互作用力, 应用上述结论.

3. 重力、弹簧弹力、万有引力的功

重力的功(略).

弹簧弹力的功

$$W = \int_{x_1}^{x_2} (-kx) \mathrm{d}x = \frac{1}{2} k x_1^2 - \frac{1}{2} k x_2^2$$

万有引力的功, 如图 3-1 所示, 以 M 为参考系, m 小位移的引力元功为

$$\mathrm{d}W = \boldsymbol{F} \cdot \mathrm{d}\boldsymbol{l} = -G \frac{Mm}{r^3} \boldsymbol{r} \cdot (\mathrm{d}\boldsymbol{r} + \mathrm{d}\boldsymbol{l}_\varphi) = -G \frac{Mm}{r^2} \mathrm{d}r$$

故 m 由 r_1 到 r_2, 引力的功为

$$W = \int_{r_1}^{r_2} \left(-G \frac{Mm}{r^2}\right) \mathrm{d}r = -GMm \left(\frac{1}{r_1} - \frac{1}{r_2}\right)$$

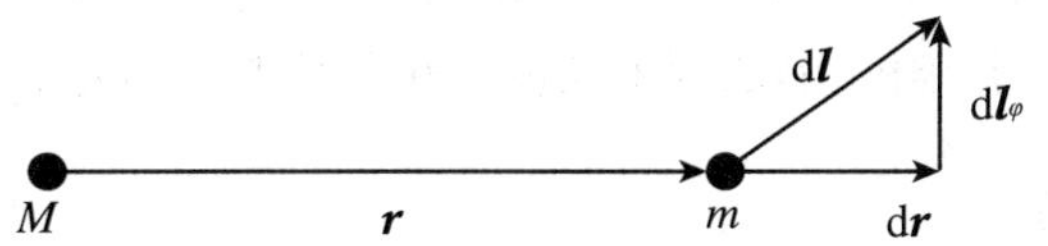

图 3-1

4. 功率

做功快慢用功率表示. (瞬时)功率表达式为

$$P = \frac{\mathrm{d}W}{\mathrm{d}t}$$

代入元功公式可得

$$P = \frac{\boldsymbol{F} \cdot \mathrm{d}\boldsymbol{l}}{\mathrm{d}t} = \boldsymbol{F} \cdot \mathrm{d}\boldsymbol{v}$$

功、功率有时还可用力矩、角位移、角速度来计算, 以后学习.

3.1.2 动能定理

非相对论情形下（$v \ll c$ 时），牛顿第二定律表达式为 $\boldsymbol{F} = m\boldsymbol{a}$，则

$$\mathrm{d}W_{\text{总}} = \boldsymbol{F} \cdot \mathrm{d}\boldsymbol{l} = m\boldsymbol{a} \cdot \boldsymbol{v}\mathrm{d}t = m\boldsymbol{v} \cdot \mathrm{d}\boldsymbol{v} = \mathrm{d}\left(\frac{1}{2}mv^2\right)$$

称为动能定理；其中定义质点动能为

$$E_\text{k} = \frac{1}{2}mv^2$$

质点系动能为各质点动能之和

$$E_\text{k} = \sum \frac{1}{2}m_i v_i^2$$

则动能定理书写为

$$\mathrm{d}W_{\text{总}} = \mathrm{d}E_\text{k} \quad \text{或} \quad W_{\text{总}} = \Delta E_\text{k}$$

它包含了：

(1) 惯性系中质点的动能定理.

(2) 非惯性系中质点的动能定理，其中 $\mathrm{d}W_{\text{总}}$，$W_{\text{总}}$ 包含惯性力的功.

(3) 惯性系中质点系的动能定理，对质点系，由于系统内相互作用内力的位移不一定相等，内力做功之和不一定为零，故 $\mathrm{d}W_{\text{总}}$，$W_{\text{总}}$ 不只是外力做功之和，还包括内力做功之和；但刚体的内力做功之和为零.

动能定理

(4) 非惯性系中质点系的动能定理，$\mathrm{d}W_{\text{总}}$，$W_{\text{总}}$ 为内力、外力、惯性力做功之和；特别地，质心系中整个质点系的动能定理，无须考虑惯性力的功，原因稍后分析.

(5) 质心平动动能定理

$$\boldsymbol{F} \cdot \mathrm{d}\boldsymbol{r}_C = \mathrm{d}\left(\frac{1}{2}Mv_C^2\right) \quad \text{或} \quad \int_l \boldsymbol{F} \cdot \mathrm{d}\boldsymbol{r}_C = \Delta\left(\frac{1}{2}Mv_C^2\right)$$

其推导只需将牛顿第二定律替换为质心运动定理，将质点位移替换为质心位移.

（另有转动动能定理，下章学习.）

惯性力是否等效作用于质心分析

质点系在非惯性系中所受重力、惯性力能否认为等效作用于质心，做如下分析：

(1) 分析非惯性系中惯性力对平动和做功方面能否等效作用于质心（下章继续分析力矩方面能否等效作用于质心）：

平动加速系中，质点系平动方面

$$\boldsymbol{F}_{\text{惯}} = \sum (m_i \boldsymbol{a}_{\text{惯}}) = \left(\sum m_i\right) \boldsymbol{a}_{\text{惯}}$$

惯性力作用于何处均可；对质点系做功方面

$$dW_{惯} = \sum(m_i \boldsymbol{a}_{惯} \cdot d\boldsymbol{l}_i) = \boldsymbol{a}_{惯} \cdot \sum(m_i d\boldsymbol{l}_i)$$
$$= \boldsymbol{a}_{惯} \cdot \left[\left(\sum m_i\right) d\boldsymbol{l}_C\right] = \left(\sum m_i\right) \boldsymbol{a}_{惯} \cdot d\boldsymbol{l}_C$$

惯性力

等效作用于质心.下章推导力矩方面也等效作用于质心.

故平动加速系中,惯性力可等效作用于质心.

转动系中,质点系平动方面

$$\boldsymbol{F}_{离} = \sum[-m_i \boldsymbol{\omega} \times (\boldsymbol{\omega} \times \boldsymbol{r}_i)] = -\boldsymbol{\omega} \times \left[\boldsymbol{\omega} \times \sum(m_i \boldsymbol{r}_i)\right]$$
$$= -\boldsymbol{\omega} \times \left\{\boldsymbol{\omega} \times \left[\left(\sum m_i\right) \boldsymbol{r}_C\right]\right\} = -\left(\sum m_i\right) \boldsymbol{\omega} \times (\boldsymbol{\omega} \times \boldsymbol{r}_C)$$

$$\boldsymbol{F}_{切} = \sum(-m_i \dot{\boldsymbol{\omega}} \times \boldsymbol{r}_i) = -\dot{\boldsymbol{\omega}} \times \sum m_i \boldsymbol{r}_i = -\dot{\boldsymbol{\omega}} \times \left[\left(\sum m_i\right) \boldsymbol{r}_C\right]$$
$$= -\left(\sum m_i\right) \dot{\boldsymbol{\omega}} \times \boldsymbol{r}_C$$

$$\boldsymbol{F}_{科} = \sum(-2m_i \boldsymbol{\omega} \times \boldsymbol{v}') = -2\boldsymbol{\omega} \times \sum m_i \boldsymbol{v}' = -2\boldsymbol{\omega} \times \left[\left(\sum m_i\right) \boldsymbol{v}'_C\right]$$
$$= -2\left(\sum m_i\right) \boldsymbol{\omega} \times \boldsymbol{v}'_C$$

均等效作用于质心；对质点系做功方面

$$dW_{离} = \sum[-m_i \boldsymbol{\omega} \times (\boldsymbol{\omega} \times \boldsymbol{r}_i) \cdot d\boldsymbol{l}_i]$$

因为各质点 $d\boldsymbol{l}_i$ 不一定相等,所以无法作为公因式提取,故不能等效作用于质心；$dW_{切}$ 同理；科里奥利力不做功,无须做此讨论.下章推导力矩方面不能等效作用于质心.

故转动系中,惯性力不一定能等效作用于质心.

(2) 质心系为随同质心平动参考系,若为非惯性系,则惯性力等效作用于质心；质心系中质心静止,位移为零；故质心系中惯性力的功为零,即质心系中的动能定理无须考虑惯性力的功.

(3) 均匀重力场中,无论何种参考系,重力都等效作用于质心：

$$\boldsymbol{G} = \sum(m_i \boldsymbol{g}) = \left(\sum m_i\right)\boldsymbol{g}$$

$$W_G = \sum(m_i \boldsymbol{g} \cdot \boldsymbol{l}_i) = \left(\sum m_i \boldsymbol{l}_i\right) \cdot \boldsymbol{g} = \left(\sum m_i\right) \boldsymbol{l}_C \cdot \boldsymbol{g} = \left(\sum m_i\right) \boldsymbol{g} \cdot \boldsymbol{l}_C$$

力矩方面也是如此,下章讨论.

例3-1 如图 3-2(a)所示,把质量均为 m 的两个小钢球用长为 $2L$ 的线连接,放在光滑的水平面上.在线的中点 O 作用一个恒定的拉力,其大小为 F,其方向沿水平且与开始时连线的方向垂直.连线是非常柔软且不会伸缩的,质量可以忽略.试问：

(1) 钢球第一次相碰时,在与力 F 垂直的方向上,钢球的对地速度为多少？

(2) 经过若干次碰撞,最后两个钢球一直处于接触状态下运动,由于碰撞而失去的总能量为多少？

解 解法1：(1) 开始到第一次碰撞,如图 3-2(b)所示,对两小球由动能定理得

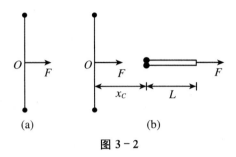

图 3-2

$$F(x_C + L) = \frac{1}{2}m(v_x^2 + v_y^2) \times 2$$

由质心平动动能定理得

$$Fx_C = \frac{1}{2}mv_x^2 \times 2$$

推得

$$v_y = \sqrt{\frac{FL}{m}}$$

(2) 开始到一直接触状态,列功能关系、质心平动动能定理表达式:

$$F(x_C' + L) = \frac{1}{2}mv_x^2 \times 2 + \Delta E_{损}, \quad Fx_C' = \frac{1}{2}mv_x^2 \times 2$$

解得

$$\Delta E_{损} = FL$$

解法 2:(1) 质心系中(不必考虑惯性力的功)

$$FL = \frac{1}{2}mv_y^2 \times 2$$

故

$$v_y = \sqrt{\frac{FL}{m}}$$

(2) 质心系中

$$\Delta E_{损} = FL$$

练习 3-1 如图 3-3 所示,内、外半径几乎同为 R,质量为 M 的匀质圆环静止地平放在水平大桌面上,环内某直径的两端各有一个质量同为 m 的静止小球. 从 $t=0$ 开始,用一个恒定的水平向右的力 F 拉环,F 方向线通过环心且与上述直径垂直. 设系统处处无摩擦,小球间将要发生的碰撞都是弹性的.

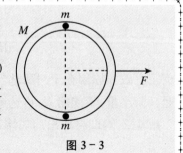

图 3-3

(1) 设 t_1 时刻两小球第 1 次相碰,试计算 t_1 前瞬间两小球相对速度大小 v_1,以及 t_1 前瞬间圆环相对桌面的加速度 a_M;

(2) 设 T_1 时刻两小球相对圆环第 1 次回到初始位置,且此时圆环相对桌面速度大小为 u_1,试求两小球相对圆环第 k 次回到初始位置的时刻 T_k,以及该时刻圆环相对桌面的速度 u_k;

(3) 再求两小球第 k 次相碰时刻 t_k,以及 t_k 前瞬间两小球的相对速度 v_k.

例3-2 小孔流速模型. 如图 3-4 所示,外界大气压强为 p_0,一个容器内充有密度为 ρ、压强为 $p(p>p_0)$ 的空气,容器上有一个小孔,用塞子塞着. 现将塞子拔掉,问空气最初以多大的速度冲出容器?

解 解法 1:容器内小孔处厚 $\mathrm{d}x$ 的气体运动 $\mathrm{d}x$ 后冲出容器,对即将冲出的 $\mathrm{d}x$,由动能定理得

$$(pS - p_0 S)\mathrm{d}x = \frac{1}{2}\rho S \mathrm{d}x \cdot v^2 - 0$$

故

$$v = \sqrt{\frac{2(p-p_0)}{\rho}}$$

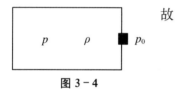

图 3-4

错解:对即将冲出的气体,由动量定理得

$$(pS - p_0 S)\mathrm{d}t = \rho S \mathrm{d}x \cdot v - 0, \quad v = \frac{\mathrm{d}x}{\mathrm{d}t}$$

解得

$$v = \sqrt{\frac{p-p_0}{\rho}}$$

结果不同,哪种做法出了问题?设初始冲出过程做匀变速运动,$\mathrm{d}t$ 内的位移

$$\mathrm{d}x = 0\mathrm{d}t + \frac{1}{2}a(\mathrm{d}t)^2 \approx 0?$$

$$\mathrm{d}x = v\mathrm{d}t - \frac{1}{2}a(\mathrm{d}t)^2 \approx v\mathrm{d}t?$$

$$\mathrm{d}x = \frac{1}{2}(0+v)\mathrm{d}t = \frac{1}{2}v\mathrm{d}t?$$

为何不一致?原因在于对所选气体微元,其加速度 a 趋近于无穷大,$a(\mathrm{d}t)^2$ 不是二阶小量而是一阶小量,不能略去. 可选第三个元位移表达式避免引入 a,由此给出解法 2.

解法 2:对即将冲出的气体,由动量定理得

$$(pS - p_0 S)\mathrm{d}t = \rho S \mathrm{d}x \cdot v - 0, \quad \mathrm{d}x = \frac{1}{2}(0+v)\mathrm{d}t$$

解得
$$v = \sqrt{\frac{2(p-p_0)}{\rho}}$$

一般选择动能定理解法.

练习 3-2 如图 3-5 所示,一水塔的蓄水箱底离地面高 $H_0 = 20$ m,其横断面是半径 $R = 2$ m 的圆,储水深 $h = 1$ m.如果用装在高 $H_1 = 5$ m 处、截面积为 2 cm² 的水龙头放水,试问需要多久才能将水放完?

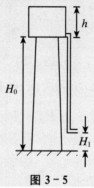

图 3-5

例 3-3 如图 3-6(a)所示,水平圆筒绕着与筒长度方向垂直的竖直轴 OO' 在水平面内匀速旋转.圆筒长度 $l_2 = 0.2$ m,近轴端离轴 $l_1 = 0.1$ m,转速 $n = 100$ 转/分,圆筒内径远小于其长度.筒内装满高度黏稠、密度为 $\rho_0 = 1.2 \times 10^3$ kg/m³ 的液体.有一颗质量 $m = 1.0$ mg、密度为 ρ 的粒子从圆筒正中由相对圆筒静止释放.试求以下两种情况下该粒子到达筒端的过程中克服液体的黏滞阻力所做的功:

(1) $\rho = 1.5 \times 10^3$ kg/m³;

(2) $\rho = 1.0 \times 10^3$ kg/m³.

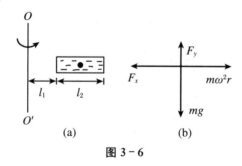

图 3-6

解 "高度黏稠",粒子可认为缓慢运动.惯性离心力等效于重力 G',其等效重力加速度为
$$g' = \omega^2 r$$
受力如图 3-6(b)所示,浮力分量 F_x, F_y 分别与 g', g 有关,仅需计算 x 方向的力做功:

$$F_{离} - F_x = m\omega^2 r - \rho_0 g' \frac{m}{\rho} = m\omega^2 r\left(1 - \frac{\rho_0}{\rho}\right)$$

(1) $\rho > \rho_0$,故 $F_{离} - F_x > 0$,向右运动,阻力向左,有

$$-W_f + \int_{l_1+\frac{l_2}{2}}^{l_1+l_2} (F_{离} - F_x)\mathrm{d}r = 0$$

即

$$-W_f + \frac{1}{2}m\omega^2 r^2\left(1 - \frac{\rho_0}{\rho}\right)\Big|_{l_1+\frac{l_2}{2}}^{l_1+l_2} = 0$$

其中

$$\omega = 2\pi n$$

解得

$$W_f = 5.48 \times 10^{-7} \text{ J}$$

(2) $\rho < \rho_0$,故 $F_{离} - F_x < 0$,向左运动,阻力向右,有

$$-W_f + \int_{l_1+\frac{l_2}{2}}^{l_1} (F_{离} - F_x)\mathrm{d}r = 0$$

即

$$-W_f + \frac{1}{2}m\omega^2 r^2\left(1 - \frac{\rho_0}{\rho}\right)\Big|_{l_1+\frac{l_2}{2}}^{l_1} = 0$$

解得

$$W_f = 3.29 \times 10^{-7} \text{ J}$$

练习 3-3 如图 3-7 所示,车厢以 v 匀速向前运动,一张桌子靠在车厢后壁上,桌面水平且光滑.一轻质弹簧一端固定在车厢后壁,另一端与质量为 m 的物体接触但不连接.用手推着物体将弹簧压缩一些,然后相对车厢由静止释放,物体离开弹簧时相对桌面速度为 v' 且仍在桌面上.试问在地面参考系中,物体从释放到离开弹簧,车厢后壁对弹簧的力做了多少功?

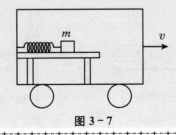

图 3-7

3.1.3 柯尼西定理

一个质点系在不同参考系中动能有不同的值,设 S' 系相对 S 系平动,牵连速度为 u,质

点系中第 i 个质点在 S 系、S' 系中的速度分别为 v_i,v'_i,则
$$v_i = v'_i + u$$

S 系中
$$E_k = \sum_i \frac{1}{2}m_i v_i^2 = \sum_i \frac{1}{2}m_i(v'_i + u)^2$$
$$= \sum_i \frac{1}{2}m_i v_i'^2 + \sum_i \frac{1}{2}m_i u^2 + \sum_i m_i v'_i \cdot u$$

S' 系中
$$E'_k = \sum_i \frac{1}{2}m_i v_i'^2$$

故
$$E_k = E'_k + \frac{1}{2}Mu^2 + \left(\sum_i m_i v'_i\right) \cdot u$$

其中 $M = \sum_i m_i$ 为总质量.

若选质心系为 S' 系,则
$$u = v_C, \quad \sum_i m_i v'_i = Mv'_C = 0$$

故
$$E_k = E'_k + \frac{1}{2}Mv_C^2 = E'_k + E_{kC}$$

此即柯尼西定理.

1. 柯尼西定理的内容

质点系在某参考系(平动加速系或惯性系)中的动能等于质心动能 E_{kC} 加上质心系中的动能 E'_k. 表达式为
$$E_k = E_{kC} + E'_k$$

对于刚体,各质点相对质心均以相同的 ω 转动,故 E'_k 为相对质心转动动能. 取 r_i 为质点相对于质心的位矢,则
$$E'_k = \sum_i \frac{1}{2}m_i(\omega \times r_i)^2$$

若改取 R_i 为质点到过质心的转轴的距离,则 $R_i \perp \omega$,有
$$E'_k = \sum_i \frac{1}{2}m_i \omega^2 R_i^2 = \frac{1}{2}\left(\sum_i m_i R_i^2\right)\omega^2$$

2. 二体问题与约化质量(折合质量)

孤立的二质点系统在相互作用力下的运动称为二体问题,例如两粒子碰撞、两带电粒子相互作用、双星问题、轻弹簧连接的两质点将弹簧弹力看作两质点相互作用力时等. 其中一

种解决方法是引入约化质量(又称为折合质量)μ,讨论它们的相对运动,化为一个等价单体问题.

二孤立质点相互作用力
$$F_1 = -F_2$$
惯性系中
$$F_1 = m_1 a_1, \quad F_2 = m_2 a_2$$
故1相对于2
$$a_{12} = a_1 - a_2 = \frac{F_1}{m_1} + \frac{F_1}{m_2}$$
故
$$F_1 = \frac{m_1 m_2}{m_1 + m_2} a_{12}$$
引入约化质量
$$\mu = \frac{m_1 m_2}{m_1 + m_2}$$
则
$$F_1 = \mu a_{12}$$
即1相对于2的运动可写成牛顿第二定律的形式
$$F = \mu a$$
其中F为1所受的真实力,是2对1的作用力,a为1相对于2的加速度;2相对于1的运动同理.

选随同其中一个质点平动的参考系也能推得相同的结果.

在平动非惯性系中也是成立的,原因是二质点相对加速度在任意平动系中均相等;而转动系中这个结论不再成立.故:

(1) 约化质量
$$\mu = \frac{m_1 m_2}{m_1 + m_2}$$

(2) 二孤立质点系统的相对运动,在惯性系或平动加速系中
$$F = \mu a$$
其中F为所研究质点所受另一质点对它的真实力,a为所研究质点相对另一质点的加速度.

(3) 无须孤立的二质点系统(即可受外力作用),在质心系中,引入相对速度
$$u = v_1' - v_2'$$
又
$$m_1 v_1' + m_2 v_2' \equiv 0$$
推出
$$v_1' = \frac{m_2}{m_1 + m_2} u, \quad v_2' = -\frac{m_1}{m_1 + m_2} u$$

则质心系中的动能

$$E_k' = \frac{1}{2}m_1 v_1'^2 + \frac{1}{2}m_2 v_2'^2 = \frac{1}{2}\frac{m_1 m_2}{m_1 + m_2}u^2 = \frac{1}{2}\mu u^2$$

恰好等于用约化质量表示的相对动能,另记为 E_{kr}.

此时如果选择质心系并用动能定理来解题,则有总功等于相对动能变化量,可用来求相对动能或相对速度大小,例如练习 3-5.

再由柯尼西定理可得:(无须孤立的)二质点系统的动能等于质心(平动)动能与两质点相对动能之和,即

$$E_k = E_{kC} + E_{kr}$$

其中

$$E_{kr} = \frac{1}{2}\mu u^2$$

u 等于任意平动系中相对速度大小(原因是二质点相对速度在任意平动系中均相等).

(4) 二质点系统的资用能,即相对动能或质心系中的动能.

两粒子碰撞时,实验室系中的质心动能在反应前后不变,不参与粒子间反应,真正有用的能量只是粒子之间的相对动能 E_{kr},故相对动能又称为资用能.

前述用约化质量表示的相对动能等于质心系中的动能,另外用约化质量表示的相对角动量也等于质心系中对质心轴的角动量,以后学习和证明.利用约化质量可使有些问题的解答简化.

例3-4 如图 3-8 所示,质量为 M 的物体静止在光滑水平地面上,劲度系数为 k 的轻弹簧一端与 M 固连在一起.质量为 m 的物体沿弹簧的方向以速度 v_0 射向 M,试求弹簧的最大压缩量及弹簧压缩量最大时两物体的速度.

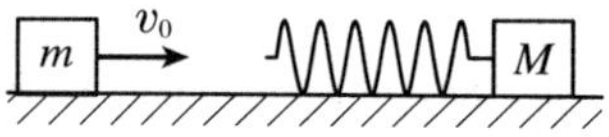

图 3-8

解 从开始到最短,系统质心动能不变,相对动能转化为弹性势能,则

$$\frac{1}{2}k x_{\max}^2 = \frac{1}{2}\frac{Mm}{M+m}v_0^2$$

故

$$x_{\max} = v_0 \sqrt{\frac{Mm}{k(M+m)}}$$

系统质心速度不变,最短时,两物体速度相等,均等于质心速度,故

$$\frac{1}{2}m v_0^2 = \frac{1}{2}(M+m)v_C^2 + \frac{1}{2}\frac{Mm}{M+m}v_0^2$$

解得两物体的速度均为

$$v_M = v_m = v_C = \frac{m}{M+m}v_0$$

练习 3-4 半径为 r、质量为 m 的匀质圆环在自身平面内沿平直轨道做纯滚动,某时刻环心速度大小为 v,求此时刻圆环的动能.

例 3-5 $_2^4$He 核轰击静止的 ^{7}Li 核,核反应方程为

$$_2^4\text{He} + _3^7\text{Li} \longrightarrow _5^{10}\text{B} + ^1\text{n}$$

上述核反应过程需消耗能量 $Q = 2.8$ MeV. 试问上述核反应过程所需 $_2^4$He 核动能 E_0 的最小值为多少? 相应的中子动能为多大?(非相对论情形下.)

解 质心系中 ^{10}B, ^{1}n 静止,即实验室系 ^{10}B, ^{1}n 的速度相同时所需 E_0 最小,此时 $_2^4$He,^{7}Li 的资用能应等于 Q,设一个质子或中子的静质量为 m,则

$$E_{kr} = Q = \frac{1}{2} \cdot \frac{4m \cdot 7m}{4m+7m} v_{\text{He}}^2$$

$$E_0 = \frac{1}{2} \cdot 4m v_{\text{He}}^2$$

故

$$E_0 = \frac{11}{7} Q = 4.4 \text{ MeV}$$

撞前

$$E_0 = E_{kr} + \frac{1}{2}(4m+7m)v_C^2$$

分裂后 ^{10}B, ^{1}n 的速度应均为 v_C, 故中子动能

$$E_n = \frac{1}{2} m v_C^2 = \frac{4}{77} Q = 0.145 \text{ MeV}$$

练习 3-5 质量分别为 m_1 和 m_2 的两物块用弹性绳相连并放在水平台面上,弹性绳原长为 l_0,弹性系数为 k,物块与台面间的摩擦因数为 μ. 今将两物块拉开至相距 $l(l>l_0)$由静止释放,如图 3-9 所示. 已知 m_1 和 m_2 碰前均未停止运动,试求两物块相碰时的相对速度大小.

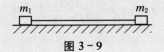

图 3-9

练习 3-5

3.2 保守力与势能

3.2.1 保守力

做功与路径无关,只与初、末位置有关的力称为保守力,否则称为非保守力.

如图 3-10 所示,质点由 a 运动至 b,若受保守力 $\boldsymbol{F}$,则 $\boldsymbol{F}$ 沿路径 L_1,L_2 做功相等,即

$$\int_{L_1} \boldsymbol{F} \cdot \mathrm{d}\boldsymbol{l} = \int_{L_2} \boldsymbol{F} \cdot \mathrm{d}\boldsymbol{l}$$

若沿与 L_2 相反的路径 L_2' 由 b 运动至 a,则有

$$\int_{L_2'} \boldsymbol{F} \cdot \mathrm{d}\boldsymbol{l} = -\int_{L_2} \boldsymbol{F} \cdot \mathrm{d}\boldsymbol{l}$$

故

$$\int_{L_1} \boldsymbol{F} \cdot \mathrm{d}\boldsymbol{l} + \int_{L_2'} \boldsymbol{F} \cdot \mathrm{d}\boldsymbol{l} = 0$$

即沿任一闭合路径保守力做功为零,反之也成立,即

$$\oint \boldsymbol{F} \cdot \mathrm{d}\boldsymbol{l} = 0 \iff \boldsymbol{F} \text{ 为保守力}$$

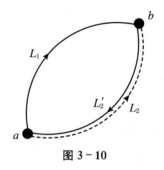

图 3-10

先判断单个力哪些是保守力. 一个真实力是否是保守力与参考系的选择有关,例如重力、弹力、万有引力、分子力、电荷间作用力,在选取的参考系可使相互作用的两个物体其中一个保持静止时,另一个物体的此种力是保守力,否则不一定是保守力. 惯性力是在非惯性系中引入的虚拟力,没有反作用力,可以判断加速度恒定的平动加速参考系中的平移惯性力、匀速转动参考系中的惯性离心力为保守力,科里奥利力不做功无须考虑,其他情况下的惯性力一般为非保守力.

再研究一对相互作用力的保守性. 一对相互作用力的功之和与参考系的选择无关,由相对位移确定,故一对相互作用的重力、弹力、万有引力、分子力、电荷间相互作用力无论在何种参考系中都是一对保守力;非保守性的一对相互作用力也存在,例如滑动摩擦力.

3.2.2 质点系的势能

1. 保守力的功与势能变化

保守力做功等于对应势能的减少量,即

$$W_{\text{保}} = \int_a^b \boldsymbol{F} \cdot \mathrm{d}\boldsymbol{l} = -\Delta E_\mathrm{p} = E_{\mathrm{p}a} - E_{\mathrm{p}b} \quad \text{或} \quad \mathrm{d}W_{\text{保}} = \boldsymbol{F} \cdot \mathrm{d}\boldsymbol{l} = -\mathrm{d}E_\mathrm{p}$$

2. 势能零点的选取与几种势能

势能零点有任选性，一般选 $F=0$ 的点为势能零点较方便. 真实力对应的势能是相互作用的两个物体所共有的.

(1) 重力势能
$$E_p = mgh$$
零点选取视方便选择. 质点系重力势能等于质量平移到重心时的重力势能.

(2) 弹簧弹性势能
$$\int_{x_1}^{x_2}(-kx)dx = \frac{1}{2}kx_1^2 - \frac{1}{2}kx_2^2$$
故取原长为零势能点时，弹性势能为
$$E_p = \frac{1}{2}kx^2$$

弹性力常与共线的保守力合成零点平移的弹性力，也可引入相应的势能，例如图 3-11 所示，取平衡位置为原点，竖直向下为正方向的一维坐标系中，原点处已伸长

图 3-11

$$\Delta l = \frac{mg}{k}$$
则 x 处合力大小为
$$F = -k(x+\Delta l) + mg = -kx$$
仍为弹性力；取平衡位置 $x=0$ 处为总势能（即重力势能与弹性势能之和）零点，仍有总势能
$$E_p = \frac{1}{2}kx^2$$

(3) 两质点间的引力势能
$$\int_{r_1}^{r_2}\left(-G\frac{m_1m_2}{r^2}\right)dr = \frac{-Gm_1m_2}{r_1} - \frac{-Gm_1m_2}{r_2}$$
故取无穷远处为零势能面时引力势能为
$$E_p = -\frac{Gm_1m_2}{r}$$

(4) 加速度恒定的平动加速系中的平移惯性力势能与重力势能类似，类似的还有匀强电场中的电势能.

(5) 离心势能. 在 ω 为定值时
$$\int_{r_1}^{r_2}m\omega^2 r\,dr = -\frac{1}{2}m\omega^2 r_1^2 + \frac{1}{2}m\omega^2 r_2^2$$
故选转轴处为零势面时，离心势能为
$$E_p = -\frac{1}{2}m\omega^2 r^2$$

势能

势能表达式也可用将物体从某处移动到势能为零处做的功来计算,或利用微分式 $\boldsymbol{F} \cdot \mathrm{d}\boldsymbol{l} = -\mathrm{d}E_\mathrm{p}$ 来计算. 请读者自行尝试.

3. 一维势能曲线

如果势能表达式中只有一个相对位置参量(称为一维系统),则势能与这个参量的关系可在平面坐标系中作出,称为一维势能曲线. 除 E_p-x 外,也可以是 E_p-r,E_p-θ 等,如图 3-12 所示.

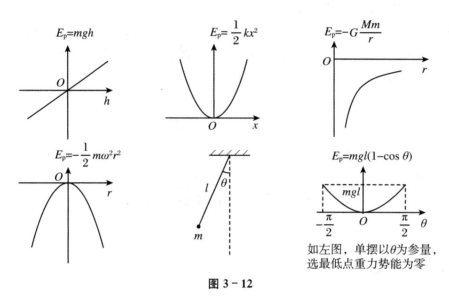

图 3-12

势能曲线可用来求解平衡问题、计算小振动周期、计算运动范围等,后边学习.

4. 利用势能表达式求力

对

$$\boldsymbol{F} \cdot \mathrm{d}\boldsymbol{l} = -\mathrm{d}E_\mathrm{p}$$

(1) 若 $\boldsymbol{F}$ 与 $\mathrm{d}\boldsymbol{l}$ 共线,取一维坐标系即可,$\boldsymbol{F}$,$\mathrm{d}\boldsymbol{l}$ 的正负已包含其方向,有

$$F\mathrm{d}l = -\mathrm{d}E_\mathrm{p}$$

故

$$F = -\frac{\mathrm{d}E_\mathrm{p}}{\mathrm{d}l}$$

(2) 一般情况下,空间直角坐标系中

$$\boldsymbol{F} \cdot \mathrm{d}\boldsymbol{l} = F_x\mathrm{d}x + F_y\mathrm{d}y + F_z\mathrm{d}z, \quad \mathrm{d}E_\mathrm{p} = \frac{\partial E_\mathrm{p}}{\partial x}\mathrm{d}x + \frac{\partial E_\mathrm{p}}{\partial y}\mathrm{d}y + \frac{\partial E_\mathrm{p}}{\partial z}\mathrm{d}z$$

故

$$F_x = -\frac{\partial E_\mathrm{p}}{\partial x}, \quad F_y = -\frac{\partial E_\mathrm{p}}{\partial y}, \quad F_z = -\frac{\partial E_\mathrm{p}}{\partial z}$$

即
$$F = -\nabla E_p = -\left(\frac{\partial E_p}{\partial x}\boldsymbol{i} + \frac{\partial E_p}{\partial y}\boldsymbol{j} + \frac{\partial E_p}{\partial z}\boldsymbol{k}\right)$$

其中，∇ 称为梯度算子（或哈密顿算子、向量微分算子），是微积分中的一个微分算子，是在空间各方向上的全微分，即

$$\nabla = \frac{\partial}{\partial x}\boldsymbol{i} + \frac{\partial}{\partial y}\boldsymbol{j} + \frac{\partial}{\partial z}\boldsymbol{k}$$

∇ 读作 Nabla；标量函数的梯度为矢量．

> **练习 3-6** 内半径为 a、高为 h 的圆柱形容器装有 2/3 容积的液体，容器绕其竖直轴线以恒定角速度旋转，试求液体不溢出容器上边缘的最大角速度 $\omega_{\max}$．忽略表面张力的效应．

3.3 机械能和机械能守恒定律

3.3.1 功能原理

1. 功能原理的内容

惯性系中，对质点系，由动能定理得
$$W_{总} = W_{内保} + W_{内非保} + W_{外} = \Delta E_k$$

其中内力中保守力的功
$$W_{内保} = -\Delta E_p$$

故
$$W_{内非保} + W_{外} = \Delta(E_k + E_p)$$

称为功能原理．

功能原理的内容：惯性系中外力对质点系做的功与内力中非保守力做功之和（或除内力中保守力之外的力做的功之和）等于质点系动能与势能之和的变化量．

若用于非惯性系，则势能包括惯性力势能，功包括非保守惯性力的功，即
$$W_{内非保} + W_{外} + W_{惯性非保} = \Delta(E_k + E_p)$$

外力若是保守力，则也有对应的势能，因涉及系统外物质，此势能不能仅归质点系所有．但若产生这种力场的外部物质非常庞大，则常常简化地将外势能看作质点系势能，表达式左

边的外力的功也不包括此外力的功;例如小球下落,又如在静电场中运动的电荷.

综上可总结为:除内力中保守力、惯性力中保守力、庞大静止外场提供的保守力,其他力的功之和等于质点系动能与势能之和的变化量

$$W_{其他} = \Delta(E_k + E_p)$$

2. 机械能定理

惯性系中,质点系内除重力(或万有引力)(在重力或万有引力为保守力的前提下)、内力中弹力,其他力做功之和等于质点系机械能的变化量.

若用于非惯性系,则机械能包括惯性力势能,功还要除去保守惯性力做的功.

例3-6 如图3-13所示,半径为 R 的水平凹形圆槽绕着过圆周 A 点的竖直轴匀速旋转.在直径 AOB 的 B 处放一小滑块,小滑块与槽的侧壁光滑接触,与图中 AC_1B 半圆槽底部也光滑接触,与 BC_2A 半圆槽底部有摩擦,摩擦因数处处相同.开始时小滑块相对圆槽有切向速度 v_0.小滑块经过 BC_2A 半圆以近似为零的相对速度通过 A 点,继而又绕过 3/4 圆周到达 C_2 点时速度恰好降为零.

(1) 试求圆槽绕 A 点旋转角速度 ω 和小滑块与 BC_2A 半圆槽底部间的摩擦因数 μ;

(2) 判断小滑块到达 C_2 点后能否停留在该处,若不能,小滑块将向哪一个方向运动.

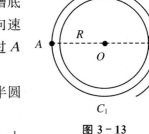

图 3-13

解 (1) 圆槽参考系中,小滑块所受的惯性力为惯性离心力和科里奥利力,惯性离心力对应离心势能,科里奥利力不做功.初到 A 点、第二次到 C_2 点分别有

$$\mu mg\pi R = \frac{1}{2}mv_0^2 - \frac{1}{2}m\omega^2(2R)^2$$

$$\mu mg\frac{3}{2}\pi R = \left[\frac{1}{2}mv_0^2 - \frac{1}{2}m\omega^2(2R)^2\right] - \left[-\frac{1}{2}m\omega^2(\sqrt{2}R)^2\right]$$

解得

$$\omega = \frac{\sqrt{2}\,v_0}{4R}, \quad \mu = \frac{v_0^2}{4\pi Rg}$$

(2) 小滑块在 C_2 处的惯性离心力沿切线向右的分量

$$F_切 = m\omega^2 \cdot \sqrt{2}R\sin 45° = m\frac{v_0^2}{8R}$$

最大静摩擦力为

$$f = \mu mg = m\frac{v_0^2}{4\pi R} < F_切$$

故小滑块到达 C_2 点后不能停留在该处,而会顺时针运动.

练习 3-7 设地球是一个半径为 R、质量为 M、静止的匀质球体.现在要把地球彻底拆散,试问外力至少需做多少功?

3. 虚功原理

对平衡问题,虚设一微元过程,使之稍偏离原位置,由于合力、合力矩为零,因此虚设元过程总功为零,故可对虚设元过程列功能关系来求解力.

注意虚设的微元过程应使各力没有变化.例如若原来平衡时受静摩擦力,而虚设的微元过程变为滑动摩擦力,则此微元过程受力已不平衡,总功不为零,不能应用虚功原理.

3.3.2 机械能守恒定律

机械能守恒定律略.

例3-7 质量为 m 的细柔绳一端系在半径为 R 的竖直光滑轻轮边缘上的 A 点,紧绕在轮上,恰绕满一圈.轻轮可绕过中心 O 的水平光滑轴转动,绳不可伸长.

(1) 初始 O 与 A 连线水平,由于绳的自由端有一无限小段自由悬挂,使轻轮由静止开始转动,同时绳的自由端部分逐渐松开,如图 3-14(a)所示,试求轻轮转过 θ 时轮的角速度;

(2) 若锁定(1)中的末态位形保持轻轮静止不动,试求绳的最高点处绳的张力.

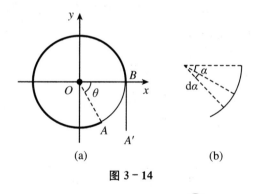

图 3-14

解 (1) 机械能守恒,其中重力势能减少等于绳 $\overset{\frown}{AB}$ 变为 $\overline{A'B}$ 的重力势能减少.如图 3-14(b)所示,$\overset{\frown}{AB}$ 在 α 处 $\mathrm{d}\alpha$ 微元,有

$$\mathrm{d}m = \frac{R\mathrm{d}\alpha}{2\pi R}m, \quad y = -R\sin\alpha$$

故 $\overset{\frown}{AB}$ 质心

$$y_C = \int_{\overset{\frown}{AB}} \frac{y\mathrm{d}m}{\frac{\theta R}{2\pi R}m} = \frac{R}{\theta}\int_0^\theta (-\sin\alpha)\mathrm{d}\alpha = \frac{R}{\theta}(\cos\theta - 1)$$

$\overline{A'B}$ 质心

$$y'_C = -\frac{1}{2}R\theta$$

重力势能减少

$$\Delta E_{p减} = \frac{\theta R}{2\pi R}mg(y_C - y'_C) = \frac{mgR}{4\pi}(\theta^2 + 2\cos\theta - 2)$$

动能增量

$$\Delta E_k = \frac{1}{2}m(\omega R)^2$$

机械能守恒

$$\Delta E_{p减} = \Delta E_k$$

解得

$$\omega = \sqrt{\frac{g}{2\pi R}(\theta^2 + 2\cos\theta - 2)}$$

（2）虚设在最高点张力作用下缓慢向左拉动 $\mathrm{d}x$，有

$$T\mathrm{d}x = \frac{\mathrm{d}x}{2\pi R}mg(R\theta + R)$$

例 3-7(2)

故

$$T = \frac{mg(\theta + 1)}{2\pi}$$

例3-8　如图 3-15(a) 所示，小而轻的定滑轮 M 和 N 处于同一水平线上，距离为 $2a$；质量均为 m 的重物 A 和 B 用绕过滑轮 M 和 N 的细绳连接在一起并处于静止状态. 现将质量也为 m 的物体 C 挂于滑轮 M 和 N 间细绳的中点 D，试求：

（1）C 下落的最大位移；

（2）C 速度最大时 MD 与竖直方向夹角 α 满足的方程.

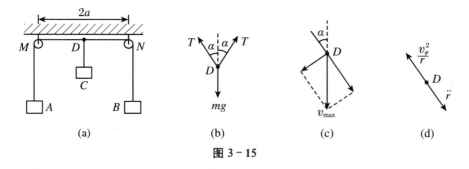

图 3-15

解　（1）对 ABC 系统有

$$mgh_{max} = 2mg(\sqrt{a^2 + h_{max}^2} - a)$$

故

$$h_{\max} = \frac{4}{3}a$$

(2) C(或 D)速度最大时,加速度为零,如图 3-15(b)所示,则

$$2T\cos\alpha = mg$$

速度如图 3-15(c)所示,在以 M 为极点的极坐标系中 D 的径向加速度也为零,如图 3-15(d)所示,则

$$\frac{(v_{\max}\sin\alpha)^2}{a/\sin\alpha} = \ddot{r}$$

$$v_A = v_B = v_{\max}\cos\alpha$$

例 3-8(2)

对 A 有

$$T - mg = m\ddot{r}$$

ABC 系统机械能守恒,则

$$mga\cot\alpha - 2mg\left(\frac{a}{\sin\alpha} - a\right) = \frac{1}{2}m(v_{\max}^2 + v_A^2 + v_B^2)$$

联立解得

$$2\cos\alpha + \frac{4\cos\alpha\sin^2\alpha}{1 + 2\cos^2\alpha}[\cos\alpha + 2(\sin\alpha - 1)] = 1$$

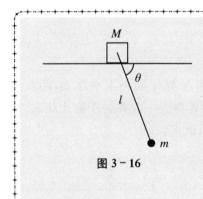

图 3-16

练习 3-8 如图 3-16 所示,质量为 M 的滑块可以在水平导轨上无摩擦地滑动,长为 l 的轻绳一端系于滑块 M 上,另一端系一质量为 m 的小球.今将轻绳沿水平拉直,使小球与滑块等高,并同时释放.试问:

(1) 当轻绳与水平导轨夹角为 90° 时,绳中张力 T 为多大?

(2) 当轻绳与水平导轨夹角为 θ 时,绳中张力 T 为多大?

3.4 碰 撞

对于"弹性碰撞"有两种理解:一种是认为"弹性"仅指两物体碰后形状能够完全恢复,而机械能不一定守恒,因为可能还有摩擦生热;另一种是认为"弹性"即为机械能守恒,故不只需要形变能恢复,还不能有摩擦生热.多数情况下"弹性碰撞"指后一种情形,具体到题目要看题目的描述来确定其含义.

两物体发生斜碰时,根据具体情形不同需要选择不同的模型.一种是认为碰撞过程中两物体接触处的形变大小可忽略,从而弹力或(可能有的)摩擦力方向与碰撞前瞬间的原接触面垂直或平行.另一种是碰撞过程中两物体接触处的形变对所研究问题的影响不能忽略,从而弹力或(可能有的)摩擦力方向可能并不与原接触面垂直或平行,这种情形可想象一个球斜着撞向张紧的平面膜,膜不仅会出现凹陷还会出现褶皱,从而使弹力与原平面不垂直;也可想象平面是刚性的,而球有不可忽略的扭曲形变.本书只研究第一种模型.

碰撞

3.4.1 牛顿碰撞定律

两物体发生正碰时,碰后两物体的分离速度为 $v_2 - v_1$,正比于碰前两物体的接近速度 $v_{10} - v_{20}$,比值由两物体的材料性质决定,即

$$v_2 - v_1 = e(v_{10} - v_{20})$$

称为牛顿碰撞定律.

其中比例系数 e 称为恢复系数,仅与物质的质料有关,反映了碰撞后形变恢复的能力.完全弹性体 $e=1$,形变能够完全恢复;完全非弹性体 $e=0$,形变完全不能恢复;一般非弹性体 $0<e<1$,形变部分恢复.第一种不带来机械能损失,后两种带来机械能损失,一般转化为内能.

若发生斜碰撞,则法向满足牛顿碰撞定律,即

$$v_{2n} - v_{1n} = e(v_{10n} - v_{20n})$$

需要特别说明的是,牛顿碰撞定律不只适用于孤立二体碰撞,在有约束时也是成立的.

3.4.2 正碰撞

正碰撞是一维问题,只需在连线方向建立一维坐标系,如图 3-17 所示,m_1, m_2 在光滑的水平地面沿连线运动发生正碰,碰前速度分别为 v_{10}, v_{20}, m_1 在后方,能够发生碰撞需 $v_{10} - v_{20} > 0$. 弹性正碰机械能守恒,碰撞前、后动能相等;非弹性正碰机械能有损失,碰后动能减小.

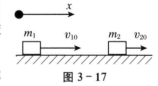
图 3-17

1. 弹性正碰

弹性正碰(即 $e=1$),试求碰后速度 v_1, v_2.

解法 1:地面参考系求解.

$$m_1 v_{10} + m_2 v_{20} = m_1 v_1 + m_2 v_2$$

$$\frac{1}{2}m_1 v_{10}^2 + \frac{1}{2}m_2 v_{20}^2 = \frac{1}{2}m_1 v_1^2 + \frac{1}{2}m_2 v_2^2$$

$$v_2 - v_1 = v_{10} - v_{20}$$

结果略. 三个式子中只有两个是独立的, 列式时任选两个即可.

解法 2: 质心系求解. 地面系中质心速度不变, 即

$$v_C = \frac{m_1 v_{10} + m_2 v_{20}}{m_1 + m_2}$$

在质心系中的速度均加 "'", 则

$$m_1 v'_{10} + m_2 v'_{20} = m_1 v'_1 + m_2 v'_2 = 0, \quad v'_2 - v'_1 = v'_{10} - v'_{20}$$

解得

$$v'_1 = -v'_{10}, \quad v'_2 = -v'_{20}$$

即

$$v_1 - v_C = -(v_{10} - v_C), \quad v_2 - v_C = -(v_{20} - v_C)$$

结果略. 也可用碰撞前、后质心系中动能相等替代一个表达式.

对两物体弹性正碰, 在质心系中做如下讨论: 相对速度在任意平动系中相等, 例如碰前接近速度在地面系和质心系是相同的, 即

$$v'_{10} - v'_{20} = v_{10} - v_{20} > 0$$

结合质心系为零动量系, 可知 $v'_{10} > 0$, $v'_{20} < 0$, 即弹性正碰时质心系中两物体碰前相向运动; 碰后速度均与碰前等大反向, 两物体背向运动, 这样显然对总动量为零、碰撞前后动能相等、牛顿碰撞定律均能满足.

2. 非弹性正碰撞

非弹性正碰撞, 恢复系数为 e ($e<1$), 试求碰撞中损失的动能.

解法 1: 地面参考系求解.

$$m_1 v_{10} + m_2 v_{20} = m_1 v_1 + m_2 v_2, \quad v_2 - v_1 = e(v_{10} - v_{20})$$

$$\Delta E_{损} = \frac{1}{2}(m_1 v_{10}^2 + m_2 v_{20}^2) - \frac{1}{2}(m_1 v_1^2 + m_2 v_2^2)$$

解得

$$\Delta E_{损} = \frac{1}{2}(1-e^2)\frac{m_1 m_2}{m_1 + m_2}(v_{10} - v_{20})^2$$

解法 2: 质心系求解. 在质心系中的速度均加 "'", 则

$$m_1 v'_{10} + m_2 v'_{20} = m_1 v'_1 + m_2 v'_2 = 0, \quad v'_2 - v'_1 = e(v'_{10} - v'_{20})$$

解得

$$v'_1 = -e v'_{10}, \quad v'_2 = -e v'_{20}$$

质心系中动能损失

$$\Delta E'_{损} = \frac{1}{2}(m_1 v'^2_{10} + m_2 v'^2_{20}) - \frac{1}{2}(m_1 v'^2_1 + m_2 v'^2_2) = \frac{1}{2}(1-e^2)(m_1 v'^2_{10} + m_2 v'^2_{20})$$

质心动能不变,即

$$\Delta E_{损C} = 0$$

质心系中的动能等于孤立二体系统的相对动能,故

$$\frac{1}{2}(m_1 v_{10}^{\prime 2} + m_2 v_{20}^{\prime 2}) = \frac{1}{2}\frac{m_1 m_2}{m_1 + m_2}(v_{10} - v_{20})^2$$

质点系动能等于质心动能加质心系中动能,故

$$\Delta E_{损} = \Delta E_{损C} + \Delta E_{损}^{\prime} = \frac{1}{2}(1 - e^2)\frac{m_1 m_2}{m_1 + m_2}(v_{10} - v_{20})^2$$

解法 3:利用约化质量求解.

$$v_2 - v_1 = e(v_{10} - v_{20})$$

质心动能不变,故动能损失为质心系中动能(或相对动能或资用能)损失,即

$$\Delta E_{损} = 0 + \Delta E_{损}^{\prime} = \frac{1}{2}\mu(v_{10} - v_{20})^2 - \frac{1}{2}\mu(v_2 - v_1)^2 = \frac{1}{2}(1 - e^2)\mu(v_{10} - v_{20})^2$$

代入

$$\mu = \frac{m_1 m_2}{m_1 + m_2}$$

得

$$\Delta E_{损} = \frac{1}{2}(1 - e^2)\frac{m_1 m_2}{m_1 + m_2}(v_{10} - v_{20})^2$$

练习 3-9 当能量不小于 1.88 MeV 的质子轰击锂靶时可发生如下核反应:

$$_3^7\text{Li} + \text{p} \longrightarrow {}_4^7\text{Be} + \text{n}$$

其中 p 为质子,n 为中子. 试问:当质子能量为多少时,反应中生成的中子可以离开锂靶向后飞去? 已知各粒子速度均远小于光速,不必考虑相对论效应;本题中质子的能量意为质子的动能.

练习 3-9

例 3-9 如图 3-18 所示,质量为 m 的箱子放在光滑水平地面上,箱内有一质量也为 m 的小滑块(大小可忽略),滑块与箱底间无摩擦. 开始时箱子不动,滑块以 v_0 从 A 壁处向 B 壁处运动,设两者每碰一次,相对速度大小变为碰前的 e 倍,$e = 2^{-1/4}$. 试问:

例 3-9

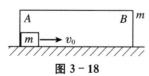

图 3-18

(1) 要使系统损耗总动能不超过其初动能的 40%,最多可碰撞几次?

(2) 从开始运动到完成上述次数的碰撞期间,箱子的平均速度是多少?

解 (1) 相对速度大小初始为 v_0,第一次碰撞后为 ev_0,n 次碰撞后为 $e^n v_0$,则

$$\Delta E_{k损} = \frac{1}{2}\mu v_0^2 - \frac{1}{2}\mu(e^n v_0)^2, \quad \mu = \frac{mm}{m+m} = \frac{1}{2}m$$

初始

$$E_{k0} = \frac{1}{2}mv_0^2$$

要使

$$\Delta E_{k损} \leq 40\% E_{k0}$$

联立解得

$$n \leq \frac{1}{2}\log_e 0.2 = 4.64$$

故最多可碰撞 4 次.

(2) 质心匀速运动,则

$$v_C = \frac{mv_0}{m+m} = \frac{1}{2}v_0$$

完成 4 次碰撞时,滑块在箱子左端,相对位形与初始相同,即

$$\bar{v} = \frac{x_C + x_{箱C}}{t} = \frac{x_C}{t} = v_C = \frac{1}{2}v_0$$

例3-10 如图 3-19 所示,质量为 m、长度为 L 的箱子置于涂有薄油的桌面上,箱内有一质量也为 m 的小滑块(大小可忽略),滑块与箱底间无摩擦,箱子与桌面间的阻力仅与箱子的速度 v 有关,为 $f = -kv$,k 为正的常量.开始时箱子不动,滑块以 v_0 从 A 壁处向 B 壁处运动.试问滑块与箱子能发生多少次碰撞?设滑块与箱子碰撞为弹性碰撞.

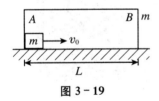

图 3-19

解 每次碰撞交换速度.滑块向右运动时,箱子静止;箱子向右运动时,滑块静止.箱子向右运动时,有

$$-kv\mathrm{d}x = \mathrm{d}\left(\frac{1}{2}mv^2\right) = mv\mathrm{d}v$$

即

$$-k\mathrm{d}x = m\mathrm{d}v$$

积分得

$$-k\Delta x = m\Delta v$$

箱子每次前进 L,故箱子每次前进

$$\Delta v = -\frac{kL}{m}$$

令
$$n = \frac{v_0}{-\Delta v} = \frac{mv_0}{kL}$$

(1) 当 n 为正整数时,碰撞次数为
$$k = 2n - 1 = \frac{2mv_0}{kL} - 1$$

(2) 当 n 不为正整数时,碰撞次数为
$$k = 2[n] + 1 = 2\left[\frac{mv_0}{kL}\right] + 1$$

其中 [ ] 为取整符号.

练习 3-10 如图 3-20 所示,质量为 m、长度为 $L = 1.0$ m 的箱子放在光滑水平地面上,箱内有一质量也为 m 的小滑块(大小可忽略),滑块与箱底间的摩擦因数 $\mu = 0.05$. 开始时箱子静止,滑块以速度 $v_0 = 5.0$ m/s 从 A 壁处向 B 壁处运动. 假设箱子与滑块的碰撞都是弹性碰撞,试问:

(1) 滑块与箱子发生多少次碰撞?

(2) 从开始起,到滑块在箱内刚达到相对静止的全部时间内,箱子在水平地面上的位移是多少?(取 $g = 10$ m/s²)

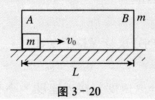

图 3-20

练习 3-10

3. 弹弓效应

例 3-11 质量分别为 m 和 M ($M > m$) 的两个弹性钢球从高 h 处自由落下,如图 3-21 所示,两球是紧挨着的,落到弹性地面上后又被弹起,设弹性碰撞发生在同一条竖直线上,试求 m 上升的高度,并与 h 比较. 若 $M \gg m$,再求 m 上升的高度.

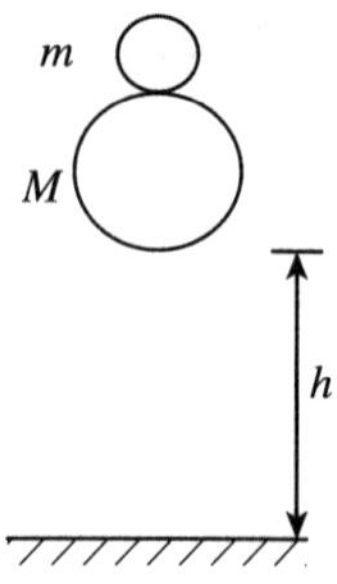

解 两球撞地前瞬间
$$v = \sqrt{2gh}$$

M 先与地面碰撞,碰后速度与碰前等大反向;然后两球相碰,以向上为正方向,则
$$Mv - mv = Mv_1 + mv_2, \quad 2v = v_2 - v_1$$

图 3-21

解得

$$v_2 = \frac{3M-m}{M+m}v$$

小球上升高度为

$$H = \frac{v_2^2}{2g} = \left(\frac{3M-m}{M+m}\right)^2 h$$

由于

$$\frac{3M-m}{M+m} = \frac{2(M-m)+M+m}{M+m} > 1$$

故

$$H > h$$

若 $M \gg m$,则小球上升高度为

$$H \approx \left(\frac{3M}{M}\right)^2 h = 9h$$

3.4.3 斜碰撞

1. 无摩擦 $e=1$ 的斜碰

$e=1$,法向碰后远离速度等于碰前接近速度,即

$$v_{2n} - v_{1n} = v_{10n} - v_{20n}$$

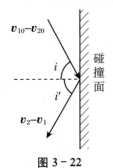

图 3-22

无摩擦,则两物体的切向速度均保持不变,即

$$v_{1t} = v_{10t}, \quad v_{2t} = v_{20t}$$

故无摩擦的弹性斜碰分离速度与接近速度大小相等,方向遵从反射定律,如图 3-22 所示.

这类斜碰无机械能损失,碰撞前、后动能相等.

这类问题根据需要可选择分解为法向、切向研究,或矢量图解,或根据反射定律研究相对运动等.

例 3-12 如图 3-23(a)所示,质量为 m 的斜面体 ABC 被平行于 AB 的光滑水平轨道约束在光滑水平面上,只能沿 AB 方向滑动,斜面体倾角为 45°,斜面体是光滑的.质量也为 m 的小球由静止释放,下落 h 的高度后与静止的斜面体相碰,重力加速度为 g.

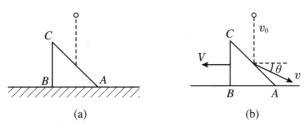

图 3-23

(1) 若发生的是完全弹性碰撞,求碰后它们各自的速度;
(2) 若小球与棱柱间的恢复系数为 e,求碰后各自的速度.

解 碰撞前瞬间小球的速度为
$$v_0 = \sqrt{2gh}$$

(1) 如图 3-23(b)所示,系统沿轨道动量守恒,即
$$mv\cos\theta = mV \qquad \qquad ☆$$

球 AC 方向无外力,动量不变,则
$$\frac{\sqrt{2}}{2}v_0 = v\cos(45°-\theta)$$

即
$$v_0 = v(\cos\theta + \sin\theta) \qquad \qquad △$$

法向远离速度等于接近速度,则
$$v\sin(45°-\theta) + \frac{\sqrt{2}}{2}V = \frac{\sqrt{2}}{2}v_0$$

即
$$v(\cos\theta - \sin\theta) + V = v_0$$

$\left(\text{或替换为系统机械能守恒}\frac{1}{2}mv_0^2 = \frac{1}{2}mv^2 + \frac{1}{2}mV^2.\right)$ 解得

$$\tan\theta = \frac{1}{2}, \quad v = \frac{\sqrt{5}}{3}\sqrt{2gh}, \quad V = \frac{2}{3}\sqrt{2gh}$$

(2) 由☆,△两式及法向的碰撞定律
$$v\sin(45°-\theta) + \frac{\sqrt{2}}{2}V = e \cdot \frac{\sqrt{2}}{2}v_0$$

即
$$v(\cos\theta - \sin\theta) + V = ev_0$$

联立解得
$$\tan\theta = \frac{2-e}{1+e}, \quad v = \frac{\sqrt{(1+e)^2 + (2-e)^2}}{3}\sqrt{2gh}, \quad V = \frac{1+e}{3}\sqrt{2gh}$$

练习 3-11 一粒子具有 v_0 的速率,与另一静止的相同质量的靶粒子发生弹性碰撞,碰后第一个粒子沿着和最初运动路径成 $60°$ 的方向运动,试分别求出两个粒子碰撞后的速率以及靶粒子的反冲方向与入射粒子方向的夹角.

练习 3-12 质量为 m_1、速度为 v_0 的小球与质量为 m_2 的静止小球做弹性无摩擦的斜碰,碰后 m_2 运动方向与 v_0 所成的角(称为 m_2 的散射角)为 θ,试求碰后 m_1,m_2 的速度大小 v_1, v_2.

例3-13 如图3-24(a)所示,均匀圆环静止放置在光滑水平面上,圆环质量为 M,半径为 R,一质量为 m 的小球以 v_0 通过环上的小孔 H 射入环内,小球与环内壁做完全弹性碰撞,环壁光滑,碰撞 N 次后小球绕环一周,且恰好又经小孔 H 从环内传出.试问:

(1) 小球应沿什么方向射入?

(2) 小球经小孔 H 穿出圆环后,圆环和小球的速度 V 和 v 各是多大?

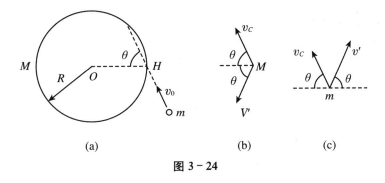

图 3-24

解 根据反射定律,研究小球相对于环的运动最方便.

(1) 小球相对于环运动路径为正 $N+1$ 边形,设入射方向与 OH 的夹角为 θ,则

$$(N+1)2\theta = (N+1-2)\pi$$

故

$$\theta = \frac{N-1}{N+1}\frac{\pi}{2}$$

(2) 质心速度不变,沿小球初速度方向,则

$$v_C = \frac{mv_0}{M+m}$$

相对速度大小不变,为 v_0,方向与 OH 夹角为 θ 向右上;质心系中

$$MV' = mv', \quad V' + v' = v_0$$

故

$$V' = \frac{m}{M+m}v_0 = v_C, \quad v' = \frac{M}{M+m}v_0$$

分别与 OH 夹角为 θ 向左下、右上;如图3-24(b),(c)所示,圆环和小球的速度大小分别为

$$V = 2v_C\cos\theta = \frac{2m}{M+m}v_0\cos\left(\frac{N-1}{N+1}\cdot\frac{\pi}{2}\right) = \frac{2m}{M+m}v_0\sin\frac{\pi}{N+1}$$

$$v = \sqrt{(v'\cos\theta - v_C\cos\theta)^2 + (v'\sin\theta + v_C\sin\theta)^2}$$

$$= \frac{\sqrt{M^2 + m^2 + 2Mm\cos\dfrac{2\pi}{N+1}}}{M+m}v_0$$

2. 无摩擦 $e<1$ 的斜碰

$e<1$ 的斜碰法向遵从牛顿碰撞定律,即

$$v_{2n} - v_{1n} = e(v_{10n} - v_{20n})$$

一定有机械能损失,碰撞后的动能一定减小.

练习 3-13 如图 3-25 所示,一小球由阶梯上逐级弹下,它落在每一步阶梯的同一相对位置,每次弹起上升相同的高度.设阶梯的高和宽均为 s,弹起后与弹起前在竖直方向的速度大小之比等于 e,球与阶梯相碰无摩擦.试求小球的水平分速度和每次弹起上升的高度.

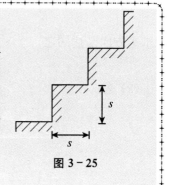

图 3-25

---

3. 有滑动摩擦力作用的斜碰

斜碰中碰撞面有滑动摩擦力作用时摩擦生热,机械能损失,无论 e 取何值,碰撞后的动能一定减小.

滑动摩擦力与弹力作用时间 Δt_f,Δt_N 的匹配问题:应有 $\Delta t_f \leqslant \Delta t_N$.

(1) $\Delta t_f < \Delta t_N$ 时,未碰完已达切向共同速度;

(2) $\Delta t_f = \Delta t_N$ 时,碰完时尚未达到或恰好达到切向共同速度.

解答时应对法向、切向分别列动量定理,讨论 Δt_f,Δt_N 的匹配问题.由于滑动摩擦力与弹力之比为定值,故无须积分求解,可用平均摩擦力、平均弹力代替.

例 3-14 如图 3-26 所示,质量为 M 的小车在光滑水平面上以 v_0 向左匀速运动,一质量为 m 的物块从高 h 处自由下落,与小车碰撞后,反弹上升的高度仍为 h.设 $M \gg m$,碰撞时弹力 $N \gg mg$,物块与车的动摩擦因数为 μ,则物块弹起后的水平速度为多少?

解 碰前物块

$$v = v_y = \sqrt{2gh}$$

反弹上升仍为 h,$e=1$;碰撞过程中设已达切向共同速度,则

$$N\Delta t_N = m 2v_y \quad \Rightarrow \quad \Delta t_N = \frac{2m\sqrt{2gh}}{N}$$

$$\mu N \Delta t_f = m v_0 \quad \Rightarrow \quad \Delta t_f = \frac{m v_0}{\mu N} \qquad \qquad ☆$$

故：(1) 若

$$\Delta t_f \leqslant \Delta t_N$$

即

$$\mu \geqslant \frac{v_0}{2\sqrt{2gh}}$$

则水平方向已达同速

$$v_x = v_0$$

(2) 若

$$\Delta t_f > \Delta t_N$$

即

$$\mu < \frac{v_0}{2\sqrt{2gh}}$$

则水平方向尚未达到同速时已碰完，☆式改为

$$\mu N \Delta t_N = m v_x$$

解得

$$v_x = 2\mu\sqrt{2gh}$$

也可设未达切向共同速度来讨论，请读者自行尝试．

> **练习 3-14** 一袋面粉沿着与水平面夹角 $\alpha = 60°$ 的光滑斜槽从高 $H = 2$ m 处无初速度地滑下来，落到水平地板上．袋与水平地板之间的动摩擦因数 $\mu = 0.7$，试问袋停在何处？如果 $\alpha = 45°$，$\mu = 0.5$，袋又将停在何处？已知袋在拐弯处不会弹起．

3.5 国际单位制与量纲分析

量纲式表示一个物理量由基本量组成的情况，确定若干基本量后，每个导出量都可以表示为基本量的幂的乘积的形式．

国际单位制中的基本量（或导出量）、对应的单位或量纲见表 3.1 和表 3.2．

表 3.1

基本量	单位	量纲
长度(l)	米(m)	L
质量(m)	千克(kg)	M
时间(t)	秒(s)	T
电流(I)	安[培](A)	I
热力学温度(T)	开[尔文](K)	Θ
物质的量(n,ν)	摩[尔](mol)	N
发光强度(I, I_v)	坎[德拉](cd)	J

表 3.2

导出量(示例)	公式	单位	量纲
加速度(a)	$a = dv/dt$	m/s²	LT^{-2}
力(F)	$F = ma$	N = kg·m/s²	LMT^{-2}
冲量(I)	$dI = Fdt$	N·s = kg·m/s	LMT^{-1}
功(W)	$dW = Fdl$	J = N·m = kg·m²/s²	L^2MT^{-2}

以力学量为例,任意一个力学量 Q,都可以写出下列量纲式:
$$\dim Q = L^\alpha M^\beta T^\gamma \quad \text{或} \quad [Q] = L^\alpha M^\beta T^\gamma$$
上式右边称为物理量 Q 的量纲,其中 α, β, γ 称为量纲指数.

量纲分析可以用来检查公式的正确性,推知某些物理规律等.

例如力作用一段时间或一段位移后,质点的状态会有变化,相应的表征质点状态的物理量应该是什么?应该与质点的质量和速度有关系.其中力随时间的积累即冲量,应等于质点某物理量(定义为动量 p)的变化,即
$$I = \Delta p$$
设
$$p = km^\alpha v^\beta$$
其中 k 为无量纲常数,其值需通过实验或理论推导得到;β 应使动量为矢量;则由量纲分析
$$[I] = [F][t] = LMT^{-1}, \quad [p] = [m]^\alpha[v]^\beta = L^\beta M^\alpha T^{-\beta}, \quad [I] = [p]$$
解得
$$\alpha = 1, \quad \beta = 1$$
故
$$p = kmv$$

又如力随空间的积累即功,应等于质点某物理量(定义为动能 E_k)的变化,即
$$W = \Delta E_k$$
设
$$E_k = km^\alpha v^\beta$$
其中 k 也为无量纲常数,β 应使动能为标量;则由量纲分析
$$[W] = [F][l] = L^2 M T^{-2}, \quad [E_k] = [m]^\alpha [v]^\beta = L^\beta M^\alpha T^{-\beta}, \quad [W] = [E_k]$$
解得
$$\alpha = 1, \quad \beta = 2$$
故
$$E_k = kmv^2$$

第 3 章习题

3-1 质量为 m 的小球以某一初速度竖直上抛,若运动中所受阻力大小 $f = kv^2$,最大阻力为重力的 0.44 倍,试求小球上升的最大高度 H 及落回抛出点的速度 v_t.

3-2 一个圆盘静止在水平冰面上,圆盘与冰面间摩擦可忽略,一只青蛙停在圆盘中央.青蛙质量为 m,圆盘质量为 M,半径为 R.

(1) 若青蛙能够一次跳离圆盘,则青蛙至少应做多少功?

(2) 若紧挨此圆盘还有一个一样的圆盘,青蛙从一个圆盘中央起跳,正好跳落在另一个圆盘中央,随之一起在冰面向前滑动,试求机械能损失与青蛙所做功的比值的取值范围.

3-3 密度均匀的行星绕其两极所在的轴以角速度 ω 匀速自转,行星的赤道半径 R_e 略大于球半径 R,两极半径 R_p 略小于球半径 R.用参量 $\varepsilon = (R_e - R_p)/R_e$ 描述变形的大小.由于这种变形引起重力势有一增量
$$\Delta V(R, \theta) = -\frac{2}{5} \frac{GM\varepsilon R_e^2}{R^3} P_2(\cos\theta), \quad P_2(\cos\theta) = \frac{3}{2}\cos^2\theta - \frac{1}{2}$$
其中 θ 为以球心为极点的球坐标中的极角.试由行星表面平衡条件得出 ε 与 $\lambda = \omega^2 R_e / g$ 的关系,g 为行星表面的重力加速度;对地球,就 ε 做数值估算.已知地球 $\omega = 7.3 \times 10^{-5}$ rad/s,$g = 9.8$ m/s^2,$R_e = 6.378 \times 10^6$ m.

3-4 对习图 3-1 所示的单摆,拉起小球使摆线水平伸直,将小球由静止释放,试求小球竖直方向分速度达到最大时摆线与水平方向的夹角 θ.

3-5 如习图 3-2 所示,一半径为 R、质量为 M 的光滑圆环用细线悬挂在固定点 P 上,环上串有两个质量均为 m 的小球.两小球从圆环顶端同时由静止释放分别向两侧下滑.

(1) 若 $M=0$，试问两小球滑到何处（用 θ 表示）时，圆环将上升？

(2) 若圆环质量 $M\neq 0$，且两小球下滑中圆环会上升，试求 M 与 m 之比的取值范围.

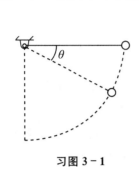

习图 3-1

习图 3-2

3-6 如习图 3-3 所示，三个质量分别为 m,M,m 的小球静置于光滑水平面且位于一条直线上，用长均为 a 的两段不可伸长的轻细绳连接，绳均伸直. 给小球 M 与绳垂直的初速度 v_0. 试求：

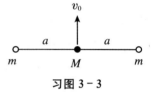

习图 3-3

(1) 两小球 m 相碰前瞬时，各球的速率及绳中的张力；

(2) 若从 M 起动到两小球 m 相碰历时 T，试求此期间 M 前进的距离.

3-7 三个相同的匀质光滑小球放在水平桌面上并相互接触，每个小球的半径为 R，质量为 m. 将一个质量为 $3m$、同样大小的光滑小球置于三个小球正上方并与这三个小球恰好均接触，然后释放上面的小球. 试求上面的小球碰到桌面时的速度.

3-8 如习图 3-4 所示，滑块质量为 M，初始静止在光滑水平面上，滑块内有三段长度均为 l 且相连通的光滑管道，拐弯处由曲率半径很小的小圆弧平滑连接，两条倾斜管道与水平管道间的夹角均为 $\alpha=60°$. 质量为 m 的小球在左侧管道顶端于 $t=0$ 时刻由静止释放. 试求：

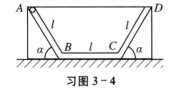

习图 3-4

(1) 小球下滑到该管道下端点的时刻 t_1；

(2) 小球在水平管道运动时相对滑块的速度 v'；

(3) 小球第一次回到出发点的时刻 t_2.

3-9 如习图 3-5 所示，重 4 kg 的均匀钢板 AB 两端分别吊在两根不可伸长的轻绳上，两绳另外一端分别跨过轻质定滑轮各拴一个 2 kg 的砝码，系统处于静止状态. 一个 2 kg 的钢球在距钢板上方 $h=20$ cm 处自由落下，与钢板中心发生弹性碰撞，取 $g=10$ m/s². 试求：

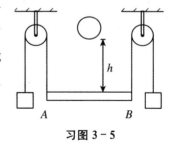

习图 3-5

(1) 碰撞后钢球上升的高度；

(2) 碰撞后钢板运动 10 cm 所用的时间；

(3) 在碰撞过程中钢球对钢板做的功.

3-10 两同样大小的小球 A,B 在光滑水平面上沿同一直线相向运动,$m_A = \gamma m_B$,$\gamma > 1$.碰前两球动能相等,碰后 A 静止,B 速度不为零.试求 A,B 两球质量之比 γ 的取值范围.

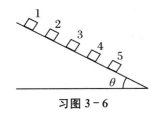

习图 3-6

3-11 如习图 3-6 所示,五个相同的小物块(大小可忽略)1,2,3,4,5 等距离地依次放在倾角为 $\theta = 30°$ 的斜面上.斜面在物块 2 以上的部分光滑,以下的部分粗糙,物块与斜面粗糙部分静、动摩擦因数均为 μ.开始时用手扶着 1,其余各物块都静止在斜面上.现在放手使 1 自由下滑,陆续发生完全非弹性碰撞.试问 μ 取何值时能撞到 4 而不能撞到 5?

3-12 物体 1 与 2 用不可伸长的轻质短细线连接在一起,两物体间有一根被充分压缩的轻质短弹簧套在细线上(不能继续被压缩),弹性势能为 E_p.系统静置在光滑水平面上.物体 3 沿该水平面射向它们,与 1 相碰撞并粘连在一起运动.之后轻质细线突然绷断,使弹簧释放,1,3 仍粘在一起运动.为使物体 2 的散射角在 30°以内,试问物体 3 入射时的动能应满足什么条件?

3-13 水平圆台绕通过其中心 O 的竖直轴以恒定角速度转动,一小物块自圆台上方某处自由下落,落在圆台上的 A 点,弹起后再次下落,落点正好在圆台上 B 点.已知物块与圆台间的弹性恢复系数 $e = 1$,摩擦因数为 μ,O,A,B 在同一半径上,且 $OA = AB = R$.设物块可以视为质点,不计空气阻力.试求圆台角速度的最小值.

3-14 (1) 可视为质点的静止物体爆炸成质量相等的三个物体,爆炸中释放的能量转化为三个物体总动能的部分为定值 $Q = T_1 + T_2 + T_3$,三个物体的动能 T_1,T_2,T_3 有多种可能组合.为找出所有组合,作一个等边三角形 $A_1A_2A_3$,取其高为 Q,三角形内存在这样的点 P:它到三条边的距离恰好为一组 T_1,T_2,T_3.所有可取的点 P 构成的区域称为运动学允许区,试找出此运动学允许区.

(2) 正电子素是由一个电子与一个正电子(与电子质量相同、电性相反)组成的束缚态粒子,记为P_s.它在静止时可以衰变为三个光子,即$P_s \to 3\gamma$,则三个光子的能量之和 $Q = \varepsilon_1 + \varepsilon_2 + \varepsilon_3$ 为定值.已知光子没有静质量和静能量,光子能量即为光子动能 $\varepsilon = mc^2$;动量表达式在高速时也适用,光子动量 $p = mc$.试找出三个光子的运动学允许区.

第 3 章练习详解及习题答案

练习 3-1 (1) t_1 时刻两小球与圆环沿 F 方向速度相同,如答图 3-1(a)所示,v 为质心系中小球的速度,同时也是圆环系中小球的速度.t_1 时刻质心距环心

$$l = \frac{2m}{M+2m}R$$

答图 3-1

$0 \to t_1$ 时刻,质心系中,对系统有

$$Fl = \frac{1}{2}mv^2 \times 2$$

故相对速度大小

$$v_1 = 2v = 2\sqrt{\frac{2FR}{M+2m}}$$

a_M 解 1:小球相对圆环加速度向右,则

$$a_{mM} = \frac{v^2}{R}$$

a_{mM} 与圆环 a_M 方向相同,故小球相对地面的加速度为

$$a_m = a_{mM} + a_M$$

地面参考系中

$$F = Ma_M + 2ma_m$$

解得

$$a_M = \frac{M-2m}{(M+2m)^2}F$$

a_M 解 2:如答图 3-1(b)所示,对圆环有

$$F - 2N = Ma_M$$

圆环系中,对小球有

$$N - ma_M = m\frac{v^2}{R}$$

解得

$$a_M = \frac{M-2m}{(M+2m)^2}F$$

(2) $0 \to T_1$,质心系中力 F 位移为零,故

$$W = E_k - 0 = 0$$

即小球、圆环相对质心动能均为零;T_1 后,取以 u_1 匀速运动的惯性系,则运动情况与 0 时刻

后完全一致,故第二次相碰时刻为 $T_1 + t_1$,相对速度仍为 v_1;第二次回到初始位置时刻为 $2T_1$,速度为 $2u_1$;$2T_1$ 再取以 $2u_1$ 匀速运动的惯性系……故有

$$T_k = kT_1, \quad u_k = ku_1$$

(3)

$$t_k = t_1 + (k-1)T_1, \quad v_k = v_1 = 2\sqrt{\frac{2FR}{M+2m}}$$

练习 3-2 水高度为 x 时,对即将流出水龙头长为 $\mathrm{d}l$ 的微元有

$$\rho g(x + H_0 - H_1)S\mathrm{d}l = \frac{1}{2}\rho S(\mathrm{d}l)v^2 - 0$$

故

$$v = \sqrt{2g(x + H_0 - H_1)}$$

(或等效为最上层水落至水龙头,对即将放出的 $\mathrm{d}m$ 有 $(\mathrm{d}m)g(x + H_0 - H_1) = \frac{1}{2}(\mathrm{d}m)v^2 - 0.$)

$\mathrm{d}t$ 内水箱中水的体积

$$\mathrm{d}V = -v(\mathrm{d}t)S = -S\sqrt{2g(x + H_0 - H_1)}\mathrm{d}t$$
$$\mathrm{d}V = \pi R^2 \mathrm{d}x$$

故

$$\mathrm{d}t = -\frac{\pi R^2}{S\sqrt{2g(x + H_0 - H_1)}}\mathrm{d}x$$

解得

$$t = \int_0^t \mathrm{d}t = -\int_h^0 \frac{\pi R^2}{S\sqrt{2g(x + H_0 - H_1)}}\mathrm{d}x$$
$$= \frac{2\pi R^2}{S\sqrt{2g}}(\sqrt{h + H_0 - H_1} - \sqrt{H_0 - H_1}) = 3.6 \times 10^3 \text{ s}$$

练习 3-3 解法 1:地面系,车厢对弹簧

$$W = \int_0^l F\mathrm{d}l = \int_0^t Fv\mathrm{d}t = v\int_0^t F\mathrm{d}t$$

车厢系,对物体有

$$\int_0^t F\mathrm{d}t = mv' - 0$$

联立解得

$$W = mvv'$$

解法 2:弹簧对物体的力与弹簧对车厢的力等大、方向共线,二力做功之和只与相对位移有关,与参考系无关.车厢系

$$W_{\text{弹对物}} + W_{\text{弹对车}} = \frac{1}{2}mv'^2 + 0$$

地面系

$$W'_{\text{弹对物}} + W'_{\text{弹对车}} = \frac{1}{2}m[(v'+v)^2 - v^2] + W'_{\text{弹对车}}$$

由

$$W_{\text{弹对物}} + W_{\text{弹对车}} = W'_{\text{弹对物}} + W'_{\text{弹对车}}$$

得

$$W'_{\text{弹对车}} = -mvv'$$

车厢与弹簧左端无相对位移，故

$$W'_{\text{车对弹}} = -W'_{\text{弹对车}} = mvv'$$

解法 3：弹簧弹性势能的减少量为定值，与参考系无关．车厢系

$$\Delta E_p = -\frac{1}{2}mv'^2$$

地面系

$$W = \Delta E_p + \frac{1}{2}m(v'+v)^2 - \frac{1}{2}mv^2$$

联立解得

$$W = mvv'$$

练习 3-4 纯滚动，故

$$v = \omega r$$

质心系中，圆环线速度大小为

$$v' = \omega r = v$$

由柯尼西定理得

$$E_k = \frac{1}{2}mv^2 + \frac{1}{2}mv'^2 = mv^2$$

练习 3-5 分析　在质心系中求解最方便，原因是：(1) 质心系中两物体的位移有确定关系；(2) 质心系中动量恒为零；(3) 平动惯性力等效作用于质心，质心系中质心静止，故做功为零；(4) 摩擦力方向只与接触面上相对运动方向有关，在质心系中方向不变；(5) 二体系统质心系中动能等于相对动能．

质心系中，设两物块从开始到相碰的位移大小分别为 x_1, x_2，有

$$m_1 x_1 - m_2 x_2 = 0, \quad x_1 + x_2 = l$$

故

$$x_1 = \frac{m_2}{m_1 + m_2} l, \quad x_2 = \frac{m_1}{m_1 + m_2} l$$

对两物块系统，由动能定理得

$$\frac{1}{2}k(l-l_0)^2 - \mu m_1 g x_1 - \mu m_2 g x_2 = \frac{1}{2}\frac{m_1 m_2}{m_1+m_2}u^2$$

代入 x_1,x_2,解得相对速度

$$u = \sqrt{\frac{k(m_1+m_2)}{m_1 m_2}(l-l_0)^2 - 4\mu g l}$$

练习 3-6 解法 1：在随容器转动系中，液体表面应为等势面．以液面最低点为原点建立柱坐标系，如答图 3-2(a) 所示．取转轴处为离心势能零点，对 (r,z) 处液体微元 $\mathrm{d}m$ 有

$$E_{p离} = \int_r^0 (\mathrm{d}m)\omega^2 r \mathrm{d}r = -\frac{1}{2}(\mathrm{d}m)\omega^2 r^2$$

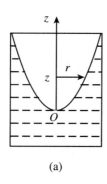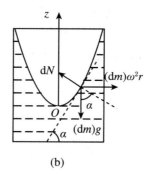

(a)　　　　　　　(b)

答图 3-2

取原点处为重力势能零点，有

$$E_{p重} = (\mathrm{d}m)gz$$

则总势能零点为原点，液面为等势面，故

$$E_p = E_{p离} + E_{p重} = 0$$

联立解得液面方程为旋转抛物面方程

$$z = \frac{\omega^2}{2g}r^2$$

恰不溢出，则空气部分体积

$$\left(1 - \frac{2}{3}\right)\pi a^2 h = \int_0^{z_{\max}} \pi r^2 \mathrm{d}z = \int_0^a \pi r^2 \frac{\omega_{\max}^2}{g} r \mathrm{d}r = \frac{\pi \omega_{\max}^2}{4g}a^4$$

解得

$$\omega_{\max} = \sqrt{\frac{4gh}{3a^2}}$$

解法 2：在随容器转动系中，液体表面微元受力平衡．以液面最低点为原点建立柱坐标系，如答图 3-2(b) 所示，(r,z) 处微元

$$\tan\alpha = \frac{(\mathrm{d}m)\omega^2 r}{(\mathrm{d}m)g} = \frac{\omega^2 r}{g}$$

$$\tan\alpha = \frac{\mathrm{d}z}{\mathrm{d}r}$$

故
$$\frac{dz}{dr} = \frac{\omega^2 r}{g}$$
解得
$$z = \frac{\omega^2}{2g}r^2$$
为旋转抛物面. 之后同解法 1.

练习 3-7 从外到内逐层拆散,剩余球体半径为 r,即将拆散的 $-dr$ 对应微球壳元质量为

$$-dm = -\rho 4\pi r^2 dr, \quad \text{其中 } \rho = \frac{M}{\frac{4}{3}\pi R^3}$$

至少需做元功

$$dW = 0 - \left[-G\frac{\rho \frac{4}{3}\pi r^3(-dm)}{r} \right] = -G\frac{\rho \frac{4}{3}\pi r^3 dm}{r}$$

故全拆散至少需做功

$$W = \int_0^W dW = \int_R^0 -G\frac{\rho \frac{4}{3}\pi r^3 \rho 4\pi r^2 dr}{r} = \frac{1}{5}G\left(\frac{M}{\frac{4}{3}\pi R^3}\right)^2 \cdot \frac{16}{3}\pi^2 R^5 = \frac{3}{5}\frac{GM^2}{R}$$

练习 3-8 先解第(2)问.

(2) 夹角为 θ 时,设 M 的速度为 V,m 相对 M 的速度为 u,如答图 3-3(a)所示. 水平动量守恒,即

$$MV = m(u\sin\theta - V)$$

机械能守恒,即

$$mgl\sin\theta = \frac{1}{2}MV^2 + \frac{1}{2}m[(u\sin\theta - V)^2 + (u\cos\theta)^2]$$

解得

$$V^2 = \frac{2m^2 gl\sin^3\theta}{(M+m)(m\cos^2\theta + M)}$$

$$u^2 = \frac{2(M+m)gl\sin\theta}{M + m\cos^2\theta}$$

对滑块有

$$T\cos\theta = MA$$

滑块参考系中,如答图 3-3(b)所示,对小球有

$$T + mA\cos\theta - mg\sin\theta = m\frac{u^2}{l}$$

（或地面系中，如答图 3-3(c)，(d) 所示，对小球有 $T - mg\sin\theta = m\left(\dfrac{u^2}{l} - A\cos\theta\right)$.）解得

$$T = Mmg\sin\theta\,\dfrac{3M + m(2 + \cos^2\theta)}{(M + m\cos^2\theta)^2}$$

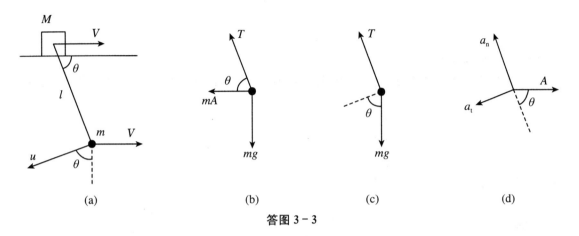

答图 3-3

(1) 解法 1：代入 $\theta = 90°$ 得

$$T = Mmg\,\dfrac{3M + 2m}{M^2} = \dfrac{(3M + 2m)m}{M}g$$

解法 2：绳与轨道垂直时，系统质心速度为零，由机械能守恒和柯尼西定理得

$$mgR = 0 + \dfrac{1}{2}\dfrac{Mm}{M+m}u^2$$

以 M 为参考系，对 m 有

$$T - mg = m\dfrac{u^2}{R}$$

解得

$$T = \dfrac{3Mm + 2m^2}{M}g$$

练习 3-9 (1) 1.88 MeV 的质子轰击时，恰能发生，故资用能全部利用（碰后生成粒子速度相等）；质子初动能

$$E_p = \dfrac{1}{2}mv_p^2 = 1.88\ \text{MeV}$$

反应耗能

$$Q = \dfrac{1}{2}\dfrac{m \cdot 7m}{m + 7m}(v_p - 0)^2 = \dfrac{7}{8} \times 1.88\ \text{MeV} = 1.645\ \text{MeV}$$

(2) 中子能向后飞去时

$$v_p' = 7v_{Be} + v_n,\quad v_n < 0$$

故

$$v_{\text{Be}} > \frac{1}{7}v_{\text{p}}'$$

由能量守恒得

$$\frac{1}{2}\frac{m \cdot 7m}{m+7m}(v_{\text{p}}'-0)^2 = \frac{1}{2}\frac{m \cdot 7m}{m+7m}(v_{\text{Be}}-v_{\text{n}})^2 + Q$$

其中

$$(v_{\text{Be}}-v_{\text{n}})^2 > \left(\frac{1}{7}v_{\text{p}}'\right)^2$$

质子能量

$$E_{\text{p}}' = \frac{1}{2}mv_{\text{p}}'^2$$

联立解得

$$E_{\text{p}}' > \frac{7}{6}Q \approx 1.92 \text{ MeV}$$

练习 3-10 （1）此为二体系统，以箱子为参考系，只有摩擦力做功，则

$$-\mu mg S_{\text{相}} = 0 - \frac{1}{2}\frac{mm}{m+m}v_0^2$$

故

$$S_{\text{相}} = \frac{v_0^2}{4\mu g} = 12.5 \text{ m}$$

又由 $L = 1.0$ m 及初始滑块位于 A 处可知相撞 12 次，最后滑块相对箱子停在箱子中间．

（2）不碰撞时，滑块相对箱子有

$$\mu mg = \frac{mm}{m+m}a$$

故

$$a = 2\mu g$$

碰撞只使速度反向，仍以碰前速度大小继续以 a 匀减速运动，故全程

$$v_0 = at$$

则

$$t = \frac{v_0}{2\mu g} = 5 \text{ s}$$

质心匀速运动，即

$$x_C = v_C t = \frac{mv_0}{m+m}t = 12.5 \text{ m}$$

开始时、恰相对静止时质心相对系统的位置 C_0, C 如答图 3-4 所示，故箱子的水平位移为

$$X = x_C - 0.25 = 12.25 \text{ m}$$

练习 3-11 如答图 3-5 所示，动量守恒，v_1, v_2 分别为碰后入射粒子和靶粒子速度，α

为碰后靶粒子与入射粒子方向夹角,则

$$\frac{1}{2}mv_0^2 = \frac{1}{2}mv_1^2 + \frac{1}{2}mv_2^2$$

即

$$(mv_0)^2 = (mv_1)^2 + (mv_2)^2$$

可知图中为直角三角形,故

$$v_1 = v_0\cos 60° = \frac{1}{2}v_0, \quad v_2 = v_0\sin 60° = \frac{\sqrt{3}}{2}v_0, \quad \alpha = 30°$$

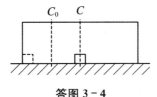

答图 3-4   答图 3-5

练习 3-12 如答图 3-6 所示,则

$$(m_1v_1)^2 = (m_1v_0)^2 + (m_2v_2)^2 - 2m_1v_0 m_2 v_2 \cos\theta \qquad ☆$$

$$\frac{1}{2}m_1v_0^2 = \frac{1}{2}m_1v_1^2 + \frac{1}{2}m_2v_2^2 \qquad △$$

☆式代入△式得

$$m_1v_0^2 = m_1v_0^2 + \frac{m_2^2}{m_1}v_2^2 - 2m_2v_0(\cos\theta)v_2 + m_2v_2^2$$

解得

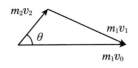

答图 3-6

$$v_2 = \frac{2m_1 v_0 \cos\theta}{m_1 + m_2}$$

代回△式解得

$$v_1 = \frac{v_0}{m_1 + m_2}\sqrt{m_1^2 + m_2^2 - 2m_1 m_2 \cos 2\theta}$$

练习 3-13 每次弹起后到落地前做斜抛运动,且水平、竖直位移均为 s,则

$$s = v_x t, \quad s = -v_y t + \frac{1}{2}gt^2$$

落地时碰前竖直方向的速度

$$v_y'^2 = v_y^2 + 2gs$$

碰后以 v_x, v_y 弹起,故

$$v_y = ev_y'$$

解得

$$v_y^2 = \frac{2ge^2 s}{1-e^2}, \quad v_x = \frac{gs}{1+e}\sqrt{\frac{1-e^2}{2gs}}$$

上升高度
$$H = \frac{v_y^2}{2g} = \frac{e^2 s}{1-e^2}$$

练习 3-14 到底端前瞬间
$$v = \sqrt{2gH}$$

在转折处与底面完全非弹性碰撞，假设在转折处动量恰变为零，则
$$N\Delta t_N = mv\sin\alpha \quad \Rightarrow \quad \Delta t_N = \frac{mv\sin\alpha}{N}$$

$$\mu N\Delta t_f = mv\cos\alpha \quad \Rightarrow \quad \Delta t_f = \frac{mv\cos\alpha}{\mu N}$$

(1) $\alpha = 60°, \mu = 0.7$ 时
$$\Delta t_N = \frac{mv}{N}0.866 > \Delta t_f = \frac{mv}{N}0.714$$

故水平速度先减为零，袋停在拐角处。

(2) $\alpha = 45°, \mu = 0.5$ 时
$$\Delta t_N = \frac{mv}{N}\frac{\sqrt{2}}{2} < \Delta t_f = \frac{mv}{N}\sqrt{2}$$

故竖直速度先减为零，水平方向应改为
$$\mu N\Delta t_N = mv\cos\alpha - mv_x$$

则
$$v_x = v(\cos\alpha - \mu\sin\alpha) = \frac{1}{2}\sqrt{gH}$$

之后以此速度匀减速，即
$$\mu mgx = \frac{1}{2}mv_x^2$$

解得所停位置为
$$x = \frac{1}{4}H = 0.5 \text{ m}$$

3-1　$H = \frac{m}{k}\ln 1.2, v_t = \sqrt{\frac{0.44mg}{1.44k}}$.

3-2　(1) $\frac{m}{2}\sqrt{\frac{M}{M+m}gR}$；

(2) $\left(\frac{M}{M+m}\right)^2 < \frac{\Delta E}{W} < 1$.

3-3　$\varepsilon = \frac{5}{16}\lambda$，地球 $\varepsilon = 1.1 \times 10^{-3}$.

3-4 $\theta = \arcsin \dfrac{\sqrt{3}}{3}$.

3-5 (1) $\theta = \arccos \dfrac{2}{3}$;

(2) $\dfrac{M}{m} < \dfrac{2}{3}$.

3-6 (1) M 速率 $\dfrac{M}{M+2m}v_0$，m 速率 $\dfrac{\sqrt{2M(M+m)}}{M+2m}v_0$，$T = \dfrac{M^2 m v_0^2}{(M+2m)^2 a}$;

(2) $X = \dfrac{Mv_0 T + 2ma}{M+2m}$.

3-7 $\dfrac{2}{27}\sqrt{219\sqrt{6}}\sqrt{gR}$.

3-8 (1) $t_1 = \sqrt{\dfrac{(4M+3m)l}{\sqrt{3}(M+m)g}}$;

(2) $v' = \sqrt{\dfrac{\sqrt{3}(M+m)gl}{M}}$;

(3) $t_2 = 2\sqrt{\dfrac{l}{\sqrt{3}(M+m)g}}(2\sqrt{4M+3m}+\sqrt{M})$.

3-9 (1) 7.2 cm;

(2) 0.125 s;

(3) 2.56 J.

3-10 $1 < \gamma \leqslant 3 + 2\sqrt{2}$.

3-11 $\dfrac{10\sqrt{3}}{29} \leqslant \mu < \dfrac{14\sqrt{3}}{39}$.

3-12 $E_{k0} \geqslant 24 E_p$.

3-13 $\dfrac{7\pi}{3}\sqrt{\dfrac{\mu g}{\sqrt{3}R}}$.

3-14 (1) 运动学允许区为正三角形内切圆及圆内区域；

(2) 三边中点连线围成三角形及其内部为运动学允许区.

第 4 章

角动量 天体运动

4.1 角动量定理与角动量守恒定律

4.1.1 惯性系中质点的角动量定理及角动量守恒定律

如图 4-1 所示,惯性系 S 中一个运动中的质点相对某固定参考点 O 的矢径 r 在 $t \to t + \mathrm{d}t$ 内转过 $\mathrm{d}\varphi$ 角,r 便会扫过面积 $\mathrm{d}S$,有

$$\mathrm{d}\boldsymbol{S} = \frac{1}{2}(\boldsymbol{r} \times \boldsymbol{v}\mathrm{d}t)$$

单位时间内矢径扫过的面积称为面积速度,记为 $\boldsymbol{\kappa}$,有

$$\boldsymbol{\kappa} = \frac{\mathrm{d}\boldsymbol{S}}{\mathrm{d}t} = \frac{1}{2}(\boldsymbol{r} \times \boldsymbol{v})$$

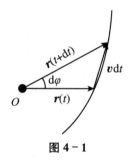

图 4-1

$\mathrm{d}S$ 表征了扫过面积的大小,扫过面积所在平面及旋转方向也可由 $r \times v$ 表征;$\boldsymbol{\kappa}$ 同理.

$\boldsymbol{\kappa}$ 为运动学量,做如下运算:

$$\frac{\mathrm{d}\boldsymbol{\kappa}}{\mathrm{d}t} = \frac{1}{2}\frac{\mathrm{d}(\boldsymbol{r} \times \boldsymbol{v})}{\mathrm{d}t} = \frac{1}{2}\left(\frac{\mathrm{d}\boldsymbol{r}}{\mathrm{d}t} \times \boldsymbol{v} + \boldsymbol{r} \times \frac{\mathrm{d}\boldsymbol{v}}{\mathrm{d}t}\right) = \frac{1}{2}(\boldsymbol{v} \times \boldsymbol{v} + \boldsymbol{r} \times \boldsymbol{a}) = \frac{1}{2}\boldsymbol{r} \times \boldsymbol{a}$$

非相对论情形下($v \ll c$ 时)

$$\boldsymbol{a} = \frac{\boldsymbol{F}}{m}$$

故

$$\frac{\mathrm{d}\boldsymbol{\kappa}}{\mathrm{d}t} = \frac{1}{2}\frac{\mathrm{d}(\boldsymbol{r} \times \boldsymbol{v})}{\mathrm{d}t} = \frac{1}{2m}\boldsymbol{r} \times \boldsymbol{F}$$

相对论情形下

$$\boldsymbol{F} = \frac{\mathrm{d}(m\boldsymbol{v})}{\mathrm{d}t} = \frac{\mathrm{d}m}{\mathrm{d}t}\boldsymbol{v} + m\boldsymbol{a}$$

故

$$\frac{\mathrm{d}\boldsymbol{\kappa}}{\mathrm{d}t} = \frac{1}{2}\frac{\mathrm{d}(\boldsymbol{r}\times\boldsymbol{v})}{\mathrm{d}t} = \frac{1}{2}\boldsymbol{r}\times\boldsymbol{a} = \frac{1}{2m}\boldsymbol{r}\times\left(\boldsymbol{F} - \frac{\mathrm{d}m}{\mathrm{d}t}\boldsymbol{v}\right) \qquad \triangle$$

这就找到了 $\boldsymbol{\kappa}$ 变化与否的动力学原因.

非相对论情形下 m 不变,☆式可变换为

$$\boldsymbol{r}\times\boldsymbol{F} = \frac{m\mathrm{d}(\boldsymbol{r}\times\boldsymbol{v})}{\mathrm{d}t} = \frac{\mathrm{d}[\boldsymbol{r}\times(m\boldsymbol{v})]}{\mathrm{d}t}$$

相对论情形下,△式整理得

$$\boldsymbol{r}\times\boldsymbol{F} = m\cdot\frac{\mathrm{d}(\boldsymbol{r}\times\boldsymbol{v})}{\mathrm{d}t} + \frac{\mathrm{d}m}{\mathrm{d}t}(\boldsymbol{r}\times\boldsymbol{v}) = \frac{\mathrm{d}[\boldsymbol{r}\times(m\boldsymbol{v})]}{\mathrm{d}t}$$

即无论速度大小为多少均满足

$$\boldsymbol{r}\times\boldsymbol{F} = \frac{\mathrm{d}[\boldsymbol{r}\times(m\boldsymbol{v})]}{\mathrm{d}t} \quad 或 \quad (\boldsymbol{r}\times\boldsymbol{F})\mathrm{d}t = \mathrm{d}[\boldsymbol{r}\times(m\boldsymbol{v})]$$

引入几个物理量,给出几个定理定律:

1. 角动量(动量矩) L

$$\boldsymbol{L} = \boldsymbol{r}\times(m\boldsymbol{v}) = \boldsymbol{r}\times\boldsymbol{p}$$

称为质点对某定点的角动量,也称为动量矩,为矢量;有

$$\boldsymbol{L} = 2m\boldsymbol{\kappa} \quad 或 \quad \boldsymbol{\kappa} = \frac{\boldsymbol{L}}{2m}$$

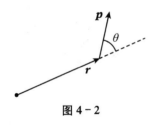

图 4-2

某时刻质点对某定点的位矢和质点动量如图 4-2 所示,$\boldsymbol{L}$ 的方向垂直纸面向外,大小为

$$L = rp\sin\theta = rp_\perp = pr_\perp = mr^2\omega$$

其中 $r_\perp, p_\perp$ 分别是位矢、动量垂直于对方的分量大小,$r_\perp$ 也称为动量臂.

在以此定点为原点的空间直角坐标系中,有

$$\boldsymbol{L} = \boldsymbol{r}\times\boldsymbol{p} = \begin{vmatrix} \boldsymbol{i} & \boldsymbol{j} & \boldsymbol{k} \\ x & y & z \\ p_x & p_y & p_z \end{vmatrix} = (yp_z - zp_y)\boldsymbol{i} + (zp_x - xp_z)\boldsymbol{j} + (xp_y - yp_x)\boldsymbol{k}$$

三个分量式分别为

$$L_x = yp_z - zp_y, \quad L_y = zp_x - xp_z, \quad L_z = xp_y - yp_x$$

即沿 x 方向的角动量分量 L_x 与位矢 $\boldsymbol{r}$、动量 $\boldsymbol{p}$ 的 x 分量无关,由 y, z 方向的分量决定;L_y,L_z 同理.

对 x 方向的角动量分量 L_x,也可将位矢 $\boldsymbol{r}$、动量 $\boldsymbol{p}$ 分解到 x 方向和垂直 x 平面,垂直 x 平面的分量决定了 L_x:

$$L_x = \boldsymbol{r}_{yz}\times\boldsymbol{p}_{yz} = (y\boldsymbol{j} + z\boldsymbol{k})\times(p_y\boldsymbol{j} + p_z\boldsymbol{k}) = (yp_z - zp_y)\boldsymbol{i}$$

得到相同结果.

L_x 也称为质点对定轴 x 轴的角动量,可以理解为在垂直于定轴 x 轴平面内绕 x 轴转动的效果. 当动量与 x 轴共面时,L_x 等于零.

若选位矢 r、动量 p 所在平面为 Oxy 平面,垂直此平面为 z 轴,则
$$L_x = L_y = 0, \quad L = L_z = (xp_y - yp_x)\boldsymbol{k}$$

角动量、力矩

2. 力矩 M

$$M = r \times F$$

称为力对某定点的力矩,为矢量.

某时刻质点对某定点的位矢和质点受力如图 4-3 所示,L 的方向垂直纸面向外,大小为
$$M = rF\sin\theta = rF_\perp = Fr_\perp$$

其中 $r_\perp$,$F_\perp$ 分别是位矢、力垂直于对方的分量大小,$r_\perp$ 即为初中所学的力臂.

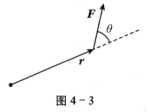

图 4-3

在以此定点为原点的空间直角坐标系中,有
$$M = r \times F = \begin{vmatrix} \boldsymbol{i} & \boldsymbol{j} & \boldsymbol{k} \\ x & y & z \\ F_x & F_y & F_z \end{vmatrix} = (yF_z - zF_y)\boldsymbol{i} + (zF_x - xF_z)\boldsymbol{j} + (xF_y - yF_x)\boldsymbol{k}$$

三个分量式分别为
$$M_x = yF_z - zF_y, \quad M_y = zF_x - xF_z, \quad M_z = xF_y - yF_x$$

讨论同上,不再赘述.

M_x 也称为力对定轴 x 轴的力矩,可以理解为在垂直于 x 轴平面内对绕 x 轴转动的影响. 当力与 x 轴共面时,M_x 等于零.

注意 r,F,p 不必在一个平面内.

3. 转动定律

$$M = \frac{\mathrm{d}L}{\mathrm{d}t}$$

称为转动定律,内容为:质点所受力对某定点的总力矩等于质点对此定点角动量的变化率. 它是一个矢量表达式,可写出各方向分量表达式.

分量表述为:质点所受力对某定轴的总力矩等于质点对此定轴角动量的变化率.
$$M_x = \frac{\mathrm{d}L_x}{\mathrm{d}t}$$

可与牛顿第二定律类比:

$$F = \frac{\mathrm{d}\boldsymbol{p}}{\mathrm{d}t}, \quad F_x = \frac{\mathrm{d}p_x}{\mathrm{d}t}$$

4. 冲量矩（角冲量）

力矩随时间的积累称为冲量矩，也称为角冲量，为矢量，表达式为

$$\mathrm{d}\boldsymbol{H} = \boldsymbol{M}\mathrm{d}t \quad \text{或} \quad \boldsymbol{H} = \int_{t_1}^{t_2} \boldsymbol{M}\mathrm{d}t$$

5. 角动量定理

$$\boldsymbol{M}\mathrm{d}t = \mathrm{d}\boldsymbol{L} \quad \text{或} \quad \int_{t_1}^{t_2} \boldsymbol{M}\mathrm{d}t = \boldsymbol{L}(t_2) - \boldsymbol{L}(t_1)$$

称为角动量定理，内容为：质点所受力对某定点的总冲量矩等于质点对此定点角动量的变化量．它是一个矢量方程，可写出各方向的分量方程．

分量表述为：质点所受力对某定轴的总冲量矩等于质点对此定轴角动量的变化量．

$$M_x \mathrm{d}t = \mathrm{d}L_x \quad \text{或} \quad \int_{t_1}^{t_2} M_x \mathrm{d}t = L_x(t_2) - L_x(t_1)$$

可与动量定理类比：

$$\boldsymbol{F}\mathrm{d}t = \mathrm{d}\boldsymbol{p}, \quad \int_{t_1}^{t_2} \boldsymbol{F}\mathrm{d}t = \boldsymbol{p}(t_2) - \boldsymbol{p}(t_1)$$

6. 角动量守恒定律

质点所受力对某定点的总力矩始终为零时，质点对此定点的角动量守恒．它也是一个矢量方程，故若质点所受力对某定轴的总力矩恒为零，则质点对此定轴的角动量守恒．

非相对论情形下角动量守恒等价于面积速度守恒，即相等时间扫过相等的面积．

可类比动量守恒定律：合外力为零时动量守恒；某方向合外力为零时此方向动量守恒．

举两个简单的例子：

如图 4-4(a) 所示，质点不受力沿 AB 匀速直线运动，任选一定点 O 为参考点，质点角动量守恒，面积速度恒定；也可在几何上证明这点：

$$\frac{\mathrm{d}S}{\mathrm{d}t} = \frac{1}{2}v\mathrm{d}t \cdot \frac{h}{\mathrm{d}t} = \frac{1}{2}vh \text{ 恒定}$$

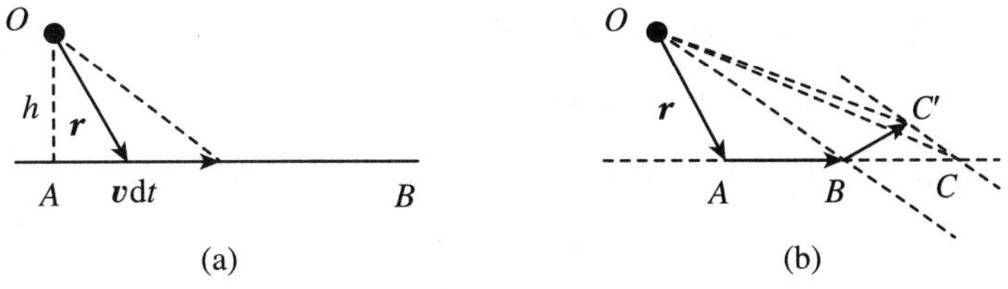

图 4-4

如图 4-4(b)所示,质点受有心力时,以力心为原点,力矩为零,质点角动量守恒,面积速度恒定;也可在几何上证明这点:设质点在 Δt 内由 A 运动至 B,若无力的作用,则下一个 Δt 由 B 运动至 C,有

$$S_{\triangle AOB} = S_{\triangle BOC}$$

实际受 $\overrightarrow{BO}$ 方向的力而由 B 运动至 C',可看作 Δt 内由 B 至 C,同时沿平行于 $\overrightarrow{BO}$ 方向至 C',即

$$\overrightarrow{CC'} /\!/ \overrightarrow{OB}$$

故

$$S_{\triangle BOC} = S_{\triangle BOC'}$$

于是

$$S_{\triangle AOB} = S_{\triangle BOC'}$$

即面积速度 dS/dt 恒定.

> **练习 4-1** 质量为 M 的小球在内半径为 R 的光滑半球壳形碗中以角速度 ω 在水平面内做匀速圆周运动. 碗的球心为 O 点,小球圆周运动的半径为 r,圆心为 O' 点. 如图 4-5 所示. 试求:
> (1) 小球相对于 O 点和 O' 点的角动量;
> (2) 小球的合力相对于 O 点和 O' 点的力矩.

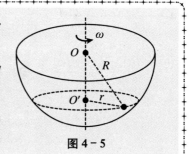

图 4-5

例 4-1 原长为 l、劲度系数为 k 的轻弹性绳一端系于光滑水平桌面上的固定点 O,另一端系一个质量为 m 的质点. 将质点拉至距 O 点为 $2l$ 处,并给质点在垂直于绳方向以初速度 v.

(1) 为使绳不松弛,v 的最小值 $v_{\min}$ 为多大?
(2) 当 $v < v_{\min}$ 时,质点在运动中到 O 点的最小距离 $r_{\min}$ 为多大?
(3) 当 $v < v_{\min}$ 时,橡皮绳保持松弛的时间是多长?

解 (1) $v_{\min}$ 应使绳达原长时质点速度垂直于绳,质点对 O 点角动量守恒:

$$2l v_{\min} = l v$$

机械能守恒:

$$\frac{1}{2} m v_{\min}^2 + \frac{1}{2} k l^2 = \frac{1}{2} m v^2$$

解得

$$v_{\min} = l \sqrt{\frac{k}{3m}}$$

(2) 质点对 O 点角动量守恒：

$$2lv = r_{\min} v'$$

机械能守恒：

$$\frac{1}{2}mv^2 + \frac{1}{2}kl^2 = \frac{1}{2}mv'^2$$

解得

$$r_{\min} = \frac{2vl}{\sqrt{v^2 + \frac{k}{m}l^2}}$$

(3) 绳原长时如图 4-6 所示，初到绳原长有

$$2lv = lv_\varphi$$

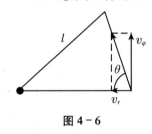

图 4-6

机械能守恒：

$$\frac{1}{2}mv^2 + \frac{1}{2}kl^2 = \frac{1}{2}m(v_r^2 + v_\varphi^2)$$

$$\tan\theta = \frac{v_\varphi}{v_r}$$

保持松弛时间

$$t = \frac{2l\cos\theta}{\sqrt{v_r^2 + v_\varphi^2}} = \frac{2lv_r}{v_r^2 + v_\varphi^2} = \frac{2l\sqrt{\frac{k}{m}l^2 - 3v^2}}{\frac{k}{m}l^2 + v^2}$$

> **练习 4-2** 质量均为 m 的小球 1,2 用长为 $4l$ 的不可伸长的柔软轻细线相连，线处于伸直状态，同以速度 v 沿着与线垂直的方向在光滑水平面上运动. 在运动过程中，线上距离小球 1 为 l 处与固定在水平面上的竖直光滑细钉相遇，如图 4-7 所示，设在以后的运动中两球不相碰. 试求小球 1 与钉的最大距离.
>
>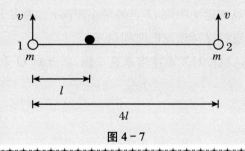
>
> 图 4-7

例 4-2 如图 4-8(a) 所示，质量为 m 的小球在旋转抛物面光滑的内侧表面做半径为 $2r$ 的水平圆周运动. 旋转抛物面方程为 $x^2 + y^2 = 4rz$，z 轴竖直向上. 突然小球因受到与

原速度垂直且与抛物面切面平行的瞬时冲击而获得该方向的分速度 $v=\sqrt{gr}$. 试证明：小球之后的运动正好将被限制在两个水平面之间，并求出两水平面的 z 坐标.

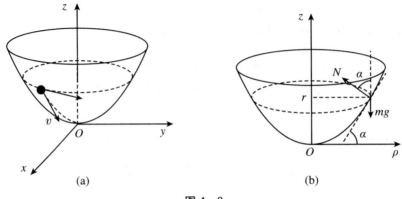

图 4 - 8

解 如图 4-8(b)所示，建柱坐标系，则旋转抛物面方程

$$\rho^2 = 4rz$$

小球原在抛物面上的圆周运动

$$\rho_0 = 2r$$

故小球圆周运动高度

$$z_0 = \frac{\rho_0^2}{4r} = r$$

小球圆周运动所在处

$$\tan \alpha = \frac{\mathrm{d}z}{\mathrm{d}\rho}(\rho_0, z_0) = \frac{2\rho_0}{4z_0} = 1$$

$$mg\tan \alpha = m\frac{u^2}{2r}$$

故

$$u = \sqrt{2gr}$$

冲击后，机械能守恒，冲击后到最高（或最低）点：

$$mgr + \frac{1}{2}m(u^2 + v^2) = mgz + \frac{1}{2}mv_\varphi^2$$

重力、支持力、冲击力对 z 轴力矩均为零，故对 z 轴角动量守恒，冲击后到最高（或最低）点：

$$2rmu = \rho m v_\varphi$$

以上三式联立解得

$$z = 2r \quad \text{或} \quad z = \frac{1}{2}r$$

4.1.2 惯性系中质点系、质心的角动量定理及角动量守恒定律

1. 惯性系中质点系的角动量定理和角动量守恒定律

对质点系,只需矢量叠加即可;而且质点系内相互作用力等大、反向、共线,故力矩之和为零;又质点系内相互作用力作用时间一定相等,故冲量矩之和为零;因此无须考虑质点系的内力的力矩、冲量矩.

质点系对某定点的角动量(动量矩)

$$L = \sum_i L_i = \sum_i r_i \times (m_i v_i) = \sum_i r_i \times p_i$$

注意

$$L \neq r_C \times \left[\left(\sum_i m_C\right) v_C\right]$$

质点系所受力对某定点的力矩

$$M = M_外 = \sum_i r_i \times F_i^外$$

注意

$$M \neq r_C \times F^外 \quad \text{或} \quad M \neq r_C \times \left[\left(\sum_i m_i\right) a_C\right]$$

质点系所受力对某定点的冲量矩(角冲量)

$$H = \int_{t_1}^{t_2} M \, dt = \int_{t_1}^{t_2} M^外 \, dt$$

质点系对某定轴的角动量,所受力对某定轴的力矩、冲量矩不再赘述;质点系转动定律、角动量定理、角动量守恒定律和分量表述(即对某定轴的表述)不再赘述.

2. 惯性系中质心的角动量定理和角动量守恒定律

若只研究质心的运动,只需将 4.1.1 小节推导中的质点替换为质点系的质心,牛顿第二定律替换为质心运动定理即可. 令

$$M = \sum_i m_i$$

质心对某定点的角动量

$$L_C = r_C \times (M v_C) = r_C \times p_C$$

质心受力(各力作用点均平移至质心)对某定点的力矩

$$M_C = r_C \times F^外 = r_C \times (M a_C)$$

质心受力(各力作用点均平移至质心)对某定点的冲量矩

$$H_C = \int_{t_1}^{t_2} M_C dt$$

质心角动量定理：

$$\int_{t_1}^{t_2} M_C dt = L_C(t_2) - L_C(t_1)$$

质心转动定律：

$$M_C = \frac{dL_C}{dt}$$

质心角动量守恒定律：各力作用点均平移至质心时各力对某定点的总力矩若始终为零，则质心对此定点的角动量守恒；若对某定轴的总力矩为零，则质心对此定轴的角动量守恒．

例 4-3　如图 4-9(a)所示，质量均为 m 的三个小球 A, B, C 置于光滑水平桌面上，用长均为 l 的两根轻质刚性杆光滑铰接，$\angle ABC = \pi - \alpha$ $(\alpha < \pi/2)$．整个系统在桌面上以速度 v 沿 AB 方向运动．当小球 C 与桌上垂直于 AB 的竖直光滑完全非弹性的固定壁相碰时，试求此壁受到的冲量．

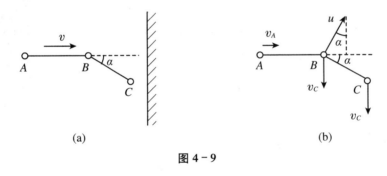

图 4-9

解　对桌面碰撞处转轴，碰撞前、后角动量守恒．设撞后速度如图 4-9(b)所示，则

$$l\sin\alpha \cdot 2mv = l\sin\alpha \cdot mv_A - l\cos\alpha \cdot mv_C + lmu$$

$$u\sin\alpha = v_A$$

ABC 系统沿壁方向动量守恒：

$$0 = m(u\cos\alpha - v_C) - mv_C$$

解得

$$u = \frac{4v\sin\alpha}{3\sin^2\alpha + 1}, \quad v_A = \frac{4v\sin^2\alpha}{1 + 3\sin^2\alpha}$$

ABC 系统垂直于壁方向：

$$I = 3mv - 2mv_A = \frac{mv(3 + \sin^2\alpha)}{1 + 3\sin^2\alpha}$$

壁受冲量等于 I，方向向右．

4.1.3 非惯性系中的角动量定理及角动量守恒定律

若取非惯性系，只需加入惯性力对（在此参考系中）定点的力矩、冲量矩即可，不再赘述．

1. 惯性力是否等效作用于质心分析

接 3.1.2 的分析，对非惯性系中质点系的重力、惯性力对某定点的力矩与冲量矩能否等效于力作用在质心做如下分析：

（1）均匀重力场中的重力

$$\boldsymbol{M}_G = \sum \boldsymbol{r}'_i \times m_i \boldsymbol{g} = \left(\sum m_i \boldsymbol{r}'_i\right) \times \boldsymbol{g} = \left(\sum m_i\right) \boldsymbol{r}'_C \times \boldsymbol{g}$$

故无论是平动还是转动非惯性系，重力对某定点的力矩之和等效于重力作用于质心时对此定点的力矩；冲量矩同理．

（2）平动加速系中的惯性力

$$\boldsymbol{M}'_{惯} = \sum \boldsymbol{r}'_i \times m_i \boldsymbol{a}_{惯} = \left(\sum m_i \boldsymbol{r}'_i\right) \times \boldsymbol{a}_{惯} = M \boldsymbol{r}'_C \times \boldsymbol{a}_{惯}$$

故平动惯性力对某定点的力矩之和等效于平动惯性力作用在质心时对此定点的力矩；冲量矩同理．

（3）转动系中的惯性力

惯性力

$$\boldsymbol{M}'_{离} = \sum \boldsymbol{r}'_i \times [-m_i \boldsymbol{\omega} \times (\boldsymbol{\omega} \times \boldsymbol{r}'_i)] = -\sum \boldsymbol{r}'_i \times [\boldsymbol{\omega} \times (\boldsymbol{\omega} \times m_i \boldsymbol{r}'_i)]$$

$$\boldsymbol{M}'_{切} = \sum \boldsymbol{r}'_i \times (-m_i \dot{\boldsymbol{\omega}} \times \boldsymbol{r}'_i) = -\sum \boldsymbol{r}'_i \times (\dot{\boldsymbol{\omega}} \times m_i \boldsymbol{r}'_i)$$

$$\boldsymbol{M}'_{科} = \sum \boldsymbol{r}'_i \times (-2m_i \boldsymbol{\omega} \times \boldsymbol{v}'_i) = -2\sum \boldsymbol{r}'_i \times (\boldsymbol{\omega} \times m_i \boldsymbol{v}'_i)$$

可以发现转动系中惯性力对某定点的力矩之和不能等效于惯性力作用于质心，应各质点均受，然后积分计算；冲量矩同理．

2. 质心系中质点系对质心的角动量定理和角动量守恒定律

（1）质心系中以质心为参考点时

$$\boldsymbol{M}'_{惯} = M\boldsymbol{r}'_C \times (-\boldsymbol{a}_C), \quad \boldsymbol{r}'_C = 0$$

则

$$\boldsymbol{M}'_{惯} = 0$$

故

$$\boldsymbol{M}' = \boldsymbol{M}'_{外} + \boldsymbol{M}'_{惯} = \boldsymbol{M}'_{外}$$

即在质心系中，惯性力对质心的力矩等于零，总力矩等于外力力矩．

(2) 质心系中质点系对质心的角动量定理：
$$\int_{t_1}^{t_2} \boldsymbol{M}'_{外} \mathrm{d}t = \boldsymbol{L}'(t_2) - \boldsymbol{L}'(t_1) \quad \text{或} \quad \boldsymbol{M}'_{外} \mathrm{d}t = \mathrm{d}\boldsymbol{L}'$$

(3) 质心系中对质心的角动量守恒定律：质心系中外力对质心的力矩等于零时，系统对质心的角动量守恒；质心系中外力对过质心的某轴力矩为零时，系统对此轴的角动量守恒.

4.1.4 角动量柯尼西定理

1. 角动量柯尼西定理的内容

质点系对某定点的角动量等于质心对此定点角动量加相对质心角动量. 表达式为
$$\boldsymbol{L} = \boldsymbol{L}_C + \boldsymbol{L}' \quad \text{或} \quad \boldsymbol{L} = \boldsymbol{r}_C \times M\boldsymbol{v}_C + \sum \boldsymbol{r}'_i \times m_i \boldsymbol{v}'_i$$

其中相对质心角动量即为质心系中质点系对质心的角动量.

证明 质心对某定点的角动量
$$\boldsymbol{L}_C = \boldsymbol{r}_C \times M\boldsymbol{v}_C$$

质心系中，质点系对质心的角动量
$$\boldsymbol{L}' = \sum (\boldsymbol{r}'_i \times m_i \boldsymbol{v}'_i)$$

质点系对此定点的角动量
$$\boldsymbol{L} = \sum \boldsymbol{r}_i \times m_i \boldsymbol{v}_i = \sum (\boldsymbol{r}'_i + \boldsymbol{r}_C) \times m_i \boldsymbol{v}_i$$
$$= \boldsymbol{r}_C \times (\sum m_i \boldsymbol{v}_i) + \sum \boldsymbol{r}'_i \times m_i (\boldsymbol{v}'_i + \boldsymbol{v}_C)$$
$$= \boldsymbol{r}_C \times M\boldsymbol{v}_C + \sum \boldsymbol{r}'_i \times m_i \boldsymbol{v}'_i + (\sum m_i \boldsymbol{r}'_i) \times \boldsymbol{v}_C$$
$$= \boldsymbol{r}_C \times M\boldsymbol{v}_C + \sum \boldsymbol{r}'_i \times m_i \boldsymbol{v}'_i + M\boldsymbol{r}'_C \times \boldsymbol{v}_C$$

质心系中
$$\boldsymbol{r}'_C = \boldsymbol{0}$$

故
$$\boldsymbol{L} = \boldsymbol{r}_C \times M\boldsymbol{v}_C + \sum \boldsymbol{r}'_i \times m_i \boldsymbol{v}'_i$$

2. 质点系受力对某定点力矩等于质心受力对此定点力矩加相对质心力矩

$$\boldsymbol{M} = \boldsymbol{M}_C + \boldsymbol{M}'$$

其中
$$\boldsymbol{M}_C = \boldsymbol{r}_C \times M\boldsymbol{a}_C, \quad \boldsymbol{M}' = \sum \boldsymbol{r}'_i \times m_i \boldsymbol{a}'_i = \sum \boldsymbol{r}'_i \times \boldsymbol{F}_i^{外}$$

相对质心力矩即质心系中质点系所受力对质心的力矩；$\boldsymbol{a}'_i$ 为 m_i 在质心系中的加速度，

故 m_ia_i' 为 m_i 所受的合力,包括质点系的内力(m_i 与其余质点的力)、惯性平动力.但由于质心系中惯性力等效作用于质心,故各质点惯性力对质心的力矩之和为零,又知道内力力矩之和为零,故质心系中各力对质心的总力矩等于各外力对质心力矩之和.

4.1.5 二质点系统

二质点系统,无论是否孤立,质心系中以质心为参考点的角动量
$$L' = r_1' \times m_1 v_1' + r_2' \times m_2 v_2'$$
引入相对位矢和相对速度,以 1 相对于 2 的运动为例:
$$u = v_1' - v_2', \quad r = r_1' - r_2'$$
质心系中
$$m_1 v_1' + m_2 v_2' = 0, \quad m_1 r_1' + m_2 r_2' = 0$$
联立解得
$$v_1' = \frac{m_2}{m_1 + m_2} u, \quad v_2' = -\frac{m_1}{m_1 + m_2} u, \quad r_1' = \frac{m_2}{m_1 + m_2} r, \quad r_2' = -\frac{m_1}{m_1 + m_2} r$$
故质心系中以质心为参考点时的角动量
$$L' = \frac{m_2}{m_1 + m_2} r \times m_1 \frac{m_2}{m_1 + m_2} u + \frac{m_1}{m_1 + m_2} r \times m_2 \frac{m_1}{m_1 + m_2} u = r \times \frac{m_1 m_2}{m_1 + m_2} u = r \times \mu u$$
恰好等于用约化质量表示的相对角动量.结合之前的推导,可以得出以下结论:

1. 二质点系统(无论是否孤立)的相对角动量等于质心系中以质心为参考点的角动量
$$L' = r \times \mu u$$
其中 r 为相对位矢,u 为相对速度.

2. 二质点(无论是否孤立)对某定点的角动量等于质心对此定点角动量加相对角动量
$$L = L_C + r \times \mu u$$

3. 孤立二体系统的相对角动量守恒
$$L' = r \times \mu u \text{ 守恒}$$
孤立二体系统角动量也是守恒的.

4. 非孤立二体系统,质心系中以质心为参考点时外力冲量矩等于相对角动量的变化量

角动量

$$\int_{t_1}^{t_2} M'_{\text{外}} dt = r_2 \times \mu u_2 - r_1 \times \mu u_1$$

例4-4 一根轻弹簧两端各连接一个质量为 m 的质点 A,B,放置于光滑水平面上.轻

弹簧的劲度系数为 k,原长为 l,初始处于原长状态.第三个质量也为 m 的质点 C 以垂直于弹簧的水平速度 V 运动,射中质点 B 并粘在 B 上.已知弹簧拉伸到的最大长度为 $3l$,试问 V 应为多大?

解 解法 1:C,B 相碰有
$$mV = 2mv$$
则
$$v = \frac{1}{2}V$$
撞后二体系统相对角动量守恒、相对机械能守恒,撞后到最大长度有
$$l\mu v = 3l\mu v', \quad \frac{1}{2}\mu v^2 = \frac{1}{2}\mu v'^2 + \frac{1}{2}k(3l-l)^2$$
其中
$$\mu = \frac{m \cdot 2m}{m+2m} = \frac{2}{3}m$$
解得
$$V = 3l\sqrt{\frac{3k}{m}}$$

例 4-4

解法 2:碰撞时,如图 4-10 所示,系统质心位置距 A,BC 分别为
$$r_A = \frac{2ml}{m+2m} = \frac{2}{3}l, \quad r_{BC} = \frac{ml}{m+2m} = \frac{1}{3}l$$

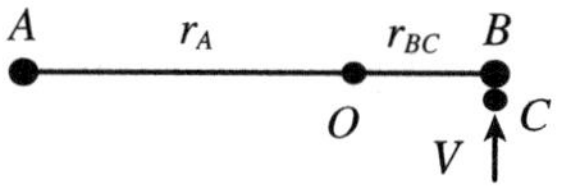

图 4-10

碰撞过程中系统对水平面上过系统质心的点角动量守恒:
$$r_{BC}mV = (mr_A^2 + 2mr_{BC}^2)\omega_0$$
则
$$\omega_0 = \frac{V}{2l}$$
撞后,质心系中机械能守恒,撞后到最大长度有
$$\frac{1}{2}(mr_A^2 + 2mr_{BC}^2)\omega_0^2 = \frac{1}{2}(mr_A'^2 + 2mr_{BC}'^2)\omega^2 + \frac{1}{2}k(3l-l)^2$$
其中
$$r_A' = \frac{2}{3} \cdot 3l = 2l, \quad r_{BC}' = \frac{1}{3} \cdot 3l = l$$
撞后到最大长度,系统对相撞时的质心点对应的桌面上的点角动量守恒:
$$r_{BC}mV = (2mr_{BC}'^2 + mr_A'^2)\omega$$
联立解得
$$V = 3l\sqrt{\frac{3k}{m}}$$

4.2 角动量与刚体动力学

4.2.1 刚体定轴转动

如图 4-11 所示,刚体绕 z 轴以 ω 做定轴转动,主要讨论绕 z 轴转动情况:

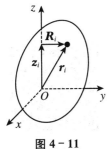

图 4-11

$$L_z = \sum_i R_i m_i v_i = \sum_i R_i m_i \omega R_i = \left(\sum_i m_i R_i^2\right)\omega$$

$$M_z = \sum_i R_i m_i \alpha R_i = \left(\sum_i m_i R_i^2\right)\alpha$$

动能

$$E_k = \sum_i \frac{1}{2} m_i v_i^2 = \sum_i \frac{1}{2} m_i (\omega R_i)^2 = \frac{1}{2}\left(\sum_i m_i R_i^2\right)\omega^2$$

由此给出以下物理量或定理:

1. 刚体对定轴的转动惯量、角动量

(1) 刚体对定轴 z 的转动惯量

$$I_z = \sum_i m_i R_i^2$$

其中 R_i 为刚体上质点与 z 轴的距离,R_i 垂直于 z 轴.

I_z 取决于刚体质量及其相对转轴 z 的分布,它是对定轴 z 转动惯性的量度.简写为

$$I = \sum_i m_i R_i^2$$

对比:质量 m 为平动惯性的量度.

(2) 刚体对定轴 z 的角动量

$$L_z = I_z \omega_z$$

简写为

$$L = I\omega$$

对比:动量

$$p = mv$$

2. 刚体定轴转动定律、角动量定理

(1) 刚体定轴转动定律

$$M_z = I_z \alpha_z$$

简写为

$$M = I\alpha$$

对比：牛顿第二定律

$$F = ma$$

(2) 刚体定轴角动量定理

$$\int_{t_1}^{t_2} M_z \mathrm{d}t = \Delta L_z = I_z\omega_2 - I_z\omega_1$$

对比：动量定理

$$\int_{t_1}^{t_2} \boldsymbol{F} \mathrm{d}t = \Delta \boldsymbol{p} = m\boldsymbol{v}_2 - m\boldsymbol{v}_1$$

3．刚体定轴转动动能定理

(1) 刚体定轴转动动能

$$E_k = \frac{1}{2} I_z \omega_z^2$$

简写为

$$E_k = \frac{1}{2} I \omega^2$$

对比：动能

$$E_k = \frac{1}{2} m v^2$$

(2) 刚体定轴转动时的功

$$\mathrm{d}W = \sum_i F_{it} R_i \mathrm{d}\varphi = \left(\sum_i F_{it} R_i\right)\mathrm{d}\varphi = M\mathrm{d}\varphi$$

对比：功

$$\mathrm{d}W = \boldsymbol{F} \cdot \mathrm{d}\boldsymbol{l}$$

注意：刚体非定轴转动时 $\mathrm{d}W \neq M_z \mathrm{d}\varphi$，应为力矩的功加径向力的功加轴向力的功．

(3) 刚体定轴转动动能定理

$$\int_{\varphi_1}^{\varphi_2} M \mathrm{d}\varphi = \frac{1}{2} I \omega_2^2 - \frac{1}{2} I \omega_1^2$$

4．刚体在非惯性系中的定轴转动

若为非惯性系的定轴，需考虑惯性力的力矩、冲量矩、功；若在质心系中选取过质心的转轴，则惯性力矩、冲量矩、功均为零，形式上与惯性系中一致，无须计及惯性力的作用．

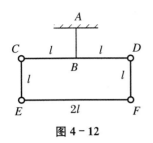

图 4-12

例 4-5 如图 4-12 所示,长度等于 $2l$ 的轻质刚性杆 CD, EF 各端点均固连质量为 m 的质点,CE,DF 为长度等于 l 的不可伸长的细线. CD 杆中点 B 用一根细线悬于天花板 A 点. 突然剪断细线 DF,试求剪断后瞬时细线 AB 中的张力.

解 剪断瞬间,CD(含质点)受力为竖直方向,故质心 B 点水平不动;又 AB 长度不变,故 B 点不动. CD 杆绕 B 点定轴转动,设线 CE 张力为 T',则

$$T'l = 2ml^2 \alpha$$

即

$$\alpha = \frac{T'}{2ml}$$

C 点加速度竖直向下,大小为

$$a = \alpha l$$

轻杆 EF 不能对质点提供竖直方向的力,C 和 E 质点加速度相等,故对 E 质点有

$$mg - T' = ma$$

联立解得

$$T' = \frac{2}{3}mg$$

CD(含质点)竖直方向质心静止,故

$$T = T' + 2mg = \frac{8}{3}mg$$

5. 回转半径

由转动惯量的定义可以看出,转动惯量可以写成

$$I = mk^2$$

其中 m 为总质量,k 为回转半径. 相同质量时,回转半径越大,转动惯量越大.

6. 转动惯量的计算

(1) 定义法. 对某转轴

$$I = \sum_i m_i R_i^2$$

其中 R_i 为到转轴的距离;对 x,y,z 轴转动惯量分别为

$$I_x = \sum_i m_i (y_i^2 + z_i^2), \quad I_y = \sum_i m_i (x_i^2 + z_i^2), \quad I_z = \sum_i m_i (x_i^2 + y_i^2)$$

(2) 平行轴定理:刚体对某一轴线的转动惯量 I 等于对通过质心并与之平行的轴的转动惯量 I_C 加上总质量 M 与两轴线距离 d 平方的乘积.表达式为
$$I = I_C + Md^2$$

证明 如图 4-13 所示,对 O 轴有

$$\begin{aligned} I &= \sum_i m_i R_i^2 = \sum_i m_i (\boldsymbol{R}_i' + \boldsymbol{d})^2 \\ &= \sum_i m_i R_i'^2 + \sum_i m_i d^2 + 2\sum_i m_i \boldsymbol{R}_i' \cdot \boldsymbol{d} \\ &= I_C + (\sum_i m_i) d^2 + 2(\sum_i m_i \boldsymbol{R}_i') \cdot \boldsymbol{d} \\ &= I_C + Md^2 + 2M \boldsymbol{R}_C' \cdot \boldsymbol{d} \end{aligned}$$

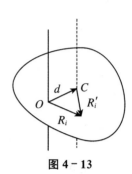

图 4-13

质心系中
$$\boldsymbol{R}_C' \equiv \boldsymbol{0}$$
故
$$I = I_C + Md^2$$

(3) 垂直轴定理:在刚体上取直角坐标系 $O\text{-}xyz$,则
$$I_x + I_y + I_z = 2\sum_i m_i r_i^2$$
其中 r_i 为到原点的距离.

证明
$$\begin{aligned} I_x + I_y + I_z &= \sum_i m_i(y_i^2 + z_i^2) + \sum_i m_i(x_i^2 + z_i^2) + \sum_i m_i(x_i^2 + y_i^2) \\ &= 2\sum_i m_i(x_i^2 + y_i^2 + z_i^2) = 2\sum_i m_i r_i^2 \end{aligned}$$

垂直轴定理推论:一个平面分布质点组,取直角坐标系 $O\text{-}xyz$,z 轴垂直此平面,x,y 轴在此平面内,则
$$I_z = I_x + I_y$$

证明 此质点组中任意质点
$$z_i = 0$$
故
$$I_z = \sum_i m_i(x_i^2 + y_i^2) = \sum_i m_i x_i^2 + \sum_i m_i y_i^2 = I_y + I_x$$

(4) 量纲分析法.设
$$I = kma^2$$
m,a 为刚体质量及相应几何长度,相似的刚体对对应轴的 k 应为定值.

练习 4-3 （1）试分别求均匀圆环对过圆心垂直于圆环面的轴、过某直径的轴的转动惯量. 已知圆环质量为 m，半径为 r.

（2）圆环改为圆盘，其余条件不变，再求上述转动惯量.

练习 4-4 试求均匀圆柱体对轴线的转动惯量、对过质心垂直于轴线的转轴的转动惯量、对过一端的圆心且垂直于轴线的转轴的转动惯量. 已知圆柱体质量为 m，长度为 l，半径为 r.

练习 4-5 试求均匀球壳（或球体）对过球心的轴的转动惯量. 已知球壳（或球体）质量为 m，半径为 r.

练习 4-6 如图 4-14 所示，试求均匀正方形薄片 $ABCD$ 对 BD 轴的转动惯量. 已知其质量为 m，边长为 a.

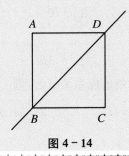

图 4-14

例 4-6 如图 4-15(a)所示，质量为 m、长为 l 的匀质细杆可绕过端点 O 的水平光滑转轴转动. 将细杆从水平位置静止释放，当摆角为 θ 时，试求：

（1）细杆旋转角速度 ω 和角加速度 β；

（2）转轴处提供的沿杆长方向的支持力 N_1 和垂直于杆长方向的支持力 N_2.

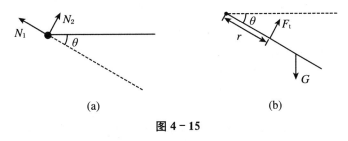

图 4-15

解 （1）由机械能守恒得

$$mg\frac{l}{2}\sin\theta = \frac{1}{2}I\omega^2 - 0, \quad I = \int_0^l \frac{\mathrm{d}l}{l}mx^2 = \frac{1}{3}ml^2$$

故

$$\omega = \sqrt{\frac{3g}{l}\sin\theta}$$

由转动定律得

$$mg\frac{l}{2}\cos\theta = I\beta \Rightarrow \beta = \frac{3g}{2l}\cos\theta$$

或

$$\beta = \frac{d\omega}{dt} = \frac{d\omega}{d\theta}\frac{d\theta}{dt} = \sqrt{\frac{3g}{l}}\frac{\cos\theta}{2\sqrt{\sin\theta}}\omega = \frac{3g}{2l}\cos\theta$$

（2）由质心运动定理得

$$N_1 - mg\sin\theta = m\omega^2\frac{l}{2} \Rightarrow N_1 = \frac{5}{2}mg\sin\theta$$

$$mg\cos\theta - N_2 = m\beta\frac{l}{2} \Rightarrow N_2 = \frac{1}{4}mg\cos\theta$$

讨论：刚性细杆横向分布力的内在矛盾.

上题中，试求距轴为 r 处横截面两侧部分的垂直于杆的相互作用力.（第 30 届全国中学生物理竞赛复赛）

解 角加速度前已解出. 如图 4-15(b) 所示，F_t 为内侧 r 部分对外侧 $l-r$ 部分的切向力，对外侧 $l-r$ 部分，根据质心运动定理

$$\frac{l-r}{l}mg\cos\theta - F_t = \frac{l-r}{l}m\cdot\beta\left(r+\frac{l-r}{2}\right)$$

解得

$$F_t = \frac{l-r}{l}mg\left[1 - \frac{3(l+r)}{4l}\right]\cos\theta$$

讨论

发现当 $r \geqslant l/3$ 时 $F_t \leqslant 0$，这与 $l-r$ 部分的质心系角动量定理或转动定律相矛盾，只有当 $F_t > 0$ 时 $l-r$ 部分才能有顺时针角加速度. 这一矛盾是由刚体细杆模型造成的，真实杆有体结构，杆在转动过程中会发生扭曲，杆中出现径向分布性张力，提供顺时针方向的角加速度，在 $r = l/3$ 处扭曲程度最高（详见《力学》，舒幼生），所以烟囱在倾倒时最容易断裂处往往在此位置.

例 4-7 如图 4-16(a) 所示，质量为 M、半径为 R 的匀质实心滑轮可绕过轮心的光滑水平转轴转动，滑轮与轻绳间的摩擦因数处处相同，两侧物块质量的大小关系为 $m_1 > m_2$.

（1）设绳与滑轮间无相对滑动，试求物块运动加速度大小 a；

（2）为使绳与滑轮间无相对滑动，试求摩擦因数 μ 的取值范围.

解 （1）对 m_1, m_2，滑轮（及滑轮上的绳）分别有

$$m_1 g - T_1 = m_1 a, \quad T_2 - m_2 g = m_2 a$$

$$T_1 R - T_2 R = I\alpha, \quad I = \int_0^R \frac{2\pi r dr}{\pi R^2}Mr^2 = \frac{1}{2}mR^2$$

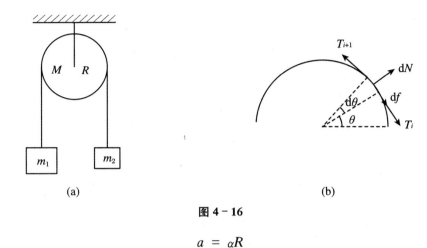

图 4-16

$$a = \alpha R$$

联立解得

$$a = \frac{2(m_1 - m_2)}{M + 2(m_1 + m_2)}g$$

或:以滑轮水平轴为轴,对 m_1,m_2,滑轮系统有

$$m_1 gR - m_2 gR = \left(\frac{1}{2}MR^2 + m_1 R^2 + m_2 R^2\right)\alpha$$

$$a = \alpha R$$

结果同上.

(2) 如图 4-16(b)所示,$\mathrm{d}\theta$ 对应的绳元

$$\mathrm{d}f = T_{i+1} - T_i = \mathrm{d}T, \quad \mathrm{d}N = T\mathrm{d}\theta, \quad \mathrm{d}f \leqslant \mu \mathrm{d}N$$

联立解得

$$\mathrm{d}T \leqslant \mu T \mathrm{d}\theta$$

即

$$\frac{\mathrm{d}T}{T} \leqslant \mu \mathrm{d}\theta$$

积分

$$\int_{T_2}^{T_1} \frac{\mathrm{d}T}{T} \leqslant \int_0^\pi \mu \mathrm{d}\theta$$

则

$$\ln \frac{T_1}{T_2} \leqslant \mu \pi$$

由(1)解得

$$T_1 = \frac{(M + 4m_2)m_1}{M + 2(m_1 + m_2)}g, \quad T_2 = \frac{(M + 4m_1)m_2}{M + 2(m_1 + m_2)}g$$

联立解得

$$\mu \geqslant \frac{1}{\pi} \ln \frac{(M+4m_2)m_1}{(M+4m_1)m_2}$$

4.2.2 刚体平面平行运动

1. 动力学方程

在运动平面(设为 Oxy 平面)内可列质心运动定理(或两个分量方程)
$$F = ma_C \quad \text{或} \quad F_x = ma_{Cx}, F_y = ma_{Cy}$$
绕垂直此平面某根定轴(设为 z 轴)可列转动方程或角动量定理
$$M_z = I_z \alpha \quad \text{或} \quad M_z \mathrm{d}t = \mathrm{d}L_z$$

若定轴所在参考系为非惯性系,需考虑惯性力矩;若质心系中过质心为定轴,则无须考虑惯性力矩.有时还有垂直运动平面的平衡方程.

注意:若列 $M_z = I_z \alpha$,则转轴必须选在刚体或其延拓上,否则没有各点相对转轴的角速度或角加速度相等的结论;若列角动量定理,转轴可不在刚体或其延拓上,可利用"刚体角动量 = 质心角动量 + 相对质心角动量",则"相对质心角动量"项中各质点的角速度、角加速度都相等.

2. 动能定理

由质心平动动能定理
$$\int_1^2 F \cdot \mathrm{d}r_C = \Delta \left(\frac{1}{2} m v_C^2 \right)$$
和过质心轴转动动能定理
$$\int_1^2 M_z \mathrm{d}\varphi = \Delta \left(\frac{1}{2} I_C \omega^2 \right)$$
以及柯尼西定理
$$E_k = E_{kC} + E_k' = \frac{1}{2} m v_C^2 + \frac{1}{2} I_C \omega^2$$
得
$$\int_1^2 F \cdot \mathrm{d}r_C + \int_1^2 M_z \mathrm{d}\varphi = \Delta \left(\frac{1}{2} m v_C^2 + \frac{1}{2} I_C \omega^2 \right)$$
其与动能定理是一致的,即
$$W_{总} = \Delta E_k$$

例 4-8 如图 4-17 所示,光滑水平地面上静止放置质量为 M、长为 l 的均匀细杆.质量为 m 的质点以垂直于杆的水平初速度 v_0 与杆的一端做完全非弹性碰撞并粘在一起.

试求：
(1) 碰后系统质心 C 的位置、速度及绕质心的角速度；
(2) 实际的瞬时转轴 O' 位于何处？

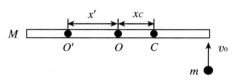

图 4-17

例 4-8

解 解法 1：(1) 由动量守恒得

$$mv_0 = (M+m)v_C$$

则

$$v_C = \frac{m}{M+m}v_0$$

设碰后系统质心 C 位于杆中点 O 右侧 x_C 处，则

$$x_C = \frac{m\dfrac{l}{2}}{M+m} = \frac{m}{2(M+m)}l$$

杆对 O 的转动惯量

$$I_O = 2\int_0^{\frac{l}{2}} \frac{\mathrm{d}x}{l}Mx^2 = \frac{1}{12}Ml^2$$

故碰后系统对质心 C 的转动惯量

$$I = \frac{1}{12}Ml^2 + Mx_C^2 + m\left(\frac{l}{2}-x_C\right)^2$$

碰撞过程对地面上过质心的点角动量守恒：

$$\left(\frac{l}{2}-x_C\right)mv_0 = I\omega$$

解得

$$\omega = \frac{6mv_0}{(M+4m)l}$$

(2) 设瞬时转轴 O' 位于中点 O 左侧 x' 处，则

$$v_C = \omega(x'+x_C)$$

故

$$x' = \frac{1}{6}l$$

解法 2：x_C，v_C 同上；碰撞过程对地面过杆中点处角动量守恒：

$$\frac{l}{2}mv_0 = \frac{1}{12}Ml^2\omega + \frac{l}{2}mv_m$$

$$v_m = v_C + \omega\left(\frac{l}{2} - x_C\right)$$

联立解得 ω, v_m；再利用 v_m 或 v_C 解出瞬时转轴 O' 的位置 x'.

> **练习 4-7** 一根长为 L 的轻硬杆两端固定两个质量均为 m 的质点，放在光滑水平面上。对其中一个质点施加垂直于初始杆方向的恒力 F，试求当杆转过 $90°$ 时杆中的张力。
>
> **练习 4-8** 匀质圆环水平静置在光滑水平面上，质量与环相等的甲虫（可视为质点）从静止开始沿环爬行。某时刻甲虫在环上爬行时相对于环的角速度为 ω_0，试问此时刻圆环和甲虫各如何运动？当甲虫相对环爬行一圈后，环相对环心的角位移为多少？
>
> **练习 4-9** 一根长为 l 的匀质细直杆在光滑水平地面上绕过其中心的竖直轴以角速度 ω_0 旋转，杆是自由的，并没有实体的转轴。杆的一端有一个竖直光滑小孔，突然将一根细轴竖直穿过此小孔并固定在地面上，试求杆随后绕过此竖直轴旋转的角速度。如果再放开，杆将如何运动？

3. 车轮在平直地面上的纯滚动

若车轮质量为 m，半径为 r，角速度为 ω，角加速度为 α，则轮心的速度、加速度分别为

$$v_C = \omega r, \quad a_C = \alpha r$$

车轮的动能可由柯尼西定理得到：

$$E_k = \frac{1}{2}mv_C^2 + \frac{1}{2}mr^2\omega^2 = m\omega^2 r^2$$

或借助平行轴定理和速度瞬心得到：

$$E_k = \frac{1}{2}(I_C + mr^2)\omega^2 = \frac{1}{2}(mr^2 + mr^2)\omega^2 = m\omega^2 r^2$$

刚体在固定刚性面上做纯滚动时产生的摩擦力为静摩擦力，接触点速度为零，由

$$P = \boldsymbol{f} \cdot \boldsymbol{v} = 0$$

可知摩擦力实际不做功；然而在质心平动动能定理和过质心轴的转动动能定理中均有摩擦力（矩）的功，实际上这两个功之和为零，不会摩擦生热，带来的是平动动能和转动动能的相互转化.

例 4-9 如图 4-18(a) 所示，圆环的质量为 m，半径为 R，以某一初速度沿倾角为 θ 的斜面向上纯滚动，试求圆环环心的加速度、圆环所受摩擦力的大小和方向，以及摩擦因数的最小值.

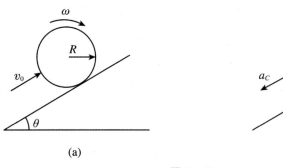

图 4-18

解 解法1:只有重力做功,对元过程列动能定理,取沿斜面向上为 x 正方向,则

$$-mg\mathrm{d}x\sin\theta = \mathrm{d}\left(\frac{1}{2}mv_C^2 + \frac{1}{2}mR^2\omega^2\right)$$

纯滚动,故

$$v_C = \omega R$$

联立解得

$$-mg\mathrm{d}x\sin\theta = \mathrm{d}(mv_C^2) = 2mv_C\mathrm{d}v_C$$

两边同除以 $\mathrm{d}t$ 得

$$-mgv_C\sin\theta = 2mv_Ca_C$$

则

$$a_C = -\frac{1}{2}g\sin\theta \quad (\text{沿斜面向下})$$

由质心运动定理得

$$f - mg\sin\theta = ma_C$$

则

$$f = \frac{1}{2}mg\sin\theta \quad (\text{沿斜面向上})$$

又

$$N = mg\cos\theta, \quad f \leqslant \mu N$$

故

$$\mu \geqslant \frac{1}{2}\tan\theta$$

注 判断静摩擦力方向,可假设斜面光滑,则质心速度减小,圆环角速度不变,故圆环与斜面接触处速度沿斜面向下,于是静摩擦力沿斜面向上.沿斜面向下纯滚动时,静摩擦力方向也是沿斜面向上的.

解法2:受力如图 4-18(b)所示,取沿斜面向下为正方向,由质心运动定理得

$$mg\sin\theta - f = ma_C$$

纯滚动,故
$$a_C = \alpha R$$

以质心为轴,由转动定律得
$$fR = mR^2\alpha \qquad ☆$$

联立解得
$$\alpha = \frac{g\sin\theta}{2R}$$

$$a_C = \frac{1}{2}g\sin\theta \quad (沿斜面向下)$$

$$f = \frac{1}{2}mg\sin\theta \quad (沿斜面向上)$$

μ 同解法1.

注 ☆式可替换为以接触处圆环上的点为转轴的转动定律表达式,即
$$mgR\sin\theta = (mR^2 + mR^2)\alpha$$
这个式子不是所有情况下都是正确的,此(接触处)转轴系为非惯性系,需考虑惯性力.

图 4-19(a)所示为圆环上接触处点的加速度情况,随同质心加速度 a_C 与相对质心圆周运动的切向加速度 a_t 恰好等大反向,故加速度等于相对质心圆周运动的向心加速度 a_n;在此转轴系中,圆环受力如图 4-19(b)所示,惯性力 ma_n 对此转轴无力矩,故上式是正确的.

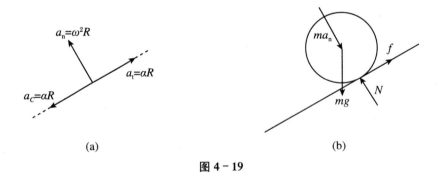

图 4-19

若圆环与斜面间有相对滑动,则未必有此结果.

不加证明地给出结论:刚体平面平行运动中,瞬心位置随时间变化,刚体相对瞬时转轴的转动惯量 I_M 也随时间变化,当
$$\frac{dI_M}{dt} = 0$$
时,外力对瞬时转轴的力矩等于刚体对瞬时转轴的转动惯量与刚体角加速度的乘积,即

$$M_{\text{外},M} = I_M \alpha$$

例如均匀圆环、圆柱、球在平面或曲面纯滚动时,相对瞬时转轴 I_M 不变,可列此式.(参见《力学》,舒幼生,瞬时轴转动定理.)

例4-10 如图 4-20 所示,A, B 是光滑水平地面上的两个完全相同的平板,质量均为 m. 初始 A 板以 $u = \sqrt{8gR}$ 匀速向右运动,B 板静止,且 B 板上静置一个半径为 R、质量也为 m 的匀质薄圆筒,薄圆筒与 B 板接触点离 B 板左端也为 R. 薄圆筒与平板间的摩擦因数为 $\mu = 1/3$. 某时刻(记为 $t=0$)A 板与 B 板发生完全非弹性碰撞(但不粘连在一起). 试问:自碰撞瞬时算起,经多长时间薄圆筒开始在板上做纯滚动?设板足够长.

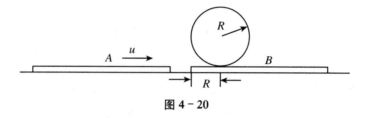

图 4-20

解 A 板与 B 板碰撞,则

$$mu = 2mv_0 \quad \Rightarrow \quad v_0 = \frac{1}{2}u = \sqrt{2gR}$$

碰后到筒到 A 板,设尚未纯滚动,对 A, B 有

$$\mu mg = 2ma \quad \Rightarrow \quad a = \frac{1}{2}\mu g = \frac{1}{6}g$$

以 AB 为参考系,对筒有

$$\mu mg + ma = ma' \quad \Rightarrow \quad a' = \frac{1}{2}g$$

筒到 A 时

$$R = v_0 t_1 - \frac{1}{2}a' t_1^2 \quad \Rightarrow \quad t_1 = 2(\sqrt{2}-1)\sqrt{\frac{R}{g}} \quad (\text{舍大})$$

此时筒

$$v' = v_0 - a' t_1 = \sqrt{gR} \quad (\text{向左})$$

筒对质心轴有

$$\mu mgR t_1 = mR^2 \omega \quad \Rightarrow \quad \omega = 2(\sqrt{2}-1)\mu\sqrt{\frac{g}{R}} = \frac{2}{3}(\sqrt{2}-1)\sqrt{\frac{g}{R}}$$

故

$$\omega R = \frac{2}{3}(\sqrt{2}-1)\sqrt{gR} < v' = \sqrt{gR}$$

未达纯滚动,与假设相符.

筒到 A 后,B 匀速直线运动,对 A 有

$$\mu mg = ma_A \quad \Rightarrow \quad a_A = \mu g = \frac{1}{3}g$$

以 A 为参考系,对筒有

$$\mu mg + ma_A = ma'' \quad \Rightarrow \quad a'' = \frac{2}{3}g$$

至纯滚动,对筒有

$$v'' = v' - a'' t_2$$

筒对质心轴有

$$\mu mgR(t_1 + t_2) = mR^2 \omega'$$

纯滚动有

$$\omega' R = v''$$

联立解得

$$t_2 = \sqrt{\frac{R}{g}} - \frac{1}{3}t_1$$

故用时

$$t = t_1 + t_2 = \frac{1}{3}(4\sqrt{2} - 1)\sqrt{\frac{R}{g}}$$

4.3 有心力场

若质点在运动过程中受到的力始终通过某固定点,则此力称为有心力,此固定点称为力心.一般有心力大小只与到力心距离 r 有关,取力心为原点,可表示为

$$\boldsymbol{F} = f(r)\boldsymbol{e}_r$$

$f(r) > 0$,为斥力;$f(r) < 0$,为引力.

质点在一个平面内运动时,有:

1. 动力学方程

径向动力学方程

$$m(\ddot{r} - r\dot{\varphi}^2) = f(r)$$

横向动力学方程

$$m(r\ddot{\varphi} + 2\dot{r}\dot{\varphi}) = \frac{1}{r}\frac{d(mr^2\dot{\varphi})}{dt} = 0$$

2. 守恒方程

角动量守恒方程

$$L = mr^2\dot{\varphi} = rmv_\varphi$$

等价于质点与力心连线在相等时间扫过相等面积,或面积速度相等,也等价于横向动力学方程.

若有心力函数满足可积条件,即

$$-f(r)dr = dU(r)$$

则存在势能 $U(r)$,有机械能守恒方程

$$E = \frac{1}{2}m(\dot{r}^2 + r^2\dot{\varphi}^2) + U(r)$$

L,E 均由初始条件决定.

3. 径向运动微分方程

由角动量守恒方程推出 $\dot{\varphi}$:

$$\dot{\varphi} = \frac{L}{mr^2} \qquad \triangle$$

将其代入径向动力学方程得

$$m\ddot{r} - \frac{L^2}{mr^3} = f(r)$$

变成仅含有 r 的表达式,原则上可解出 $r = r(t)$;$r = r(t)$ 代入△式可解出 $\varphi = \varphi(t)$.

可以由此讨论质点运动的范围、平衡时的位置、平衡位置附近的径向微小振动、进动等(平衡位置附近的径向微小振动、进动参见第 6 章).

4. 有效势能

设法将机械能守恒中的 φ 约掉,变成仅含有 r 的表达式,可将△式代入机械能守恒方程得

$$E = \frac{1}{2}m\dot{r}^2 + \frac{1}{2}mr^2\left(\frac{L}{mr^2}\right)^2 + U(r) = \frac{1}{2}m\dot{r}^2 + \frac{L^2}{2mr^2} + U(r)$$

机械能守恒可表示为

$$E = \frac{1}{2}m\dot{r}^2 + V_{\text{eff}}(r) \qquad ☆$$

其中 $V_{\text{eff}}(r)$ 称为有效势能:

$$V_{\text{eff}}(r) = U(r) + \frac{L^2}{2mr^2}$$

有效势能的引入可以把质点的二维平面运动用一个等效的一维运动代替,利用☆式可以讨论质点运动的范围、平衡时的位置、平衡位置附近的径向微小振动、进动等(平衡位置附近的径向微小振动、进动参见第 6 章).

另外,也可选质点与力心连线为参考系,力心为固定点,则 $\dot{\varphi}$ 为参考系角速度.质点相对力心只在径向运动,科里奥利力与惯性切向力相平衡且均不做功,只有径向的有心力和惯性离心力做功.径向动力学方程为

"离心"势能

$$m\ddot{r} = f(r) + mr\dot{\varphi}^2 = f(r) + \frac{L^2}{mr^3}$$

有心力 $f(r)$ 为保守力,对应的势能记为 $U_1(r)$;惯性离心力由其形式 $L^2/(mr^3)$ 及 L 为恒量可知为保守力,对应的势能记为 $U_2(r)$.总势能为

$$U'(r) = U_1(r) + U_2(r)$$

质点机械能仍守恒,为

$$E = \frac{1}{2}m\dot{r}^2 + U'(r)$$

对 $U_2(r)$,取惯性离心力为零处即无穷远处为势能零点较方便,则

$$U_2(r) = \int_r^\infty \frac{L^2}{mr^3} \mathrm{d}r = \frac{L^2}{2mr^2}$$

一种观点是这种情形下惯性离心力为保守力,故 $U_2(r)$ 可称为离心势能;另一种观点是在现在所取的非惯性系中任意一个质点做任意一种运动,惯性离心力均为保守力时,才可称对应的势能为离心势能,则只有匀速转动参考系中才有离心势能,此处的 $U_2(r)$ 就只能称为有效或等效势能了.

注意,前边的有效势能 $V_{\text{eff}}(r)$ 中也有 $L^2/(2mr^2)$ 项,但当时的处理方式并不涉及非惯性系的选取,自然也就没有惯性离心力及对应的势能,故 $V_{\text{eff}}(r)$ 中的 $L^2/(2mr^2)$ 绝不能称为离心势能.

例 4-11 两个质量均为 m 的质点由一根穿过光滑水平桌面上小孔的不可伸长细绳相连,绳长为 l,如图 4-21 所示.初始桌上质点的角动量为 L,距 z 轴为 r_0,径向速度为 v_{r0}.

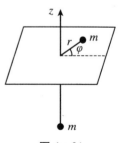

图 4-21

(1) 若悬挂质点保持静止,即 $v_r = v_{r0} = 0$,试求 r_0 与 L 满足的关系,并求桌上质点的角速度;

(2) 若悬挂质点在竖直方向有运动,试求桌上质点距 z 轴的距

离范围 r 满足的方程,并做讨论.

解 解法 1:桌面上质点位置 $(r, \varphi, 0)$,悬挂质点位置 $(0, 0, z)$,则
$$r - z = l$$
故
$$\dot{r} = \dot{z}, \quad \ddot{r} = \ddot{z}$$
桌面上质点角动量守恒(由初始条件决定):
$$L = mr^2\dot{\varphi} \qquad \triangle$$
桌面上质点径向动力学方程
$$m(\ddot{r} - r\dot{\varphi}^2) = -T$$
悬挂质点
$$T - mg = m\ddot{z}$$
联立解得
$$2m\ddot{r} - \frac{L^2}{mr^3} + mg = 0, \quad 0 \leqslant r \leqslant l \qquad \star$$

(1) 悬挂质点静止,故
$$r = r_0, \quad \dot{r} = 0, \quad \ddot{r} = 0$$
代入☆式、△式得
$$r_0 = \sqrt[3]{\frac{L^2}{m^2 g}}, \quad \dot{\varphi} = \frac{L}{mr_0^2}$$
此即为所求 r_0 与 L 的关系、桌上质点的角速度,桌上质点匀速圆周运动.

(2) 悬挂质点在竖直方向运动时,将☆式对 r 积分得
$$C = \int 2m \frac{\mathrm{d}\dot{r}}{\mathrm{d}t} \mathrm{d}r + \int \left(-\frac{L^2}{mr^3}\right) \mathrm{d}r + \int mg \mathrm{d}r$$
$$= \int 2m\dot{r} \mathrm{d}\dot{r} + \int \left(-\frac{L^2}{mr^3}\right) \mathrm{d}r + \int mg \mathrm{d}r$$
$$= m\dot{r}^2 + \frac{L^2}{2mr^2} + mgr$$
其中由初始条件知
$$C = mv_{r0}^2 + \frac{L^2}{2mr_0^2} + mgr_0$$
在 r 的极值处 $\dot{r} = 0$,故运动范围的极值满足
$$\frac{L^2}{2mr^2} + mgr = mv_{r0}^2 + \frac{L^2}{2mr_0^2} + mgr_0$$
为关于 r 的三次方程,若在 $[0, l]$ 之间有两个实根 r_1, r_2,则运动范围为 $r_1 \leqslant r \leqslant r_2$(设 $r_1 < r_2$);若在 $[0, l]$ 之间只有一个实根,则悬挂质点会撞到桌面.

解法 2:同解法 1,有
$$\dot{r} = \dot{z}, \quad L = mr^2\dot{\varphi}$$

系统机械能守恒:
$$E = mgz + \frac{1}{2}m\dot{z}^2 + \frac{1}{2}m[\dot{r}^2 + (\dot{\varphi}r)^2]$$
$$= \frac{1}{2}(2m)\dot{r}^2 + \left[\frac{L^2}{2mr^2} + mg(r-l)\right] \quad ★$$

令
$$V_{\text{eff}}(r) = \frac{L^2}{2mr^2} + mg(r-l)$$

如图 4-22 所示,系统机械能 E 与有效势能 $V_{\text{eff}}(r)$ 图线的交点 $r(r<l)$ 坐标为桌上质点运动范围.

(1) 悬挂质点静止,故桌上质点做圆周运动:
$$r = r_0$$

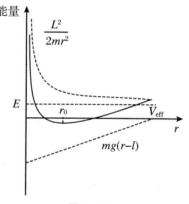

图 4-22

E 应与 $V_{\text{eff}}(r)$ 图线极值处相切,故
$$V'_{\text{eff}}(r_0) = \frac{\mathrm{d}V_{\text{eff}}(r)}{\mathrm{d}r}\bigg|_{r=r_0} = mg - \frac{L^2}{mr_0^3} = 0$$
则
$$r_0 = \sqrt[3]{\frac{L^2}{m^2 g}}$$

由角动量守恒表达式知桌面上质点
$$\dot{\varphi} = \frac{L}{mr_0^2}$$

做匀速圆周运动.

(2) 悬挂质点在竖直方向运动时,在 r 的极值处 $\dot{r}=0$,由 ★式得运动范围的极值满足
$$\frac{L^2}{2mr^2} + mg(r-l) = \frac{1}{2}(2m)\dot{r}_0^2 + \frac{L^2}{2mr_0^2} + mg(r_0-l)$$

即
$$\frac{L^2}{2mr^2} + mgr = mv_{r0}^2 + \frac{L^2}{2mr_0^2} + mgr_0$$

之后同解法 1.

5. 孤立二体系统与有心力场

孤立二体系统可用约化质量的方法化为有心力场的问题讨论.

4.4 天体运动

4.4.1 开普勒三定律

内容略.其中开普勒第二定律等价于角动量守恒定律,等价于横向动力学方程.

开普勒第三定律可用于计算椭圆轨道的周期,例如 m 绕 $M(M \gg m)$ 沿椭圆轨道运动,其轨道半长轴为 a,则其周期与 m 以 a 为半径绕 M 圆周运动时周期相同,故

$$G\frac{Mm}{a^2} = m\frac{4\pi^2}{T^2}a$$

即

$$T = \sqrt{\frac{4\pi^2 a^3}{gM}}$$

4.4.2 万有引力与引力势能

在第 2 章和第 3 章已经分别学习了相距为 r 的两质点 m_1, m_2 间的万有引力与引力势能(取相距无穷远引力势能为零)的表达式,分别为

$$\boldsymbol{F} = -G\frac{m_1 m_2}{r^3}\boldsymbol{r} = -G\frac{m_1 m_2}{r^2}\boldsymbol{e}_r, \quad E_p = -G\frac{m_1 m_2}{r}$$

> **练习 4-10** 试证明质量分布均匀的球壳对其内部质点引力为零.
>
> **练习 4-11** 质量分布均匀的球壳,半径为 R,质量为 M,在其内部距球心 r_0 ($r_0 < R$)处有一质点 m,试求球壳与质点间的万有引力大小与引力势能.若球壳改为球体,试求球体与质点间的万有引力大小与引力势能.

以下结论可直接应用:

质量均匀分布的球壳,设半径为 R,质量为 M,而质量为 m 的质点距球心为 r,则

$$F = \begin{cases} 0 & (r < R) \\ G\dfrac{Mm}{r^2} & (r \geqslant R) \end{cases}; \quad E_p = \begin{cases} -G\dfrac{Mm}{R} & (r < R) \\ -G\dfrac{Mm}{r} & (r \geqslant R) \end{cases}$$

质量均匀分布的球体,设半径为 R,质量为 M,而质量为 m 的质点距球心为 r,则

$$F = G\frac{Mm}{r^2}, r \geqslant R; \quad E_p = -G\frac{Mm}{r}, r \geqslant R$$

例4-12 两个完全相同的均匀球体,其表面重力加速度为 g_0.

(1) 若在球体上挖走一个以表面到球心为直径的空腔,试求空腔中的重力加速度;

(2) 若挖走半个球体,只剩一个规则的半球,试求其圆盘形表面中心位置的重力加速度.

解 设球体密度为 ρ,半径为 R,其表面

$$mg_0 = G\frac{\rho \frac{4}{3}\pi R^3 m}{R^2}$$

则

$$g_0 = \frac{4}{3}\pi G\rho R$$

(1) 如图 4-23(a)所示,将空腔球体看作 ρ,R 的球体与 $-\rho,\dfrac{R}{2}$ 的球体叠加,有

$$\boldsymbol{g}_1 = -\frac{4}{3}\pi\rho G\,\overrightarrow{O_1P}, \quad \boldsymbol{g}_2 = -\frac{4}{3}\pi(-\rho)G\,\overrightarrow{O_2P} = \frac{4}{3}\pi\rho G\,\overrightarrow{O_2P}$$

则

$$\boldsymbol{g} = \boldsymbol{g}_1 + \boldsymbol{g}_2 = -\frac{4}{3}\pi\rho G(\overrightarrow{O_1P} - \overrightarrow{O_2P}) = -\frac{4}{3}\pi\rho G\,\overrightarrow{O_1O_2} = -\frac{1}{2}g_0\frac{\overrightarrow{O_1O_2}}{O_1O_2}$$

故空腔中为匀强重力场,大小为 $g = \dfrac{1}{2}g_0$,方向沿 $\overrightarrow{O_2O_1}$.

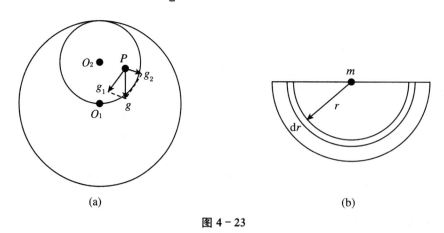

图 4-23

(2) 如图 4-23(b)所示,将半球分为无数层薄半球壳,则 r 处 $\mathrm{d}r$ 薄半球壳受球心处 m 的引力带来的压强为

$$p = \frac{G\dfrac{m\rho\,\mathrm{d}r\,\mathrm{d}S}{r^2}}{\mathrm{d}S} = \frac{Gm\rho}{r^2}\mathrm{d}r$$

故此薄半球壳所受 m 的引力为

$$\mathrm{d}F = p\pi r^2 = \pi G\rho m\,\mathrm{d}r$$

整个半球所受引力等于 m 所受引力,即

$$F = \int_F \mathrm{d}F = \int_0^R \pi G\rho m\,\mathrm{d}r = \pi G\rho mR$$

故球心处重力加速度为

$$g' = \frac{F}{m} = \pi G\rho R = \frac{3}{4}g_0$$

例 4 – 12

4.4.3 孤立二体引力系统($M \gg m$ 时)

孤立二体引力系统,若 $M \gg m$,可取 M 球心为参考系,近似为惯性系,讨论 m 的运动.太阳系各大行星受其他星体的引力远弱于受太阳的力,运动几乎由太阳支配,研究各大行星的运动可简化为以上情况;卫星距大行星很近,围绕行星的运动主要受行星引力支配,也可简化为以上情况;除此之外还有 m 速度足够大,以至于可脱离 M 引力场的运动.

1. m 动力学方程

径向

$$-G\frac{Mm}{r^2} = m(\ddot{r} - r\dot{\varphi}^2)$$

横向

$$0 = m(r\ddot{\varphi} + 2\dot{r}\dot{\varphi}) = \frac{1}{r}\frac{\mathrm{d}(mr^2\dot{\varphi})}{\mathrm{d}t}$$

2. m 守恒方程

机械能守恒

$$E = \frac{1}{2}mv^2 - G\frac{Mm}{r} = \frac{1}{2}m(\dot{r}^2 + r^2\dot{\varphi}^2) - G\frac{Mm}{r}$$

对 M 点角动量守恒

$$L = mr^2\dot{\varphi} = rmv_\varphi$$

等价于开普勒第二定律或横向动力学方程.

练习4-12 如图4-24所示,有一航天器(不带动力装置)以初速度 v_0 自远方射向某一行星,行星(设为静止)的质量为 M,半径为 R. 行星的引力作用使得某些没有对准行星的初速度也有机会命中行星. 以 b 表示 v_0 与行星的垂直距离(称为瞄准距离),试求航天器可以命中行星的 b 的最大值.

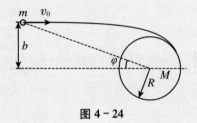

图4-24

练习4-13 质量为 M、半径为 R 的星球以速度 V 通过质量密度为 ρ 的非常稀薄的气体. 由于它的引力场,此星球将吸引迎面接近它的粒子,并俘获撞在它表面上的所有气体分子. 设原子热运动速度可以忽略,原子间的相互作用不计. 试求作用在星球上的阻力.

3. 运动轨道

可以证明,在万有引力作用下 m 的运动轨道为圆锥曲线,M 的球心为 m 轨道的一个焦点,且 $E<0$ 时,轨道为椭圆,不能运动至无穷远处;$E=0$ 时,轨道为抛物线,恰能运动至无穷远处;$E>0$ 时,轨道为双曲线,运动到无穷远处时 $v>0$.

特别地,椭圆轨道时有

$$E = -G\frac{Mm}{2a}$$

其中 a 为椭圆轨道的半长轴,可以直接应用此结论.

例4-13 行星 m 在恒星 M 的万有引力作用下运动,$m \ll M$. 试证明:

(1) 以 M 球心为极点,以指向 m 距 M 最近点为极轴,m 的运动轨道方程为以下圆锥曲线

$$r = \frac{p}{1+e\cos\varphi}$$

并求出 p, e 的值. 已知 m, M, m 的角动量 L,机械能 E.

(2) 运动轨道为椭圆时,其机械能为

$$E = -G\frac{Mm}{2a}$$

已知 m, M, 椭圆轨道半长轴 a;并用 m, M, L, E 表示出直角坐标系下的椭圆轨道方程.

解 (1) 对 m 有

$$L = mr^2 \dot{\varphi}, \quad \frac{\mathrm{d}\varphi}{\mathrm{d}t} = \dot{\varphi} = \frac{L}{mr^2}$$

$$E = \frac{1}{2}m(\dot{r}^2 + r^2\dot{\varphi}^2) - G\frac{Mm}{r}$$

联立推得

$$\frac{\mathrm{d}r}{\mathrm{d}t} = \dot{r} = \sqrt{\left(\frac{2E}{m} + 2G\frac{M}{r}\right) - \frac{L^2}{m^2 r^2}}$$

进一步推得

$$\frac{\mathrm{d}r}{\mathrm{d}\varphi} = \frac{mr^2}{L}\sqrt{\frac{2E}{m} + 2G\frac{M}{r} - \frac{L^2}{m^2 r^2}} = r^2\sqrt{\frac{2Em}{L^2} + \frac{2GMm^2}{L^2}\frac{1}{r} - \frac{1}{r^2}} \quad ☆$$

(通过换元代换积分可以得出运动轨道方程,但有些烦琐.)圆锥曲线方程为

$$r = \frac{p}{1 + e\cos\varphi} \quad \text{或} \quad e\cos\varphi = \frac{p}{r} - 1$$

微分得

$$-e\sin\varphi\,\mathrm{d}\varphi = -\frac{p}{r^2}\mathrm{d}r$$

其中

$$\sin\varphi = \sqrt{1 - \cos^2\varphi} = \sqrt{1 - \frac{1}{e^2}\left(\frac{p}{r} - 1\right)^2}$$

代入上式,整理得

$$\frac{\mathrm{d}r}{\mathrm{d}\varphi} = \frac{er^2}{p}\sqrt{1 - \frac{1}{e^2}\left(\frac{p^2}{r^2} - \frac{2p}{r} + 1\right)} = r^2\sqrt{\frac{e^2 - 1}{p^2} + \frac{2}{p}\frac{1}{r} - \frac{1}{r^2}}$$

与☆式比较,是吻合的,故为圆锥曲线,并可得出 p, e:

$$\frac{2}{p} = \frac{2GMm^2}{L^2}, \quad \frac{e^2 - 1}{p^2} = \frac{2Em}{L^2}$$

解得

$$p = \frac{L^2}{GMm^2}, \quad e = \sqrt{1 + \frac{2EL^2}{G^2 M^2 m^3}}$$

可知 $E<0$ 时 $e<1$,为椭圆;$E=0$ 时 $e=1$,为抛物线;$E>0$ 时 $e>1$,为双曲线.

(2) 证明 1:最近、最远距离分别为

$$r_{\min} = \frac{p}{1+e}, \quad r_{\max} = \frac{p}{1-e}$$

则

$$r_{\min} + r_{\max} = \frac{2p}{1-e^2} = \frac{2L^2}{GMm^2} \cdot \frac{-G^2M^2m^3}{2EL^2} = -\frac{GMm}{E} = 2a$$

故

$$E = -G\frac{Mm}{2a}$$

证明 2：m 距 M 最远、最近时速度沿横向，均满足

$$E = \frac{1}{2}mv^2 - G\frac{Mm}{r}, \quad L = rmv$$

约去 v 整理为关于 r 的方程

$$r^2 + \frac{GMm}{E}r - \frac{L^2}{2mE} = 0$$

故

$$r_{\max} + r_{\min} = -G\frac{Mm}{E} = 2a$$

即

$$E = -G\frac{Mm}{2a}$$

且有

$$r_{\max}r_{\min} = (a+c)(a-c) = b^2 = -\frac{L^2}{2mE}$$

故椭圆轨道方程为

$$\frac{x^2}{\left(-\frac{GMm}{2E}\right)^2} + \frac{y^2}{\left(\sqrt{-\frac{L^2}{2mE}}\right)^2} = 1$$

> **练习 4-14** 一质量为 m 的宇宙飞船环绕一个行星做圆周运动，轨道半径为 R_0，飞船速率为 v_0，飞船突然获得一个径向速度分量 v_r（设 $v_r < v_0$），轨道变为椭圆，试写出新的轨道方程.

例 4-14　两颗卫星 m_1 和 m_2 沿同一椭圆轨道绕地球运动，两卫星相距不远，故可将轨道在 m_1, m_2 间的曲线近似看成直线，两卫星间的引力可忽略. 两卫星连线的中点经近地点时，连线 $\overline{m_1m_2} = b$，近地点到地心的距离为 R_1，远地点到地心的距离为 R_2.

（1）试求连线 $\overline{m_1m_2}$ 的中心经远地点时两颗卫星的距离.

（2）若取卫星处于近地点时 $\varphi = 0$，则在任意 φ 角时，两颗卫星的距离为多大？其中 φ 为卫星相对地心的方位角.

解 （1）后一卫星落后前一卫星的时间始终不变，即两颗卫星间的航程所需时间 Δt 是不变的. 近地点

$$b = v_1 \Delta t$$

远地点

$$x = v_2 \Delta t$$

角动量守恒，故

$$R_1 v_1 = R_2 v_2$$

联立解得

$$x = \frac{R_1}{R_2} b$$

（2）机械能守恒

$$\frac{1}{2} m_1 v^2 - G \frac{M m_1}{R} = - G \frac{M m_1}{R_1 + R_2}$$

则

$$v = \sqrt{2GM \left(\frac{1}{R} - \frac{1}{R_1 + R_2} \right)}$$

近地点同理有

$$v_1 = \sqrt{2GM \left(\frac{1}{R_1} - \frac{1}{R_1 + R_2} \right)}$$

将 v 用 v_1 表示，即

$$v = v_1 \sqrt{\frac{1}{R} - \frac{1}{R_1 + R_2}} \sqrt{\frac{R_1 (R_1 + R_2)}{R_2}} \qquad ☆$$

极坐标下轨道方程

$$R = \frac{p}{1 + e \cos \varphi}$$

代入近、远地点的值，即

$$R_1 = \frac{p}{1 + e}, \quad R_2 = \frac{p}{1 - e}$$

解得

$$p = \frac{2 R_1 R_2}{R_1 + R_2}, \quad e = \frac{R_2 - R_1}{R_2 + R_1}$$

故

$$\frac{1}{R} = \frac{R_1 + R_2}{2 R_1 R_2} \left(1 + \frac{R_2 - R_1}{R_1 + R_2} \cos \varphi \right)$$

代入☆式，整理得

$$v = \frac{v_1}{2R_2}\sqrt{2[(R_1^2+R_2^2)+(R_2^2-R_1^2)\cos\varphi]}$$

故距离为

$$x' = v\Delta t = \frac{b}{2R_2}\sqrt{2[(R_1^2+R_2^2)+(R_2^2-R_1^2)\cos\varphi]}$$

> **练习 4-15** 先将航天器发射至 $R_E = 1.5\times 10^8$ km 的地球轨道,然后将面积 $S = 1\text{ km}^2$ 的太阳帆展开,令帆始终朝向太阳并垂直太阳光线.在地球轨道上太阳光压强为 $p = 10^{-5}$ Pa.太阳质量与万有引力常数的乘积为 $M_S G = 1.3\times 10^{20}\text{ m}^3/\text{s}^2$,不考虑地球及其他行星的引力影响.已知光子能量等于光子动量乘以光速 c.试问:
> (1) 航天器质量为多少时可以飞离太阳系?
> (2) 航天器质量为多少时可以飞到半径 $R_M = 2.3\times 10^8$ km 的火星轨道?

4. 周期或时间的计算

椭圆轨道的周期可以积分计算,但有些烦琐.根据开普勒第三定律可知椭圆轨道的周期等于同半长轴的圆轨道的周期,从而有

$$G\frac{Mm}{a^2} = m\frac{4\pi^2}{T^2}a$$

椭圆、抛物线或双曲线轨道经过某段的时间可以积分计算,有些烦琐.也可以利用开普勒第二定律计算,由于相等时间扫过相等的面积,故时间等于扫过面积除以面积速度,用 κ 表示面积速度,S 表示扫过的面积,有

$$\kappa = \frac{\frac{1}{2}r\dot\varphi\,\mathrm{d}t\cdot r}{\mathrm{d}t} = \frac{1}{2}r^2\dot\varphi, \quad t = \frac{S}{\kappa}$$

椭圆轨道时,还可以用下式计算:

$$t = \frac{S}{\pi ab}T$$

轨道为椭圆时,椭圆越扁,焦点越靠近长轴的端点,极扁时,焦点接近在椭圆长轴的端点.即 m 在万有引力作用下由静止释放直线落向 M 时,m 的轨迹可看作退化的椭圆,M 球心为一个焦点;静止释放处(远点)和 M 球心(近点)间为长轴两端点,距离为 $2a$.证明如下:

在例 4-13(2)的解答中令 $L\to 0$,有相距最远、最近距离满足

$$r_{\max}+r_{\min} = 2a, \quad r_{\max}r_{\min}\to 0$$

故

$$r_{\max}\to 2a, \quad r_{\min}\to 0$$

> **练习 4-16** 质量为 M 的宇航站(不含飞船)和对接上的质量为 m ($M>m$) 的飞船沿圆形轨道围绕地球运动，轨道半径是地球半径的 $n=1.25$ 倍。经极短的时间飞船沿运动方向从宇航站射出，之后沿椭圆轨道运动，远地点到地心的距离为 $8nR$。试求 m/M 为何值时，飞船绕地球运动一周后正好与宇航站相遇。

例 4-15 如图 4-25(a) 所示，地球沿半径为 R_0 的圆轨道绕太阳运动，彗星绕太阳沿抛物线轨道运动。已知此抛物线与地球圆轨道一直径的两端相交，不计地球与彗星间的引力，试求彗星在地球轨道内运行的时间。

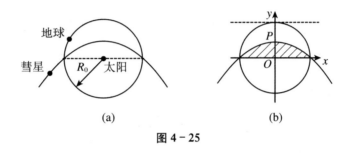

图 4-25

解 以太阳为原点建立直角坐标系，如图 4-25(b) 所示，抛物线上点到焦点和准线的距离相等，故抛物线的准线为

$$y = R_0$$

对顶点 P 有

$$y_P = \frac{R_0}{2}$$

彗星在地球轨道内扫过的面积为图中弓形阴影的面积：

$$S = \frac{2}{3} \cdot 2R_0 \cdot y_P = \frac{2}{3} R_0^2$$

(或写出抛物线方程，积分求面积。)彗星机械能为零，故在 P 点

$$\frac{1}{2} m v_P^2 - G \frac{Mm}{y_P} = 0$$

则

$$v_P = 2\sqrt{\frac{GM}{R_0}}$$

彗星面积速度

$$\kappa = \frac{1}{2} v_P \mathrm{d}t \cdot y_P / \mathrm{d}t = \frac{1}{2} v_P y_P = \frac{1}{2} \sqrt{GMR_0}$$

故所求时间

$$t = \frac{S}{\kappa} = \frac{4}{3}\sqrt{\frac{R_0^3}{GM}} \qquad \qquad ☆$$

地球

$$G\frac{Mm}{R_0^2} = m\frac{4\pi^2}{T^2}R_0$$

则

$$T = 2\pi\sqrt{\frac{R_0^3}{GM}} = 1(年)$$

代入☆式解得所求时间

$$t = \frac{4}{3} \cdot \frac{1}{2\pi} = \frac{2}{3\pi}(年)$$

例4-16 地球质量为 M，半径为 R，万有引力常数为 G，以小于第二宇宙速度上抛一个物体，已知其上升高度为 H，试求物体在空中运动的时间.

解 看作退化的椭圆，地心为焦点，地心和最高点为长轴两端点：

$$a = \frac{R+H}{2}$$

或由

$$0 - G\frac{Mm}{R+H} = -G\frac{Mm}{2a}$$

来解出 a；其周期由开普勒第三定律得

$$G\frac{Mm}{a^2} = m\frac{4\pi^2}{T^2}a$$

则

$$T = \sqrt{\frac{4\pi^2 a^3}{GM}}$$

如图 4-26(a) 所示，阴影部分为其扫过的面积；此椭圆为半径为 a 的圆在短轴方向上压缩而成，扫过面积与总面积之比与圆上对应部分面积之比相等，如图 4-26(b) 所示，则

$$\cos\alpha = \frac{a-H}{a} = \frac{R-H}{R+H}$$

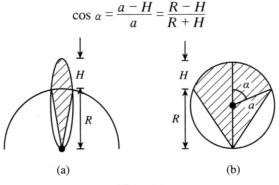

图 4-26

故圆中阴影的面积为
$$S_{扫} = \frac{1}{2}2\alpha a^2 + 2 \times \frac{1}{2}a^2\sin(\pi - \alpha) = a^2(\alpha + \sin\alpha)$$

在空中运动的时间
$$t = \frac{S_{扫}}{\pi a^2}T = \frac{a^2(\alpha + \sin\alpha)}{\pi a^2}\sqrt{\frac{4\pi^2 a^3}{GM}} = 2a(\alpha + \sin\alpha)\sqrt{\frac{a}{GM}}$$
$$= (R + H)\left(\arccos\frac{R - H}{R + H} + \frac{2\sqrt{RH}}{R + H}\right)\sqrt{\frac{R + H}{2GM}}$$

椭圆阴影部分的面积也可写出椭圆方程后积分计算.

> **练习 4-17** 设想宇宙中有一由质量分别为 $m_1, m_2, \cdots, m_N$ 的星体 $1, 2, \cdots, N$ 构成的孤立星团,各星体空间位置间的距离均为 a,系统总质量为 M. 由于万有引力作用,N 个星体将同时由静止开始运动. 试问经过多长时间各星体将会相遇?

5. 环绕速度与逃逸速度

m 绕 M 做匀速圆周运动时的速度称为环绕速度 v_1,则
$$G\frac{Mm}{r^2} = m\frac{v_1^2}{r} \Rightarrow v_1 = \sqrt{\frac{GM}{r}}$$

m 恰好能够脱离 M 引力场运动至无穷远处的速度称为逃逸速度 v_2,则
$$\frac{1}{2}mv_2^2 - G\frac{Mm}{r} = 0 \Rightarrow v_2 = \sqrt{\frac{2GM}{r}}$$

可以发现 m 在同一位置的逃逸速度是环绕速度的 $\sqrt{2}$ 倍,即
$$v_2 = \sqrt{2}v_1$$

地球表面物体的环绕速度即为地表的第一宇宙速度,逃逸速度即为地表的第二宇宙速度.

地表的第三宇宙速度是对地球表面的物体 m,在只考虑地球、太阳引力作用,而不考虑其他大行星引力作用下,m 能脱离太阳引力场的最小发射速度,不属于二体引力系统.

> **练习 4-18** 已知万有引力常数 $G = 6.67 \times 10^{-11}$ N·m²/kg²,光速 $c = 3 \times 10^8$ m/s.
> (1) 若质量分布均匀的球形系统表面的第二宇宙速度超过光速,则其半径的最大值称为引力半径 r_g,试求 r_g 的表达式. 设其质量为 M.

(2) 地球的质量约为 6.0×10^{24} kg,试求地球的引力半径.

(3) 设宇宙环境在大尺度上质量是均匀分布的,密度平均值为 10^{-29} g/cm³,试求宇宙的引力半径,这个半径称为宇宙半径.

4.4.4 宇宙航行

飞行器在宇宙空间航行时不止受到一个星体的引力作用,为简化计算,我们近似认为距离大到一定程度即可以认为到达了无穷远处,此外还经常需要转换参考系.

例如发射可飞出太阳系的探测器,且探测器与其他行星距离一直较大,以致其他行星对其的引力影响可忽略,则可认为其先在地球引力场中运动,不计太阳引力场影响,以地心为参考系计算;然后进入太阳引力场(刚出地球引力场时其与太阳距离近似等于日地距离),不计地球引力场的影响,以日心为参考系计算,并将速度转换为日心参考系中的速度.

又例如借助大行星引力使飞行器加速时也需要转换参考系,飞行器在大行星边缘擦过时,常看作一次碰撞,接近速度与分离速度大小相等,实为飞行器进或出大行星引力场时引力势能为零,由于机械能守恒而相对大行星速度大小相等,这个过程中飞行器获得了能量,由于大行星质量很大,虽然损失能量但状态几乎不变.

例4-17 从地球表面以一定速度发射宇宙飞船,使它不仅能摆脱地球的引力束缚,而且能摆脱太阳的引力束缚,继而飞向太空,这一相对地球发射速度的最小值称为第三宇宙速度,试求第三宇宙速度.已知地球公转速度为 29.8 km/s,第二宇宙速度为 11.2 km/s.

解 飞船脱离地球引力时与太阳距离近似仍为日地距离,之后若恰能脱离太阳引力,则对飞船与太阳(日心系)有

$$\frac{1}{2}mv^2 - G\frac{M_\mathrm{S} m}{R_\mathrm{SE}} = 0$$

则

$$v = \sqrt{\frac{2GM_\mathrm{S}}{R_\mathrm{SE}}}$$

地球绕太阳有

$$G\frac{M_\mathrm{S} M_\mathrm{E}}{R_\mathrm{SE}^2} = M_\mathrm{E}\frac{v_\mathrm{E}^2}{R_\mathrm{SE}}$$

则

$$v_\mathrm{E} = \sqrt{\frac{GM_\mathrm{S}}{R_\mathrm{SE}}}$$

又
$$v_E = 29.8 \text{ km/s}$$
故
$$v = \sqrt{2}\, v_E = 42.1 \text{ km/s}$$

为节约能量,应使飞船脱离地球后速度方向与地球公转方向相同,故脱离地球引力时,飞船相对于地球的速度(地心系)为
$$v' = v - v_E = 12.3 \text{ km/s}$$

飞船从发射到脱离地球,飞船与地球(地心系)有
$$\frac{1}{2}mv_3^2 - G\frac{M_E m}{R_E} = \frac{1}{2}mv'^2$$

第二宇宙速度满足
$$\frac{1}{2}mv_2^2 - G\frac{M_E m}{R_E} = 0$$

故
$$\frac{1}{2}mv_3^2 - \frac{1}{2}mv_2^2 = \frac{1}{2}mv'^2$$

解得
$$v_3 = 16.6 \text{ km/s}$$

4.4.5 孤立二体引力系统(质量相差不悬殊时)

孤立二体引力系统,若 $m_1 > m_2$ 但不满足 $m_1 \gg m_2$,则不能认为 m_1 近似静止不动.可以采用的方法有:

(1) 可用约化质量讨论,再应用前述所有方法和结论;

(2) 质心系是惯性系,以过质心为轴(即力心),将万有引力等效为静止于质心的 $M_{效}$ 给予的引力,再应用前述所有方法和结论;

(3) 取其中一个星体为非惯性系,研究另一个星体的运动.

孤立二体引力系统的机械能 E 应指质心系中的机械能或相对机械能. $E<0$ 时,两天体轨道在质心系中均为椭圆,一个天体相对另一个天体的轨道也为椭圆;同理,$E=0$ 时,各自轨道及相对轨道均为抛物线;$E>0$ 时,各自轨道及相对轨道均为双曲线.如图 4-27 所示.

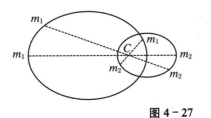
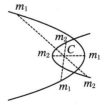

图 4-27

特别地，$E<0$ 时有

$$E = -G\frac{m_1 m_2}{2a}$$

其中 $2a$ 为相对椭圆轨道的长轴，即两者间最大距离与最小距离之和.

证明 质心系中角动量、机械能守恒，利用约化质量和相对运动表示为

$$L = \mu r^2 \dot\varphi$$

$$E = \frac{1}{2}\mu(\dot r^2 + r^2 \dot\varphi^2) - G\frac{m_1 m_2}{r} = \frac{1}{2}\mu\left(\dot r^2 + r^2 \frac{L^2}{\mu^2 r^4}\right) - G\frac{m_1 m_2}{r}$$

最远、最近时 $\dot r = 0$，代入整理为关于 r 的二次方程

$$2\mu E r^2 + 2Gm_1 m_2 \mu r + L^2 = 0$$

故

$$2a = r_{\max} + r_{\min} = -\frac{2Gm_1 m_2 \mu}{2\mu E} = -\frac{Gm_1 m_2}{E}$$

即

$$E = -G\frac{m_1 m_2}{2a}$$

例 4-18 万有引力常数 G 已知.

(1) 相距为 l，质量分别为 m_1, m_2 的两颗星在引力作用下做距离保持不变的转动，试求转动周期.

(2) 由于某种原因，两颗星的速度大小同时突然变为原来的 $1/2$，方向仍垂直两星连线，试求转动周期.

解 解法 1：利用约化质量求解.

(1)

$$G\frac{m_1 m_2}{l^2} = \frac{m_1 m_2}{m_1 + m_2}\frac{4\pi^2}{T^2}l$$

故

$$T = \sqrt{\frac{4\pi^2 l^3}{G(m_1 + m_2)}}$$

(2) 原来

$$E = \frac{1}{2}\frac{m_1 m_2}{m_1 + m_2}u^2 - G\frac{m_1 m_2}{l} = -G\frac{m_1 m_2}{2l}$$

后来，相对速度变为原来的 $1/2$，则

$$E' = \frac{1}{2}\frac{m_1 m_2}{m_1 + m_2}\left(\frac{u}{2}\right)^2 - G\frac{m_1 m_2}{l} = -G\frac{m_1 m_2}{2a'}$$

联立解得

$$a' = \frac{4}{7}l$$

由开普勒第三定律得

$$\left(\frac{a'}{l}\right)^3 = \left(\frac{T'}{T}\right)^2$$

故

$$T' = \sqrt{\frac{256\pi^2 l^3}{343G(m_1+m_2)}}$$

解法 2:(1) 质心距 m_1 满足

$$r_1 = \frac{m_2}{m_1+m_2}l$$

质心静止,m_1 绕质心以 r_1 做匀速圆周运动,即

$$G\frac{m_1 m_2}{l^2} = m_1 \frac{4\pi^2}{T^2} r_1$$

则

$$T = \sqrt{\frac{4\pi^2 l^3}{G(m_1+m_2)}}$$

或者 m_1 受力

$$F_1 = G\frac{m_1 m_2}{l^2} = G\frac{m_1 M_{效}}{r_1^2}$$

则

$$M_{效} = \frac{m_2^3}{(m_1+m_2)^2}$$

等效于质心处固定的 $M_{效}$ 对其引力作用,故

$$G\frac{m_1 M_{效}}{r_1^2} = m_1 \frac{4\pi^2}{T^2} r_1$$

则

$$T = \sqrt{\frac{4\pi^2 r_1^3}{GM_{效}}} = \sqrt{4\pi^2 \left(\frac{m_2 l}{m_1+m_2}\right)^3 \frac{(m_1+m_2)^2}{Gm_2^3}} = \sqrt{\frac{4\pi^2 l^3}{G(m_1+m_2)}}$$

(2) 质心静止,任意时刻设两者距离为 r,m_1 距质心为 r_1',对 m_1 有

$$r_1' = \frac{m_2}{m_1+m_2}r, \quad F_1 = G\frac{m_1 m_2}{r^2} = G\frac{m_1 M_{效}}{r_1'^2}$$

则

$$M_{效} = \frac{m_2^3}{(m_1+m_2)^2}$$

即 m_1 等效于在固定于质心的 $M_{效}$ 引力作用下运动;原来 m_1 绕质心做圆周运动,设速度为 v_1,则

$$E_1 = \frac{1}{2}m_1 v_1^2 - G\frac{M_{\text{效}}m_1}{r_1} = -G\frac{M_{\text{效}}m_1}{2r_1}$$

后来

$$E_1' = \frac{1}{2}m_1\left(\frac{v_1}{2}\right)^2 - G\frac{M_{\text{效}}m_1}{r_1} = -G\frac{M_{\text{效}}m_1}{2a'}$$

解得

$$a' = \frac{4}{7}r_1$$

由开普勒第三定律得

$$\left(\frac{a'}{r_1}\right)^3 = \left(\frac{T'}{T}\right)^2$$

则

$$T' = \sqrt{\frac{256\pi^2 l^3}{343G(m_1 + m_2)}}$$

解法 3:(1) 对 m_1 有

$$G\frac{m_1 m_2}{l^2} = m_1 a_1$$

则

$$a_1 = \frac{Gm_2}{l^2}$$

以 m_1 为参考系,m_2 绕 m_1 做匀速圆周运动,则

$$G\frac{m_1 m_2}{l^2} + m_2 a_1 = m_2\frac{4\pi^2}{T^2}l$$

故

$$T = \sqrt{\frac{4\pi^2 l^3}{G(m_1 + m_2)}}$$

(2) 将(1)中的 l 用任意时刻距离 r 表示,以 m_1 为参考系,对 m_2 有

$$F_2 = G\frac{m_1 m_2}{r^2} + m_2 a_1 = G\frac{m_1 m_2}{r^2} + G\frac{m_2^2}{r^2}$$

令

$$F_2 = G\frac{M_{\text{效}}m_2}{r^2}$$

则

$$M_{\text{效}} = m_1 + m_2$$

即以 m_1 为参考系时,m_2 等效受到 m_1 处固定的 $M_{\text{效}}$ 的引力作用;原来 m_2 相对 m_1 做圆周运动,相对速度设为 u,则

$$E_2 = \frac{1}{2}m_2 u^2 - G\frac{M_{\text{效}}m_2}{l} = -G\frac{M_{\text{效}}m_2}{2l}$$

后来
$$E'_2 = \frac{1}{2}m_2\left(\frac{u}{2}\right)^2 - G\frac{M_{效}m_2}{l} = -G\frac{M_{效}m_2}{2a'}$$

解得
$$a' = \frac{4}{7}l$$

由开普勒第三定律得
$$\left(\frac{a'}{l}\right)^3 = \left(\frac{T'}{T}\right)^2$$

故
$$T' = \sqrt{\frac{256\pi^2 l^3}{343G(m_1+m_2)}}$$

练习 4-19 双星系统两颗星均绕质心做圆周运动,质量分别为 m_1 和 m_2($m_1 > m_2$),距离为 d,d 远大于两颗星各自的半径.在超新星爆炸中,质量为 m_1 的星体损失质量 Δm.假设爆炸是瞬时且球对称的,损失部分对剩余部分不施加力,对另一颗星也无直接作用.试求新的双星系统仍被约束而不相互远离的条件.

第 4 章习题

4-1 光滑水平平面有一光滑小孔,一根不可伸长的细绳穿过小孔,一端连着光滑平面上质量为 m_1 的质点,另一端悬挂质量为 m_2 的物体.初始 m_1 距孔 r_0,速度 v_0 垂直于绳,如习图 4-1 所示.试求 m_1 再次运动到速度方向与绳垂直时与小孔的距离 r.设 m_2 不会撞到平面.

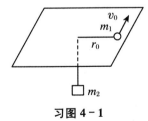

习图 4-1

4-2 质量为 m 的质点用长为 l 的轻杆与固定点光滑铰接,则质点可在半径为 l 的球壳上运动.初始条件为:质点对过固定点竖直轴的角动量为 $L_z \neq 0$,选固定点所在平面为重力势能零势能面,质点机械能为 E.设轻杆与竖直向上方向的夹角为 θ,试求质点运动的最高和最低位置 $\cos\theta$ 需满足的表达式;并讨论此表达式解的可能情况及相对应的实际情形.

4-3 在光滑水平面上有质量相等的四个球 A,B,C,D,其间以不可伸长的三条轻细线相连.最初,细线刚好张直,如习图 4-2 所示,其中 $\angle ABC = \angle BCD = 120°$.今对 A 球施以一个沿 BA 方向的瞬时冲量,使质点 A 突然得到一个沿 BA 方向的速度 u.试求开始运动

时球 D 的速度.

4-4 如习图 4-3 所示.许多同样的均匀滚柱沿水平方向镶嵌在倾角为 α 的斜面上,每个滚柱质量为 m,半径为 r,可绕自身的轴线做定轴转动,相邻滚柱轴线间的距离为 d.质量为 M、长度远大于 d 的厚木板在斜面的顶端释放.木板与滚柱表面处摩擦因数很大,以致木板离开滚柱的瞬间滚柱边缘的线速度均与木板等大.试求木板的最终速度 v_{max}.忽略空气阻力和滚柱转轴处的摩擦.

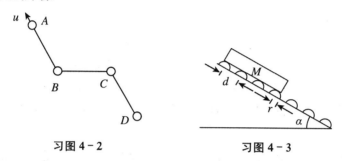

习图 4-2   习图 4-3

4-5 匀质圆盘在光滑水平面内以角速度 ω 绕过它边缘上一点 A 的竖直光滑转轴在自身平面内转动,如习图 4-4 所示.若 A 点突然被释放,同时圆盘边缘上另一点 B 突然被另一光滑转轴限制,试求圆盘绕 B 点转动的角速度.已知 AB 弧所对的圆心角为 α.

4-6 如习图 4-5 所示,均匀圆柱体质量为 m,轴线沿水平方向,在其中部绕以轻细绳,绳与圆柱体间不打滑,绳的一端固定于天花板,初始伸直部分绳沿竖直方向,圆柱体由静止释放,当其轴心降低 h 时,试求圆柱体轴心的速度及绳上的张力.

4-7 半径为 R、质量为 m 的均匀实心圆柱沿水平方向置于与水平面成 θ 角的一斜面上,如习图 4-6 所示.已知重力加速度为 g,圆柱和斜面的摩擦因数是 μ.试问 θ 满足什么条件时圆柱沿斜面能无滑动地滚下?此时圆柱的加速度为多少?

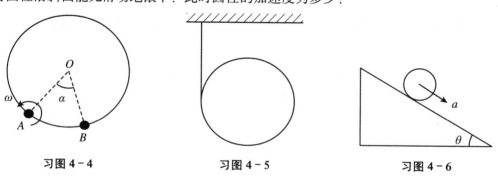

习图 4-4   习图 4-5   习图 4-6

4-8 质量为 m 的卫星绕质量为 $M(M\gg m)$ 的行星沿半径为 r 的圆轨道运动,运动角速度为 ω;行星绕过质心的自转轴以角速度 Ω 自转.两种角速度的方向一致.已知行星绕自转轴的转动惯量为 I.

(1) 通常两个角速度 ω 和 Ω 不相等.由于潮汐摩擦作用,行星自转角速度和卫星轨道角速度都会发生变化,试求这两种角速度改变量之间的关系.

（2）潮汐摩擦将使行星与卫星系统的机械能减少．试问在什么条件下最终能使系统达到机械能不变的稳定平衡状态？

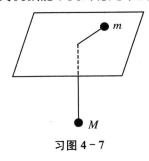

习图 4-7

4-9 光滑平面有一光滑小孔，一根不可伸长的细绳穿过小孔，一端连着光滑平面上质量为 m 的质点，另一端悬挂质量为 M 的物体．m 绕孔转动同时沿绳振动，如习图 4-7 所示．m 与孔的距离最大为 a，最小为 b．试证明：这两极值位置的动能各为

$$\frac{Mgb^2}{a+b}, \quad \frac{Mga^2}{a+b}$$

4-10 半径分别为 R 和 r 的质量分布均匀的圆环在一个平面内，外切于 P 点．P 点处放一质量为 m 的质点，恰使两圆环对质点的万有引力合力为零，试求两圆环的质量线密度满足的条件．

4-11 鹦鹉螺的气室外壳上的生长线的数目随其生活年代的不同而不同，当代为 30 条左右，29 百万年前为 26 条，100 百万年前为 22 条，180 百万年前为 18 条，320 百万年前为 15 条，470 百万年前为 9 条．假设其反映了地球及其周围天体的演变历史，试问由此假设能得出关于月球运动的什么结论？

4-12 月球半径为 $R = 1700$ km，月球表面的自由落体加速度 $g = 1.7$ m/s². 质量为 $m = 12 \times 10^3$ kg 的飞船在高度 $h = 100$ km 处围绕月球做圆周运动，为使飞船降落到月球表面，喷气发动机在 P 点做一次短时间发动，从喷口喷出的热气流相对飞船的速度为 $u = 10000$ m/s．试分别计算以下两种方式所需要的燃料量．

（1）如习图 4-8（a）所示，向前喷射，使飞船到达月球背面的 A 点并相切．AOP 在一条直线上．

（2）如习图 4-8（b）所示，向外喷射，使飞船到达月球 B 点并相切．$PO \perp OB$．

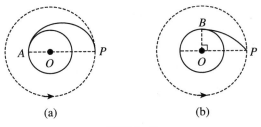

习图 4-8

4-13 从北极发射一导弹落在赤道，已知万有引力常数 $G = 6.67 \times 10^{-11}$ m³/(kg·s²)，地球半径 $R_E = 6.4 \times 10^6$ m，地球质量 $M_E = 6.0 \times 10^{24}$ kg，忽略空气阻力．试求：

（1）能量最省的发射速度；

（2）此情况对应的发射方向．

4-14 从地球表面以第一宇宙速度发射火箭,不计空气阻力.求证:初速度与竖直向上夹角每增减 $1°$,射程相应地增减 222 km.已知地球半径为 $R = 6370$ km.

4-15 两质点 A 和 B 在宇宙空间中并远离其他星体,质量分别为 m 和 M.初始 A 和 B 相距 l_0,相对于某惯性系,初始 A 速度为零,B 以 v_0 沿 AB 连线方向运动.为维持 B 的速度不变,应对 B 施加一个沿着其运动方向的外力 F,如习图 4-9 所示.试求:

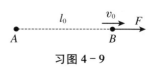

习图 4-9

(1) A,B 间距离最大时外力 F 的值;

(2) 从初始到 A,B 间距离最大时外力 F 做的功.

4-16 试求物体自地面以第一宇宙速度上抛时在空中运动的时间.不计空气阻力作用,地球半径 $R = 6400$ km,地表重力加速度 $g = 9.8$ m/s^2.

4-17 设地球和火星都在同一平面上绕太阳同方向做圆周运动,火星轨道半径 R_M 为地球轨道半径 R_E 的 1.5 倍.由地球表面向火星发射探测器,先在地球表面将探测器短时间加速至 v,使之脱离地球到达地球公转轨道;再将探测器沿运动方向短时间加速,使之沿半个椭圆轨道抵达火星,如习图 4-10(a)所示.已知地球半径 $R_E = 6.4 \times 10^6$ m,地表重力加速度 $g = 9.8$ m/s^2.试求:

(1) 探测器在地球表面应加速到的速度 v.

(2) 如习图 4-10(b)所示,某日零时测得探测器与火星之间的角距离为 $60°$,探测器已沿地球公转轨道运动.应在几天后点燃探测器上的火箭发动机方能使探测器恰好抵达火星表面?

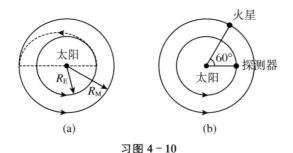

习图 4-10

4-18 飞行器和小行星都在同一平面上绕太阳同方向做圆周运动,小行星的轨道半径为飞行器轨道半径的 6 倍,飞行器的速率为 v_0,飞行器的质量远小于小行星的质量.欲使飞行器飞出太阳系.

(1) 方案一:飞行器在适当时刻经极短时间沿运动方向加速,使飞行器沿半个椭圆轨道到达小行星附近,然后飞行器在小行星边缘擦过,且擦过前后飞行器与小行星速度方向都相同.试证明此方案能使飞行器飞出太阳系.

(2) 方案二:不借助小行星加速.飞行器经极短时间沿运动方向加速后直接飞出太阳

系. 试求方案一与方案二需提供能量的比值 E_1/E_2, 忽略加速过程消耗的燃料质量.

4-19 远离其他天体的宇宙空间中有两颗相距为 d、质量分别为 m_1 和 m_2 的星球, 在万有引力的作用下由静止开始相向运动. 试求两颗星球经多长时间相碰. 两星球半径均远小于 d.

第 4 章练习详解及习题答案

练习 4-1 (1) 由题意, 对 O' 点有

$$L_{O'} = rM\omega r = Mr^2\omega$$

大小不变, 方向竖直向上不变, 角动量守恒; 对 O 点有

$$L_O = RM\omega r$$

大小不变, 方向与 OM 和 v 所在平面垂直, 时刻在变, 如答图 4-1 所示.

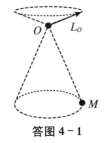

答图 4-1

(2) 小球合外力

$$F = M\omega^2 r$$

指向 O', 对 O' 点有

$$M_{O'} = 0$$

对 O 点有

$$M_O = F\sqrt{R^2 - r^2} = M\omega^2 r\sqrt{R^2 - r^2}$$

方向与 F 所在竖直面垂直, 时刻在变.

练习 4-2 小球 1 与钉距离最大时, 1, 2 速度均垂直于绳. 1, 2 对钉子分别角动量守恒, 初到 1 与钉距离最大时有

$$lmv = r_{\max} m v_1, \quad (4l - l)mv = (4l - r_{\max})mv_2$$

系统机械能守恒

$$\frac{1}{2}mv^2 \times 2 = \frac{1}{2}mv_1^2 + \frac{1}{2}mv_2^2$$

联立整理为

$$2 = \left(\frac{l}{r_{\max}}\right)^2 + \frac{9}{\left(4 - \dfrac{r_{\max}}{l}\right)^2}$$

令 $x = \dfrac{r_{\max}}{l}$, 则

$$2 = \frac{1}{x^2} + \frac{9}{(4-x)^2}$$

即

$$x^4 - 8x^3 + 11x^2 + 4x - 8 = 0$$

解得
$$x_1 = 6.14, \quad x_2 = 1.65, \quad x_3 = -0.79, \quad x_4 = 1$$
应有
$$1 \leqslant x < 4$$
故 1 与钉距离最大时应取
$$x = 1.65$$
即
$$r_{\max} = 1.65l$$

($x=1$ 一定是方程的解,故可原方程除以 $x-1$ 后计算三次方程 $x^3 - 7x^2 + 4x + 8 = 0$ 的解.)

练习 4-3 (1) 圆环对过圆心垂直圆环的轴有
$$I_1 = mr^2$$
圆环对过直径的轴,根据垂直轴定理推论得
$$2I_2 = mr^2$$
即
$$I_2 = \frac{1}{2}mr^2$$

或由定义法,如答图 4-2 所示,对 θ 处 $\mathrm{d}\theta$ 对应的 4 个微元有

$$\mathrm{d}m = \frac{4\mathrm{d}\theta}{2\pi}m = \frac{2m}{\pi}\mathrm{d}\theta, \quad R = r\sin\theta$$

$$I_2 = \int_0^{\frac{\pi}{2}} \mathrm{d}m R^2 = \int_0^{\frac{\pi}{2}} \frac{2m}{\pi}\mathrm{d}\theta (r\sin\theta)^2$$

$$= \frac{mr^2}{2\pi} \int_0^{\frac{\pi}{2}} (1 - \cos 2\theta) \mathrm{d}(2\theta) = \frac{1}{2}mr^2$$

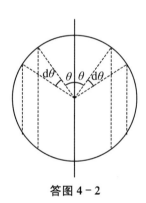

答图 4-2

(2) 圆盘对过圆心垂直圆盘的轴,取距圆心为 R,宽度为 $\mathrm{d}R$ 的微元环,则

$$I_3 = \int_0^r \frac{2\pi R \mathrm{d}R}{\pi r^2} m R^2 = \frac{2m}{r^2} \int_0^r R^3 \mathrm{d}R = \frac{1}{2}mr^2$$

圆盘对过直径的轴,根据垂直轴定理推论得(也可用定义法积分计算)
$$2I_4 = \frac{1}{2}mr^2$$
即
$$I_4 = \frac{1}{4}mr^2$$

练习 4-4 (1) 均匀圆柱体对轴线的转动惯量
$$I_1 = \int_0^r \frac{2\pi R \mathrm{d}R}{\pi r^2} m R^2 = \frac{2m}{r^2} \int_0^r R^3 \mathrm{d}R = \frac{1}{2}mr^2$$

(2) 对过质心垂直于轴线的转轴,x 处 $\mathrm{d}x$ 的圆片由圆盘转动惯量结论及平行轴定理得

$$dI = \frac{1}{4}(dm)r^2 + (dm)x^2, \quad dm = \frac{m}{l}dx$$

$$I_2 = 2\int_0^{\frac{l}{2}} dI = 2\int_0^{\frac{l}{2}}\left(\frac{1}{4}r^2 + x^2\right)\frac{m}{l}dx = \frac{2m}{l}\left[\frac{1}{4}r^2 \cdot \frac{l}{2} + \frac{1}{3}\left(\frac{l}{2}\right)^3\right] = \frac{1}{4}mr^2 + \frac{1}{12}ml^2$$

(3) 均匀圆柱体对过一端的圆心且垂直于轴线的转轴,由(2)得

$$I_3 = \int_0^l \left(\frac{1}{4}r^2 + x^2\right)\frac{m}{l}dx = \frac{m}{l}\left(\frac{1}{4}r^2 \cdot l + \frac{1}{3}l^3\right) = \frac{1}{4}mr^2 + \frac{1}{3}ml^2$$

或看作半根长 $2l$、质量为 $2m$ 的圆柱体,由对称性

$$I_3 = \frac{1}{2}\left[\frac{1}{4} \cdot 2mr^2 + \frac{1}{12} \cdot 2m(2l)^2\right] = \frac{1}{4}mr^2 + \frac{1}{3}ml^2$$

或由(2)中结论及平行轴定理得

$$I_3 = I_2 + m\left(\frac{l}{2}\right)^2 = \frac{1}{4}mr^2 + \frac{1}{3}ml^2$$

练习 4-5 均匀球壳,由垂直轴定理得

$$3I_1 = 2mr^2$$

即

$$I_1 = \frac{2}{3}mr^2$$

均匀球体,由垂直轴定理得

$$3I_2 = 2\int_0^r \frac{4\pi R^2 dR}{\frac{4}{3}\pi r^3}mR^2 = \frac{6m}{r^3}\int_0^r R^4 dR = \frac{6m}{r^3}\frac{r^5}{5}$$

即

$$I_2 = \frac{2}{5}mr^2$$

练习 4-6 设

$$I = kma^2$$

如答图 4-3 所示,将其分为 4 个小正方形,则

$$I = 2k\frac{m}{4}\left(\frac{a}{2}\right)^2 + 2 \cdot \frac{m}{4}\left(\frac{\sqrt{2}}{4}a\right)^2 + 2k\frac{m}{4}\left(\frac{a}{2}\right)^2$$

$$= \left(\frac{1}{4}k + \frac{1}{16}\right)ma^2$$

故

$$k = \frac{1}{4}k + \frac{1}{16}$$

即

$$k = \frac{1}{12}, \quad I = \frac{1}{12}ma^2$$

答图 4-3

练习 4-7 如答图 4-4 所示,转过 φ 时,质心系中,对质心轴由角动量定理得

$$F \cdot \frac{L}{2} \sin \varphi = \frac{1}{2} I \omega^2, \quad I = 2m\left(\frac{L}{2}\right)^2$$

则

$$\omega = \sqrt{\frac{2F \sin \varphi}{mL}}$$

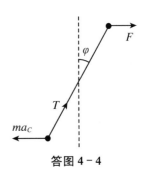

答图 4-4

质心加速度

$$a_C = \frac{F}{2m}$$

质心系中无 F 作用的球

$$T - ma_C \sin \varphi = m \omega^2 \frac{L}{2}$$

则

$$T = \frac{3}{2} F \sin \varphi$$

$\varphi = 90°$ 时

$$T = \frac{3}{2} F$$

练习 4-8 如答图 4-5 所示,系统质心保持静止,可设此时刻环心 O 和甲虫 P 以等角速度 ω_1 绕 C 做圆周运动;再设环以 ω_2 自转;系统对质心角动量守恒,由静止开始可知为零:

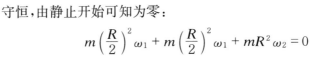

$$m\left(\frac{R}{2}\right)^2 \omega_1 + m\left(\frac{R}{2}\right)^2 \omega_1 + mR^2 \omega_2 = 0$$

则

$$\omega_1 = -2\omega_2$$

甲虫相对于环有

$$\omega_0 R = \omega_1 \frac{R}{2} - \omega_2 R + \omega_1 \frac{R}{2}$$

则

$$\omega_2 = -\frac{1}{3} \omega_0, \quad \omega_1 = \frac{2}{3} \omega_0$$

故此时环质心以 $\omega_1 = \frac{2}{3} \omega_0$ 绕系统质心做圆周运动并以 $\omega_2 = -\frac{1}{3} \omega_0$ 自转;甲虫以 $\omega_1 = \frac{2}{3} \omega_0$ 绕系统质心做圆周运动.

任意时刻 $\omega_1, \omega_2, \omega$ 的比值为定值,故环相对环心角位移 θ_2 与甲虫相对环角位移 θ_0 之比为

$$\frac{\theta_2}{\theta_0} = \frac{\Delta\theta_2}{\Delta\theta_0} = \frac{\omega_2 \Delta t}{\omega_0 \Delta t} = -\frac{1}{3}$$

故甲虫相对于环爬行一周环角位移

$$\theta_2 = -\frac{1}{3}\theta_0 = -\frac{1}{3} \times 2\pi = -\frac{2}{3}\pi$$

练习 4-9 固定一端前后,对桌面上过固定点的轴角动量守恒,则

$$0 + \frac{1}{12}ml^2\omega_0 = \frac{1}{3}ml^2\omega$$

即

$$\omega = \frac{1}{4}\omega_0$$

放开后,杆质心匀速运动,速度为

$$v_C = \omega\frac{l}{2} = \frac{1}{8}\omega_0 l$$

放开前后,对桌面上过固定点的轴角动量守恒,设放开后自转角速度为 ω',则

$$\frac{1}{3}ml^2\omega = \frac{l}{2}mv_C + \frac{1}{12}ml^2\omega'$$

即

$$\omega' = \frac{1}{4}\omega_0$$

或放开前后,对质心角动量守恒,则

$$\frac{1}{12}ml^2\omega = \frac{1}{12}ml^2\omega'$$

即

$$\omega' = \frac{1}{4}\omega_0$$

练习 4-10 设球壳半径为 R,质量为 M,内部质点质量为 m。如答图 4-6(a)所示,过 m 作对顶小圆锥,在 M 上截得小椭圆 $\Delta S_1, \Delta S_2$,设 m 与它们的距离分别为 r_1, r_2;过小椭圆 $\Delta S_1, \Delta S_2$ 分别作 r_1, r_2 的垂面在对顶小圆锥上截得小圆 $\Delta S_1', \Delta S_2'$,则小圆直径与相应小椭圆的短轴相等,与长轴关系如答图 4-6(b)所示,故

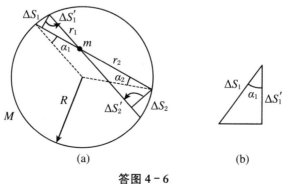

答图 4-6

$$\cos\alpha_1 = \frac{\Delta S_1'}{\Delta S_1}$$

同理

$$\cos\alpha_2 = \frac{\Delta S_2'}{\Delta S_2}$$

由于

$$\alpha_1 = \alpha_2$$

故

$$\frac{\Delta S_1'}{\Delta S_2'} = \frac{\Delta S_1}{\Delta S_2}$$

练习 4-10

由相似得

$$\frac{\Delta S_1'}{\Delta S_2'} = \frac{r_1^2}{r_2^2}$$

又由于截得的小椭圆质量正比于面积

$$\frac{\Delta m_1}{\Delta m_2} = \frac{\Delta S_1}{\Delta S_2}$$

故有

$$\frac{\Delta m_1}{\Delta m_2} = \frac{r_1^2}{r_2^2}$$

所以两小椭圆对 m 的引力

$$f_1 = G\frac{\Delta m_1 m}{r_1^2} \quad 与 \quad f_2 = G\frac{\Delta m_2 m}{r_2^2}$$

等大反向,合力为零;依次作对顶小圆锥至分完球壳可知均匀球壳对内部质点引力为零,得证.

练习 4-11 (1) 球壳与质点间的引力、引力势能分别为

$$F = 0, \quad E_p = -G\frac{Mm}{R}$$

或将质点从原位置移动到无穷远处,在球壳内部时不做功,有

$$E_p - 0 = 0 + \int_R^\infty \left(-G\frac{Mm}{r^2}\right)\mathrm{d}r = -G\frac{Mm}{R}$$

(2) 球体 $r > r_0$ 部分对质点引力为零,故只需考虑 $r \leqslant r_0$ 部分球体作用

$$F = G\frac{\frac{r_0^3}{R^3}Mm}{r_0^2} = G\frac{Mm}{R^3}r_0$$

将质点从 r_0 处移动到表面有

$$E_p - \left(-G\frac{Mm}{R}\right) = \int_{r_0}^R \left(-G\frac{Mm}{R^3}r\right)\mathrm{d}r = -G\frac{Mm}{2R^3}(R^2 - r_0^2)$$

解得

$$E_{\mathrm{p}} = -G\frac{Mm}{2R^3}(3R^2 - r_0^2)$$

练习 4-12 恰能命中时,轨迹应恰与行星相切.出发到命中,由机械能守恒得

$$\frac{1}{2}mv_0^2 = \frac{1}{2}mv^2 - G\frac{Mm}{R}$$

由角动量守恒得

$$bmv_0 = Rmv$$

联立解得

$$b = R\sqrt{\left(1 + \frac{2GM}{v_0^2 R}\right)}$$

练习 4-13 以星球为参考系,恰被俘获时,由角动量守恒和机械能守恒得

$$Vb = vR, \quad \frac{1}{2}V^2 = \frac{1}{2}v^2 - G\frac{M}{R}$$

其中 b 为动量臂,解得

$$b = \sqrt{R^2 + \frac{2GMR}{V^2}}$$

故阻力为

$$f = \frac{V\mathrm{d}m}{\mathrm{d}t} = \frac{V \cdot \pi b^2 \cdot V\mathrm{d}t \cdot \rho}{\mathrm{d}t} = \pi R^2 \rho \left(V^2 + \frac{2GM}{R}\right)$$

练习 4-14 圆周运动时

$$G\frac{Mm}{R_0^2} = m\frac{v_0^2}{R_0}$$

变为椭圆时,相距最近、最远均有

$$rmv = Rmv_0$$

$$\frac{1}{2}mv^2 - G\frac{Mm}{r} = \frac{1}{2}m(v_0^2 + v_r^2) - G\frac{Mm}{R_0}$$

以上三个式子联立得

$$(v_0^2 - v_r^2)r^2 - 2R_0 v_0^2 r + R_0^2 v_0^2 = 0$$

(1)写极坐标方程,取指向最近点为极轴,应为

$$r = \frac{p}{1 + e\cos\varphi}$$

有

$$r_1 + r_2 = \frac{2v_0^2}{v_0^2 - v_r^2}R_0 = \frac{p}{1+e} + \frac{p}{1-e}, \quad r_1 r_2 = \frac{v_0^2}{v_0^2 - v_r^2}R_0^2 = \frac{p}{1+e}\frac{p}{1-e}$$

解得

$$p = R_0, \quad e = \frac{v_r}{v_0}$$

故方程为
$$r = \frac{R_0}{1 + \dfrac{v_r}{v_0}\cos\varphi}$$

（2）写直角坐标方程，有
$$r_1 + r_2 = \frac{2v_0^2}{v_0^2 - v_r^2}R_0 = 2a, \quad r_1 r_2 = \frac{v_0^2}{v_0^2 - v_r^2}R_0^2 = (a-c)(a+c) = b^2$$

故方程为
$$\frac{x^2}{\left(\dfrac{v_0^2}{v_0^2 - v_r^2}\right)^2 R_0^2} + \frac{y^2}{\dfrac{v_0^2}{v_0^2 - v_r^2}R_0^2} = 1$$

练习 4-15 设太阳单位时间辐射的总能量为 P，α 为由帆反射系数决定的常量，则帆距太阳为 r 时，光压强为
$$p' = \alpha \frac{P}{4\pi r^2} \frac{1}{c}$$

则
$$p' \cdot r^2 = 恒量 = p R_E^2$$

太阳帆合力
$$F = -G\frac{M_s m}{r^2} + p'S = -\left(G\frac{M_s m}{r^2} - \frac{pR_E^2 S}{r^2}\right) = -G\frac{m}{r^2}\left(M_s - \frac{pR_E^2 S}{Gm}\right)$$

令
$$M' = M_s - \frac{pR_E^2 S}{Gm}$$

则太阳帆受力等效于太阳位置质量为 M' 的物体对它的引力，故：

（1）应满足
$$0 \leqslant \frac{1}{2}m v_E^2 - G\frac{M' m}{R_E}$$

又
$$G\frac{M_s m}{R_E^2} = m\frac{v_E^2}{R_E}$$

联立解得
$$m \leqslant \frac{2pSR_E^2}{GM_s} \approx 3.46 \times 10^3 \text{ kg}$$

（2）应满足
$$\frac{1}{2}m' v_E^2 - G\frac{M' m'}{R_E} = -G\frac{M' m'}{2a}, \quad 2a = R_E + R_M$$

联立解得

$$m' = \frac{2pSR_E^2}{GM_S} \frac{R_M}{R_M - R_E} \approx 10^4 \text{ kg}$$

练习 4-16 飞船射出后瞬间速度设为 v，则

$$\frac{1}{2}mv^2 - G\frac{M_E m}{nR} = -G\frac{M_E m}{nR + 8nR}$$

故

$$v = \frac{4}{3}\sqrt{\frac{GM_E}{nR}}$$

未射出时做圆周运动，则

$$G\frac{M_E}{(nR)^2} = \frac{u^2}{nR}$$

故

$$u = \sqrt{\frac{GM_E}{nR}}$$

射出时 M, m 动量守恒，则

$$(M+m)u = mv + MV$$

故

$$V = \left(1 - \frac{1}{2}\frac{m}{M}\right)\sqrt{\frac{GM_E}{nR}}$$

$M > m$，故 $V > 0$，M 仍沿原方向运动。飞船射出后宇航站

$$\frac{1}{2}MV^2 - G\frac{M_E M}{nR} = -G\frac{M_E M}{2A}$$

则

$$2A = \frac{18}{18 - \left(3 - \frac{m}{M}\right)^2} nR \qquad ☆$$

由开普勒第三定律得

$$\left(\frac{T_m}{T_M}\right)^2 = \left(\frac{9nR}{2A}\right)^3 \qquad ◇$$

由题意，应

$$\frac{T_m}{T_M} = k \, (k \text{ 为正整数}) \qquad ○$$

还需 M 不能落到地面，即

$$(n+1)R < 2A < 2nR \qquad △$$

◇,○,△ 三式联立推得

$$9.5 < k < 11.2$$

可取 $k_1 = 10$ 或 $k_2 = 11$，依次代回○,◇,☆式解得

$$\left(\frac{m}{M}\right)_1 = 0.048 \quad \text{或} \quad \left(\frac{m}{M}\right)_2 = 0.153$$

练习 4-17 系统质心静止，以质心为参考系，初始对星体 1，某星体 i 对其引力如答图 4-7 所示，则

$$\boldsymbol{F}_{i1} = G\frac{m_1 m_i}{a^3}(\boldsymbol{r}_i - \boldsymbol{r}_1)$$

故

$$\sum \boldsymbol{F}_1 = G\frac{m_1}{a^3}\left[\sum m_i \boldsymbol{r}_i - \left(\sum m_i\right)\boldsymbol{r}_1\right]$$

$$= G\frac{m_1}{a^3}(M\boldsymbol{r}_C - M\boldsymbol{r}_1) = -G\frac{Mm_1}{a^3}\boldsymbol{r}_1$$

$$= -G\frac{\left(\frac{r_1}{a}\right)^3 Mm_1}{r_1^3}\boldsymbol{r}_1$$

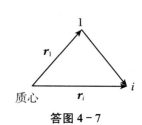

答图 4-7

上式 $m_i, \boldsymbol{r}_i$ 可包含 $m_1, \boldsymbol{r}_1$，星体 1 等效受

$$M' = \left(\frac{r_1}{a}\right)^3 M$$

引力作用，之后 r_1/a 保持不变，星体 1 做直线运动，看作退化的椭圆，半长轴为 $r_1/2$，则

$$G\frac{M' \cdot m_1}{\left(\frac{r_1}{2}\right)^2} = m_1 \frac{4\pi^2}{T^2}\frac{r_1}{2}$$

故

$$T = \pi\sqrt{\frac{a^3}{2GM}}$$

各质点周期一致，相遇于质心，时间为

$$t = \frac{1}{2}T = \pi\sqrt{\frac{a^3}{8GM}}$$

练习 4-18 （1）第二宇宙速度满足

$$\frac{1}{2}mv^2 - G\frac{Mm}{r} = 0$$

超过光速，故

$$v > c$$

解得

$$r < \frac{2GM}{c^2}$$

故引力半径为

$$r_g = \frac{2GM}{c^2}$$

（2）代入数据，地球引力半径为

$$r_{g1} = 0.9 \text{ cm}$$

(3) 宇宙质量

$$M = \rho \frac{4}{3}\pi r_g^3$$

与☆式联立得

$$r_{g2} = \sqrt{\frac{3c^2}{8\pi G\rho}} = 10^{26} \text{ m}$$

练习 4-19 原圆周运动

$$G\frac{m_1 m_2}{d^2} = \frac{m_1 m_2}{m_1 + m_2}\frac{u^2}{d}$$

爆炸后仍被约束需质心系中机械能小于零,则

$$-G\frac{(m_1-\Delta m)m_2}{d} + \frac{1}{2}\frac{(m_1-\Delta m)}{(m_1-\Delta m)+m_2}u^2 < 0$$

联立解得

$$\Delta m < \frac{1}{2}(m_1 + m_2)$$

也可尝试其他解法.

4-1 $r = \dfrac{m_1 v_0^2}{4m_2 g} + \dfrac{1}{2}\sqrt{\dfrac{m_1 v_0^2}{2m_2 g}\left(\dfrac{m_1 v_0^2}{2m_2 g} + 4r_0\right)}$.

4-2 表达式为 $(\cos^2\theta - 1)\left(\cos\theta - \dfrac{E}{mgl}\right) - \dfrac{L_z^2}{2gl^3} = 0$.

对

$$f(x) = (x^2 - 1)\left(x - \frac{E}{mgl}\right) - \frac{L_z^2}{2gl^3}, \quad x = \cos\theta$$

有

$$f(-\infty) \to -\infty, \quad f(\pm 1) = -\frac{L_z^2}{2gl^3} < 0$$

$$f(0) = \frac{E}{mgl} - \frac{L_z^2}{2gl^3} > f(\pm 1), \quad f(+\infty) \to +\infty$$

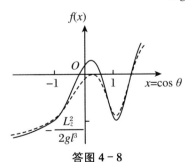

答图 4-8

最高或最低点时 $f(x) = 0$,$f(x)$ 图像与横轴的交点即为所求 $\cos\theta$ 值.实际给予质点的初始条件必然使 $\cos\theta$(或 θ)有解,故有答图 4-8 所示实线图线和虚线图线两种可能,均必有一解在 $\cos\theta > 1$ 处,舍去,其中:

(1) 实线对应 $\cos\theta$ 在 $(-1,1)$ 内有两个实根 θ_1,θ_2,取 $\theta_1 < \theta_2$,分别为最高、最低位置;

(2) 虚线对应 $\cos\theta$ 在 $(-1,1)$ 内有重根 θ_0,质点在 θ_0 处做圆锥摆运动.

4-3 $v = u/13$.

4-4 $v_{max} = \sqrt{\dfrac{2Mgd\sin\alpha}{m}}$.

4-5 $\dfrac{1}{3}(1+2\cos\alpha)\omega$.

4-6 $v_C = 2\sqrt{\dfrac{gh}{3}}$, $T = \dfrac{1}{3}mg$.

4-7 $\theta \leqslant \arctan 3\mu$, $a = \dfrac{2}{3}g\sin\theta$.

4-8 (1) $d\Omega = \dfrac{mr^2}{3I}d\omega$;

(2) $\Omega = \omega$, 且 $\dfrac{mr^2}{I} > 3$.

4-9 证明略.

4-10 $\dfrac{\lambda_R}{\lambda_r} = \dfrac{R}{r}$.

4-11 月球以 0.44 m/年 的速度远离地球.

4-12 (1) 28.8 kg;

(2) 116.4 kg.

4-13 (1) 7.2×10^3 m/s;

(2) 发射方向与竖直方向的夹角为 67.5°.

4-14 证明略.

4-15 (1) 若 $v_0 < \sqrt{\dfrac{2GM}{l_0}}$, 则距离最大时 $F = \dfrac{(2GM - l_0 v_0^2)^2 m}{4GMl_0^2}$;

若 $v_0 \geqslant \sqrt{\dfrac{2GM}{l_0}}$, 则距离不存在最大值, $l_{max} \to \infty$, 此时 $F \to 0$.

(2) 若 $v_0 < \sqrt{\dfrac{2GM}{l_0}}$, 则开始到距离最大力 F 做的功 $W = mv_0^2$;

若 $v_0 = \sqrt{\dfrac{2GM}{l_0}}$, 则开始到 $l_{max} \to \infty$ 做的功 $W = mv_0^2$;

若 $v_0 \geqslant \sqrt{\dfrac{2GM}{l_0}}$, 则开始到 $l_{max} \to \infty$ 做的功 $W = mv_0\left(v_0 - \sqrt{v_0^2 - \dfrac{2GM}{l_0}}\right)$.

4-16 4.155×10^3 s.

4-17 (1) 1.12×10^4 m/s;

(2) 37.8 天.

4-18 (1) 证明略;

(2) 5/7.

4-19 $\dfrac{\pi}{2}\sqrt{\dfrac{d^3}{G(m_1+m_2)}}$.

第 5 章

静力学 流体

静力学是动力学的特例,研究在相关参考系中物体达到静态平衡的条件,以及平衡的性质.

5.1 平衡的条件

5.1.1 力偶与力偶矩

一对大小相等、方向相反但不共线的力称为力偶.力偶的合力为零,但合力矩不为零.

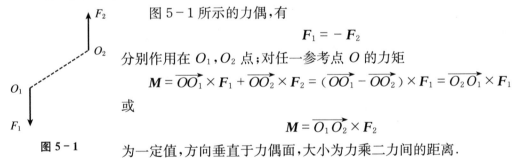

图 5-1

图 5-1 所示的力偶,有
$$F_1 = -F_2$$
分别作用在 O_1,O_2 点;对任一参考点 O 的力矩
$$M = \overrightarrow{OO_1} \times F_1 + \overrightarrow{OO_2} \times F_2 = (\overrightarrow{OO_1} - \overrightarrow{OO_2}) \times F_1 = \overrightarrow{O_2O_1} \times F_1$$
或
$$M = \overrightarrow{O_1O_2} \times F_2$$
为一定值,方向垂直于力偶面,大小为力乘二力间的距离.

对力偶,二力间的垂直距离称为力偶臂,力与力偶臂的乘积称为力偶矩.力偶矩是力偶的唯一力学效果,也是一个矢量,方向由右手定则确定.故力偶矩为一自由矢量,力偶矩也可写为
$$M = r \times F$$

5.1.2 物体的平衡条件

注意此处的平衡未必是在惯性系中,而是在相应的参考系中.
质点平衡则合力为零,可静止,可匀速直线运动.
刚体平衡时,运动学上既无加速度,也无角加速度,对应的运动学形式有静止、匀速直线

运动、匀速转动、随同质心匀速直线运动叠加相对质心匀速转动.

刚体平衡的动力学原因,即平衡条件为合力为零、合力矩为零,即

$$\sum F = 0, \quad \sum M = 0$$

给出三种解决平衡问题的方法:

1. 合力、合力矩为零求解平衡问题　三力汇交原理

利用合力为零、合力矩为零来求解.其中:

共点力作用下刚体的平衡

共点力作用下刚体的平衡,只需合力为零(则合力矩必为零).可各力首尾相接形成封闭折线;可分解至各方向,各方向合力分别为零.

共点力平衡也可以列力矩平衡方程来求解.

特别地,三力平衡时,若不平行,则三力必共点,且必共面,称为三力汇交原理.有时刚体平衡受力超过三个,但可化为三个不平行的力(例如将弹力和摩擦力合成为一个全反力),则也可应用此结论.

三力汇交

例 5-1　半径为 R 的固定光滑半球形碗开口端向上且水平,长为 L 的刚性均匀细杆一端在碗内,一端在碗外达到平衡状态,如图 5-2(a)所示.试求:

(1) 杆在碗内的长度;

(2) L 与 R 应满足的关系.

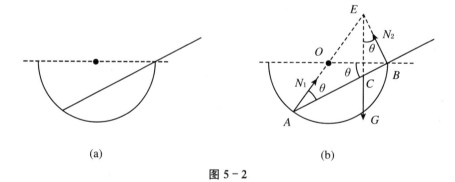

图 5-2

解　(1) 设所求为 x.利用三力汇交原理,如图 5-2(b)所示,$\overline{AE}$ 为直径,C 为质心,则

$$\overline{EB}^2 = 4R^2 - x^2, \quad \overline{BC} = x - \frac{L}{2}$$

△EBC∽△ABE,故

$$\frac{\overline{EB}}{\overline{AB}} = \frac{\overline{BC}}{\overline{EB}}$$

即

$$\overline{EB}^2 = \overline{AB} \cdot \overline{BC}$$

亦即
$$4R^2 - x^2 = x\left(x - \frac{L}{2}\right)$$
解得
$$x = \frac{1}{4}\left(\frac{L}{2} + \sqrt{\frac{L^2}{4} + 32R^2}\right) \quad (舍负)$$

(2) 需满足
$$\frac{L}{2} < x < L$$
解得
$$\sqrt{\frac{8}{3}}R < L < 4R$$

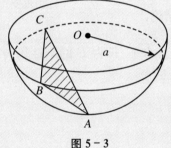

练习 5-1 如图 5-3 所示，半径为 R 的固定光滑半球形碗开口端向上且水平，一个质量为 m、边长也为 R 的等边三角形均匀薄板 ABC 置于碗内，三角薄板的 A 点位于碗底且与碗底光滑铰接，即三角薄板可绕 A 点定点转动.

(1) 试分别求三角薄板静止时碗对顶点 A,B,C 的作用力大小；

(2) 三角薄板静止时突然解除对 A 点的约束，试求三角薄板此后的最大动能.

图 5-3

刚体定轴匀速转动

刚体定轴匀速转动时合力不一定为零，实际不一定平衡；但没有角加速度，故各力对轴的力矩代数和为零.

一般刚体的平衡
$$\sum \boldsymbol{F} = \boldsymbol{0}, \quad \sum \boldsymbol{M} = \boldsymbol{0}$$
可以矢量运算求解、矢量代数求解、建系分方向求解等. 直角系中分量式为
$$\sum F_x = 0, \quad \sum F_y = 0, \quad \sum F_z = 0$$
$$\sum M_x = 0, \quad \sum M_y = 0, \quad \sum M_z = 0$$
其中前两个式子可由对两个平行于 z 轴的力矩平衡替换，即
$$\sum M_{z_2} = 0, \quad \sum M_{z_3} = 0$$
但 z, z_2, z_3 不能在同一个平面上，否则关于 z_i 的三个力矩平衡方程中只有两个独立.

若为共面力系，设力所处平面为 Oxy 面，则分量式简化为
$$\sum F_x = 0, \quad \sum F_y = 0, \quad \sum M_z = 0$$

或取 z_1, z_2, z_3 均垂直于平面力系且不能在同一个平面上，可列

$$\sum M_{z1} = 0, \quad \sum M_{z2} = 0, \quad \sum M_{z3} = 0$$

刚体定点匀速转动

刚体定点匀速转动（合力不一定为零，不一定平衡）没有角加速度，故对定点

$$\sum M_x = 0, \quad \sum M_y = 0, \quad \sum M_z = 0$$

例 5-2 如图 5-4(a)所示，竖直墙面和水平地面都是光滑的。质量为 M 的均匀细杆 AB 一端 A 倚在墙上，另一端 B 搁在地面上，用两条水平绳 AD 和 BC 维持在倾斜位置，A 和 C 在墙面的同一竖直线上，$\angle ABC = \angle BCE = 60°$。试求两绳中的张力 T_A 和 T_B，以及两平面对杆的正压力 N_A 和 N_B。已知重力加速度为 g。

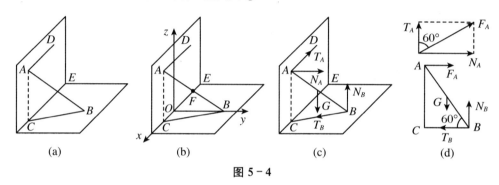

图 5-4

解 解法 1：如图 5-4(b)所示，建立空间直角坐标系，令 $\overline{AB} = l$，则各点坐标为

$$A\left(\frac{l}{4}, 0, \frac{\sqrt{3}}{2}l\right), \quad B\left(0, \frac{\sqrt{3}}{4}l, 0\right)$$

各力为

$$\boldsymbol{T}_A = (-T_A, 0, 0), \quad \boldsymbol{T}_B = \left(\frac{1}{2}T_B, -\frac{\sqrt{3}}{2}T_B, 0\right)$$

$$\boldsymbol{N}_A = (0, N_A, 0), \quad \boldsymbol{N}_B = (0, 0, N_B), \quad \boldsymbol{G} = (0, 0, -Mg)$$

杆受力平衡，即

$$\boldsymbol{T}_A + \boldsymbol{T}_B + \boldsymbol{N}_A + \boldsymbol{N}_B + \boldsymbol{G} = \boldsymbol{0}$$

则

$$-T_A + \frac{1}{2}T_B = 0, \quad -\frac{\sqrt{3}}{2}T_B + N_A = 0, \quad N_B - Mg = 0$$

设杆质心为 F，则坐标为

$$F\left(\frac{l}{8}, \frac{\sqrt{3}}{8}l, \frac{\sqrt{3}}{4}l\right)$$

杆对 O 点力矩平衡，则

$$\overrightarrow{OA} \times (\boldsymbol{T}_A + \boldsymbol{N}_A) + \overrightarrow{OB} \times (\boldsymbol{T}_B + \boldsymbol{N}_B) + \overrightarrow{OF} \times \boldsymbol{G} = \boldsymbol{0}$$

可写出三个方程,仅需一个即可,x 方向
$$-\frac{\sqrt{3}}{2}N_A + \frac{\sqrt{3}}{4}N_B - \frac{\sqrt{3}}{8}Mg = 0$$

联立解得
$$N_A = \frac{1}{4}Mg, \quad N_B = Mg, \quad T_A = \frac{\sqrt{3}}{12}Mg, \quad T_B = \frac{\sqrt{3}}{6}Mg$$

解法 2:如图 5-4(c)所示,Mg,T_B,N_B 均在 ABC 平面内,故 T_A,N_A 合力也必在此平面内,合成为 F_A,如图 5-4(d)所示,则
$$N_A = \sqrt{3}T_A, \quad T_A = \frac{1}{2}F_A$$

对 B 力矩平衡,则
$$F_A \cdot \frac{\sqrt{3}}{2}l = Mg\,\frac{l}{2} \cdot \frac{1}{2}$$

解得
$$F_A = \frac{\sqrt{3}}{6}Mg, \quad T_A = \frac{\sqrt{3}}{12}Mg, \quad N_A = \frac{1}{4}Mg$$

水平平衡,则
$$T_B = F_A = \frac{\sqrt{3}}{6}Mg$$

练习 5-2 如图 5-5 所示,均质细杆 AB 的质量为 m,长为 l,A 端与水平地面光滑铰接,B 端斜靠在竖直墙上,B 端与墙的摩擦因数为 μ. 自 A 至墙引垂线 AO,已知 $\angle OAB = \alpha$. 试求 B 端不下滑时,杆与 AO 所在平面与铅垂面的最大倾角 θ,以及此时墙对杆 B 端的支持力 N.

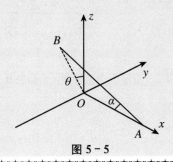

图 5-5

2. 利用元功法(即虚功原理)求解静平衡问题

从平衡位置虚设一个微元过程使之稍偏离平衡位置(注意虚设的微元过程应使各力没有变化),由于合力为零,故总功为零.

3. 利用势能函数(或曲线)求解可平衡位置

由元功法,设法虚设一个元过程使之满足只有保守力做功,则应有
$$dW_{保} = dW_{总} = 0$$
又
$$dW_{保} = -dE_p$$
故
$$dE_p = 0$$
即平衡位置 $dE_p = 0$(虚设的元过程满足只有保守力做功时).可知一维势能(或有效势能)曲线的切线斜率为零处为可平衡位置,如图 5-6 所示.

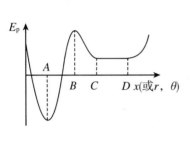

A,B点,CD段可静平衡

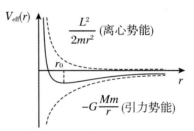

(随Mm连线转动系中)
r_0处为静平衡位置

图 5-6

例 5-3 如图 5-7(a)所示,质量为 m 的匀质弹性圆环水平放置在一个表面光滑、半顶角为 θ 的圆锥体上,圆环劲度系数为 k,原长时半径为 r_0.试求圆环静止时环中的弹力和圆环半径.

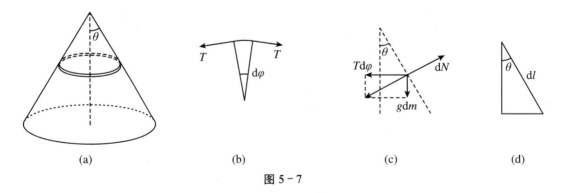

图 5-7

解 解法1:微元法.取俯视如图 5-7(b)所示微元,则
$$dm = \frac{d\varphi}{2\pi}m$$
其受力如图 5-7(c)所示,则

$$T\mathrm{d}\varphi = (\mathrm{d}m)g\cot\theta$$

联立解得

$$T = \frac{mg}{2\pi}\cot\theta$$

$$T = k \cdot 2\pi(r - r_0)$$

故

$$r = \frac{mg\cot\theta}{4\pi^2 k} + r_0$$

解法 2：元功法．令环从平衡位置沿圆锥向下 $\mathrm{d}l$，如图 5-7(d)所示，有

$$mg \cdot \mathrm{d}l\cos\theta = T \cdot 2\pi \cdot \mathrm{d}l\sin\theta$$

解得 T，下同解法 1．

解法 3：势能微分为零．设平衡时半径为 r，取在锥顶重力势能为零，则

$$E_\mathrm{p} = -mgr\cot\theta + \frac{1}{2}k[2\pi(r - r_0)]^2$$

应满足

$$\frac{\mathrm{d}E_\mathrm{p}}{\mathrm{d}r} = -mg\cot\theta + \frac{1}{2}k \cdot 4\pi^2 \cdot 2(r - r_0) = 0$$

解得

$$r = \frac{mg\cot\theta}{4\pi^2 k} + r_0$$

再解出 T 即可（略）．

练习 5-3 两个质量分别为 m_1, m_2 的光滑小球套在竖直平面内固定的光滑大圆环上，并用不可伸长的细绳相连，如图 5-8 所示．平衡时细绳与铅垂线的夹角为 θ，细绳所对的圆心角为 α．试求 θ 与 α 满足的关系，并分析平衡时哪个小球在高处（与两小球质量大小的关系）．

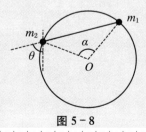

图 5-8

例 5-4 如图 5-9(a)所示，木板可绕其下端的水平轴转动，转轴位于竖直墙上．开始时，木板与墙面的夹角为 $\theta = 15°$，一个截面半径为 r 的均匀圆柱体木棍水平置于木板与墙面间，在木板外侧施加力 F 使其保持平衡，木棍的端面上画有一竖直向上的箭头．已知木棍与

墙面之间和木棍与木板之间的摩擦因数分别为 $\mu_1 = 1.00, \mu_2 = 1/\sqrt{3}$. 缓慢减小力 F,使夹角 θ 慢慢增大,木棍下落. 试问当夹角 θ 增大到 $60°$ 时,木棍端面上的箭头指向什么方向?

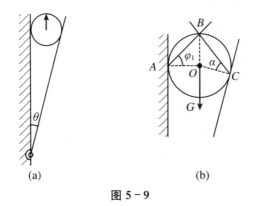

图 5-9

解 令
$$\mu_1 = \tan\varphi_1, \quad \mu_2 = \tan\varphi_2$$

则
$$\varphi_1 = 45°, \quad \varphi_2 = 30°$$

设 A 处达临界,如图 5-9(b)所示,三力汇交于圆最高点 B,则
$$\alpha = \frac{1}{2}[180° - (90° + \theta)] = 45° - \frac{\theta}{2}$$

初始
$$\theta = 15°, \quad \alpha = 37.5° > \varphi_2$$

故初始下滑时与墙之间纯滚动,直到
$$\alpha = \varphi_2$$

即
$$\theta = 30°$$

(1) $15° \leqslant \theta < 30°$ 时,沿墙纯滚动,下降
$$\Delta h = r(\cot 7.5° - \cot 15°)$$

顺时针转过
$$\beta_1 = \frac{\Delta h}{r} = \cot 7.5° - \cot 15°$$

(2) $30° < \theta \leqslant 60°$ 时,沿板纯滚动,质心沿板下滑
$$\Delta x = r(\cot 15° - \cot 30°)$$

相对于板逆时针转过
$$\beta_2 = \frac{\Delta x}{r} = \cot 15° - \cot 30°$$

随同板顺时针转过

$$\beta_3 = 60° - 30° = 30° = \frac{\pi}{6}$$

综上，取逆时针转动为正，木棍自转

$$\beta = -\beta_1 + \beta_2 - \beta_3 = 2\cot 15° - \cot 7.5° - \cot 30° - \frac{\pi}{6} = -2.3873 = -136.78°$$

即木棍端面箭头顺时针转过了 136.78°.

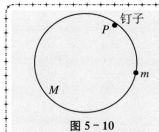
图 5-10

练习 5-4 如图 5-10 所示，质量为 m 的小球被固定在质量为 M 的大圆环上．把此圆环挂在一个不光滑的钉子上．若要使环上的任意一点（除小球所在位置外）挂在钉子上，都能使环保持平衡，则环与钉子之间的摩擦因数 μ 至少为多大？

例 5-5 三根相同的均匀圆柱体按图 5-11(a) 中的方式叠放在水平地面上，互相接触．已知圆柱体与地面间的摩擦因数为 μ_1，圆柱体间的摩擦因数为 μ_2．试求使三圆柱体达到平衡所需的 μ_1 和 μ_2 的下限值．

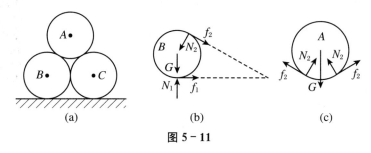
图 5-11

解 整体

$$2N_1 = 3G$$

则

$$N_1 = \frac{3}{2}G$$

B,C 间无挤压，对 B 圆柱体，如图 5-11(b) 所示，对 f_1, f_2 交点力矩平衡，则

$$N_2 l + Gl = N_1 l$$

故

$$N_2 = \frac{1}{2}G$$

对轴心力矩平衡，则

$$f_1 = f_2$$

对 A 圆柱体，如图 5-11(c) 所示，有

$$2N_2\sin 60° + 2f_2\cos 60° = G$$

则

$$f_2 = \left(1 - \frac{\sqrt{3}}{2}\right)G = f_1$$

故摩擦因数需满足

$$\mu_1 \geqslant \frac{f_1}{N_1} = \frac{2}{3}\left(1 - \frac{\sqrt{3}}{2}\right) = \frac{2-\sqrt{3}}{3}, \quad \mu_2 \geqslant \frac{f_2}{N_2} = 2\left(1 - \frac{\sqrt{3}}{2}\right) = 2 - \sqrt{3}$$

> **练习 5-5** 如图 5-12 所示,三根等长的均匀圆柱体两端对齐放置在水平桌面上,被一个无底面、无前后端面、与圆柱体等长的刚性空盒扣在盒下.三根圆柱体的质量均为 m,下面两根圆柱体端面圆半径均为 R,上面的圆柱体端面圆半径为 r,盒的两侧板间距为 $4R$.设各柱体间以及柱体与盒间的静摩擦因数均为 μ.用手缓慢向上提刚性盒能将三根圆柱体一起提起来,试问 μ 至少应为多大?

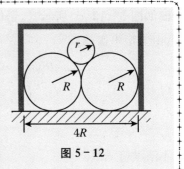

图 5-12

例 5-6 如图 5-13(a)所示,课桌面与水平面夹角成 α,在桌面上放一支正六棱柱形铅笔,欲使铅笔既不向下滑动,又不向下滚动.试问:

(1) 在此情况下铅笔与桌面的静摩擦因数应为多大?
(2) 铅笔的轴与斜面母线(斜面与水平面的交线)应成多大的角度 φ 放置?

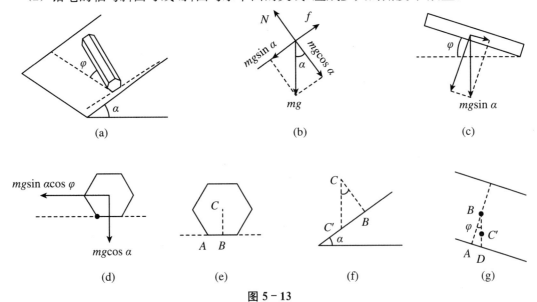

图 5-13

解 (1) 不下滑,应

$$\mu mg\cos\alpha \geqslant mg\sin\alpha$$

故

$$\mu \geqslant \tan\alpha$$

(2) 解法 1:恰不滚动时,弹力、摩擦力作用在铅笔与桌面接触面的下棱上;如图 5-13(b) 所示,重力分解为沿斜面向下的 $mg\sin\alpha$ 和垂直于斜面向下的 $mg\cos\alpha$;垂直于桌面视图如图 5-13(c) 所示,$mg\sin\alpha$ 沿铅笔和垂直于铅笔分解,$mg\cos\alpha$ 垂直此面未画出;平行铅笔截面如图 5-13(d) 所示,以铅笔与桌面接触面的下棱为轴,恰不滚动时弹力、摩擦力力矩为零,由力矩平衡得

$$mg\sin\alpha\cos\varphi_{\min} \cdot l\cos 30° = mg\cos\alpha \cdot l\sin 30°$$

解得

$$\varphi_{\min} = \arccos\frac{\cot\alpha}{\sqrt{3}}$$

故不滚动应满足

$$\varphi \geqslant \arccos\frac{\cot\alpha}{\sqrt{3}}$$

解法 2:几何解法,重力作用线不超出斜面对笔的支持面. 如图 5-13(e) 所示,C 为质心,$\overline{BC}$ 垂直于斜面,设六角形边长为 l,则

$$\overline{CB} = \frac{\sqrt{3}}{2}l, \quad \overline{AB} = \frac{1}{2}l$$

如图 5-13(f) 所示,C' 为质心正下方斜面上的点($\overline{CC'}$ 为重力作用线),则

$$\overline{BC'} = \overline{CB}\tan\alpha = \frac{\sqrt{3}}{2}l\tan\alpha$$

如图 5-13(g) 所示,C' 应未超出铅笔与斜面的接触面,则

$$\overline{BD} = \frac{\overline{AB}}{\cos\varphi} = \frac{l}{2\cos\varphi}, \quad \overline{BC'} \leqslant \overline{BD}$$

解得

$$\cos\varphi \leqslant \frac{1}{\sqrt{3}\tan\alpha}$$

故

$$\varphi \geqslant \arccos\frac{\cot\alpha}{\sqrt{3}}$$

练习 5-6 如图 5-14 所示,两个质量相等的小物体由一根不可伸缩的轻硬细杆相连,放在倾角为 α 的斜面上.两小物体(分别记为 1 和 2)与斜面的静摩擦因数分别为 μ_1 和 μ_2,$\mu_1 > \mu_2$,并满足 $\tan\alpha = \sqrt{\mu_1\mu_2}$.试求它们能在斜面上保持静止的条件.若将轻硬细杆改为轻绳,再求保持静止的条件.

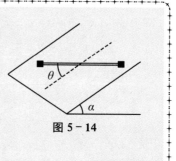

图 5-14

例 5-7 如图 5-15(a)所示,两根位于竖直平面内的均质棒的底端彼此相靠地搁在光滑水平地板上,其上端分别靠在两个竖直而光滑的墙上,两个竖直墙均垂直于两棒所在竖直面.两根棒的重量分别为 P_1 和 P_2.试求平衡时两棒的水平倾角 α_1 与 α_2 的关系.

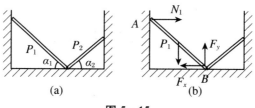

图 5-15

解 对左棒受力分析如图 5-15(b)所示,B 点受另一根棒和地面的力分解为 F_x 和 F_y,有

$$F_y = P_1$$

对 A 力矩平衡,有

$$P_1 \frac{l_1}{2}\cos\alpha_1 + F_x l_1 \sin\alpha_1 = F_y l_1 \cos\alpha_1$$

解得

$$F_x = \frac{P_1}{2\tan\alpha_1}$$

同理右棒

$$F'_x = \frac{P_2}{2\tan\alpha_2}$$

杆 B 处水平分力由两杆间相互作用提供,则

$$F_x = F'_x$$

故

$$\frac{\tan\alpha_1}{\tan\alpha_2} = \frac{P_1}{P_2}$$

练习 5-7 如图 5-16 所示,两根长为 $2l$ 的相同均质细棒用光滑铰链将端点连接在一起,架在一个轴沿水平方向半径为 r 的固定光滑圆柱上,保持平衡.试求两棒之间的夹角 φ 满足的关系式.

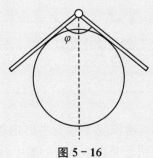

图 5-16

5.2 平衡的稳定性

1. 稳定平衡、不稳定平衡和随遇平衡

物体的平衡可以分为稳定平衡、不稳定平衡和随遇平衡.

稳定平衡:平衡的物体受到扰动稍偏离平衡位置时,合外力是回复力,合外力矩是回复力矩,使之回复原位置.

不稳定平衡:平衡的物体受到扰动稍偏离平衡位置时,合外力是推斥力,合外力矩是推斥力矩,使之进一步推离原位置.

随遇平衡:平衡的物体受到扰动稍偏离平衡位置时,合外力是零,合外力矩是零,使之在新的位置平衡.

例如光滑球形碗底的质点、上端有光滑水平转轴的竖直杆处于稳定平衡状态;光滑圆球顶端的质点、下端有光滑水平转轴的竖直杆处于不稳定平衡状态;位于光滑水平地面的质点、圆心有光滑水平转轴的圆盘处于随遇平衡状态.

一个质点可以在一个方向处于某种平衡状态,而在另一个方向处于另一种平衡状态.例如一个质点位于内壁光滑的水平圆柱面形直管底部,对于平行于管轴方向的扰动,质点处于随遇平衡状态;对于垂直于管轴方向的扰动,质点处于稳定平衡状态.

平动平衡的稳定性只需看合外力是否是回复力,定轴转动平衡的稳定性只需看合外力矩是否是回复力矩,一般物体平衡的稳定性两者均需考虑,且在不同方向,平动转动方面可处于不同的平衡状态.例如在直角坐标系中,可能 x 方向平动稳定平衡,但转动随遇平衡,y,z 方向同理.

2. 根据平衡位置邻域的受力、力矩情况判断平衡的稳定性

平衡即
$$F = 0, \quad M = 0$$

平衡状态下：若向正方向稍偏离平衡位置时 F（或 M）指向负方向，向负方向稍偏离平衡位置时 F（或 M）指向正方向，（这两者必须均满足）则为稳定平衡；在平衡位置邻域内 F（或 M）均为零，则为随遇平衡；向一个方向稍偏离平衡位置时，F（或 M）是推斥力（或力矩），即为不稳定平衡.

在图像中举例帮助理解和记忆，如图 5-17 所示，各图线与横轴的交点均为平衡位置，已用字母标出. 我们以 F-x 图像为例说明平衡的稳定性，取 $\varepsilon \to 0^+$.

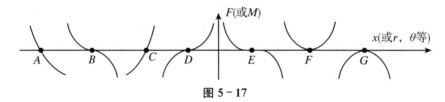

图 5-17

A 点：$F(x_A) = 0$，平衡；$F(x_A + \varepsilon) < 0$ 且 $F(x_A - \varepsilon) > 0$，稳定平衡.

B 点与 A 点一致.

C 点：$F(x_C) = 0$，平衡；$F(x_C + \varepsilon) > 0$ 或 $F(x_C - \varepsilon) < 0$，不稳定平衡.

D 点与 C 点一致.

E 点：$F(x_E) = 0$，平衡；$F(x_D + \varepsilon) = F(x_D - \varepsilon) = 0$，随遇平衡.

F 点：$F(x_F) = 0$，平衡；$F(x_F + \varepsilon) > 0$，不稳定平衡.

G 点：$F(x_G) = 0$，平衡；$F(x_G - \varepsilon) < 0$，不稳定平衡.

若用导数判断平衡的稳定性，有：

若 $F(x_i) = 0$，$\mathrm{d}F(x_i)/\mathrm{d}x < 0$，则为稳定平衡，例如 A 点；

若 $F(x_i) = 0$，$\mathrm{d}F(x_i)/\mathrm{d}x > 0$，则为不稳定平衡，例如 C 点；

若 $F(x_i) = 0$，$\mathrm{d}F(x_i)/\mathrm{d}x = 0$，不足以说明平衡的稳定性，例如 B，D，E，F，G 点，需做进一步判断.

也可在 x（或 r，θ）的坐标轴上标注平衡位置邻域的 F（或 M）的正、负来确定平衡的稳定性，如图 5-18 所示.

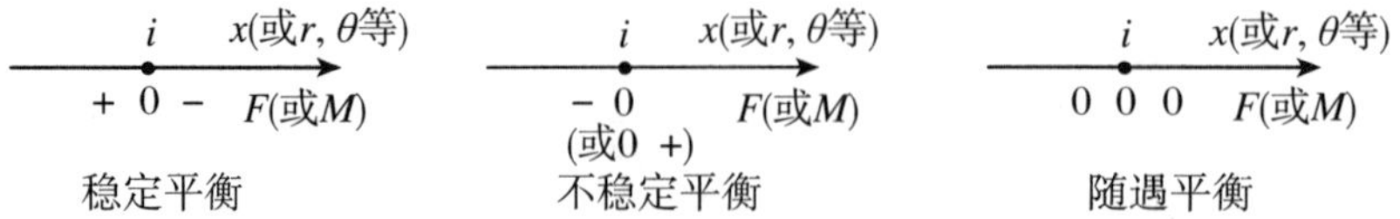

平衡的稳定性

图 5-18

3. 用一维势能（或有效势能）曲线判断平衡的稳定性

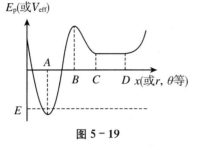

图 5-19

如图 5-19 所示，A，B 处，$\overline{CD}$ 段为平衡位置. 若从 A 处稍偏离平衡位置，令机械能为虚线 E，由于 $E_k \geq 0$，物体的运动被限制在虚线 E 与曲线两交点的横坐标范围内，且 A 处时动能最大，即合外力（或力矩）是指向 A 处的，故 A 为稳定平衡位置. 可分析 B 为不稳定平衡位置，$\overline{CD}$ 中某处为随遇平衡位置. 即：

一维势能（或有效势能）曲线极小值位置为稳定平衡位置，极大值位置为不稳定平衡位置，稳定值段中某位置为随遇平衡位置.

平衡位置邻域的势能均大于平衡位置势能时为稳定平衡，均等于平衡位置势能时为随遇平衡，只要有一侧邻域势能小于平衡位置势能即为不稳定平衡.

以 E_p-θ 为例，取 $\varepsilon \to 0^+$，$dE_p(\theta_i) = 0$，平衡，其稳定性为：

$E_p(\theta_i + \varepsilon) > E_p(\theta_i)$ 且 $E_p(\theta_i - \varepsilon) > E_p(\theta_i)$，稳定平衡；

$E_p(\theta_i + \varepsilon) < E_p(\theta_i)$ 或 $E_p(\theta_i - \varepsilon) < E_p(\theta_i)$，不稳定平衡；

$E_p(\theta_i + \varepsilon) = E_p(\theta_i) = E_p(\theta_i - \varepsilon)$，随遇平衡.

若用导数判断，一维势能（或有效势能）函数以 $E_p(\theta)$ 为例，$dE_p(\theta_i)/d\theta = 0$，平衡，其稳定性为：

$d^2 E_p(\theta_i)/d\theta^2 > 0$，稳定平衡，例如 A 点；

$d^2 E_p(\theta_i)/d\theta^2 < 0$，不稳定平衡，例如 B 点；

$d^2 E_p(\theta_i)/d\theta^2 = 0$，不足以说明平衡的稳定性，需做进一步判断.

作为特例，若势能只有重力势能，则有：若（两个方向均）稍偏离平衡位置时重心升高，则为稳定平衡；若（某一方向）稍偏离平衡位置时重心降低，则为不稳定平衡；若（两个方向均）稍偏离平衡位置时重心高度不变，则为随遇平衡.

例 5-8 半径为 R 的圆环绕其竖直直径轴以不变的角速度 ω 匀速转动. 两质量为 m 的珠子用长为 $L = R$ 的轻杆相连，套在圆环上可以无摩擦地滑动，如图 5-20(a)所示. 试求轻杆在圆环上的平衡位置，用环心 O 与杆心 C 的连线与铅垂轴的夹角 θ 表示，并分析平衡的稳定性.

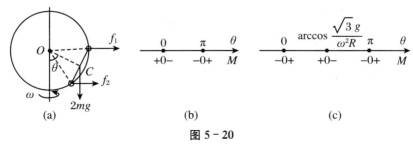

图 5-20

解 解法 1：取 θ 增大方向为正方向，对 O 点力矩有

$$M = M_G + M_{f_1} + M_{f_2}$$

$$= -2mg \cdot \frac{\sqrt{3}}{2}R\sin\theta + m\omega^2 R\sin(\theta+30°) \cdot R\cos(\theta+30°)$$

$$\quad + m\omega^2 R\sin(\theta-30°) \cdot R\cos(\theta-30°)$$

$$= -\sqrt{3}mgR\sin\theta + \frac{1}{2}m\omega^2 R^2[\sin(2\theta+60°)+\sin(2\theta-60°)]$$

$$= -mR\sin\theta(\sqrt{3}g - \omega^2 R\cos\theta)$$

平衡位置

$$M = 0$$

(1) 若 $\sqrt{3}g - \omega^2 R \geqslant 0$，即 $\omega^2 \leqslant \dfrac{\sqrt{3}g}{R}$，则平衡位置解为

$$\theta_1 = 0, \quad \theta_2 = \pi$$

各自邻域内的力矩正、负如图 5-20(b)所示，可知 $\theta_1 = 0$ 为稳定平衡，$\theta_2 = \pi$ 为不稳定平衡．

(2) 若 $\sqrt{3}g - \omega^2 R < 0$，即 $\omega^2 > \dfrac{\sqrt{3}g}{R}$，则平衡位置解为

$$\theta_1 = 0, \quad \theta_2 = \arccos\frac{\sqrt{3}g}{\omega^2 R}, \quad \theta_3 = \pi$$

各自邻域内的力矩正、负如图 5-20(c)所示，可知 $\theta_1 = 0, \theta_3 = \pi$ 为不稳定平衡，$\theta_2 = \arccos\dfrac{\sqrt{3}g}{\omega^2 R}$ 为稳定平衡．

注 若用导数，则有 $\omega^2 = \sqrt{3}g/R$ 时 $M'(0) = 0$，不能判断稳定性，仍需考察邻域的力矩情况，不够方便．

解法 2：离心势能表达式

$$E_{p离} = \int_r^0 m\omega^2 r\,\mathrm{d}r = -\frac{1}{2}m\omega^2 r^2$$

总势能

$$E_p = -2mg \cdot \frac{\sqrt{3}}{2}R\cos\theta - \frac{1}{2}m\omega^2 R^2\sin^2(\theta-30°) - \frac{1}{2}m\omega^2 R^2\sin^2(\theta+30°)$$

$$= \frac{1}{2}m\omega^2 R^2\left[\left(\cos\theta - \frac{\sqrt{3}g}{\omega^2 R}\right)^2 - \frac{3}{2} - \left(\frac{\sqrt{3}g}{\omega^2 R}\right)^2\right] \quad ☆$$

$$E_p' = mR\sin\theta(\sqrt{3}g - \omega^2 R\cos\theta)$$

平衡处

$$E_p' = 0$$

(1) 若 $\sqrt{3}g - \omega^2 R \geqslant 0$，即 $\omega^2 \leqslant \dfrac{\sqrt{3}g}{R}$，则平衡位置解为

$$\theta_1 = 0, \quad \theta_2 = \pi$$

此时

$$\frac{\sqrt{3}g}{\omega^2 R} \geqslant 1$$

令 $\varepsilon \to 0^+$，由☆式可知

$$E_p(0+\varepsilon) > E_p(0), \quad E_p(0-\varepsilon) > E_p(0)$$

故 $\theta_1 = 0$ 为稳定平衡，又

$$E_p(\pi+\varepsilon) < E_p(\pi)$$

故 $\theta_2 = \pi$ 为不稳定平衡．

(2) 若 $\sqrt{3}g - \omega^2 R < 0$，即 $\omega^2 > \dfrac{\sqrt{3}g}{R}$，则平衡位置解为

$$\theta_1 = 0, \quad \theta_2 = \arccos\frac{\sqrt{3}g}{\omega^2 R}, \quad \theta_3 = \pi$$

此时

$$\frac{\sqrt{3}g}{\omega^2 R} < 1$$

令 $\varepsilon \to 0^+$，由☆式可知

$$E_p(0+\varepsilon) < E_p(0), \quad E_p(\pi+\varepsilon) < E_p(\pi)$$

故 $\theta_1 = 0, \theta_3 = \pi$ 为不稳定平衡，又

$$E_p(\theta_2+\varepsilon) > E_p(\theta_2), \quad E_p(\theta_2-\varepsilon) > E_p(\theta_2)$$

故 $\theta_2 = \arccos\dfrac{\sqrt{3}g}{\omega^2 R}$ 为稳定平衡．

例 5-9 如图 5-21(a)所示，一块厚度为 h 的匀质木板静止放在半径为 R 的半圆柱顶面上，板的重心刚好位于半圆柱轴线上方．板与圆柱的摩擦因数为 μ．试求此位置为稳定平衡状态的条件．

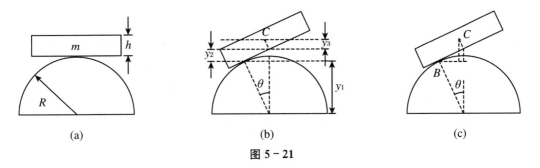

图 5-21

解 解法 1：本题 μ 保证了在微扰时（微扰转角小于摩擦角）不会滑下．此静止位置应为邻域内重心最低处，如图 5-21(b)所示，偏转 $\theta \to 0$ 时

$$y_1 = R\cos\theta \approx R\left(1 - \frac{\theta^2}{2}\right), \quad y_2 = \theta R\sin\theta \approx R\theta^2, \quad y_3 = \frac{h}{2}\cos\theta \approx \frac{h}{2}\left(1 - \frac{\theta^2}{2}\right)$$

重心应升高,即应有

$$\Delta y = y_1 + y_2 + y_3 - \left(R + \frac{h}{2}\right) > 0$$

解得

$$R > \frac{h}{2}$$

解法 2：偏转 $\theta \to 0$ 时，合外力矩应为回复力矩。如图 5-21(c)所示，只需重心 C 在切点 B 右侧即可，即

$$R\theta\cos\theta - \frac{h}{2}\sin\theta \approx R\theta - \frac{h}{2}\theta > 0$$

故

$$R > \frac{h}{2}$$

例 5-9 与练习 5-8

练习 5-8 如图 5-22 所示，一个熟鸡蛋的圆、尖两端的曲率半径分别为 a, b，且长轴的长度为 l，蛋圆的一端可以在不光滑的水平面上稳定直立。试求蛋尖的一端可以在一个半球形的不光滑碗内稳定直立，碗的半径 r 需满足的条件。

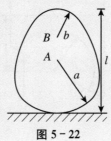

图 5-22

5.3 流　　体

5.3.1 流体静力学

压强(略)，阿基米德原理(略)。

浮心：浮力的等效作用点，浮心位于与浸没在流体中的物体同形状、同体积的流体的重心处。

浮体(即漂浮的物体)平衡的稳定性：竖直方向稳定平衡，水平方向随遇平衡。绕水平轴

方向视情况而定,若重力与浮力的力偶矩是一个回复力矩,则为稳定平衡;若为推斥力矩,则为不稳定平衡.

> **练习 5-9** 截面为正方形的匀质长木料浮在水面上,其长棱始终平行于水面.木棒的比重即木棒与水密度的比值设为 r.
>
> (1) 木料有两条长棱没于水中,长方形的面均在水平面或竖直面上,且对水平长轴的扭转扰动呈稳定平衡,木棒的比重应为多大?
>
> (2) 木料只有一条长棱没于水中,讨论其对水平长轴的扭转扰动的平衡稳定性.

例 5-10 设液面上方大气压为零,重力加速度为 g.

(1) 在如图 5-23(a)所示的容器中,盛有密度为 ρ_0 的液体.一个半径为 R、密度为 ρ 的半球体浸没在液体中,且底面与容器内底部紧密接触(即接触处无液体).液面与半球体底面的高度差为 H.试求半球体所受液体的压力 F_1 及半球体对容器底面的压力 N_1.

(2) 如图 5-23(b)所示,容器内底部平面倾角为 θ,其余条件同上一问,半球体与容器内底部有摩擦力以使半球体不会下滑,液面与半球体底面中心的高度差为 H.再求半球体所受液体的压力 F_2 及半球体对容器底面的压力 N_2.

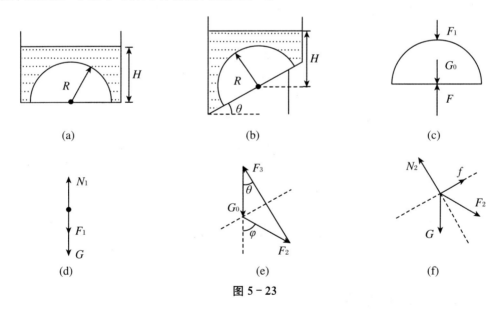

图 5-23

解 半球体与容器内底部紧密接触,故接触处不受液体压力作用.

(1) 将半球体替换为密度为 ρ_0 的液体半球体,其所受液体的压力 F_1 不变,设液体半球体下也有一薄层液体,如图 5-23(c)所示,则由液体半球体受力平衡得

$$F_1 + \rho_0 g \cdot \frac{2}{3}\pi R^3 = \rho_0 g H \pi R^2$$

故
$$F_1 = \rho_0 g \pi R^2 \left(H - \frac{2}{3} R \right)$$

实际半球体受力如图 5-23(d)所示,故
$$N_1 = F_1 + \rho g \cdot \frac{2}{3} \pi R^3 = g \pi R^2 \left[\rho_0 H + \frac{2}{3} (\rho - \rho_0) R \right]$$

(2) 同将半球体替换为密度为 ρ_0 的液体半球体,其所受液体的压力 F_2 不变,设液体半球下也有一薄层液体,如图 5-23(e)所示,由液体半球体受力平衡得
$$F_2^2 = F_3^2 + G_0^2 - 2 F_3 G_0 \cos \theta$$
其中底面所受液体压力可用压强平均值计算:
$$F_3 = \rho_0 g H \pi R^2, \quad G_0 = \rho_0 g \cdot \frac{2}{3} \pi R^3$$

解得
$$F_2 = \rho_0 g \pi R^2 \sqrt{H^2 + \frac{4}{9} R^2 - \frac{4}{3} R H \cos \theta}$$

方向为
$$\tan \varphi = \frac{F_3 \sin \theta}{F_3 \cos \theta - G_0} = \frac{H \sin \theta}{H \cos \theta - \frac{2}{3} R}$$

实际半球体受力如图 5-23(f)所示,故
$$N_2 = G \cos \theta + F_{2\perp} = G \cos \theta + F_3 - G_0 \cos \theta = (\rho - \rho_0) g \cdot \frac{2}{3} \pi R^3 \cos \theta + \rho_0 g H \pi R^2$$
$$= g \pi R^2 \left[\rho_0 H + \frac{2}{3} (\rho - \rho_0) R \cos \theta \right]$$

练习 5-10 如图 5-24 所示,容器中盛有密度为 ρ_0 的液体,并放有一种体积为 V、密度为 ρ 的物块,$\rho_0 > \rho$. 图 5-24(a)中物体浮于液体表面,图 5-24(b)中物体被一根绳子连接在容器底部,使物块淹没在液体中.假设这两种情况都让容器以加速度 a 竖直向上运动.试问:

(1) 图 5-24(a)中物块将如何运动?

(2) 图 5-24(b)中物块与容器底部相连的绳子中张力为多大?

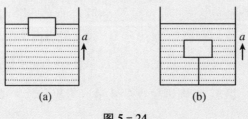

图 5-24

5.3.2 连续性方程与连续性原理

1. 理想流体

完全不可压缩的无黏滞流体称为理想流体. 不可压缩流体的密度 ρ 为常量.

2. 流速场、流线、流管

在有流体的空间里每点上都有一个流速矢量, 它们构成一个流速场. 在流速场中画出许多曲线, 其上每一点的切线方向和流速场在该点的速度方向一致, 这种曲线称为流线. 因为流速场中每点都有确定的流速方向, 流线是不会相交的. 在流体内作一微小的闭合曲线, 通过其上各点的流线所围成的细管叫作流管. 由于流线不会相交, 流管内、外的液体都不会穿越管壁. 如图 5-25 所示.

流线 　　　流管

图 5-25

3. 定常与不定常流动

流速场的空间分布若随时间变化, 称为不定常流动; 流速场的空间分布不随时间改变, 称为定常流动, 定常流动中流管的结构稳定.

流体的流动与参考系有关, 流体相对于某个参考系做定常流动, 在另一个参考系未必是定常流动.

4. 连续性方程

流动中流体的总质量应保持不变, 在空间中取一区域, 流体质量的守恒性表现为经由区域界面流出的流体质量等于区域内流体质量的减少量.

如图 5-26 所示, 选取流体区域 V, 表面积 S, 其上面元矢量 $\mathrm{d}\boldsymbol{S}$, 该面元处流速记为 $\boldsymbol{v}$, 流体密度记为 ρ, 经 $\mathrm{d}t$ 时间经表面 S 流出的液体质量为

$$\left[\oiint_S \rho \boldsymbol{v} \cdot \mathrm{d}\boldsymbol{S}\right]\mathrm{d}t$$

区域 V 内因密度变化造成的质量减少量为

$$-\left[\frac{\mathrm{d}}{\mathrm{d}t}\iiint_V \rho \mathrm{d}V\right]\mathrm{d}t = -\left[\iiint_V \frac{\partial \rho}{\partial t}\mathrm{d}V\right]\mathrm{d}t$$

根据质量守恒得

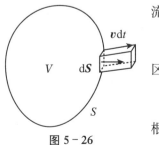

图 5-26

$$\left[\oiint_S \rho\boldsymbol{v}\cdot d\boldsymbol{S}\right]dt = -\left[\iiint_V \frac{\partial \rho}{\partial t}dV\right]dt$$

推出

$$\oiint_S \rho\boldsymbol{v}\cdot d\boldsymbol{S} + \iiint_V \frac{\partial \rho}{\partial t}dV = 0$$

这就是连续性方程.

5. 流量

单位时间内通过流管截面 S 的流体体积(或质量)称为体积(或质量)流量.

体积流量

$$Q_V = \int_S dQ_V = \left|\iint_S \boldsymbol{v}\cdot d\boldsymbol{S}\right|$$

质量流量

$$Q_m = \int_S dQ_m = \left|\iint_S \rho\boldsymbol{v}\cdot d\boldsymbol{S}\right|$$

6. 连续性原理

定常流动中流管结构稳定,取图 5-27 所示的一段流管,流体不会从侧面流入或流出,且流体内各点 ρ 不随时间改变,故

$$\iiint_V \frac{\partial \rho}{\partial t}dV = 0$$

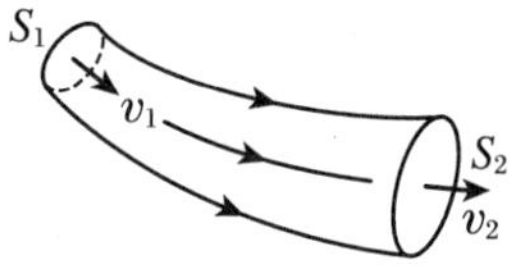

连续性方程化为

图 5-27

$$\iint_{S_1} \rho_1\boldsymbol{v}_1\cdot d\boldsymbol{S}_1 + \iint_{S_2} \rho_2\boldsymbol{v}_2\cdot d\boldsymbol{S}_2 = 0$$

此式表明在 S_1, S_2 处的质量流量相等,即

$$Q_{m_1} = Q_{m_2}$$

如果流体是不可压缩的,则各处 ρ 相等,此式进一步简化成

$$\iint_{S_1} \boldsymbol{v}_1\cdot d\boldsymbol{S}_1 + \iint_{S_2} \boldsymbol{v}_2\cdot d\boldsymbol{S}_2 = 0$$

此式表明在 S_1, S_2 处的体积流量相等,即

$$Q_{V_1} = Q_{V_2}$$

以上方程称为流体的连续性原理方程.

5.3.3 伯努利方程

考虑重力作用,理想流体做定常流动时的功能关系方程即为伯努利方程.

如图 5-28 所示,$\Delta S_1, \Delta S_2$ 分别是端面 1,2 与该处速度垂直的小面元,对 1,2 间流管,

流量恒定,即
$$\Delta Q_V = \Delta S_1 v_1 = \Delta S_2 v_2$$
Δt 内外力做功
$$\Delta W = p_1 \Delta S_1 v_1 \Delta t - p_2 \Delta S_2 v_2 \Delta t = (p_1 - p_2) \Delta Q_V \Delta t$$

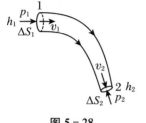

图 5-28

动能增量
$$\Delta E_k = \frac{1}{2} \rho \Delta Q_V \Delta t (v_2^2 - v_1^2)$$

重力势能增量
$$\Delta E_p = \rho \Delta Q_V \Delta t g (h_2 - h_1)$$

由功能关系得
$$\Delta W = \Delta E_k + \Delta E_p$$

联立解得
$$p_2 + \frac{1}{2} \rho v_2^2 + \rho g h_2 = p_1 + \frac{1}{2} \rho v_1^2 + \rho g h_1$$

由于细管中位置是任取的,故
$$p + \frac{1}{2} \rho v^2 + \rho g h = 常量$$

这就是伯努利方程.

流管内高度差的影响可忽略时,伯努利方程简化为
$$p + \frac{1}{2} \rho v^2 = 常量$$

此式表明,流速大处压强小,流速小处压强大.结合连续性原理可以得出结论:流管截面积小处流速大,压强小;流管截面积大处流速小,压强大.伯努利原理的防止和应用有:平行航行的船不可靠得过近,以防船外侧压强大于内侧压强而相撞,打乒乓球的弧旋球,飞机机翼的升力,喷雾器,水流抽气机,体积流量计等.

第 3 章学习过的小孔流速模型(例 3-2 和练习 3-3)也可以用伯努利方程来求解.

例5-11 当水塔中的水面不够高时,会出现这样的现象:楼下用户不放水时,楼上用户可以放出水来,楼下用户放水时,楼上用户就放不出水来.试给以解释.水塔模型如图 5-29 所示.

解 用户 1 不放水时用户 2 能放出水应有
$$h_0 > h_1 + h_2$$
水塔截面积远大于主管截面积 S_0,主管截面积 S_0 大于用户水龙头截面积 S.用户 1 单独放水时

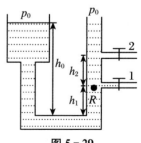

图 5-29

$$p_0 + \rho g h_0 = p_R + \frac{1}{2}\rho v_R^2 + \rho g h_1 = p_0 + \frac{1}{2}\rho v_1^2 + \rho g h_1$$

主管到用户 1 有
$$v_R S_0 = v_1 S$$

联立解得
$$p_R = p_0 + \rho g (h_0 - h_1) \frac{S_0^2 - S^2}{S_0^2}$$

用户 1 上方静止水的高度设为 h,有
$$p_R = p_0 + \rho g h$$

则
$$h = (h_0 - h_1)\frac{S_0^2 - S^2}{S_0^2}$$

用户 2 能放出水的前提是
$$h_2 < h$$

即
$$h_0 > h_1 + \frac{S_0^2}{S_0^2 - S_1^2}h_2$$

故用户 1 不放水时用户 2 能放出水,用户 1 放水时用户 2 放不出水的条件是
$$h_1 + h_2 < h_0 \leqslant h_1 + \frac{S_0^2}{S_0^2 - S_1^2}h_2$$

练习 5-11 图 5-30 所示为体积流量计,已知其截面积 $S_1, S_2 (S_1 > S_2)$,两根上端开口的竖直管分别与截面积大、小处联通,密度为 ρ 的液体由左侧流入,两竖直管中的液面高度差为 h,试求液体的体积流量. 设液体不可压缩.

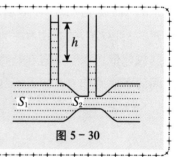

图 5-30

第 5 章习题

5-1 一均匀直棒倾斜地放在半空心球形碗内(在过球心的竖直平面内),若球心到直棒两端所夹的圆心角为 2α,如习图 5-1 所示,直棒与碗内表面的静摩擦因数为 $\mu_s = \tan\beta$,试证明直棒与水平面间的最大倾角为

$$\theta = \arctan\left[\frac{\tan(\alpha+\beta) - \tan(\alpha-\beta)}{2}\right]$$

5-2 如习图 5-2 所示,三条长度分别为 l_1,l_2,l_3 的不可伸长细线各有一端系在重量为 G 的均匀三角板的三个顶点上,细线的另一端合系于固定点 O.三角板不在竖直平面内,三角板的三边长分别为 a,b,c.试求三条细线中的张力各为多大.

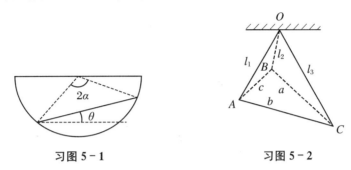

习图 5-1　　　　　　　　习图 5-2

5-3 某光滑曲面由曲线 $y=f(x)$ 绕竖直 y 轴旋转一周形成.一个自然半径为 a、质量为 m、劲度系数为 k 的匀质弹簧圆环置于该曲面上,能水平静止于任意高度处.试求曲线方程.

5-4 如习图 5-3 所示,一根质量为 m、长为 l、粗细均匀的木棍两端用两段平行的相同的可移动的细圆棒 A,B 水平地支撑着.设木棍与细圆棒之间的静摩擦因数为 μ_s,动摩擦因数为 μ_k.今缓慢地移动 A,B,使木棍在细圆棒 A 或 B 上滑动,最后 A,B 在木棍的质心会合.试问在此过程中移动 A,B 做了多少功?已知 $\mu_k/\mu_s=k<1$.

5-5 如习图 5-4 所示,斜面倾角为 30°,斜面底端有一可绕过 O 点的光滑水平转轴旋转的挡板 OP,挡板用水平外力 P 维持在竖直平面内.质量均为 m 的 $n(n>3)$ 个相同匀质圆柱体依次水平搁置在斜面上,被挡板挡住.圆柱半径为 R,板长为 l.圆柱与斜面或挡板之间的摩擦因数 $\mu=1/3$,不计各圆柱之间的摩擦.试求维持系统平衡的最大水平力 P.

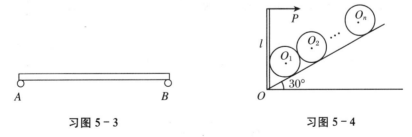

习图 5-3　　　　　　　　习图 5-4

5-6 如习图 5-5 所示,在倾角为 φ 的足够大粗糙斜面上,有一质量为 m 的质点,用一根弹性绳拴住.绳的另一端固定在斜面上 O' 点,弹性绳原长为 L,劲度系数为 k,斜面与质点间的静摩擦因数为 μ.试确定质点在斜面上可静止的区域,并画出此区域边界的示意图.

5-7 如习图 5-6 所示,有三根相同的均匀细棒上端靠在一起,记为 O 点,下端分别

搁置在水平地面上,记为 A,B,C 点. 每根棒质量为 m,长度为 l. △ABC 为正三角形,边长也为 l.

(1) 试求 OA 棒上端所受力的大小和方向;
(2) 若在 OA 棒中点固定一个质量也为 m 的质点,再求其上端所受力的大小和方向;
(3) 要使体系保持静止,棒与地面的摩擦因数至少为多大?

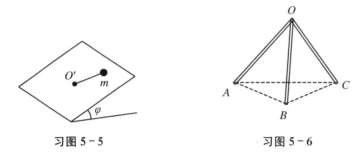

习图 5-5   习图 5-6

5-8 均匀杆 AB 质量为 m,长为 $2a$,其 A 端用轻质光滑铰链与长为 b 的水平轻杆 OA 相连接,AB 杆可绕铰链在竖直平面内自由转动. 现两杆一起绕过 O 的竖直轴以恒定角速度 ω 转动,设 θ 为 AB 杆与竖直线的夹角,如习图 5-7 所示.

(1) 试求转动中 AB 杆在 OA 杆参考系中平衡时,可能的 θ 值所满足的关系式;
(2) 指出 θ 在 $0\sim 2\pi$ 中有几个可能的平衡位置,并讨论平衡的稳定性.

5-9 如习图 5-8 所示,密度为 ρ、长为 l 的均匀细木杆一端有垂直于杆的水平光滑转轴 O,将水平转轴 O 从密度为 $\rho_0(\rho<\rho_0)$ 的足够深、足够大的水面上方缓慢向下移动,杆将逐渐浸入水中. 取水面为原点,向上为 x 轴正方向. 试求此过程中轴 O 坐标为 $x(l>x>-l)$ 时杆与竖直方向的夹角.

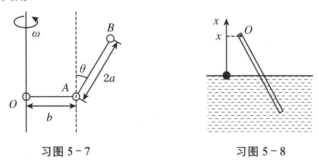

习图 5-7   习图 5-8

5-10 (1) 如习图 5-9(a)所示,半径为 r 的球浮于密度分别为 ρ_1 和 ρ_2 的分层液体的界面处,分界面恰好位于球的直径平面上,上液面到分界面的距离为 h. 试求球所受到的浮力大小.

(2) 如习图 5-9(b)所示,小圆桶底部有一半径为 r 的圆孔,大圆桶套于小圆桶外部,有一半径略大于 r 的球盖住圆孔,两圆筒中分别盛有密度为 ρ_1 和 ρ_2 的液体,液面相平,液面到小圆桶底部距离为 h. 试求球所受到的浮力大小.

5-11 半圆柱形飞机棚长为 $l = 70$ m,半径为 $R = 10$ m,暴露于风中,风速方向与其轴线垂直,流线如习图 5-10 所示. 地面上远处的风速为 $v_0 = 20$ m/s,飞机棚周围任一点的风速可由"速度势" φ 确定:

$$\varphi = -v_0\left(r + \frac{R^2}{r}\right)\cos\theta$$

式中 r 为棚顶附近某点 B 到半圆柱轴线 O 的距离,θ 为 $\overline{OB}$ 与 x 轴的夹角. 已知速度与速度势的关系和保守力与势能的关系类似. 若飞机棚的门 A 是敞开的,试求风施加在飞机棚上的力(保留两位有效数字). 已知空气的密度为 $\rho = 1.20$ kg/m^3,忽略由高度产生的压强差.

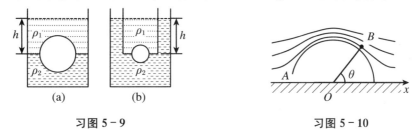

习图 5-9　　　　　　　　　习图 5-10

第 5 章练习详解及习题答案

练习 5-1 (1) 如答图 5-1(a)所示,将 F_B,F_C 合成为沿 $\overline{DO}$ 方向的合力 N:

$$F_B = F_C = \frac{N}{2\cos 30°} \qquad ☆$$

则板受 N,G,F_A 三力平衡,由三力汇交原理,三力为共点力,如答图 5-1(b)所示. 则

$$\overline{DO} = \overline{DA} = \frac{\sqrt{3}}{2}R, \quad \overline{O_1A} = \frac{2}{3} \cdot \frac{\sqrt{3}}{2}R = \frac{\sqrt{3}}{3}R, \quad \sin\varphi = \frac{\sqrt{3}}{3}$$

力三角形如答图 5-1(c)所示.

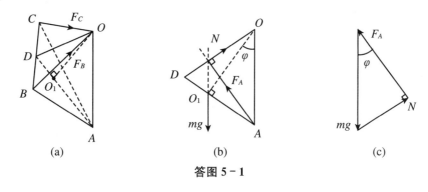

答图 5-1

$$F_A = mg\cos\varphi = \frac{\sqrt{6}}{3}mg, \quad N = mg\sin\varphi = \frac{\sqrt{3}}{3}mg$$

代入☆式解得

$$F_B = F_C = \frac{1}{3}mg$$

（2）质心在球心正下方时有最大动能，由答图 5-1(b)知质心最大下降高度

$$h_{\max} = \overline{OO_1}(1 - \cos\varphi)$$

故

$$E_{k\max} = mgh_{\max} = mgR\left(\frac{\sqrt{6}}{3} - \frac{2}{3}\right)$$

练习 5-2 B 在墙上滑动画出一个圆，杆 B 端的摩擦力与圆相切，最大倾角时杆 B 端摩擦力与 y 方向的夹角为 θ，如答图 5-2 所示．

$$\overrightarrow{AB} = -l\cos\alpha \cdot \boldsymbol{i} - l\sin\alpha\sin\theta \cdot \boldsymbol{j} + l\sin\alpha\cos\theta \cdot \boldsymbol{k}$$

$$\boldsymbol{G} = -mg\boldsymbol{k}, \quad \boldsymbol{N} = N\boldsymbol{i}, \quad \boldsymbol{f} = \mu N\cos\theta \cdot \boldsymbol{j} + \mu N\sin\theta \cdot \boldsymbol{k}$$

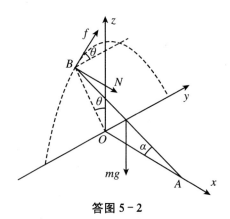

答图 5-2

对 A 力矩平衡，则

$$0 = \frac{1}{2}\overrightarrow{AB} \times \boldsymbol{G} + \overrightarrow{AB} \times (\boldsymbol{f} + \boldsymbol{N}) = \overrightarrow{AB} \times \left(\frac{1}{2}\boldsymbol{G} + \boldsymbol{f} + \boldsymbol{N}\right)$$

即

$$0 = \overrightarrow{AB} \times \left[N\boldsymbol{i} + \mu N\cos\theta \cdot \boldsymbol{j} + \left(\mu N\sin\theta - \frac{1}{2}mg\right)\boldsymbol{k}\right]$$

$$= \begin{vmatrix} \boldsymbol{i} & \boldsymbol{j} & \boldsymbol{k} \\ -l\cos\alpha & -l\sin\alpha\sin\theta & l\sin\alpha\cos\theta \\ N & \mu N\cos\theta & \mu N\sin\theta - \frac{1}{2}mg \end{vmatrix}$$

得三个分量式

$$-l\sin\alpha\sin\theta\left(\mu N\sin\theta - \frac{1}{2}mg\right) - l\sin\alpha\cos\theta\mu N\cos\theta = 0 \qquad ☆$$

$$Nl\sin\alpha\cos\theta + l\cos\alpha\left(\mu N\sin\theta - \frac{1}{2}mg\right) = 0 \quad \diamond$$

$$-l\cos\alpha\mu N\cos\theta + Nl\sin\alpha\sin\theta = 0 \quad \triangle$$

由△式解得

$$\theta = \arctan\frac{\mu}{\tan\alpha}$$

代入☆式(或◇式)解得

$$N = \frac{mg}{2\sqrt{\mu^2 + \tan^2\alpha}}$$

练习 5-3 解法 1：系统对 O 力矩平衡，如答图 5-3 所示，则

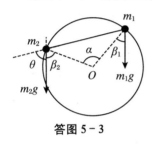

答图 5-3

$$m_1 gR\sin\beta_1 = m_2 gR\sin\beta_2$$

$$\beta_1 = \theta - \frac{1}{2}(\pi - \alpha) = -\frac{\pi}{2} + \theta + \frac{\alpha}{2}$$

$$\beta_2 = \pi - \theta - \frac{1}{2}(\pi - \alpha) = \frac{\pi}{2} - \left(\theta - \frac{\alpha}{2}\right)$$

故

$$m_1\sin\left(-\frac{\pi}{2} + \theta + \frac{\alpha}{2}\right) = m_2\sin\left[\frac{\pi}{2} - \left(\theta - \frac{\alpha}{2}\right)\right]$$

整理得

$$-m_1\cos\left(\theta + \frac{\alpha}{2}\right) = m_2\cos\left(\theta - \frac{\alpha}{2}\right)$$

$$-m_1\left(\cos\theta\cos\frac{\alpha}{2} - \sin\theta\sin\frac{\alpha}{2}\right) = m_2\left(\cos\theta\cos\frac{\alpha}{2} + \sin\theta\sin\frac{\alpha}{2}\right)$$

$$-m_1\left(1 - \tan\theta\tan\frac{\alpha}{2}\right) = m_2\left(1 + \tan\theta\tan\frac{\alpha}{2}\right)$$

故

$$\tan\theta = \frac{m_1 + m_2}{m_1 - m_2}\cot\frac{\alpha}{2}$$

可知 $m_1 > m_2$ 时，$\theta < 90°$，即 m_1 高些；$m_1 < m_2$ 时，$\theta > 90°$，即 m_2 高些；$m_1 = m_2$ 时，$\theta = 90°$，高度相同。即质量不相等时质量大的在高处，质量相等时等高。

解法 2：势能取极值。β_1, β_2 同解法 1。

$$E_p = m_1 gR\cos\beta_1 + m_2 gR\cos\beta_2 = m_1 gR\sin\left(\theta + \frac{\alpha}{2}\right) + m_2 gR\sin\left(\theta - \frac{\alpha}{2}\right)$$

应有

$$\frac{dE_p}{d\theta} = 0$$

即

$$m_1\cos\left(\theta + \frac{\alpha}{2}\right) + m_2\cos\left(\theta - \frac{\alpha}{2}\right) = 0$$

之后同解法 1.

练习 5-4 平衡时受力如答图 5-4 所示,大圆环所受支持力和摩擦力的合力必竖直向上,钉子必在质心 C 的上方.设大圆环半径为 R,质心距环心

$$r = \frac{m}{M+m} R$$

$\triangle OPC$ 中,由正弦定理得

$$\frac{r}{\sin \theta} = \frac{R}{\sin \alpha}$$

当 $\alpha = 90°$ 时, θ 最大,故

$$\sin \theta_{\max} = \frac{r}{R} = \frac{m}{M+m}$$

环与钉子不能发生相对滑动,故

$$\mu \geqslant \tan \theta_{\max} = \frac{m}{\sqrt{M(M+2m)}}$$

答图 5-4

练习 5-5 如答图 5-5 所示,则

$$\cos \theta = \frac{R}{R+r}$$

下柱体对轴线力矩平衡,即

$$f_1 = f_2$$

对 f_1, f_2 交点力矩平衡,设从切点到此交点距离为 l,则

$$N_1 l = N_2 l + mgR$$

故

$$N_1 > N_2$$

又因为摩擦因数相等,所以上、下柱间先达临界,故需满足

$$f_1 = f_2 \leqslant \mu N_2$$

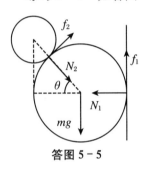

答图 5-5

对整体有

$$2f_1 = 3mg$$

则

$$f_1 = \frac{3}{2} mg$$

对上柱有

$$2N_2 \sin \theta = mg + 2f_2 \cos \theta$$

三式联立解得

$$\mu \geqslant \frac{3 \sin \theta}{1 + 3\cos \theta} = \frac{3\sqrt{2Rr + r^2}}{4R+r}$$

练习 5-6 由已知

$$\mu_1 > \mu_2, \quad \tan \alpha = \sqrt{\mu_1 \mu_2}$$

得

$$\mu_1 > \tan\alpha, \quad \mu_2 < \tan\alpha$$

可知 1 可单独静止,2 不能.

(1) 轻硬杆连接静止时,位形有两种情况,如答图 5-6(a),(b)所示,1 上 2 下则杆提供拉力,2 上 1 下则杆提供支持力,但两种情况下每个小物体的受力情况是一致的,故只需分析一种. 对答图 5-6(a)即 1 上 2 下杆提供拉力情况,2 可静止时对应的最大 θ 如答图 5-6(c)所示,则

$$\sin\theta = \frac{\mu_2 G\cos\alpha}{G\sin\alpha} = \frac{\mu_2}{\tan\alpha} = \sqrt{\frac{\mu_2}{\mu_1}}, \quad T = G\sin\alpha\cos\theta$$

此时,对 1,如答图 5-6(d)所示,有

$$f_1^2 = (G\sin\alpha)^2 + T^2 + 2TG\sin\alpha\cos\theta$$

联立解得

$$f_1^2 = (G\sin\alpha)^2(1 + 3\cos^2\theta) = G^2\frac{\mu_2(4\mu_1 - 3\mu_2)}{1 + \mu_1\mu_2}$$

而

$$f_{1\max}^2 = (\mu_1 G\cos\alpha)^2 = G^2\frac{\mu_1^2}{1 + \mu_1\mu_2}$$

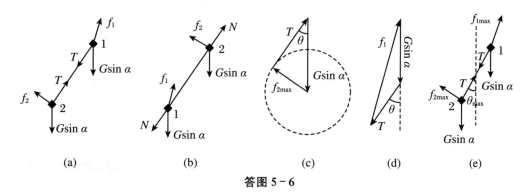

答图 5-6

若 $f_1^2 \leqslant f_{1\max}^2$,即

$$\mu_2(4\mu_1 - 3\mu_2) \leqslant \mu_1^2$$

取合理解

$$\mu_1 \geqslant 3\mu_2$$

即 $\mu_1 \geqslant 3\mu_2$ 时,2 临界时 1 仍能静止,均静止需满足

$$\theta \leqslant \arcsin\sqrt{\frac{\mu_2}{\mu_1}}$$

若 $f_1^2 > f_{1\max}^2$,即 $\mu_2 < \mu_1 < 3\mu_2$ 时,2 临界时 1 不能静止,θ 范围应比上一种情况小,临界时 1,2 均达最大静摩擦,如答图 5-6(e)所示,则

$$(\mu_1 G\cos\alpha)^2 = T^2 + (G\sin\alpha)^2 + 2TG\sin\alpha\cos\theta_{\max}$$
$$(\mu_2 G\cos\alpha)^2 = T^2 + (G\sin\alpha)^2 - 2TG\sin\alpha\cos\theta_{\max}$$

解得

$$\cos\theta_{\max} = \frac{\sqrt{2}}{4}\frac{\mu_1+\mu_2}{\sqrt{\mu_1\mu_2}}$$

故 $\mu_2 < \mu_1 < 3\mu_2$ 时,应满足

$$\theta \leqslant \arccos\left(\frac{\sqrt{2}}{4}\frac{\mu_1+\mu_2}{\sqrt{\mu_1\mu_2}}\right)$$

综上,小物体 1,2 谁在上均可,且杆与沿斜面向下方向的夹角需满足

$$\mu_1 \geqslant 3\mu_2 \text{ 时}, \quad \theta \leqslant \arcsin\sqrt{\frac{\mu_2}{\mu_1}}$$

$$\mu_2 < \mu_1 < 3\mu_2 \text{ 时}, \quad \theta \geqslant \arccos\left(\frac{\sqrt{2}}{4}\frac{\mu_1+\mu_2}{\sqrt{\mu_1\mu_2}}\right)$$

(2) 若改为轻绳连接,轻绳只能提供拉力,故均静止时必须 1 在上,2 在下,绳与沿斜面向下方向的夹角需满足的关系与(1)相同.

练习 5-7 解法 1:铰接处由牛顿第三定律及对称性,知两棒间相互作用力必水平,某根棒受力如答图 5-7 所示,则

$$G = N\sin\frac{\varphi}{2}$$

对铰接处力矩平衡有

$$Nr\cot\frac{\varphi}{2} = Gl\sin\frac{\varphi}{2}$$

联立整理得

$$l\sin^3\frac{\varphi}{2} - r\cos\frac{\varphi}{2} = 0$$

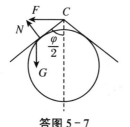

答图 5-7

练习 5-7

解法 2:以球心为零势面,棒重心

$$h = \frac{r}{\sin\frac{\varphi}{2}} - l\cos\frac{\varphi}{2}$$

平衡处满足

$$\frac{\mathrm{d}h}{\mathrm{d}\frac{\varphi}{2}} = -\frac{r\cos\frac{\varphi}{2}}{\sin^2\frac{\varphi}{2}} + l\sin\frac{\varphi}{2} = 0$$

整理得

$$l\sin^3\frac{\varphi}{2} - r\cos\frac{\varphi}{2} = 0$$

练习 5-8 解法 1：如答图 5-8(a)所示，蛋圆的一端可以在粗糙水平面稳定直立，故质心在 A 以下，取为 C，令 $\overline{CM}=R$，应满足

$$R>l-a \qquad ☆$$

蛋尖的一端在碗中稳定直立，小角度偏转时合外力矩应为回复力矩，如答图 5-8(b)所示，只需质心 C_1 在切点 N 右侧，设碗半径为 r，则

$$\overline{NM_1}=\overline{NM}\approx b\alpha=r\beta \;\Rightarrow\; \beta=\frac{b}{r}\alpha$$

$$x(\overline{C_1M_1})=R\sin(\alpha-\beta)\approx R(\alpha-\beta)=R\left(1-\frac{b}{r}\right)\alpha,\quad x(\overline{NM_1})\approx b\alpha$$

应满足

$$x(\overline{C_1M_1})<x(\overline{NM_1})$$

即

$$R\left(1-\frac{b}{r}\right)\alpha<b\alpha$$

解得需满足的条件为

$$r<\frac{bR}{R-b},\quad R>l-a$$

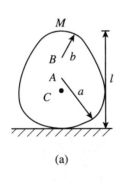
(a)

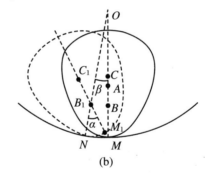
(b)

答图 5-8

解法 2：利用重心升高来求解，计算 $y(\overline{C_1M})$ 时可

$$y(\overline{C_1M})=y(\overline{C_1M_1})+y(\overline{M_1N})+y(\overline{NM})$$

请读者自行尝试，需保留到二阶小量．

练习 5-9 能浮在水面上，需

$$r<1 \qquad ○$$

(1) 此情形合外力矩应为回复力矩，只需如答图 5-9 所示的重心 C 在浮心 B 左侧即可．设木棒截面边长为 $2a$，浸入深度为 $2b$，则比重为

$$r=\frac{b}{a}$$

应取扭转角 $\theta\to 0$，由几何关系

$$x_C=-\overline{OC}\sin\theta\approx-(2b-a)\theta,\quad x_{B_0}=-\overline{OB_0}\sin\theta\approx-b\theta$$

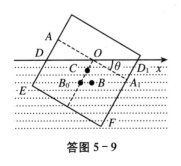

答图 5-9

扭转后浮力可看作矩形 $AEFA_1$ 的浮力减去 $\triangle AOD$ 的浮力加上 $\triangle A_1OD_1$ 的浮力,故

$$x_B = \frac{1}{4ab}\left[4ab \cdot x_{B_0} - \frac{1}{2}a\theta a\left(-\frac{2}{3}a\right) + \frac{1}{2}a\theta a \cdot \frac{2}{3}a\right] = -b\theta + \frac{a^2}{6b}\theta$$

稳定平衡需

$$x_B > x_C$$

联立解得

$$b > \frac{a}{3-\sqrt{3}} \quad \text{或} \quad b < \frac{a}{3+\sqrt{3}}$$

代入比重表达式,并结合○式得

$$1 > r > \frac{1}{3-\sqrt{3}} \approx 0.79 \quad \text{或} \quad r < \frac{1}{3+\sqrt{3}} \approx 0.21$$

(2) 此情形如答图 5-10(a)所示,应有

$$r < \frac{1}{2}$$

同设正方形边长为 $2a$,浸入水中的截面积

$$S = 4a^2 r$$

如答图 5-10(a)所示,O 为重心,C 为浮心,则

$$\tan\varphi = \frac{p}{q}, \quad \tan\varphi' = \frac{a-\dfrac{q}{3}}{a-\dfrac{p}{3}}$$

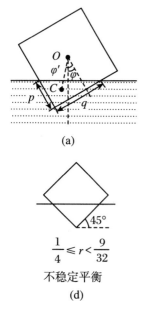

(a)

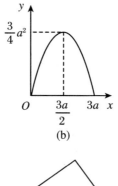

(b)

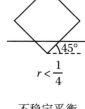

$r < \dfrac{1}{4}$

不稳定平衡

(c)

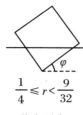

$\dfrac{1}{4} \leq r < \dfrac{9}{32}$

不稳定平衡

(d)

$\dfrac{1}{4} \leq r < \dfrac{9}{32}$

稳定平衡

(e)

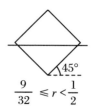

$\dfrac{9}{32} \leq r < \dfrac{1}{2}$

稳定平衡

(f)

答图 5-10

平衡时
$$\varphi = \varphi'$$
故
$$\frac{p}{q} = \frac{a - \dfrac{q}{3}}{a - \dfrac{p}{3}}$$
即
$$p\left(a - \frac{p}{3}\right) = q\left(a - \frac{q}{3}\right)$$
令
$$y = x\left(a - \frac{x}{3}\right)$$

图像如答图 5-10(b)所示,平衡成立有两种情况：
$$p = q \quad 或 \quad p + q = 3a\,(p \neq q \text{ 时})$$

(i) $p = q$,即 $\varphi = 45°$ 时,均以偏移后 $q > p$ 为例,偏移后没入水中面积不变,则
$$p_0 q_0 = (p_0 - |\Delta p|)(q_0 + \Delta q)$$
故
$$\Delta q = \frac{q_0}{p_0 - \Delta p}|\Delta p| > |\Delta p|$$

令 $p_0 = q_0 = \dfrac{3}{2}a$,则
$$S = \frac{1}{2} p_0 q_0 = \frac{9}{8} a^2$$

联立☆式得
$$r = \frac{9}{32}$$

由图像可知偏移后
$$y(p) > y(q)$$
即
$$p\left(a - \frac{p}{3}\right) > q\left(a - \frac{q}{3}\right)$$
亦即
$$\frac{p}{q} > \frac{a - \dfrac{q}{3}}{a - \dfrac{p}{3}}$$
则

故
$$\varphi > \varphi'$$

$$r = \frac{9}{32} \text{时为稳定平衡}$$

令 $p_0 = q_0 > \frac{3}{2}a$, 即 $\frac{9}{32} < r < \frac{1}{2}$ 时, 由图像可知偏移后
$$y(p) > y(q)$$
即
$$\varphi > \varphi'$$
故
$$\frac{9}{32} < r < \frac{1}{2} \text{时为稳定平衡}$$

令 $p_0 = q_0 < \frac{3}{2}a$, 即 $r < \frac{9}{32}$ 时, 由图像可知偏移后
$$y(p) < y(q)$$
即
$$\varphi < \varphi'$$
故
$$r < \frac{9}{32} \text{时为不稳定平衡}$$

(ii) $p \neq q$ 时, 应有
$$p + q = 3a, \quad S = \frac{1}{2}pq$$

令 $x = p$ 或 q, 则
$$S = \frac{1}{2}x(3a - x)$$

联立☆式, 整理得
$$x^2 - 3ax + 8a^2 r = 0$$

需满足
$$\Delta = 9a^2 - 32a^2 r > 0$$
即
$$r < \frac{9}{32}$$
有
$$p = \frac{a}{2}(3 - \sqrt{9 - 32r}), \quad q = \frac{a}{2}(3 + \sqrt{9 - 32r})$$

只有一条长棱浸入需满足
$$q \leqslant 2a$$

解得
$$r \geqslant \frac{1}{4}$$

故 $\frac{1}{4} \leqslant r < \frac{9}{32}$ 时，还有一个一长边浸入的平衡位置，此时

$$\tan \varphi = \frac{p}{q} = \frac{3 - \sqrt{9-32r}}{3 + \sqrt{9-32r}}$$

偏移后没入水中面积不变，顺时针微小转动时

$$pq = (p - |\Delta p|)(q + \Delta q)$$

则

$$\Delta q \approx \frac{q}{p}|\Delta p| > |\Delta p|$$

由图像知

$$y(p') > y(q')$$

即

$$\varphi > \varphi'$$

故使之逆时针转动时，合力矩为回复力矩；逆时针微小转动时

$$pq = (p + \Delta p)(q - |\Delta q|)$$

则

$$|\Delta q| \approx \frac{q}{p}\Delta p > \Delta p$$

由图像知

$$y(p') < y(q')$$

即

$$\varphi < \varphi'$$

故使之顺时针转动，合力矩也为回复力矩. 故

$$\frac{1}{4} \leqslant r < \frac{9}{32} \text{时为稳定平衡}$$

综上，木料只有一条长边没于水中时的平衡及稳定性如下：

$r < \frac{1}{4}$ 时，平衡位置为 $\varphi = 45°$，为不稳定平衡；

$\frac{1}{4} \leqslant r < \frac{9}{32}$ 时，平衡位置为 $\varphi = 45°$，$\varphi = \arctan\frac{3-\sqrt{9-32r}}{3+\sqrt{9-32r}}$，前者不稳定，后者稳定；

$\frac{9}{32} \leqslant r < \frac{1}{2}$ 时，平衡位置为 $\varphi = 45°$，为稳定平衡.

练习 5-9

如答图 5-10(c)，(d)，(e)，(f)所示，其中答图 5-10(e)中

$$\varphi = \arctan\frac{3-\sqrt{9-32r}}{3+\sqrt{9-32r}}$$

练习 5-10 (1) 无加速度时设浸入水中 V_1,则
$$G = F_浮$$
即
$$\rho V g = \rho_0 g V_1$$
有 a 时,等效重力加速度
$$g_1 = g + a$$
等效重力(即重力与惯性力合力)
$$G_1 = \rho V g_1$$
$$F_{浮1} = \rho_0 g_1 V = G_1$$
故相对容器仍静止.

(2) 由题意得
$$T + \rho V g_1 = \rho_0 g_1 V$$
故
$$T = (\rho_0 - \rho)(g+a)V$$

练习 5-11 由伯努利原理得
$$p_1 + \frac{1}{2}\rho v_1^2 = p_2 + \frac{1}{2}\rho v_2^2$$
由高度差 h 知
$$p_1 - p_2 = \rho g h$$
由连续性原理得
$$Q_V = v_1 S_1 = v_2 S_2$$
联立解得
$$Q_V = \sqrt{\frac{2ghS_1^2 S_2^2}{S_1^2 - S_2^2}}$$

5-1 证明略.

5-2 $T_i = \dfrac{Gl_i}{\sqrt{3(l_1^2+l_2^2+l_3^2)-(a^2+b^2+c^2)}}(i=1,2,3)$.

5-3 $y = -\dfrac{2\pi^2 k}{mg}(a-x)^2 + C(x \geqslant 0)$.

5-4 $\dfrac{1}{2}\mu_k mgl\left(\ln\dfrac{2}{k+1}+\dfrac{k}{1-k}\ln\dfrac{1}{k}\right)$.

5-5 $P = \dfrac{R}{4l}[(5+\sqrt{3})n + 3(1+\sqrt{3})]mg$.

5-6 如答图 5-11 所示.

圆 1:弹性绳无伸长时,即 $r \leqslant L$,圆心为 O';

圆 $2'$:如答图 5-11(a)所示,圆心为 O;

曲线 2:O' 与圆 $2'$ 连线再延伸 L 长度的点组成的曲线.

(1) $\mu > \tan\varphi$ 时,可静止区域为曲线 2 内部,如答图 5-11(b)所示;

(2) $\mu = \tan\varphi$ 时,可静止区域在圆 1 或曲线 2 内部,如答图 5-11(c)所示;

(3) $\mu < \tan\varphi$ 时,可静止区域为曲线 2 内部,如答图 5-11(d)所示.

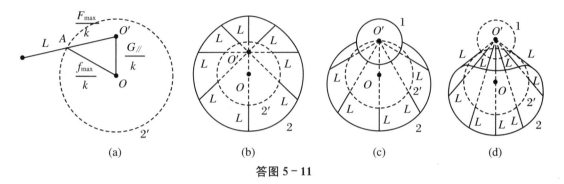

答图 5-11

5-7 (1) $\dfrac{\sqrt{2}}{4}mg$,沿水平方向;

(2) $\dfrac{\sqrt{3}}{3}mg$,与水平方向夹角为 $\arcsin\dfrac{\sqrt{3}}{3}$ 斜向上;

(3) $\dfrac{2\sqrt{2}}{7}$.

5-8 (1) $\tan\theta = -\dfrac{a}{g}\omega^2\left(\dfrac{b}{a} + \dfrac{4}{3}\sin\theta\right)$;

(2) 在 $\dfrac{\pi}{2} < \theta < \pi$ 区间,有一个稳定平衡位置;在 $\dfrac{3\pi}{2} < \theta < 2\pi$ 区间,有一个不稳定平衡位置;在 $\pi < \theta < \dfrac{3\pi}{2}$ 区间,可能有两个、一个或没有平衡位置,有平衡位置时若 $b < -\dfrac{4}{3}a\sin^2\theta$ 则为稳定平衡,若 $b > -\dfrac{4}{3}a\sin^2\theta$ 则为不稳定平衡.

5-9 $l > x \geqslant l\sqrt{1-\dfrac{\rho}{\rho_0}}$ 时,$\alpha = 0$;$l\sqrt{1-\dfrac{\rho}{\rho_0}} > x \geqslant 0$ 时,$\alpha = \arccos\dfrac{x}{l\sqrt{1-\dfrac{\rho}{\rho_0}}}$;$0 > x > -l\sqrt{\dfrac{\rho}{\rho_0}}$ 时,$\alpha = \arccos\dfrac{x}{l\sqrt{\dfrac{\rho}{\rho_0}}}$;$-l\sqrt{\dfrac{\rho}{\rho_0}} > x > -l$ 时,$\alpha = 180°$.

5-10 (1) $\dfrac{2}{3}\pi gr^3(\rho_1 + \rho_2)$;

(2) $\dfrac{2}{3}\pi gr^3(\rho_1 + \rho_2) + \pi ghr^2(\rho_2 - \rho_1)$.

5-11 $F = \dfrac{8}{3}\rho v_0^2 LR \approx 9.0 \times 10^5 \text{ N}$.

第 6 章
机械振动　机械波

物体在平衡位置附近的往复运动,称为机械振动,简称振动.简谐运动是最简单的机械振动.

物理学中某些形式的运动是横跨所有学科的,其中最典型的就是振动和波.力学中有机械振动和机械波,电学中有电磁振荡和电磁波,声是一种机械波,光则是一种电磁波.尽管各学科里振动和波的具体内容不同,但在形式上却有极大的相似性,故本章的意义绝不局限于力学.

6.1　简谐运动的性质与判定

以下即为简谐运动的性质,也是简谐运动的判定:

1. 性质与判定一:简谐力(矩)法

合外力(或力矩)为简谐力(或力矩),即
$$F_合 = -kx \quad 或 \quad M_合 = -k\theta, \quad k>0$$
其中 x,θ 分别为相对平衡位置的位移、角位移.

对 $F_合 = -kx + F$(F 为恒力)形式的力,可化为
$$F_合 = -k\left(x - \frac{F}{k}\right) = -kX$$

仍是简谐力,X 为相对平衡位置的位移;选 $X_0 = 0$ 为零势面,则
$$E_p = \frac{1}{2}kX^2 = \frac{1}{2}k\left(x - \frac{F}{m}\right)^2$$

简谐运动

包含了弹性力势能和恒力 F 对应的势能,是选择平衡位置为总势能零点时 X 处的总势能.

2. 性质与判定二:动力学方程法

动力学方程为

$$\ddot{x} + \omega^2 x = 0 \quad 或 \quad \ddot{\theta} + \omega^2 \theta = 0, \quad \omega^2 \text{ 为正的实数}$$

与"1"结合可知

$$\omega^2 = \frac{k}{m} \quad 或 \quad \omega^2 = \frac{k}{I}$$

3. 性质与判定三：运动方程法

运动方程为

$$x = A\cos(\omega t + \varphi) \quad 或 \quad \theta = A\cos(\omega t + \varphi)$$

它是"2"动力学微分方程的解；速度、加速度（或角速度、角加速度）与时间的关系式可用求导得到，请读者自行写出。可知其运动周期为

$$T = \frac{2\pi}{\omega}$$

故

$$T = 2\pi\sqrt{\frac{m}{k}} \quad 或 \quad T = 2\pi\sqrt{\frac{I}{k}}$$

4. 性质与判定四：能量法

具有 $\frac{1}{2}kx^2$ 或 $\frac{1}{2}k\theta^2$ 形式的势能，且

$$E = \frac{1}{2}m\dot{x}^2 + \frac{1}{2}kx^2 \text{ 守恒} \quad 或 \quad E = \frac{1}{2}I\dot{\theta}^2 + \frac{1}{2}k\theta^2 \text{ 守恒}$$

利用机械能守恒列式后求导得到"2"动力学方程，有时可避开中间细节或避开对质点系细节的研究而使问题简化。

请思考：若未选择平衡位置为坐标原点，动力学方程、运动方程、能量守恒方程会是什么形式的（即满足这种形式也可判定为简谐运动）？

平衡位置

例6-1 推导单摆小角度摆动时的周期公式。已知摆长为 l，重力加速度为 g。

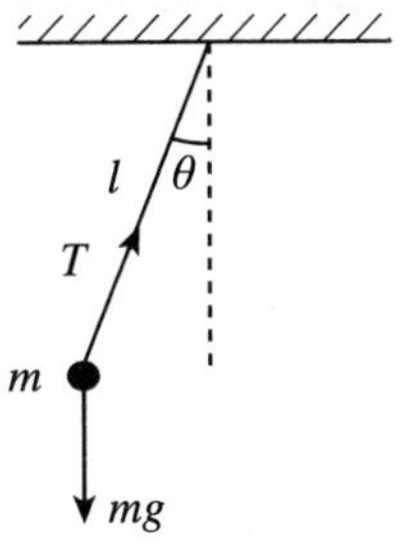

解 解法1：如图6-1所示，近似看作直线运动，有

$$F = -mg\tan\theta \approx -mg\frac{x}{l}$$

故为简谐运动，周期为

$$T = 2\pi\sqrt{\frac{m}{mg/l}} = 2\pi\sqrt{\frac{l}{g}}$$

图6-1

解法2：对悬挂点力矩为

$$M = -mgl\sin\theta \approx -mgl \cdot \theta$$

故为简谐运动,周期为

$$T = 2\pi\sqrt{\frac{I}{mgl}} = 2\pi\sqrt{\frac{ml^2}{mgl}} = 2\pi\sqrt{\frac{l}{g}}$$

解法 3:近似看作直线运动,有

$$ma = -mg\tan\theta \approx -mg\frac{x}{l}$$

则

$$a + \frac{g}{l}x = 0$$

故为简谐运动,周期为

$$T = \frac{2\pi}{\omega} = 2\pi\Big/\sqrt{\frac{g}{l}} = 2\pi\sqrt{\frac{l}{g}}$$

解法 4:对悬挂点由转动定律得

$$ml^2\ddot{\theta} = -mgl\sin\theta \approx -mgl\theta$$

则

$$\ddot{\theta} + \frac{g}{l}\theta = 0$$

之后同解法 3.

解法 5:由机械能守恒得

$$E = \frac{1}{2}mv^2 - mgl\cos\theta \approx \frac{1}{2}ml^2\dot{\theta}^2 - mgl\left(1 - \frac{\theta^2}{2}\right) = \frac{1}{2}ml^2\dot{\theta}^2 + \frac{1}{2}mgl\,\theta^2 - mgl$$

故为简谐运动,周期为

$$T = 2\pi\sqrt{\frac{ml^2}{mgl}} = 2\pi\sqrt{\frac{l}{g}}$$

或对机械能守恒表达式求导得

$$0 = ml^2\dot{\theta}\,\ddot{\theta} + mgl\theta\,\dot{\theta}$$

则

$$\ddot{\theta} + \frac{g}{l}\theta = 0$$

之后同解法 4.

解法 6:由机械能守恒得

$$E = \frac{1}{2}mv^2 - mgl\cos\theta = \frac{1}{2}mv^2 - mgl\,\frac{\sqrt{l^2 - x^2}}{l}$$

$$\approx \frac{1}{2}mv^2 - mg\left(l - \frac{1}{2}\frac{x^2}{l}\right) = \frac{1}{2}mv^2 + \frac{1}{2}mg\frac{x^2}{l} - mgl$$

故为简谐运动,周期为

$$T = 2\pi\sqrt{\frac{m}{mg/l}} = 2\pi\sqrt{\frac{l}{g}}$$

也可求导得动力学方程.

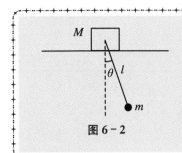

练习 6-1 如图 6-2 所示，质量为 M 的物块置于光滑水平导轨上，另有一摆长为 l、摆球质量为 m 的单摆悬挂于物块 M 上.初始时，手持 M 和 m，使摆线与竖直方向成一小角度，然后自由释放使系统运动.试求此单摆小幅的摆动周期.

图 6-2

例 6-2 半径为 r 的匀质小球在半径为 $R > r$ 的固定半球形大碗内壁做纯滚动，往返滚动过程中小球球心 C 始终在同一竖直平面内.试在滚动过程中为图 6-3 所示 θ 角位置建立动力学微分方程，并给出小角度近似下滚动周期 T 的计算式.

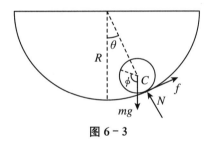

图 6-3

解 解法 1：由质心运动定理得

$$-mg\sin\theta + f = m(R-r)\ddot{\theta}$$

质心系中对质心轴有

$$-fr = I_C\ddot{\phi}, \quad I_C = \frac{2}{5}mr^2$$

纯滚动，故

$$(R-r)\dot{\theta} = v_C = r\dot{\phi} \quad (\text{或 } R\theta = (\phi+\theta)r)$$

故

$$(R-r)\ddot{\theta} = r\ddot{\phi}$$

联立解得动力学微分方程

$$\ddot{\theta} + \frac{5g}{7(R-r)}\sin\theta = 0$$

小角度摆动时

$$\sin\theta \approx \theta$$

则
$$\ddot{\theta} + \frac{5g}{7(R-r)}\theta \approx 0$$
故
$$\omega = \sqrt{\frac{5g}{7(R-r)}}, \quad T = \frac{2\pi}{\omega} = 2\pi\sqrt{\frac{7(R-r)}{5g}}$$

解法 2：由机械能守恒得
$$E = mg(R-r)(1-\cos\theta) + \frac{1}{2}mv_C^2 + \frac{1}{2}I_C\dot{\phi}^2, \quad I_C = \frac{2}{5}mr^2$$
纯滚动，故
$$(R-r)\dot{\theta} = v_C = r\dot{\phi}$$
联立整理得
$$g(1-\cos\theta) + \frac{7}{10}(R-r)\dot{\theta}^2 = \frac{E}{m}$$
对时间求导并整理得动力学微分方程
$$\ddot{\theta} + \frac{5g}{7(R-r)}\sin\theta = 0$$
之后同解法 1．

可以发现采用能量解法能避开静摩擦力作用因素．

练习 6-2 竖直平面内有一个半径为 R 的刚性轻圆环，可绕过其上端 P 点且垂直于圆环平面的光滑水平转轴转动．

(1) 如图 6-4(a)所示，在对称的 A, B 点（即 $\angle AOP = \angle BOP$）各固定一个质量相同的质点；

(2) 如图 6-4(b)所示，在某个不过 P 点的直径两端 A_1, B_1 点各固定一个质量相同的质点．

试分别计算以上两种情况下系统 P 点小角度摆动的周期．

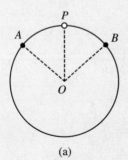
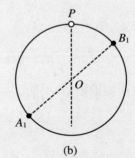

图 6-4

例6-3 一半径为 R 的圆周沿 $y=2R$ 的直线做无滑动滚动,圆周上一点 P 的轨迹为一条旋轮线.现有一根形状与此线相同的固定光滑钢丝,其上穿了一个小环,如图 6-5 所示,x 轴沿水平方向,y 轴正方向竖直向上.试证明此环沿钢丝的运动是一个简谐运动,无须受小振动限制,并求出运动周期.

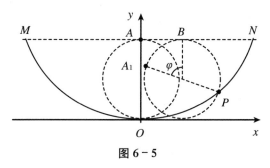

图 6-5

解 如图 6-5 所示,圆周滚过 φ 角时

$$\overline{AB} = \overparen{A_1B}$$

故钢丝旋轮线参数方程为

$$x = R(\varphi + \sin\varphi), \quad y = R(1 - \cos\varphi)$$

续解1:小环机械能守恒

$$E = \frac{1}{2}m\left(\frac{\mathrm{d}s}{\mathrm{d}t}\right)^2 + mgy$$

$$\mathrm{d}s = \sqrt{(\mathrm{d}x)^2 + (\mathrm{d}y)^2} = R\mathrm{d}\varphi\sqrt{(1+\cos\varphi)^2 + \sin^2\varphi}$$

$$= R\mathrm{d}\varphi\sqrt{2+2\cos\varphi} = 4R\cos\frac{\varphi}{2}\mathrm{d}\frac{\varphi}{2}$$

则

$$s = \int_0^\varphi 4R\cos\frac{\varphi}{2}\mathrm{d}\frac{\varphi}{2} = 4R\sin\frac{\varphi}{2}$$

故

$$y = R(1-\cos\varphi) = 2R\sin^2\frac{\varphi}{2} = \frac{s^2}{8R}$$

代入机械能守恒表达式得

$$E = \frac{1}{2}m\left(\frac{\mathrm{d}s}{\mathrm{d}t}\right)^2 + \frac{1}{2}\frac{mg}{4R}s^2$$

故为简谐振动,无须小振动限制,周期为

$$T = 2\pi\sqrt{m\Big/\frac{mg}{4R}} = 2\pi\sqrt{\frac{4R}{g}}$$

续解2:设小环所在处金属线与水平方向的夹角为 θ,切向有

$$m\ddot{s} = -mg\sin\theta$$

即
$$\ddot{s} + g\sin\theta = 0$$
又
$$\tan\theta = \frac{dy}{dx} = \frac{R\sin\varphi\, d\varphi}{R(1+\cos\varphi)d\varphi} = \frac{\sin\varphi}{1+\cos\varphi}$$
故
$$\sin\theta = \frac{\sin\varphi}{\sqrt{(1+\cos\varphi)^2 + \sin^2\varphi}} = \sin\frac{\varphi}{2}$$
同上一解有
$$s = 4R\sin\frac{\varphi}{2}$$
联立得
$$\ddot{s} + \frac{g}{4R}s = 0$$
故简谐运动，无须小振动限制，周期为
$$T = 2\pi\sqrt{\frac{4R}{g}}$$

> **练习 6-3** 如图 6-6 所示，劲度系数为 k 的轻弹簧竖直悬挂，下端与一质量为 M 的光滑圆柱体（不能转动）相连．不可伸长的柔轻细绳跨过圆柱体，两端各系质量为 m_1 和 m_2 的重物．试求上述系统中弹簧的振动周期（两重物均未到达圆柱期间）．
>
> **练习 6-4** 等效单摆周期计算．如图 6-7 所示，一个正三角形刚性轻质薄板边长为 a，边 AB 两端悬挂于两固定点，C 点固定一质量为 m 的质点．薄板通过 A,B 处的光滑铰链可以在垂直于板平面无摩擦摆动，AB 与水平方向成 φ 角，试求其小摆动周期．
>
>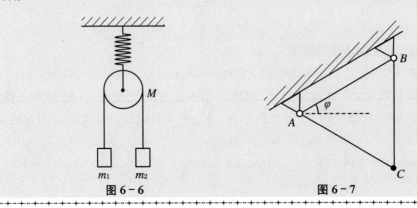
>
> 图 6-6　　　　　图 6-7

6.2 旋转矢量图示法 简谐运动的矢量表述和复数表述

6.2.1 旋转矢量图示法(参考圆法)

质点做匀速圆周运动时,在某直径方向的分运动为简谐运动.

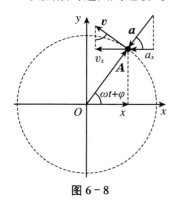

图 6-8

如图 6-8 所示,质点在 Oxy 平面内绕坐标原点以恒定角速度 ω 做匀速圆周运动(此圆称为参考圆),质点位矢设为 A,初始角位置设为 φ.

则质点沿 x 轴方向的分运动由运动分解得

$$x = A\cos(\omega t + \varphi)$$
$$v_x = -\omega A\sin(\omega t + \varphi)$$
$$a_x = -\omega^2 A\cos(\omega t + \varphi)$$

与高中所学简谐运动定义一致. x 方向的速度、加速度也可求导获得.

x 方向合力

$$F_x = ma_x = -m\omega^2 A\cos(\omega t + \varphi) = -m\omega^2 x$$

与高中所学简谐回复力

$$F = -kx$$

一致,且有

$$k = m\omega^2 \quad 或 \quad \omega = \sqrt{\frac{k}{m}}$$

简谐运动周期与此圆周运动周期相同,为

$$T = \frac{2\pi}{\omega} = 2\pi\sqrt{\frac{m}{k}}$$

简谐运动最大速度、最大加速度分别为

$$v_{xm} = \omega A, \quad a_{xm} = \omega^2 A$$

以上各量可以是线量,也可以是角量.刚体在平衡位置附近摆动时,最大角位移设为 $\theta_{\max}$,若角位移为正弦式规律变化,可令大小为 $A = \theta_{\max}$ 的矢量以恒定角速度 ω 匀速转动,则 x 方向分量

$$\theta = A\cos(\omega t + \varphi), \quad \dot{\theta} = -\omega A\sin(\omega t + \varphi), \quad \ddot{\theta} = -\omega^2 A\cos(\omega t + \varphi)$$

合力矩

$$M = I\ddot{\theta} = -I\omega^2 A\cos(\omega t + \varphi) = -I\omega^2 \theta$$

与

$$M = -k\theta$$

相对应,且有

$$k = I\omega^2 \quad \text{或} \quad \omega = \sqrt{\frac{k}{I}}, \quad T = 2\pi\sqrt{\frac{I}{k}}$$

例6-4 质量为10 g的物体做简谐运动,振幅为24 cm,周期为4 s;当 $t=0$ 时坐标为24 cm.试求:

(1) 当 $t=0.5$ s时物体的位置、作用在物体上力的大小和方向;

(2) 物体从初位置到 $x=-12$ cm 所需的最短时间;

(3) $x=-12$ cm 时物体的速度.

解 (1) 由题意得

$$\omega = \frac{2\pi}{T} = \frac{\pi}{2} \text{ rad/s}, \quad x = A\cos\omega t, \quad F = -m\omega^2 x$$

代入数据 $t=0.5$ s 得

$$x = 24\cos\frac{\pi}{4} = 12\sqrt{2} \text{ (cm)}$$

$$F = -10^{-2} \cdot \left(\frac{\pi}{2}\right)^2 \cdot 12\sqrt{2} \times 10^{-2} \approx -4.2 \times 10^{-3} \text{ (N)}$$

故力的大小为 4.2×10^{-3} N,沿 $-x$ 方向.

(2) 如图6-9所示,参考圆中

$$\cos\theta = \frac{|x|}{A} = \frac{1}{2}$$

则

$$\theta = \frac{\pi}{3}$$

所求最短时间为

$$t_{\min} = \frac{\pi - \theta}{\omega} = 1.3 \text{ s}$$

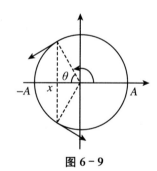

图6-9

(3) 所求速度为

$$v = \pm\omega A\sin\theta = \pm 6\sqrt{3}\pi \text{ cm/s}$$

练习6-5 一个物体在水平面上做简谐运动,振幅为10 cm,当物体离开平衡位置6 cm时,速度为24 cm/s.试问:

(1) 周期是多少?

(2) 速度为 ± 12 cm/s 时,位移为多少?

(3) 如果在振动的物体上加一小物块,当运动到最大位移处时,小物块相对于物体刚要开始滑动,那么它们之间的摩擦因数是多少? g 取 10 m/s².

例6-5 在两条柔软的弹性轻绳中间连着一个小球,这两条绳的另一端分别固定于同一竖直线上的 O 点和 O' 点,如图 6-10(a)所示.已知上、下绳的劲度系数分别为 $k_1 = 8.0$ N/m 和 $k_2 = 12.0$ N/m.小球静止时位于图中 C 点处,这时上绳和下绳相对各自的自然长度分别伸长了 $l_1 = 0.080$ m 和 $l_2 = 0.030$ m.现将小球沿竖直方向向下拉到与平衡位置 C 的距离 $l_3 = 0.080$ m 处,然后由静止释放.试求小球从释放开始到第一次回到该释放点所需的时间.取 $g = 10.0$ m/s².

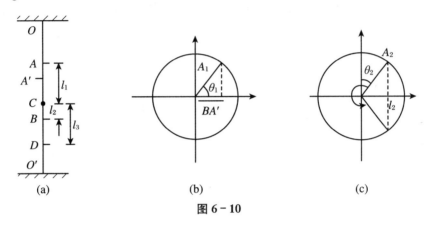

图 6-10

解 静止时位于 C 处,故

$$k_1 l_1 = mg + k_2 l_2$$

则

$$m = 2.8 \times 10^{-2} \text{ kg}$$

上绳和下绳原长处分别为 A 点和 B 点,释放处为 D 点,分段计算.

(1) $D \to B$,仅上绳有弹力

$$\omega_1 = \sqrt{\frac{k_1}{m}} = 16.9 \text{ rad/s}$$

平衡位置设为 A',则

$$\overline{AA'} = \frac{mg}{k_1} = 3.5 \times 10^{-2} \text{ m}$$

振幅

$$A_1 = \overline{DA'} = l_3 + l_1 - \overline{AA'} = 0.125 \text{ m}$$

如图 6-10(b)所示,则

$$\cos\theta_1 = \frac{\overline{BA'}}{A_1} = \frac{l_1 + l_2 - \overline{AA'}}{A_1} = 0.6$$

故

$$\theta_1 = 0.927$$

则

$$t_1 = \frac{\theta_1}{\omega_1} = 5.495 \times 10^{-2} \text{ s}$$

到 B 点时

$$v = \omega_1 A_1 \sin\theta_1 = 1.69 \text{ m/s}$$

(2) 从 B 点向上未越过 A 时,两根绳都有弹力,平衡位置为 C,设偏离 C 的距离为 x,则

$$F_{合} = mg + k_2(l_2 - x) - k_1(l_1 + x) = -(k_1 + k_2)x$$

故

$$\omega_2 = \sqrt{\frac{k_1 + k_2}{m}} = 26.73 \text{ rad/s}$$

又

$$\frac{1}{2}mv^2 + \frac{1}{2}(k_1 + k_2)l_2^2 = \frac{1}{2}(k_1 + k_2)A_2^2$$

则

$$A_2 = 7 \times 10^{-2} \text{ m} < l_1$$

故不会到达 A 点,$B \to$ 最高点 $\to B$ 为一个简谐运动,如图 6-10(c) 所示,则

$$\sin\theta_2 = \frac{l_2}{A_2} = 0.429$$

故

$$\theta_2 = 0.4429$$

则

$$t_2 = \frac{\pi + 2\theta_2}{\omega_2} = 0.151 \text{ s}$$

故所求时间为

$$t = 2t_1 + t_2 = 0.261 \text{ s}$$

练习 6-6 大容器中装有互不相溶的密度分别为 ρ_1 和 ρ_2 ($\rho_1 < \rho_2$) 的两种液体. 长为 L、密度为 $(\rho_1 + \rho_2)/2$ 的均匀木棍从上面的液体中由静止开始竖直下落,初始木棍下端到两液体分界面的距离为 $3L/4$. 木棍所受阻力忽略不计,两种液体都足够深,木棍不会露出液面也不会与容器底相碰. 试求木棍从释放到最低处所需的时间.

6.2.2 简谐运动的矢量表述

由旋转矢量图示法可知大小恒定、匀速旋转的矢量 $\boldsymbol{A}$,其沿 x 方向的分量是简谐运

动,即
$$x = \boldsymbol{A} \cdot \boldsymbol{i} = A[\cos(\omega t + \varphi)\boldsymbol{i} + \sin(\omega t + \varphi)\boldsymbol{j}] \cdot \boldsymbol{i} = A\cos(\omega t + \varphi)$$

6.2.3 简谐运动的复数表述

建立复平面,x 作为实轴,y 作为虚轴,则旋转矢量 $\boldsymbol{A}$ 对应的复数
$$\tilde{r} = x + \mathrm{i}y = A\cos(\omega t + \varphi) + \mathrm{i}A\sin(\omega t + \varphi)$$
利用欧拉公式改述为
$$\tilde{r} = A\mathrm{e}^{\mathrm{i}(\omega t + \varphi)}$$
其中 $\mathrm{e}^{\mathrm{i}(\omega t + \varphi)}$ 模为 1,表示矢量转过的角度为 $\omega t + \varphi$;A 为矢量的大小.

于是简谐振动
$$x = A\cos(\omega t + \varphi)$$
可用复振动
$$\tilde{r} = A\mathrm{e}^{\mathrm{i}(\omega t + \varphi)}$$
来表示,注意 $\tilde{r}$ 中的实部对应的才是真实振动量,一般把此复振动写为
$$\tilde{x} = A\mathrm{e}^{\mathrm{i}(\omega t + \varphi)}$$

则复速度
$$\tilde{v} = \frac{\mathrm{d}\tilde{x}}{\mathrm{d}t} = \mathrm{i}\omega A\mathrm{e}^{\mathrm{i}(\omega t + \varphi)} = -\omega A\sin(\omega t + \varphi) + \mathrm{i}\omega A\cos(\omega t + \varphi)$$
实部对应简谐运动的速度
$$v = -\omega A\sin(\omega t + \varphi)$$

同理复加速度
$$\tilde{a} = \ddot{\tilde{x}} = -\omega^2 A\mathrm{e}^{\mathrm{i}(\omega t + \varphi)}$$
实部对应简谐运动的加速度
$$a = -\omega^2 A\cos(\omega t + \varphi)$$

即简谐振动可用复振动来表示,复振动的实部对应真实振动量.复振动可进一步写为
$$\tilde{x} = \tilde{A}\mathrm{e}^{\mathrm{i}\omega t}$$
其中
$$\tilde{A} = A\mathrm{e}^{\mathrm{i}\varphi}$$
称为复振幅,包含了振幅信息和初相位信息,则
$$\tilde{v} = \mathrm{i}\omega\tilde{A}\mathrm{e}^{\mathrm{i}\omega t}, \quad \tilde{a} = -\omega^2\tilde{A}\mathrm{e}^{\mathrm{i}\omega t}$$
复数表示在运算时比较方便,在交流电中应用较多.

6.3 应 用

6.3.1 复摆

例6-6 如图 6-11 所示的刚体复摆,刚体质量为 m,刚体对过质心 C 的水平轴的转动惯量为 $I_C = mk^2$,质心 C 到光滑水平转轴 O 的距离为 h.

(1) 试计算此复摆小角度摆动的周期;

(2) 与单摆小角度摆动周期表达式相比较,写出复摆的等值摆长 l 的表达式(即此复摆周期与摆长为 l 的单摆周期相等);

(3) 此复摆静止时,施加一个过 OC 线上 O_1 点的水平冲击,转轴 O 对刚体的力没有任何变化,则 O_1 称为 O 的打击中心,试求 O_1 的位置;

(4) 以 OC 线为 x 轴,以 C 为原点,$\overrightarrow{OC}$ 为 x 轴正方向,在 x 轴上设置水平转轴,试找出所有这样的 x 点:x 处有水平转轴时的周期均与原复摆周期相同;

(5) 试求 h 取为多少时复摆的周期最小,并求最小周期.

图 6-11

例 6-6(3)

解 (1) 由题意得

$$I_O = I_C + mh^2 = m(k^2 + h^2), \quad I_O \ddot{\theta} \approx -mgh\theta$$

故周期

$$T = 2\pi\sqrt{\frac{I_O}{mgh}} = 2\pi\sqrt{\frac{k^2 + h^2}{gh}}$$

(2) 单摆周期

$$T = 2\pi\sqrt{\frac{l}{g}}$$

故

$$\frac{l}{g} = \frac{k^2 + h^2}{gh}$$

则

$$l = \frac{k^2 + h^2}{h} = \frac{k^2}{h} + h \qquad ☆$$

(3) 设 $\overline{OO_1} = l_1$,在 O_1 处给予水平冲力 F,O 处给刚体的力不变,故其与重力的合力和

合力矩为零,相当于只受 F 作用,由质心运动定理
$$F\mathrm{d}t = m\mathrm{d}v_C$$
角动量定理
$$l_1 F\mathrm{d}t = I_O \mathrm{d}\omega$$
刚体
$$v_C = \omega h$$
则
$$\mathrm{d}v_C = h\mathrm{d}\omega$$
联立解得
$$l_1 = \frac{k^2 + h^2}{h} = \frac{k^2}{h} + h$$
与等值摆长相等.

（4）等值摆长相等,即
$$\frac{k^2}{h} + h = \frac{k^2}{|x|} + |x|$$
解得共有四个点
$$x_1 = h, \quad x_2 = -h(即 O 点), \quad x_3 = \frac{k^2}{h}(即 O_1 点), \quad x_4 = -\frac{k^2}{h}$$

注 在 O_1 与 O 悬挂时周期相同,实验室利用这一特性制作了可倒摆,可由此精确测定重力加速度.

（5）等值摆长最小时周期最小,由☆式知当
$$\frac{k^2}{h} = h$$
即
$$h = k$$
时周期最小,为
$$T_{\min} = 2\pi\sqrt{\frac{k+k}{g}} = 2\pi\sqrt{\frac{2k}{g}}$$

6.3.2 简谐运动性质的应用

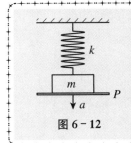

图 6-12

练习 6-7 如图 6-12 所示,劲度系数为 k 的竖直轻弹簧一端固定在天花板上,另一端连接质量为 m 的物体.开始时物体放在水平板 P 上,弹簧处于原长.现让水平板 P 以加速度 a 下降,试求弹簧的最大伸长量 L,并作出函数 L-a 的图像.

例6-7 质量为 m 的小球放在桌面上,上端连接劲度系数为 k 的竖直轻弹簧.弹簧初始处于原长,其上端在外力作用下以速度 v 匀速向上运动.试求:

(1) 从弹簧上端开始运动到弹簧第一次达最大伸长过程中作用于弹簧上端的力所做的功;

(2) 从弹簧上端开始运动到小球速度第一次达最大过程中作用于弹簧上端的力所做的功.

解 初始到球恰离开地面,上端上移

$$x_0 = \frac{mg}{k}$$

(1) 之后小球离开桌面,在弹簧上端参考系中,小球从平衡位置向下以初速度 v 开始简谐运动,弹簧最长时从平衡位置伸长 A,速度为零,则

$$\frac{1}{2}mv^2 = \frac{1}{2}kA^2$$

解得

$$A = v\sqrt{\frac{m}{k}}$$

时间为

$$t = \frac{1}{4}T = \frac{\pi}{2}\sqrt{\frac{m}{k}}$$

回到地面参考系,弹簧最长时小球速度为 v,弹簧共伸长

$$x = x_0 + A = \frac{mg}{k} + v\sqrt{\frac{m}{k}}$$

小球高

$$h = vt - A = \frac{\pi-2}{2}v\sqrt{\frac{m}{k}}$$

故共做功

$$W = \frac{1}{2}kx^2 + mgh + \frac{1}{2}mv^2 = \frac{m^2g^2}{2k} + \frac{1}{2}\pi mgv\sqrt{\frac{m}{k}} + mv^2$$

(2) 小球在地面系中速度最大时,在弹簧上端参考系中在平衡位置以 v 向上运动,小球最大速度为

$$v_{\max} = 2v$$

从离开桌面到速度最大用时

$$t' = \frac{1}{2}T = \pi\sqrt{\frac{m}{k}}$$

小球高

$$h' = vt' = \pi v \sqrt{\frac{m}{k}}$$

故共做功

$$W' = \frac{1}{2}kx_0^2 + mgh' + \frac{1}{2}mv_{\max}^2 = \frac{m^2g^2}{2k} + \pi mgv\sqrt{\frac{m}{k}} + 2mv^2$$

> **练习6-8** 劲度系数为 k 的水平轻弹簧一端固定在墙面上,另一端连接质量为 m 的物体,物体置于光滑水平面上. 初始物体静止,弹簧处于原长. 现对此物体作用一个沿弹簧轴线的水平恒力 F,经过时间 t 撤去 F 后物体保持静止状态. 试求 t.

例6-8 竖直轻弹簧上端和下端分别连接质量为 $M=0.3$ kg 和 $m=0.2$ kg 的物体,物体可视为质点,轻弹簧处于原长状态,下端 m 距桌面高度为 $H=0.2$ m. 将此系统由静止释放,m 与桌面发生弹性碰撞,当 m 第二次接触桌面前瞬间发现两物体速度相同. g 取 10 m/s². 试求:

(1) 弹簧劲度系数 k;

(2) m 第二次与桌面接触时的速度.

解 (1) m 自由下落至接触桌面前

$$v = \sqrt{2gH} = \sqrt{2\times 10\times 0.2} = 2(\text{m/s})$$

m 以 v 反弹,之后 M 和 m 质心以加速度 g 下降,初速度为

$$v_C = \frac{Mv - mv}{M + m} = 0.4(\text{m/s})$$

例6-8

经 t 质心下降

$$h_C = v_C t + \frac{1}{2}gt^2 = 0.4t + 5t^2$$

两物体在质心系中等效只受弹簧弹力,均简谐运动,则

$$\mu = \frac{Mm}{M+m} = 0.12 \text{ kg}, \quad \frac{1}{2}\mu(2v)^2 = \frac{1}{2}kA^2$$

解得

$$A = 4\sqrt{\frac{0.12}{k}}$$

则质心系中 m 的振幅为

$$A_m = \frac{M}{M+m}A = 2.4\sqrt{\frac{0.12}{k}}$$

m 第二次接触桌面前瞬间两物体速度相同,分析知弹簧应第一次压缩最大,即

$$t = \frac{T}{4} = \frac{\pi/2}{\omega} = \frac{\pi}{2}\sqrt{\frac{0.12}{k}}$$

m 从地面随同质心下降 h_C,同时相对质心上升 A_m,再次接触地面,故
$$h_C = A_m$$
联立得
$$0.4 \times \frac{\pi}{2}\sqrt{\frac{0.12}{k}} + 5\left(\frac{\pi}{2}\sqrt{\frac{0.12}{k}}\right)^2 = 2.4\sqrt{\frac{0.12}{k}}$$
即
$$0.2\pi + \frac{5\pi^2}{4}\sqrt{\frac{0.12}{k}} = 2.4$$
解得
$$k \approx 5.82 \text{ N/m}$$

(2) 与质心速度相同,得
$$v = v_C + gt = 0.4 + 10 \times \frac{\pi}{2}\sqrt{\frac{0.12}{5.82}} \approx 2.66 (\text{m/s})$$

注 本题要求 $t = T/4$ 时刻 $h_C = x$,作出 h_C-t 和质心系中 m 的 x-t 图像验证这段时间中 m 是否会有其他时刻接触地面,则
$$h_C = 0.4t + 5t^2, \quad x = 2.4\sqrt{\frac{0.12}{k}}\sin\sqrt{\frac{k}{0.12}}t$$
图像如图 6-13 所示,若 $t = T/4$ 时刻 $h_C = x$,可知在 $0 \sim T/4$ 时间内 m 与地面距离 $x - h_C$ 从零先增大后减小至零,不会与地面有其他的接触时刻.

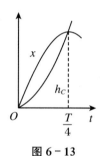

图 6-13

练习 6-9 如图 6-14 所示,水平轻弹簧左端固定,右端与物体 P 相连,物体 Q 在 P 右侧紧挨着 P,两物体置于光滑水平面上,弹簧处于原长,Q 右侧 $L = 14\pi/13$ cm 处有一个与弹簧垂直的固定墙壁.两物体可视为质点,Q 的质量是 P 的 2.5 倍.现将 P,Q 向左移一段距离压缩弹簧,然后由静止释放.P 在第一次通过平衡位置后完成一次完全振动时,与 Q 恰好发生第一次碰撞.所有碰撞均为弹性碰撞.试问:

(1) 开始时弹簧的压缩量 L_0 为多大?
(2) P,Q 第二次碰撞的位置在哪里?

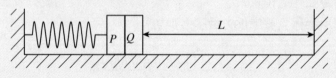

图 6-14

6.3.3 有滑动摩擦力的简谐运动

受摩擦力作用的振子,如图 6-15(a)所示,取向右为 x 正方向,原长为原点,向左运动时

$$F_1 = -kx + \mu mg = -k\left(x - \frac{\mu mg}{k}\right)$$

是简谐运动,平衡位置位于

$$x_1 = \frac{\mu mg}{k}$$

向右运动时

$$F_2 = -kx - \mu mg = -k\left(x + \frac{\mu mg}{k}\right)$$

仍是简谐运动,平衡位置位于

$$x_2 = -\frac{\mu mg}{k}$$

物体在来回运动中,交替改变平衡点,振幅不断减小,直至停止运动,如图 6-15(b)所示.

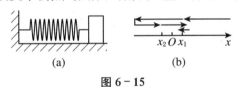

图 6-15

例6-9 如图 6-16 所示,水平面上的物体右端与轻弹簧相连接,弹簧另一端固定在右侧的墙上.弹簧劲度系数为 k,物体与水平面间的摩擦因数为 μ.物体位于 O 点时弹簧处于原长状态.现将物体向右拉离 O 点 x_0 由静止释放.定义物体每次向右运动(或向左运动)为一个振动过程.试问:

(1) 从释放到物体停止运动,物体共进行了多少个振动过程?
(2) 从释放到物体停止运动,物体共用了多少时间?
(3) 物体最后停在什么位置?
(4) 整个过程中物体克服摩擦力做了多少功?

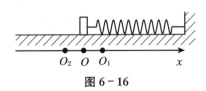

图 6-16

解 (1) 向左运动时

$$F = -kx + \mu mg = -k\left(x - \frac{\mu mg}{k}\right)$$

平衡位置位于 O 右侧 $x = \mu mg/k$ 处,记为 O_1 点;同理可得向右运动时,平衡位置位于 O 左侧 $x = -\mu mg/k$ 处,记为 O_2 点,如图 6-16 所示,设

$$a = \overline{OO_1} = \overline{OO_2} = \frac{\mu mg}{k} \qquad ☆$$

某次向左的振动(记为第 i 次,i 为奇数)

$$x_{i-1} - a = a - x_i$$

即

$$-x_i = x_{i-1} - 2a$$

则接着向右的振动(即为第 $i+1$ 次)

$$-a - x_i = x_{i+1} - (-a)$$

即

$$x_{i+1} = -x_i - 2a$$

可知第 i 次振动结束时位于

$$x_i = (-1)^i(x_0 - 2ia)$$

当某次振动结束时,若物体在 $O_1 O_2$ 区间内,则物体停止运动,即

$$-a \leqslant x_0 - N \cdot 2a \leqslant a$$

则

$$\frac{x_0}{2a} - \frac{1}{2} \leqslant N \leqslant \frac{x_0}{2a} + \frac{1}{2}$$

可知进行的振动过程个数为

$$N = \begin{cases} \dfrac{x_0}{2a} - \dfrac{1}{2} = \dfrac{kx_0}{2\mu mg} - \dfrac{1}{2} & \left(\dfrac{kx_0}{2\mu mg} - \dfrac{1}{2} \text{ 为整数时}\right) \\ \left[\dfrac{x_0}{2a} + \dfrac{1}{2}\right] = \left[\dfrac{kx_0}{2\mu mg} + \dfrac{1}{2}\right] & \left(\dfrac{kx_0}{2\mu mg} - \dfrac{1}{2} \text{ 不为整数时},[\ ] \text{ 为取整符号}\right) \end{cases}$$

(2) 每次振动均为简谐运动,周期相同,故

$$t = N\frac{T}{2} = N\pi\sqrt{\frac{m}{k}}$$

(3) 停下位置为

$$x_N = (-1)^N(x_0 - 2Na)$$

(4) 由题意得

$$W = \mu mg(x_0 + |2x_1| + |2x_2| + \cdots + |2x_{N-1}| + |x_N|)$$
$$= \mu mg\{x_0 + 2(x_0 - 2a) + 2(x_0 - 4a) + \cdots + 2[x_0 - 2(N-1)a] + (x_0 - 2Na)\}$$
$$= \mu mg[2Nx_0 - 4a(1 + 2 + \cdots + N - 1) - 2Na] = \mu mg2N(x_0 - Na)$$

☆式代入上式得

$$W = 2N\mu mg\left(x_0 - \frac{N\mu mg}{k}\right)$$

或根据功能关系

$$W = \frac{1}{2}kx_0^2 - \frac{1}{2}kx_N^2 = \frac{1}{2}k(x_0+x_N)(x_0-x_N) = 2N\mu mg\left(x_0 - \frac{N\mu mg}{k}\right)$$

练习 6-10 如图 6-17 所示,水平轻质弹性绳的左端与墙壁 O' 相连接,穿过中间有小孔的固定挡板 O 后右端与水平地面上的物体 m 相连接.挡板与墙壁之间的距离 $\overline{OO'}$ 恰好等于绳的原长,绳的弹性系数为 $k = 20\text{ N/m}$. 物体的质量 $m = 1.0\text{ kg}$,物体与水平地面间的摩擦因数为 $\mu = 0.4$. 绳与小孔的摩擦不计. 现将物体于 $x_1 = 1.1\text{ m}$ 处静止释放,设物体与挡板间的碰撞是完全弹性的. 试问:

(1) 物体从静止释放到停止不动,共经历了多少时间?
(2) 物体最后停在什么位置?
(3) 物体克服摩擦力做了多少功? g 取 10 m/s^2.

图 6-17

练习 6-11 长雪橇先在十分光滑的冰面上匀速滑行,之后滑上沥青马路,滑行到雪橇长度一半便停了下来. 此后猛地向前一推,使雪橇获得与冰面上滑行时相同的初速度,雪橇滑行一段距离后又停下来. 试求雪橇两次减速的时间之比和路程之比.

例6-10 如图 6-18 所示,两轴线水平且平行的滚柱可绕各自轴线旋转,顶端在同一水平面内,质量为 m 的均匀矩形木板放在两滚柱上,木板左右两边与滚柱的轴线平行,木板左端中部用劲度系数为 k 的轻弹簧连接在墙壁上,弹簧与滚柱轴线垂直. 两滚柱轴线间的距离为 l,其中一个滚柱和板的滑动摩擦因数为 μ,而另一个滚柱和板无摩擦. 初始滚柱不转动,板静止且质心位于两滚柱轴线正中间位置上方,弹簧处于原长状态. 现令不光滑的滚柱快速旋转起来. 试问摩擦因数 μ 为多大时,板可以持续做简谐振动?振动角频率为多大?设板的总长度大于 $2l$.

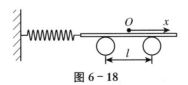

图 6-18

解 一方面,板需受简谐回复力;另一方面,板运动幅度不能过大以防止板翻转. 由题目所给板长大于 $2l$,滚轴轴线间距为 l,质心初始静止于滚柱两轴线之间,故需保证质心运

动范围不超出两滚柱轴线.

以弹簧原长时板质心为原点,向右为正方向,偏移 x 时

$$N_{左} + N_{右} = mg, \quad N_{左}\left(\frac{l}{2} + x\right) = N_{右}\left(\frac{l}{2} - x\right)$$

则

$$N_{左} = \frac{1}{2}mg - \frac{mg}{l}x, \quad N_{右} = \frac{1}{2}mg + \frac{mg}{l}x$$

未规定哪个滚柱有摩擦及转动方向,讨论如下:

$$f_{左}^{顺} = \mu N_{左} = \frac{1}{2}\mu mg - \frac{\mu mg}{l}x, \quad f_{右}^{顺} = \mu N_{右} = \frac{1}{2}\mu mg + \frac{\mu mg}{l}x$$

$$f_{左}^{逆} = -\mu N_{左} = -\frac{1}{2}\mu mg + \frac{\mu mg}{l}x, \quad f_{右}^{逆} = -\mu N_{右} = -\frac{1}{2}\mu mg - \frac{\mu mg}{l}x$$

左轮有摩擦顺时针转动或右轮有摩擦逆时针转动时

$$ma = -kx - \frac{\mu mg}{l}x \pm \frac{1}{2}\mu mg = -\left(k + \frac{\mu mg}{l}\right)x \pm \frac{1}{2}\mu mg$$

为简谐运动,角频率为

$$\omega_1 = \sqrt{\frac{k}{m} + \frac{\mu g}{l}}$$

振幅为

$$A = \frac{\frac{1}{2}\mu mg}{k + \frac{\mu mg}{l}}$$

质心不超出两滚轮轴线,故需

$$2A \leqslant \frac{l}{2}$$

两式联立解得摩擦因数的取值范围

$$\mu \leqslant \frac{kl}{mg}$$

左轮有摩擦逆时针转动或右轮有摩擦顺时针转动时

$$ma = -kx + \frac{\mu mg}{l}x \pm \frac{1}{2}\mu mg = -\left(k - \frac{\mu mg}{l}\right)x \pm \frac{1}{2}\mu mg$$

简谐运动时角频率为

$$\omega_2 = \sqrt{\frac{k}{m} - \frac{\mu g}{l}}$$

简谐运动需合外力为简谐回复力,故需

$$k - \frac{\mu mg}{l} > 0$$

即
$$\mu < \frac{kl}{mg}$$
还需质心不超出两滚轮轴线,故
$$A = \frac{\frac{1}{2}\mu mg}{k - \frac{\mu mg}{l}}, \quad 2A \leqslant \frac{l}{2}$$
即
$$\mu \leqslant \frac{kl}{3mg}$$
两者需同时满足,故摩擦因数的取值范围为
$$\mu \leqslant \frac{kl}{3mg}$$

> **练习6-12** 两半径不同($R > r$)、轴线水平且平行的滚柱可绕各自轴线旋转,顶端在同一水平面内,轴线间的水平距离 $L = 4$ m. 两滚柱反向旋转,旋转方向如图 6-19 所示,角速度均为 $\omega = 2$ rad/s. 在 $t = 0$ 时刻,把均匀矩形木板放在两滚柱上,木板左右两边与滚柱的轴线平行,木板的质心位于小半径($r = 0.25$ m)圆柱轴的正上方,木板与两滚柱间的摩擦因数为 $\mu = 0.05$. 试计算从 $t = 0$ 起木板的质心位置与时间的关系.
>
>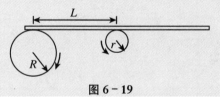
> 图 6-19

6.3.4 有心力场中的径向微小振动、进动

例6-11 两个质量均为 m 的质点由一根穿过光滑桌面上小孔的不可伸长细绳相连,绳长为 l,如图 6-20 所示. 桌上质点近似做匀速圆周运动,但到小孔的距离有微小变化,设桌上质点角动量为 L,试求桌上质点径向微小振动的角频率.

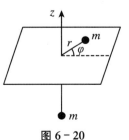
图 6-20

解 解法1:由题意得
$$\ddot{r} = \ddot{z}, \quad L = mr^2\dot{\varphi} \text{ 守恒}$$
$$m(\ddot{r} - r\dot{\varphi}^2) = -T, \quad T - mg = m\ddot{z}$$

联立得

$$\ddot{r} - \frac{L^2}{2m^2 r^3} + \frac{g}{2} = 0 \qquad \text{☆}$$

径向平衡位置设为 r_0，此位置

$$\ddot{r} = 0$$

故

$$r_0 = \sqrt[3]{\frac{L^2}{m^2 g}}$$

设质点偏离平衡位置 x，有

$$r = r_0 + x$$

☆式改写为

$$0 = \ddot{x} - \frac{L^2}{2m^2(r_0 + x)^3} + \frac{g}{2} \approx \ddot{x} - \frac{L^2}{2m^2 r_0^3} + \frac{3L^2}{2m^2 r_0^4}x + \frac{g}{2} = \ddot{x} + \frac{3L^2}{2m^2 r_0^4}x$$

故径向简谐振动，圆频率为

$$\omega = \sqrt{\frac{3L^2}{2m^2 r_0^4}} = \sqrt{\frac{3}{2}}\sqrt[3]{\frac{mg^2}{L}}$$

解法 2：由题意得

$$\dot{r} = \dot{z}, \quad L = mr^2 \dot{\varphi} \text{ 守恒}$$

系统机械能守恒，即

$$E = mgz + \frac{1}{2}m\dot{z}^2 + \frac{1}{2}m[\dot{r}^2 + (\dot{\varphi}r)^2] = \frac{1}{2}(2m)\dot{r}^2 + \left[\frac{L^2}{2mr^2} + mg(r-l)\right]$$

令

$$V_{\text{eff}}(r) = \frac{L^2}{2mr^2} + mg(r-l)$$

径向平衡位置设为 r_0，则

$$\frac{\mathrm{d}V_{\text{eff}}(r_0)}{\mathrm{d}r} = -\frac{L^2}{mr_0^3} + mg = 0$$

故

$$r_0 = \sqrt[3]{\frac{L^2}{m^2 g}}$$

将 $V_{\text{eff}}(r)$ 在 r_0 附近泰勒展开，保留至二阶小量，则

$$V_{\text{eff}}(r) \approx V_{\text{eff}}(r_0) + \frac{\mathrm{d}V_{\text{eff}}(r_0)}{\mathrm{d}r}(r - r_0) + \frac{1}{2}\frac{\mathrm{d}^2 V_{\text{eff}}(r_0)}{\mathrm{d}r^2}(r - r_0)^2$$

$$= V_{\text{eff}}(r_0) + 0 + \frac{1}{2}\frac{3L^2}{mr_0^4}(r - r_0)^2$$

故

$$E \approx \frac{1}{2}(2m)\dot{r}^2 + \frac{1}{2}\frac{3L^2}{mr_0^4}(r - r_0)^2 + V_{\text{eff}}(r_0)$$

所以径向简谐运动,圆频率为

$$\omega = \sqrt{\dfrac{\dfrac{3L^2}{mr_0^4}}{2m}} = \sqrt{\dfrac{3}{2}}\sqrt[3]{\dfrac{mg^2}{L}}$$

练习 6-13 质量为 m 的小球在光滑水平面上用原长为 r_0、弹性系数为 k 的轻弹簧与平面上固定点 O 相连,如图 6-21 所示.小球做半径为 R 的匀速圆周运动.

(1) 某瞬时,小球受到沿径向的很小的冲击,试求以后小球径向微幅振动的平衡位置及角频率;

(2) 若受切向微小冲击,试求小球径向微幅振动的角频率.

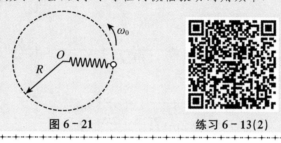

图 6-21　　练习 6-13(2)

例 6-12 质量为 m 的行星绕质量为 $M(M \gg m)$ 的恒星运动. m 除了受到 M 的引力作用以外,还受到一个小的有心力,行星势能为

$$V(r) = -\dfrac{GMm}{r} + \dfrac{\varepsilon}{r^2}$$

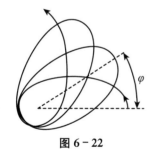

图 6-22

其中 ε 是一个较小量.可以设想轨道是近似圆形的.求轨道中两远心点间的幅角.这个幅角称为进动角.角动量 L 已知.图 6-22 中进动角前进方向与行星圆周运动转动方向一致,称为正进动;反之称为负进动.

解 由题意得

$$F\mathrm{d}r = -\mathrm{d}V(r) \;\Rightarrow\; F = -\dfrac{GMm}{r^2} + \dfrac{2\varepsilon}{r^3}$$

$$L = mr^2\dot{\varphi}, \quad F = m(\ddot{r} - r\dot{\varphi}^2)$$

联立得

$$m\ddot{r} = -G\dfrac{Mm}{r^2} + \dfrac{2\varepsilon}{r^3} + \dfrac{L^2}{mr^3} \qquad ☆$$

径向平衡位置处设为 r_0,此处 $\ddot{r}=0$,解得

$$r_0 = \dfrac{2\varepsilon m + L^2}{GMm^2}$$

近似圆周轨道在零阶近似下的角速度为

$$\omega_0 = \dot{\varphi} = \frac{L}{mr_0^2} = \frac{L\,G^2 M^2 m^3}{(2\varepsilon m + L^2)^2}$$

将☆式右侧在 r_0 附近展开到一阶小量,即

$$m\ddot{r} \approx -GMm\left[\frac{1}{r_0^2} - \frac{2(r-r_0)}{r_0^3}\right] + \left(2\varepsilon + \frac{L^2}{m}\right)\left[\frac{1}{r_0^3} - \frac{3(r-r_0)}{r_0^4}\right]$$

$$= -\frac{G^4 M^4 m^7}{(2\varepsilon m + L^2)^3}(r - r_0) + C$$

其中 C 为常量部分,故径向微小振动在一阶近似下的圆频率为

$$\omega_r = \sqrt{\frac{G^4 M^4 m^7}{(2\varepsilon m + L^2)^3 m}} = \frac{G^2 M^2 m^3}{\sqrt{(2\varepsilon m + L^2)^3}}$$

进动角

$$\varphi = \omega_0 \frac{2\pi}{\omega_r} - 2\pi = 2\pi\left(\frac{1}{\sqrt{1 + \frac{2\varepsilon m}{L^2}}} - 1\right) \approx \frac{-2\pi \varepsilon m}{L^2}$$

$\varphi < 0$ 表明为负进动.读者可自行尝试能量解法.

6.4 简谐运动的合成

6.4.1 同方向、同频率的两简谐运动合成

一个质点同时参与两个同方向、同频率的简谐振动:

$$x_1 = A_1 \cos(\omega t + \varphi_1), \quad x_2 = A_2 \cos(\omega t + \varphi_2)$$

它的合振动为

$$x = x_1 + x_2 = (A_1 \cos\varphi_1 + A_2 \cos\varphi_2)\cos\omega t - (A_1 \sin\varphi_1 + A_2 \sin\varphi_2)\sin\omega t = A\cos(\omega t + \varphi)$$

其中

$$A = \sqrt{A_1^2 + A_2^2 + 2A_1 A_2 \cos(\varphi_1 - \varphi_2)}, \quad \tan\varphi = \frac{A_1 \sin\varphi_1 + A_2 \sin\varphi_2}{A_1 \cos\varphi_1 + A_2 \cos\varphi_2}$$

仍是一个同频率的简谐振动.

当 $\varphi_1 - \varphi_2 = 2k\pi$,$k$ 为整数时,合振动最强,称为振动相长,振幅为

$$A_{\max} = A_1 + A_2$$

当 $\varphi_1 - \varphi_2 = (2k+1)\pi$ 时,合振动最弱,称为振动相消,振幅为

$$A_{\min} = |A_1 - A_2|$$

也可以用旋转矢量图解法求解,如图 6-23 所示,有

$$x = A\cos(\omega t + \varphi), \quad A = \sqrt{A_1^2 + A_2^2 + 2A_1 A_2 \cos(\varphi_1 - \varphi_2)}$$

$$\tan \varphi = \frac{A_1 \sin \varphi_1 + A_2 \sin \varphi_2}{A_1 \cos \varphi_1 + A_2 \cos \varphi_2}$$

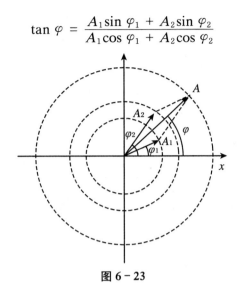

图 6-23

或用矢量法代数求解

$$\boldsymbol{A}_1 = A_1 \cos(\omega t + \varphi_1) \cdot \boldsymbol{i} + A_1 \sin(\omega t + \varphi_1) \cdot \boldsymbol{j}$$
$$\boldsymbol{A}_2 = A_2 \cos(\omega t + \varphi_2) \cdot \boldsymbol{i} + A_2 \sin(\omega t + \varphi_2) \cdot \boldsymbol{j}$$

故

$$\boldsymbol{A}_1 + \boldsymbol{A}_2$$
$$= [A_1 \cos(\omega t + \varphi_1) + A_2 \cos(\omega t + \varphi_2)] \cdot \boldsymbol{i} + [A_1 \sin(\omega t + \varphi_1) + A_2 \sin(\omega t + \varphi_2)] \cdot \boldsymbol{j}$$
$$= A \cos(\omega t + \varphi) \cdot \boldsymbol{i} + A \sin(\omega t + \varphi) \cdot \boldsymbol{j}$$

其中

$$A = \sqrt{[A_1 \cos(\omega t + \varphi_1) + A_2 \cos(\omega t + \varphi_2)]^2 + [A_1 \sin(\omega t + \varphi_1) + A_2 \sin(\omega t + \varphi_2)]^2}$$
$$= \sqrt{A_1^2 + A_2^2 + 2A_1 A_2 \cos(\varphi_1 - \varphi_2)}$$
$$\tan(\omega t + \varphi) = \frac{A_1 \sin(\omega t + \varphi_1) + A_2 \sin(\omega t + \varphi_2)}{A_1 \cos(\omega t + \varphi_1) + A_2 \cos(\omega t + \varphi_2)}$$

故

$$\tan \varphi = \frac{A_1 \sin \varphi_1 + A_2 \sin \varphi_2}{A_1 \cos \varphi_1 + A_2 \cos \varphi_2}$$

又

$$x_1 = \boldsymbol{A}_1 \cdot \boldsymbol{i}, \quad x_2 = \boldsymbol{A}_2 \cdot \boldsymbol{i}$$

则

$$x = x_1 + x_2 = (\boldsymbol{A}_1 + \boldsymbol{A}_2) \cdot \boldsymbol{i} = A \cos(\omega t + \varphi)$$

或复数法求解,用复振动代替简谐振动:

$$\tilde{x}_1 = A_1 e^{i(\omega t + \varphi_1)} = A_1 e^{i\varphi_1} e^{i\omega t} = \tilde{A}_1 e^{i\omega t}, \quad \tilde{x}_2 = A_2 e^{i(\omega t + \varphi_2)} = A_2 e^{i\varphi_2} e^{i\omega t} = \tilde{A}_2 e^{i\omega t}$$

$$\tilde{x} = \tilde{x}_1 + \tilde{x}_2 = (\tilde{A}_1 + \tilde{A}_2) e^{i\omega t} = \tilde{A} e^{i\omega t} = A e^{i\varphi} e^{i\omega t} = A e^{i(\omega t + \varphi)}$$

可以图解 $\tilde{A}$，与旋转矢量图解法一致，有

$$A = \sqrt{A_1^2 + A_2^2 + 2A_1 A_2 \cos(\varphi_1 - \varphi_2)}, \quad \tan\varphi = \frac{A_1 \sin\varphi_1 + A_2 \sin\varphi_2}{A_1 \cos\varphi_1 + A_2 \cos\varphi_2}$$

故合振动为

$$x = A\cos(\omega t + \varphi)$$

也可以代数求解

$$\tilde{A}_1 + \tilde{A}_2 = \tilde{A} \quad \text{或} \quad A_1 e^{i\varphi_1} + A_2 e^{i\varphi_2} = A e^{i\varphi}$$

即

$$(A_1 \cos\varphi_1 + iA_1 \sin\varphi_1) + (A_2 \cos\varphi_2 + iA_2 \sin\varphi_2)$$
$$= (A_1 \cos\varphi_1 + A_2 \cos\varphi_2) + i(A_1 \sin\varphi_1 + A_2 \sin\varphi_2) = A e^{i\varphi}$$

有

$$A = \sqrt{(A_1 \cos\varphi_1 + A_2 \cos\varphi_2)^2 + (A_1 \sin\varphi_1 + A_2 \sin\varphi_2)^2}$$
$$= \sqrt{A_1^2 + A_2^2 + 2A_1 A_2 \cos(\varphi_1 - \varphi_2)}$$

$$\tan\varphi = \frac{A_1 \sin\varphi_1 + A_2 \sin\varphi_2}{A_1 \cos\varphi_1 + A_2 \cos\varphi_2}$$

6.4.2 同方向、不同频率的两简谐运动合成

对振幅相同、频率不同的两同方向简谐运动，由于 $\omega_1 \neq \omega_2$，只要初始时刻选取适当，可有 $\varphi_1 = \varphi_2 = 0$，即

$$x_1 = A\cos\omega_1 t, \quad x_2 = A\cos\omega_2 t$$

合振动

$$x = x_1 + x_2 = 2A\cos\left(\frac{\omega_1 - \omega_2}{2}t\right) \cdot \cos\left(\frac{\omega_1 + \omega_2}{2}t\right)$$

当 ω_1 和 ω_2 相近时，即 $|\omega_1 - \omega_2| \ll \omega_1$ 或 ω_2 时，可以看作振幅随时间 t 缓慢变化的振动，如图 6-24 所示. 振幅为

$$A(t) = 2A\cos\left(\frac{\omega_1 - \omega_2}{2}t\right)$$

图 6-24

角频率为

$$\omega = \frac{\omega_1 + \omega_2}{2}$$

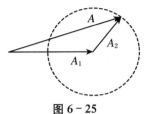

图 6-25

两简谐运动振幅不同时,可以以 A_1 为参考系,则 A_2 相对 A_1 缓慢转动,如图 6-25 所示,相对角速度大小为

$$\Delta\omega = |\omega_1 - \omega_2|$$

最大振幅、最小振幅分别为

$$A_{\max} = A_1 + A_2, \quad A_{\min} = |A_1 - A_2|$$

振动的强弱跟振幅的平方相关,因此合振动的强弱程度随时间周期性变化,这样的现象称为拍.

单位时间内合振幅极大值出现的次数称为拍频,用 ν 表示:

$$\nu = \frac{\Delta\omega}{2\pi} = \frac{|\omega_1 - \omega_2|}{2\pi} = |\nu_1 - \nu_2|$$

拍是一个重要的现象,有许多应用.例如可以用标准音叉来校准钢琴频率,音调稍有差别就会出现拍音,调整到拍音消失则已被校准.

6.4.3 互相垂直的两简谐运动合成

1. 互相垂直、同频率的两简谐运动合成

$$x = A_x \cos(\omega t + \varphi_x), \quad y = A_y \cos(\omega t + \varphi_y)$$

消去 t 得轨道方程

$$\frac{x^2}{A_x^2} + \frac{y^2}{A_y^2} - \frac{2xy}{A_x A_y}\cos(\varphi_x - \varphi_y) = \sin^2(\varphi_x - \varphi_y)$$

当 $\varphi_x - \varphi_y = 2k\pi$ 或 $\varphi_x - \varphi_y = (2k+1)\pi$($k$ 为整数)时,分别化为

$$\frac{x}{A_x} = \frac{y}{A_y} \quad \text{或} \quad \frac{x}{A_x} = -\frac{y}{A_y}$$

为在一条直线上的简谐运动;

当 $\varphi_x - \varphi_y = \left(k + \frac{1}{2}\right)\pi$ 时,化为

$$\frac{x^2}{A_x^2} + \frac{y^2}{A_y^2} = 1$$

为正椭圆,k 为偶数时逆时针运动,k 为奇数时顺时针运动.

一般情况下,合运动为斜椭圆.

简谐运动合成 1

例6-13 质量为 m 的小球连在一根劲度系数为 k 的弹性绳的一端,弹性绳穿过一块固定竖直板上的光滑小孔 O,另一端连在小孔正下方的地上.当小球位于小孔处时,绳恰为原长,如图 6-26(a) 所示.现将小球贴着板沿水平(x)方向拉开距离 a,并以初速度 $v_0 =$

$2\sqrt{ga}$ 开始运动，v_0 方向平行于板，并与 x 方向成 $\theta = 60°$ 的夹角，如图 6-26(b) 所示. 设 $k = mg/a$. 试求：

(1) 经过多少时间小球到达最高位置，并求此高度；

(2) 小球再次通过 x 轴时的位置、速度和所需的时间.

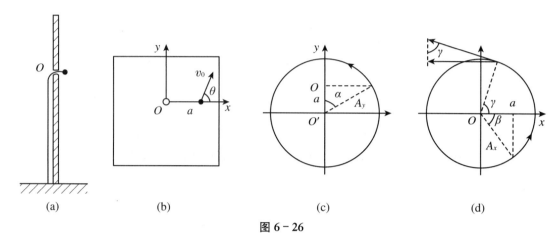

图 6-26

解 (1) 小球由牛顿第二定律得

$$-mg\mathbf{j} - k\mathbf{r} = m\ddot{\mathbf{r}}$$

即

$$-mg\mathbf{j} - kx\mathbf{i} - ky\mathbf{j} = m\ddot{x}\mathbf{i} + m\ddot{y}\mathbf{j}$$

其 x 和 y 方向的分量方程分别为

$$-kx = m\ddot{x}, \quad -k\left(y + \frac{mg}{k}\right) = m\ddot{y}$$

故 x 和 y 方向分别做简谐运动，角频率均为

$$\omega = \sqrt{\frac{k}{m}} = \sqrt{\frac{g}{a}}$$

y 方向简谐运动平衡位置位于

$$y + \frac{mg}{k} = 0$$

即

$$y = -\frac{mg}{k} = -a$$

处，记为 O' 点，y 方向简谐运动参考圆如图 6-26(c) 所示，则

$$\frac{1}{2}m(v_0\sin\theta)^2 + \frac{1}{2}ka^2 = \frac{1}{2}kA_y^2$$

解得

$$A_y = 2a$$

又
$$\cos\alpha = \frac{a}{A_y} = \frac{1}{2}$$
则
$$\alpha = \frac{\pi}{3}$$
故所求最高高度为
$$y_{\max} = A_y - a = a$$
所求时间为
$$t_1 = \frac{\alpha}{\omega} = \frac{\pi}{3}\sqrt{\frac{a}{g}}$$

(2) 初始到再次到达 x 轴所需时间由 y 方向运动得到,由图 6-26(c)可知所求时间为
$$t_2 = \frac{2\alpha}{\omega} = \frac{2\pi}{3}\sqrt{\frac{a}{g}}$$
y 方向速度为
$$v_y = -v_0\sin\theta = -\sqrt{3ga}$$
x 方向简谐运动平衡位置位于 O 点,参考圆如图 6-26(d)所示,则
$$\frac{1}{2}m(v_0\cos\theta)^2 + \frac{1}{2}ka^2 = \frac{1}{2}kA_x^2$$
解得
$$A_x = \sqrt{2}a$$
又
$$\cos\beta = \frac{a}{A_x} = \frac{\sqrt{2}}{2}$$
则
$$\beta = \frac{\pi}{4}$$
再次到达 x 轴时
$$\gamma = 2\alpha - \beta = \frac{5}{12}\pi = \frac{\pi}{6} + \frac{\pi}{4}$$
故所求位置位于
$$x = A_x\cos\gamma = \sqrt{2}a\left(\frac{\sqrt{3}}{2}\cdot\frac{\sqrt{2}}{2} - \frac{1}{2}\cdot\frac{\sqrt{2}}{2}\right) = \frac{\sqrt{3}-1}{2}a$$
x 方向速度为
$$v_x = -\omega A_x\sin\gamma = -\frac{\sqrt{3}+1}{2}\sqrt{ga}$$
故所求速度大小、方向(与 x 轴负方向夹角,转向 y 轴负方向)分别为

$$v = \sqrt{v_x^2 + v_y^2} = \frac{\sqrt{17 + 2\sqrt{3}}}{2}\sqrt{ga}, \quad \tan\varphi = \frac{v_y}{v_x} = 3 - \sqrt{3}$$

2. 互相垂直、不同频率的两简谐运动合成

合运动的轨道将变得较为复杂. 其中当 $\omega_x : \omega_y$ 为整数比时, 合运动为周期运动, 轨道为有限的曲线段或闭合的曲线, 曲线图称为李萨如图形. 图 6-27 所示为 $\omega_x : \omega_y = 2 : 1$ 时的几种情形.

简谐运动合成 2

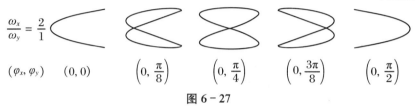

图 6-27

6.5 阻尼振动 受迫振动 共振

6.5.1 阻尼振动

物体在回复性保守力和阻力共同作用下的运动称为阻尼振动.

假设阻力大小正比于物体速度, 即

$$F = -kx, \quad f_{阻} = -\gamma \dot{x} \,(\gamma \text{ 为阻力系数})$$

则

$$m\ddot{x} = -kx - \gamma\dot{x}$$

即

$$\ddot{x} + \frac{\gamma}{m}\dot{x} + \frac{k}{m}x = 0$$

为二阶齐次线性微分方程, 引入

$$\frac{k}{m} = \omega_0^2, \quad \frac{\gamma}{m} = 2\beta$$

其中 ω_0 称为固有(角)频率或本征频率, β 称为阻尼系数, 则

$$\ddot{x} + 2\beta\dot{x} + \omega_0^2 x = 0$$

其特征方程为

$$\lambda^2 + 2\beta\lambda + \omega_0^2 = 0$$

解得

$$\lambda = -\beta \pm \sqrt{\beta^2 - \omega_0^2}$$

(1) 若 $\beta < \omega_0$，则

$$\lambda = -\beta \pm \mathrm{i}\omega, \quad \omega = \sqrt{\omega_0^2 - \beta^2}$$

故

$$x = A\mathrm{e}^{-\beta t}\cos(\omega t + \varphi)$$

其中 A,φ 由初始条件决定，此为弱阻尼（或低阻尼），如图 6-28 中 a 图线所示.

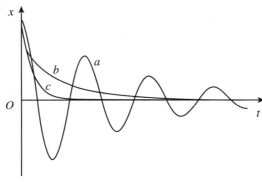

图 6-28

(2) 若 $\beta > \omega_0$，则

$$\lambda = -\beta \pm \sqrt{\beta^2 - \omega_0^2}$$

故

$$x = A\mathrm{e}^{-(\beta - \sqrt{\beta^2 - \omega_0^2})t} + B\mathrm{e}^{-(\beta + \sqrt{\beta^2 - \omega_0^2})t}$$

为过阻尼，如图 6-28 中 b 图线所示.

(3) 若 $\beta = \omega_0$，则

$$\lambda_1 = \lambda_2 = -\beta = -\omega_0$$

故

$$x = (A + Bt)\mathrm{e}^{-\beta t}$$

为临界阻尼，停在平衡位置，如图 6-28 中 c 图线所示.

三者中有振荡的是弱阻尼，衰减最快的是临界阻尼.

6.5.2 受迫振动和共振

1. 受迫振动

振动系统在周期性驱动力的作用下，以驱动力的频率（而不是固有频率）振动，叫作受迫振动.

对

有

$$F = -kx, \quad f_{阻} = -\gamma\dot{x}, \quad F_{驱} = F_0\cos\omega t$$

即

$$m\ddot{x} = -kx - \gamma\dot{x} + F_0\cos\omega t$$

其中

$$\ddot{x} + 2\beta\dot{x} + \omega_0^2 x = a\cos\omega t \qquad ☆$$

$$\omega_0^2 = \frac{k}{m}, \quad 2\beta = \frac{\gamma}{m}, \quad a = \frac{F_0}{m}$$

其齐次方程通解如 6.5.1 阻尼振动，记为 $X_{阻}(t)$；再找到一个此非齐次方程的特解 $x^*(t)$，则此非齐次方程的通解为

$$x(t) = X_{阻}(t) + x^*(t)$$

用待定系数法求特解，设

$$x^*(t) = C_1\cos\omega t + C_2\sin\omega t$$

代入☆式，整理得

$$(-\omega^2 C_1 + 2\beta\omega C_2 + \omega_0^2 C_1 - a)\cos\omega t + (-\omega^2 C_2 - 2\beta\omega C_1 + \omega_0^2 C_2)\sin\omega t = 0$$

应有

$$-\omega^2 C_1 + 2\beta\omega C_2 + \omega_0^2 C_1 - a = 0, \quad -\omega^2 C_2 - 2\beta\omega C_1 + \omega_0^2 C_2 = 0$$

解得

$$C_1 = \frac{a(\omega_0^2 - \omega^2)}{(\omega_0^2 - \omega^2)^2 + 4\beta^2\omega^2}, \quad C_2 = \frac{2a\beta\omega}{(\omega_0^2 - \omega^2)^2 + 4\beta^2\omega^2}$$

或用复数法求特解，令

$$x^*(t) = \tilde{A}\mathrm{e}^{\mathrm{i}\omega t}$$

代入☆式，整理得（$a\cos\omega t$ 改写为 $a\mathrm{e}^{\mathrm{i}\omega t}$）

$$(\omega_0^2 - \omega^2 + \mathrm{i}2\beta\omega)\tilde{A} = a$$

即

$$\tilde{A} = A\mathrm{e}^{\mathrm{i}\varphi} = \frac{a}{\omega_0^2 - \omega^2 + \mathrm{i}2\beta\omega}$$

其中

$$A = \frac{a}{\sqrt{(\omega_0^2 - \omega^2)^2 + 4\beta^2\omega^2}}, \quad \tan\varphi = -\frac{2\beta\omega}{\omega_0^2 - \omega^2}$$

其实部为所求

$$x^*(t) = A\cos(\omega t + \varphi)$$

2. 共振

受迫振动时

$$F_{\text{驱}} = m\ddot{x} + \gamma\dot{x} + kx$$

同乘以 $\dot{x}$ 得驱动力功率

$$F_{\text{驱}}\dot{x} = m\ddot{x}\dot{x} + \gamma\dot{x}^2 + kx\dot{x} = \frac{\mathrm{d}\left(\frac{1}{2}m\dot{x}^2 + \frac{1}{2}kx^2\right)}{\mathrm{d}t} + \gamma\dot{x}^2$$

各项均取为某段时间的平均值，当振动系统稳定时，系统机械能不再随时间变化，有

$$\overline{F_{\text{驱}}\dot{x}} = \gamma\overline{\dot{x}^2}$$

即驱动力输入的能量全部因为阻尼耗散．当驱动力的频率越接近系统的固有频率时，驱动力与速度方向一致的机会就越多，单位时间内输入的能量就越多，稳定时振幅越大；当驱动力频率等于系统的固有频率时，系统将有最大振幅，称为共振．

6.6 简 谐 波

6.6.1 波动的基本概念

波是振动状态传播形成的物理现象．波动现象在物理学许多领域均有涉及，如声波、电磁波、物质波等．本章主要研究机械波．

机械振动在介质中的传播称为机械波，声波、绳波、水波、地震波、弹簧波均属于机械波．机械波与电磁波既有相似之处又有不同之处，它们分别由机械振动或电磁振荡产生．机械波传播需要介质，不同介质中传播速度不同，真空中不能传播；电磁波可以在真空中传播．机械波有横波也有纵波，电磁波只能是横波．相同之处为折射、反射是一致的，均有多普勒效应，但多普勒效应的形式有所不同．

固体、液体、气体都可以传播纵波，固体可以传播横波，液体、气体内部无切向回复力，故不能传播横波，液体表面由于表面张力作用，可以传播横波．固体中的地震波既有横波又有纵波，纵波波速大于横波波速．

波速（相速度）：波传播的速度，即单位时间内一定的振动相位所传播的距离，还可以说是振动状态或相位传播的速度．

波面（波阵面）：某时刻振动相位相同的点组成的面．

波前：最前面的波面称为波前．

波线（波射线）：波的传播方向（光的波线即光线）．

在各向同性介质中，波线与波面垂直，各向同性指介质内向各个方向的某种物理性质相同，此处指对同种波向各个方向波速相同的介质；反之，为各向异性介质．在各向同性介质

中,波从一个波面传播到另一个波面所用的时间相同.

波面为平面、球面、圆柱面的波分别称为平面波、球面波、柱面波,如图6-29所示.简谐运动状态传播形成的波称为简谐波,同样有平面简谐波、球面简谐波、柱面简谐波.

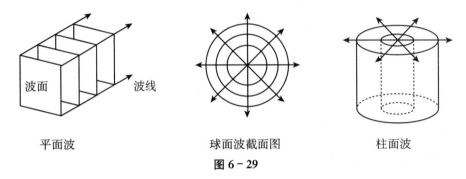

图 6-29

色散介质:不同频率的波在某介质中传播时有不同的波速,则此介质称为色散介质.反之,为无色散介质.即色散介质中波速由介质、波的频率决定;无色散介质中波速由介质决定,与波的频率无关.

6.6.2 平面简谐波

1. 平面简谐波的方程

设简谐波以波速(率)v由$t=0$开始从$x=0$的位置沿x轴传播,则经过时间t,振动传播至

$$x = vt$$

经过一个振动周期,波传播的距离称为波长λ,则

$$\lambda = vT$$

它是沿着波线相邻的两个振动相位差为2π的点之间的距离,横波相邻的波峰间的距离(或波谷间、对应过零点间的距离)等于波长,纵波相邻的密部间的距离(或疏部间的距离)等于波长.

设波源振动方向为y方向,波源振动方程为

$$y(0, t) = A\cos(\omega t + \varphi_0)$$

则x处振动方程为

$$y(x, t) = A\cos\left[\omega\left(t - \frac{x}{v}\right) + \varphi_0\right] = A\cos\left[2\pi\left(\frac{t}{T} - \frac{x}{\lambda}\right) + \varphi_0\right] = A\cos\left[(\omega t - kx) + \varphi_0\right]$$

此即为波的方程,其中ω代表单位时间内相位的变化;$k \equiv 2\pi/\lambda$称为角波数或波数,代表单位距离上相位的变化.

若波沿x负方向传播,则相应变号即可.即向正方向或负方向传播时

$$x = \pm vt, \quad \omega = \frac{2\pi}{T}, \quad k = \frac{2\pi}{\lambda}, \quad v = \frac{\lambda}{T} = \frac{\omega}{k}$$

$$y(x,t) = A\cos\left[\omega\left(t \mp \frac{x}{v}\right) + \varphi_0\right] = A\cos\left[2\pi\left(\frac{t}{T} \mp \frac{x}{\lambda}\right) + \varphi_0\right] = A\cos\left[(\omega t \mp kx) + \varphi_0\right]$$

2. 某处的振动方程、振动图像

对某一确定点 x，方程变为 x 处的振动方程

$$y = A\cos(\omega t + \varphi_1), \quad \varphi_1 = \mp\frac{\omega x}{v} + \varphi_0 = \mp kx + \varphi_0$$

由此可得振幅 A、角频率 ω、周期 T，其图像为 x 处的振动图像，如图 6-30(a)所示.

3. 某时刻的波形方程、波形图像

对横波，振动方向 y 与波传播方向 x 垂直，对某一确定时刻 t，方程变为 t 时刻的波形方程

$$y = A\cos(\mp kx + \varphi_2), \quad \varphi_2 = \omega t + \varphi_0$$

由此可得振幅 A、波数 k、波长 λ，其图像为 t 时刻的波形图像，如图 6-30(b)所示.

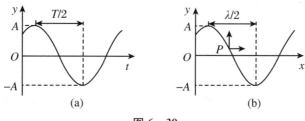

图 6-30

在波形图中可用同侧法判断波传播方向或质点振动方向，例如图 6-30(b)中若已知波沿 x 正方向传播，则可判断此时图像中的 P 点沿 y 正方向振动；若已知此时图像中的 P 点沿 y 正方向振动，则可判断波沿 x 正方向传播.

可分析出波的周期、频率由波源的周期、频率决定，频率一定的波的波速由介质决定.需要注意的是，波速为波的传播速度，是振动状态（相位、能量）在媒介中的传播速度，它不同于各质元的振动速度.前者对各向同性介质而言是一个常量，后者是时间的函数.

纵波各质点的振动方向与波的传播方向平行，波形图不易绘制，可将振动方向横向化，即 y 与 x 方向相同，但作图像时分别令其为纵轴、横轴，则上图也可描述纵波.

4. 简谐波的复数表示

简谐波的复数表示为

$$\widetilde{y}(x,t) = A\mathrm{e}^{\mathrm{i}(\omega t \mp kx + \varphi_0)} = \widetilde{A}\mathrm{e}^{\mathrm{i}(\omega t \mp kx)}$$

其中 $\widetilde{A} = A\mathrm{e}^{\mathrm{i}\varphi_0}$ 为复振幅.

例6-14 一列简谐横波沿弦线自左向右传播,传播速度为 80 cm/s. 观察弦上某点的运动,发现该点在做振幅为 2.0 cm、频率为 10 Hz 的简谐振动. 取该点平衡位置为坐标原点,设置自左向右的 x 坐标,已知 $t=0$ 时该点振动量 $y=0$,且振动速度沿 y 轴正方向. 试求:

(1) 此波的波长 λ;
(2) 弦上该点的振动方程;
(3) 此波的运动学方程;
(4) 弦上 $x=4$ cm 处质点振动的初相位 φ.

解 (1) 由题意得

$$\lambda = \frac{v}{f} = \frac{80}{10} = 8 \text{ (cm)}$$

(2)

$$\omega = 2\pi f = 20\pi \text{ s}^{-1}$$

故该点振动方程为

$$y(0,t) = 2\sin 20\pi t \text{ (cm)}$$

(3) x 单位取 cm,则

$$y(x,t) = 2\sin\left[20\pi\left(t - \frac{x}{v}\right)\right] = 2\sin\left(20\pi t - \frac{\pi}{4}x\right) \text{ (cm)}$$

(4) 由题意得

$$y(4,t) = 2\sin(20\pi t - \pi) = 2\cos\left(20\pi t - \frac{3}{2}\pi\right)$$

故

$$\varphi = -\frac{3}{2}\pi$$

练习6-14 沿长弦线向 x 正方向传播的平面简谐波,位于 $x_1 = 0$ 和 $x_2 = 1$ m 处两质元的简谐振动如下:

$$y_1 = 0.2\sin 3\pi t, \quad y_2 = 0.2\sin\left(3\pi t + \frac{\pi}{8}\right)$$

y 的单位为 m, t 的单位为 s. 试求:
(1) 该波的频率、波速、波长;
(2) 这两质元相对速度的最大值.

---

5. 波的能量密度和能流密度

机械振动的质元携带着动能和势能,这些能量分布在波动所到的空间,将单位体积空间

内包含的能量称为能量密度.

对波有

$$y = A\cos\left[\omega\left(t - \frac{x}{v}\right)\right]$$

体积元中的动能为

$$dE_k = \frac{1}{2}\rho \cdot dV \cdot \left(\frac{\partial y}{\partial t}\right)^2 = \frac{1}{2}\rho\omega^2 A^2 \sin^2\left[\omega\left(t - \frac{x}{v}\right)\right]dV$$

可以导出势能的表达式相同(略去,参见《力学》,舒幼生),即动能密度大的地方势能密度也大,这是行波的一个重要特征,与简谐振动动能最大时势能最小完全不同.给出定性的解释:在图 6-31 所示的波形图中,A 点速度最大,A 附近微元 dx 的形变量 $dl_1 - dx$ 也最大;B 点速度为零,B 附近微元 dx 的形变量 $dl_2 - dx$ 也趋近于零.即动能密度大处势能密度也大:

$$dE_p = dE_k$$

故能量密度为

$$\varepsilon = \frac{dE_k + dE_p}{dV} = \rho\omega^2 A^2 \sin^2\left[\omega\left(t - \frac{x}{v}\right)\right]$$

其平均值称为平均能量密度

$$\bar{\varepsilon} = \frac{1}{2}\rho\omega^2 A^2$$

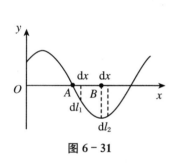

图 6-31

单位时间内通过单位正截面的能量称为波的能流密度($\boldsymbol{j}$),为矢量,沿波线方向,有

$$\boldsymbol{j} = \varepsilon\boldsymbol{v}$$

其中 $\boldsymbol{v}$ 为波速矢量;能流密度的平均值称为平均能流密度或波的强度($\boldsymbol{J}$),有

$$\boldsymbol{J} = \bar{\boldsymbol{j}} = \bar{\varepsilon}\boldsymbol{v} = \frac{1}{2}\rho\omega^2 A^2 \boldsymbol{v}$$

例6-15 质量为 m 的一系列小球用一系列劲度系数为 k 的相同的小弹簧连成一排,初始小弹簧均处于原长状态,原长为 d,如图 6-32 所示.当左端小球做角频率为 ω 的左右简谐振动时,此振动将自左向右逐渐传播,使各小球相继做同频率、同振幅的振动.设 $\omega^2 \ll k/m$.试求:

(1) 振动状态的传播速度;

(2) 某一小球的动能及其右侧弹簧的弹性势能.

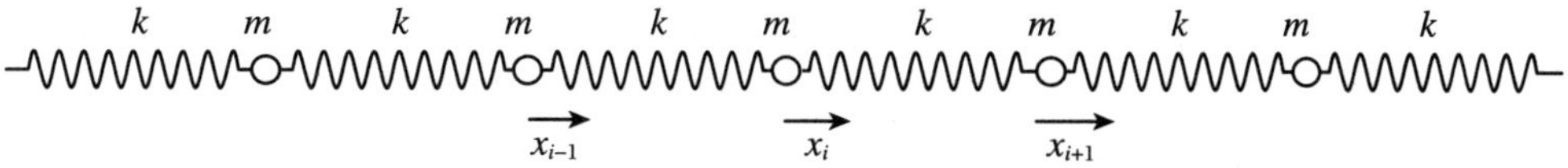

图 6-32

解 解法1:(1) 由于系统的对称性,每个小球运动状态比左侧相邻小球落后相同的相位,设为 $\Delta\varphi$,不妨设第 i 个小球振动为

$$x_i = A\cos\omega t$$

则

$$x_{i-1} = A\cos(\omega t + \Delta\varphi), \quad x_{i+1} = A\cos(\omega t - \Delta\varphi)$$

第 i 个小球

$$m\ddot{x}_i = k(x_{i+1} - x_i) - k(x_i - x_{i-1}) = k(x_{i+1} + x_{i-1} - 2x_i)$$

联立得

$$-m\omega^2 A\cos\omega t = kA[\cos(\omega t - \Delta\varphi) + \cos(\omega t + \Delta\varphi) - 2\cos\omega t]$$
$$= -2kA(1 - \cos\Delta\varphi)\cos\omega t$$

任意时刻成立,故

$$m\omega^2 = 2k(1 - \cos\Delta\varphi)$$

即

$$\omega^2 = \frac{2k}{m}(1 - \cos\Delta\varphi)$$

已知 $\omega^2 \ll k/m$,故

$$\cos\Delta\varphi \to 1, \quad \Delta\varphi \to 0$$
$$1 - \cos\Delta\varphi \approx \frac{1}{2}(\Delta\varphi)^2$$

则

$$\Delta\varphi = \omega\sqrt{\frac{m}{k}}$$

相位落后可确定时间落后

$$\Delta t = \frac{\Delta\varphi}{\omega} = \sqrt{\frac{m}{k}}$$

故传播速度为

$$v = \frac{d}{\Delta t} = d\sqrt{\frac{k}{m}}$$

(2) 第 i 个小球的动能为

$$E_k = \frac{1}{2}m\dot{x}_i^2 = \frac{1}{2}m\omega^2 A^2\sin^2\omega t$$

第 i 个小球右侧弹簧的势能为

$$E_p = \frac{1}{2}k(x_{i+1} - x_i)^2 = \frac{1}{2}kA^2[\cos(\omega t - \Delta\varphi) - \cos\omega t]^2$$
$$= \frac{1}{2}kA^2(\cos\omega t\cos\Delta\varphi + \sin\omega t\sin\Delta\varphi - \cos\omega t)^2$$

保留至一阶小量,$\cos\Delta\varphi \approx 1$,$\sin\Delta\varphi \approx \Delta\varphi = \omega\sqrt{\frac{m}{R}}$,故

$$E_p \approx \frac{1}{2} k A^2 (\Delta \varphi)^2 \sin^2 \omega t = \frac{1}{2} m \omega^2 A^2 \sin^2 \omega t$$

(即同一位置、同一时刻动能密度与势能密度相等.)

解法 2：复数法. (1) 设第 i 个小球

$$\tilde{x}_i = \tilde{A} e^{i\omega t}$$

则

$$\tilde{x}_{i-1} = \tilde{A} e^{i(\omega t + k_1 d)}, \quad \tilde{x}_{i+1} = \tilde{A} e^{i(\omega t - k_1 d)}$$

第 i 个小球

$$m \ddot{\tilde{x}}_i = k(\tilde{x}_{i+1} - \tilde{x}_i) - k(\tilde{x}_i - \tilde{x}_{i-1}) = k(\tilde{x}_{i+1} + \tilde{x}_{i-1} - 2\tilde{x}_i)$$

联立得

$$-m\omega^2 \tilde{A} e^{i\omega t} = k\tilde{A} [e^{i(\omega t - k_1 d)} + e^{i(\omega t - k_1 d)} - 2 e^{i\omega t}]$$

故

$$-\omega^2 = \frac{k}{m}(e^{-ik_1 d} + e^{ik_1 d} - 2)$$

即

$$\omega^2 = \frac{2k}{m}(1 - \cos k_1 d)$$

已知 $\omega^2 \ll k/m$，故

$$\cos k_1 d \to 1, \quad k_1 d \to 0$$

$$1 - \cos k_1 d \approx \frac{1}{2}(k_1 d)^2$$

则

$$\omega^2 = \frac{k}{m}(k_1 d)^2$$

$$v = \frac{\omega}{k_1} = d\sqrt{\frac{k}{m}}$$

(2) 略.

练习 6-15 (1) 波在张紧的绳中传播，若绳的线密度为 η，绳中的张力为 F，试求绳中的波速，已知振幅远小于形变量.

(2) 两个不同的音叉在完全相同的两段长绳（绳中的张力也相同）上各自产生稳定的简谐波，振幅 $A_1 = 2A_2$（均远小于绳长），波长 $\lambda_1 = \lambda_2/2$. 设绳子除了与音叉交换能量外，不再与其他物体交换能量. 试求两音叉给予绳子的平均功率之比.

练习 6-15

6.6.3 惠更斯原理 波的反射和折射

1. 惠更斯原理

内容：t 时刻波前上每一点都可以看作是发出球面子波的新波源，这些子波在 $t+\Delta t$ 时刻的包络面就是整个波在 $t+\Delta t$ 时刻的波前.

图 6-33(a)所示为平面波，$\overline{AB}$ 为 t 时刻的波前，$\overline{A_1B_1}$ 为 $t+\Delta t$ 时刻的波前，仍为平面；球面波同理如图 6-33(b)所示.

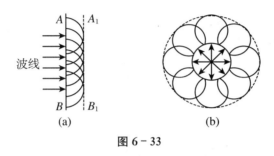

图 6-33

惠更斯原理可解释波动的传播方向，还可解释反射、折射、衍射、干涉现象. 它的缺陷是没有说明子波的强度分布问题，没有说明波为什么只能向前传播不能向后传播问题.

2. 波的反射

反射定律：入射波线、反射波线、法线在同一平面内，（反射波与入射波波速相同时）反射角等于入射角. 如图 6-34(a)所示，$i=i'$.

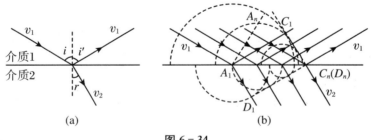

图 6-34

证明 如图 6-34(b)所示，设波从 $\overline{A_1A_n}$ 经反射传至 $\overline{C_1C_n}$ 用时 Δt，则

$$\overline{A_1C_1}=\overline{A_nC_n}=v_1\Delta t$$

又因为

$$\overline{A_1C_n}=\overline{C_nA_1}$$

所以

$$\text{Rt}\triangle A_1C_1C_n \cong \text{Rt}\triangle C_nA_nA_1$$

故
$$\angle C_n A_1 C_1 = \angle A_1 C_n A_n$$
从而证得反射角等于入射角.

> **练习 6-16** 平面波遇到两种介质的界面时发生反射,设入射波与反射波的振动方向相同.如果入射波是纵波,要使反射波是横波,设纵波在介质中的传播速度是横波传播速度的 $\sqrt{3}$ 倍.试问入射角应为多少?

3. 波的折射

折射定律:入射波线、折射波线、法线在同一平面内,入射角和折射角的关系如图 6-34(a)所示,为
$$\frac{\sin i}{\sin r} = \frac{v_1}{v_2} = n_{21}$$
其中 $n_{21} = v_1/v_2$ 称为介质 2 相对于介质 1 的相对折射率.

可知机械波由波速大的介质折射向波速小的介质时,折射波线偏近法线.

证明 如图 6-34(b)所示,设波从 $\overline{A_1 A_n}$ 经折射传至 $\overline{D_1 D_n}$ 用时 Δt,则
$$\overline{A_1 D_1} = v_2 \Delta t, \quad \overline{A_n D_n} = v_1 \Delta t$$
$$\cos(90° - i) = \sin i = \frac{\overline{A_n D_n}}{A_1 D_n} = \frac{v_1 \Delta t}{A_1 D_n}, \quad \cos(90° - r) = \sin r = \frac{\overline{A_1 D_1}}{A_1 D_n} = \frac{v_2 \Delta t}{A_1 D_n}$$
故
$$\frac{\sin i}{\sin r} = \frac{v_1}{v_2}$$

例 6-16 到了晚上,地面辐射降温使空气层中产生温度梯度,温度随高度递增,这导致声速 v 随高度 y 变化,假定变化规律为 $v = v_0(1 + a^2 y^2)$,式中 v_0 为地面($y = 0$ 处)的声速,a^2 为正的常数.今远方地面上某声源发出一束声波,发射方向与竖直成 θ 角.假定在声波传播范围内 $ay \ll 1$.试求该声波在空间传播的轨迹,并求地面上听得最清晰的地点与声源的距离 S.

解 如图 6-35 所示,将空气分成无数薄层,由折射定律得(在波线达到水平方向之前,即 $\theta_i < 90°$)
$$\frac{v_0}{v_1} = \frac{\sin \theta}{\sin \theta_1}, \quad \frac{v_1}{v_2} = \frac{\sin \theta_1}{\sin \theta_2}, \quad \cdots$$
则
$$\frac{v_0}{v_i} = \frac{\sin \theta}{\sin \theta_i}$$

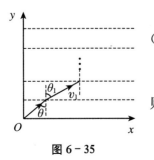

图 6-35

又已知
$$v_i = v_0(1 + a^2 y^2)$$
则
$$\sin\theta_i = \frac{v_i \sin\theta}{v_0} = (1 + a^2 y^2)\sin\theta$$
故
$$\frac{dy}{dx} = \cot\theta_i = \sqrt{\frac{1}{\sin^2\theta_i} - 1} = \frac{1}{\sin\theta}\sqrt{\frac{1}{(1+a^2y^2)^2} - \sin^2\theta}$$

因为 $ay \ll 1$,所以
$$\frac{dy}{dx} \approx \frac{1}{\sin\theta}\sqrt{1 - 2a^2y^2 - \sin^2\theta} = \frac{1}{\sin\theta}\sqrt{\cos^2\theta - 2a^2y^2}$$
$$= \cot\theta\sqrt{1 - \frac{2a^2}{\cos^2\theta}y^2}$$

即
$$\frac{\cos\theta}{\sqrt{2}a}\frac{d\left(\frac{\sqrt{2}a}{\cos\theta}y\right)}{\sqrt{1 - \left(\frac{\sqrt{2}a}{\cos\theta}y\right)^2}} = \cot\theta\, dx$$

两边积分得
$$\frac{\cos\theta}{\sqrt{2}a}\arcsin\frac{\sqrt{2}a}{\cos\theta}y = x\cot\theta$$

即
$$\frac{\sqrt{2}a}{\cos\theta}y = \sin\left(x\cot\theta\frac{\sqrt{2}a}{\cos\theta}\right) = \sin\frac{\sqrt{2}a}{\sin\theta}x$$

亦即
$$y = \frac{\cos\theta}{\sqrt{2}a}\sin\frac{\sqrt{2}a}{\sin\theta}x$$

为正弦曲线,当波线达到水平时向下偏折,轨迹与之前对称,故轨迹仍为此正弦曲线;地面听得最清晰的地点 $y = 0$,则
$$\frac{\sqrt{2}a}{\sin\theta}S = \pi$$
故
$$S = \frac{\pi\sin\theta}{\sqrt{2}a}$$

注 声速随温度升高而增大,由于声波的折射,夏日夜晚,传到地面的声波较多,听得较清楚;夏日白天,传到地面的声波较少,听闻不佳且有寂静区.

6.6.4 波叠加原理 衍射、干涉和驻波

1. 波叠加原理、波独立传播原理

波叠加原理：波相遇时叠加，相遇区域内任一点的振动为各列波单独存在时该点所引起的振动位移之和.

如图 6-36(a)所示，在弦线上有两个对称的正、负脉冲，沿相反方向行进.某一瞬时，两脉冲相遇，弦上质点位移全部为零.此后两脉冲是否消失？

如图 6-36(b)所示，此时刻叠加区各质点虽然位移为零，但速度不为零，故不会消失. O,A 间某点 C，正脉冲、负脉冲都使其向下振动，叠加后有向下的速度；O,B 间某点 D，正脉冲、负脉冲都使其向上振动，叠加后有向上的速度.即负脉冲继续向左前进，正脉冲继续向右前进.

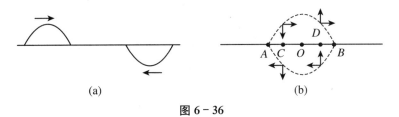

图 6-36

波独立传播原理：波相遇后仍保持各自原有的特征不变，按原来的方向继续前进，好像没有遇到过其他波一样.

例6-17 在拉紧的弦线上传播一个脉冲

$$y(x,t) = \frac{b^3}{b^2 + (ax+ut)^2}$$

其中 a,b,u 均为正的常量.试问：

(1) 此介质是色散介质吗？为什么？

(2) 此脉冲速率多大？方向如何？

(3) 弦线上 $x=0$ 处的质元在 $t=1\text{ s}$ 时的振动速度为多少？

解 (1) 任意波可看作简谐波的叠加，各简谐波 f(或 T)可不同，某一成分(f_i 或 T_i)的简谐波的状态 (x,t) 经 $\mathrm{d}t$ 传播至 $(x+v_i\mathrm{d}t, t+\mathrm{d}t)$，$y$ 应一致，即

$$y_i(x,t) = y_i(x+v_i\mathrm{d}t, t+\mathrm{d}t)$$

故

$$ax+ut = a(x+v_i\mathrm{d}t) + u(t+\mathrm{d}t)$$

则

$$v_i = -\frac{u}{a}$$

为定值,与 f(或 T)无关,故不是色散介质.

可知凡是传播函数可以写成 $y(x,t) = f(at + bx)$ 形式的介质均为非色散介质.

(2) 可知沿 x 负方向传播,速率为
$$|v| = \frac{u}{a}$$

(3)
$$\left.\frac{\partial y}{\partial t}\right|_{x=0} = \frac{\mathrm{d}y(0,t)}{\mathrm{d}t} = \frac{\mathrm{d}}{\mathrm{d}t}\left(\frac{b^3}{b^2 + u^2 t^2}\right) = -\frac{2b^3 u^2 t}{(b^2 + u^2 t^2)^2}$$

$t = 1$ s 时
$$\left.\frac{\mathrm{d}y(0,t)}{\mathrm{d}t}\right|_{t=1} = -\frac{2b^3 u^2}{(b^2 + u^2)^2}$$

2. 波的衍射

波在一种介质中传播,遇到有小孔的挡板时穿过小孔的那部分会朝各个方向散开,遇到障碍物时会绕行,这就是波的衍射现象.

发生明显衍射的条件是缝、孔、障碍物的尺寸小于或等于波长. 声波的波长一般较长,衍射现象明显;可见光的波长很短,衍射性不明显,直进性较好.

3. 波的干涉

由两个频率相同、振动方向相同、相位差恒定的波源发出的同种类的波叠加时,某些点振动始终加强,某些点振动始终减弱或完全相消,这种现象称为干涉现象. 这两个波称为相干波,相应的波源称为相干波源.

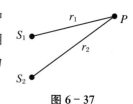

图 6-37

如图 6-37 所示,设波源 S_1, S_2 的振动方程分别为
$$y_1 = A_1 \cos(\omega t + \varphi_1), \quad y_2 = A_2 \cos(\omega t + \varphi_2)$$

传至 P 点叠加时
$$y = A_1 \cos\left(\omega t + \varphi_1 - \frac{2\pi}{\lambda} r_1\right) + A_2 \cos\left(\omega t + \varphi_2 - \frac{2\pi}{\lambda} r_2\right) = A\cos(\omega t + \varphi)$$

其中
$$A = \sqrt{A_1^2 + A_2^2 + 2A_1 A_2 \cos\left(\varphi_2 - \varphi_1 - 2\pi \cdot \frac{r_2 - r_1}{\lambda}\right)}$$

P 点两振动的相位差为
$$\Delta\varphi = \varphi_2 - \varphi_1 - \frac{2\pi}{\lambda}(r_2 - r_1)$$

当 $\Delta\varphi = 2k\pi$(k 为整数)时,振动相长,合振幅最大,为加强区,振幅为
$$A = A_1 + A_2$$

相位

当 $\Delta\varphi = (2k+1)\pi$($k$ 为整数)时,振动相消,合振幅最小,为减弱区,振幅为
$$A = |A_1 - A_2|$$
且当 $A_1 = A_2$ 时,振动完全消失.

当两波源初相相同或相反时,用波程差来计算加强区和减弱区也比较方便.

若两波源初相相同,即 $\varphi_1 = \varphi_2$,则波程差为
$$\delta = r_1 - r_2$$
当 $\delta = k\lambda$(k 为整数)时,为加强区,振幅为
$$A = A_1 + A_2$$
当 $\delta = (2k+1)\lambda/2$(k 为整数)时,为减弱区,振幅为
$$A = |A_1 - A_2|$$

若两波源初相相反,即 $\varphi_1 = \varphi_2 + (2k+1)\pi$($k$ 为整数),则:

当 $\delta = (2k+1)\lambda/2$(k 为整数)时,为加强区,振幅为
$$A = A_1 + A_2$$
当 $\delta = k\lambda$(k 为整数)时,为减弱区,振幅为
$$A = |A_1 - A_2|$$

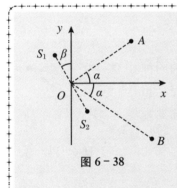

图 6-38

练习 6-17 图 6-38 所示的坐标系平面内有固定的 A,B 两点,与 O 点连线与 x 轴的夹角大小均为 α. 平面内关于 O 点对称放置两个频率相同、振动方向均垂直于此平面的波源 S_1 和 S_2. 已知波长为 λ,$\overline{OA},\overline{OB}$ 均远大于 $\overline{S_1S_2}$ 和波长. 若要使 A 处振动最强而 B 处振动最弱,试求 S_1 和 S_2 的最小距离、S_1OS_2 的方位 β 的值,以及 S_1 和 S_2 的相位差.

4. 波反射中的相位变化

对弹性机械波,质量密度与波速的乘积 ρv(称为特性阻抗)较大的介质称为波密介质,较小的介质称为波疏介质.(电磁波与机械波不同,对电磁波,光速大的介质称为光疏介质,光速小的介质称为光密介质,而与介质密度 ρ 无关.)

在垂直入射的情况下,波从波疏到波密介质(或弦线的固定端)分界面反射时,反射点振幅为零;若为简谐波,则在反射处反射波相比入射波相位突变 π,也称为半波损失. 波从波密介质到波疏介质(或自由端)反射时,反射点振幅最大;若为简谐波,则反射波与入射波相位相同,无半波损失.

如图 6-39 所示,可看作向右传播的入射波和向左传播的反射波在左侧区域叠加.

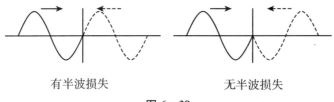

图 6-39

例 6-18 一根长为 100 多 cm 的均匀弦线沿水平的 x 轴放置,拉紧并使两端固定.现对距固定的右端 25 cm 处(取为原点 O)弦上的点施加一个沿垂直于弦线方向(即 y 轴方向)的扰动,其位移随时间的变化规律如图 6-40(a)所示.该扰动将沿弦线传播而形成波(孤立的脉冲波).已知弦线中波速为 2.5 cm/s,且波在传播和反射中无能量损失.试在图 6-40(b)中准确作出右端 25 cm 绳中 $t=2.5$ s 时,$t=10.5$ s 时,$t=12.5$ s 时的波形图.

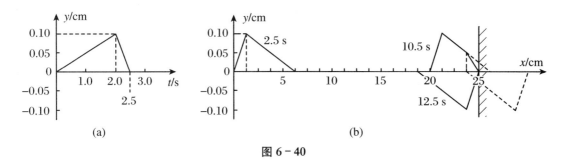

图 6-40

解 由图 6-40(a)知

$$y(0,t)=\begin{cases}0.05t\,(\text{cm}) & (0\leqslant t\leqslant 2\text{ s})\\ -0.2t+0.5\,(\text{cm}) & (2\text{ s}\leqslant t\leqslant 2.5\text{ s})\end{cases}$$

故孤立波未反射时方程为

$$y(x,t)=\begin{cases}0.05\left(t-\dfrac{x}{v}\right)(\text{cm}) & \left(0\leqslant t-\dfrac{x}{v}\leqslant 2\text{ s}\right)\\ -0.2\left(t-\dfrac{x}{v}\right)+0.5\,(\text{cm}) & \left(2\text{ s}\leqslant t-\dfrac{x}{v}\leqslant 2.5\text{ s}\right)\end{cases}$$

$t=2.5$ s 时

$$y(x,2.5)=\begin{cases}0.125-0.02x\,(\text{cm}) & (1.25\text{ cm}\leqslant x\leqslant 6.25\text{ cm})\\ 0.08x\,(\text{cm}) & (0\leqslant x\leqslant 1.25\text{ cm})\end{cases}$$

在图 6-40(b)中作出波形,之后这个波形向右传播.

$t=10.5$ s 时

$$x=vt=26.25\text{ cm}=(25+1.25)\text{ cm}$$

已有反射,入射波右端"传至"26.25 cm 处,反射波左端传至反射点左侧 1.25 cm 处,两者叠加;反射点位移为零,故反射波倒相传播;在图 6-40(b)中作出波形.

$t = 12.5 \text{ s}$ 时

$$x = vt = 31.25 \text{ cm} = (25 + 6.25) \text{ cm}$$

恰被完全反射,在图 6-40(b)中作出波形.

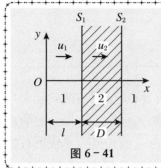

练习 6-18 如图 6-41 所示,一平面波在介质 1 中沿 x 正方向传播,波中某质点振动的表达式为 $y = A\cos \omega t$,在 x 轴上距原点 l 处有厚度为 D 的介质 2,在两种介质中波速分别为 u_1 和 u_2,介质 1 为波疏介质,介质 2 为波密介质,若使 S_1 面上反射波与 S_2 面上反射波在 1 区内叠加后的合振动振幅最大,介质 2 的厚度至少应为多大?

图 6-41

5. 驻波

驻波是一种特殊的干涉现象,两相干波振幅相同、传播方向相反时叠加形成驻波. 选取合适的坐标原点和计时起点,右行波、左行波分别为

$$y_1 = A\cos(\omega t - kx), \quad y_2 = A\cos(\omega t + kx), \quad k = \frac{2\pi}{\lambda}$$

则叠加时

$$y = y_1 + y_2 = (2A\cos kx)\cos \omega t = \left(2A\cos \frac{2\pi}{\lambda}x\right)\cos \omega t$$

这就是驻波方程.

$2A\cos(2\pi x/\lambda)$ 称为振幅因子,$\cos \omega t$ 称为简谐振动因子. 驻波波线上各质元均以同一频率简谐振动,但振幅随 x 周期性变化.

图 6-42 所示为不同时刻的波形图,所标数字相同的曲线为同一时刻的波形;驻波中振幅为零处称为波节,振幅最大处称为波腹;相邻的波节(或波腹)距离同为 $\lambda/2$,波节和相邻波腹距离为 $\lambda/4$;相邻的波腹振动相位差为 π,即相位相反. 波不再右行或左行,而是在原地上下"踏步",故称之为驻波.

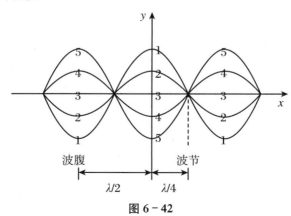

图 6-42

驻波的动能主要集中在波腹附近,势能主要集中在波节附近,能量在波腹和波节之间转移,没有能量的定向传递,与行波不同.当驻波各点均处于平衡位置附近时,势能为零,各点的速度大小均达到最大值,总能量等于动能,可以根据这个特点来计算驻波的能量.

例6-19 在弦线上传播的波,其表达式为

$$y = 3\cos\left[2\pi\left(\frac{t}{0.1} - \frac{x}{10}\right) - \frac{\pi}{2}\right]$$

在弦线上形成驻波且在 $x = 1$ m 处为波节.所给表达式中,x,y 均以 m 为单位,t 以 s 为单位.

(1) 写出应叠加的波的表达式;
(2) 写出形成的驻波的表达式;
(3) 若弦线的线密度为 1.0 g/cm,试求相邻两波节间的总能量.

解 (1) 设为

$$y' = 3\cos\left[2\pi\left(\frac{t}{0.1} + \frac{x}{10}\right) + \alpha\right]$$

$x = 1$ m 处为波节,则两波在此相位相反,即

$$2\pi\left(\frac{t}{0.1} + \frac{1}{10}\right) + \alpha - \left[2\pi\left(\frac{t}{0.1} - \frac{1}{10}\right) - \frac{\pi}{2}\right] = (2n+1)\pi$$

则

$$\alpha = \left(2n + \frac{1}{10}\right)\pi$$

取 $n = 0, \alpha = \pi/10$,则

$$y' = 3\cos\left[2\pi\left(\frac{t}{0.1} + \frac{x}{10}\right) + \frac{\pi}{10}\right]$$

(2) 驻波为

$$Y = y + y' = 6\cos\left(\frac{\pi}{5}x + \frac{\frac{\pi}{10} + \frac{\pi}{2}}{2}\right)\cos\left(20\pi t + \frac{\frac{\pi}{10} - \frac{\pi}{2}}{2}\right) = 6\cos\left(\frac{\pi}{5}x + \frac{3\pi}{10}\right)\cos\left(20\pi t - \frac{\pi}{5}\right)$$

(3) 弦上各点处于平衡位置时,势能为零,速度最大,总能量等于动能,x 处

$$v_{\max} = \left(\frac{\partial Y}{\partial t}\right)_{\max} = 120\pi\cos\left(\frac{\pi}{5}x + \frac{3\pi}{10}\right)$$

由题目 y 表达式知 $\lambda = 10$ m,取 $x = 1$ m 到 $x = 1 + \lambda/2 = 6$ m 两波节之间计算:

$$E = \int_1^6 \frac{1}{2}\eta \mathrm{d}x \cdot v_{\max}^2 = \frac{1}{2}\eta(120\pi)^2\int_1^6 \cos^2\left(\frac{\pi}{5}x + \frac{3\pi}{10}\right)\mathrm{d}x$$

$$= \frac{1}{2} \cdot \frac{1 \times 10^{-3}}{10^{-2}} \cdot (120\pi)^2 \cdot \frac{5}{2} = 1.78 \times 10^4 \text{(J)}$$

结合波反射中的相位变化可以知道:对简谐波,在垂直入射时,若波从波疏介质到波密介质(或弦线的固定端)分界面反射,反射点出现波节;若波从波密介质到波疏介质(或自由

端)反射,反射点出现波腹.

弦线中的驻波:弦线两端被固定时,端点只能是波节,即波在端点的反射有半波损失或 π 的相位突变.弦线长须满足

$$l = n \cdot \frac{\lambda}{2} \quad (n = 1, 2, 3, \cdots)$$

才能得到稳定的驻波,$n=1$ 时的频率称为基频,$n=2,3,\cdots$ 时的频率称为 n 次谐频.

若弦线竖直,下端自由不受约束,则下端(自由端)将是波腹.

气柱中的驻波:如图 6-43 所示,气柱上端为自由端,为波腹;下端与水界面反射有半波损失,为波节.气柱长度须满足

$$l = (2n-1)\frac{\lambda}{4} \quad (n = 1, 2, 3, \cdots)$$

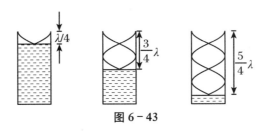

图 6-43

> **练习 6-19** 如图 6-44 所示,弦线一端固定在台上,用支柱支撑其 R 点和 S 点,另一端通过定滑轮吊一个 1.6 kg 的重物,弹拨弦的 RS 部分,使其振动,其间产生三个波腹的驻波.这时,如在弦线的附近使频率为 278 Hz 的音叉发音,则 5 s 内可听到 10 次拍音;换用频率稍大的音叉,则拍音频率减小.测得 $\overline{RS}=75.0$ cm,试求该驻波的波长、频率和弦线的线密度.g 取 10 m/s².
>
>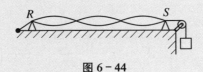
>
> 图 6-44

6.6.5 机械波的多普勒效应

由于波源或观察者的相对运动而导致观察者所接收到的频率与波源频率不一致的现象称为多普勒效应.机械波、电磁波都有多普勒效应,但又有所不同.本章研究机械波的多普勒效应,并且不考虑相对论效应.

先讨论波源 S、接收者 S' 的速度均沿两者连线的情况,再讨论波源 S 或接收者 S' 的速度不沿两者连线的情况.

1. 波源 S、接收者 S' 的速度均沿两者连线

如图 6-45 所示，在介质参考系中，取波源 S 到接收者 S' 的方向为正方向，波源 S 的速度为 v_S，发出波的频率为 f，接收者 S' 的速度为 $v_{S'}$，介质中波速为 u.

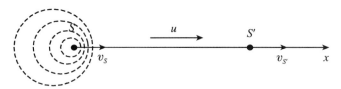

图 6-45

推导 S' 接收到的频率 f'：波源 S 发出的波由于 S 的运动，导致 S 右侧波长变为

$$\lambda' = uT - v_S T = \frac{u - v_S}{f}$$

为定值；波长在介质中以 u 向右运动，S' 以 $v_{S'}$ 向右运动，波长通过 S' 的时间即 S' 接收波的周期

$$T' = \frac{\lambda'}{u - v_{S'}}, \quad f' = \frac{1}{T'}$$

联立解得

$$f' = \frac{u - v_{S'}}{u - v_S} f$$

S' 能接收到波，需

$$u - v_{S'} > 0$$

这就是速度沿连线情况下的机械波多普勒效应公式.

多普勒效应

(1) 当两者相互靠近时，$v_S - v_{S'} > 0$（例如 $v_S > 0, v_{S'} < 0$），故 $u - v_{S'} > u - v_S > 0$，$f' > f$，接收频率大于波源发射频率；反之，接收频率小于波源发射频率.

(2) 机械波传播需要介质，涉及波源 S、介质、接收者 S' 三者，$v_S, v_{S'}$ 在公式里地位不对称，虽然都引起频移但具体缘由却不同. v_S 导致波长的伸长或缩短，$v_{S'}$ 导致波长通过接收者的速度改变.

(3) $u - v_{S'}$ 为波相对介质的速度减去接收者相对介质的速度，即为波相对接收者的速度（通过速度）；$u - v_S$ 为波相对介质的速度减去波源相对介质的速度，即为波相对波源的速度（压缩波长速度）. 而任意平动参考系中相对速度不变，故公式可任意选择介质参考系，或波源参考系，或接收者参考系，或直接代入相对速度. 例如在波源 S 参考系中

$$f' = \frac{(u - v_S) - (v_{S'} - v_S)}{(u - v_S) - 0} f = \frac{u - v_{S'}}{u - v_S} f$$

在接收者 S' 参考系中

$$f' = \frac{(u - v_{S'}) - 0}{(u - v_{S'}) - (v_S - v_{S'})} f = \frac{u - v_{S'}}{u - v_S} f$$

例6-20 蝙蝠朝着固定墙壁飞去,运动速率为空气中声速的 1/40.若蝙蝠发射的超声波频率为 39 kHz,试求蝙蝠接收到的墙壁反射波的频率.

解 解法 1:设声速为 v,蝙蝠速率为 $v' = v/40$,墙壁接收频率为

$$f_1 = \frac{v}{v - v'}f$$

蝙蝠接收到的墙壁反射波的频率为

$$f_2 = \frac{v + v'}{v}f_1 = \frac{v + v'}{v - v'}f = 41 \text{ kHz}$$

解法 2:由镜像法(蝙蝠接近墙壁时墙壁接收到的频率与墙壁另一侧的"像蝙蝠"从另一侧接近墙壁时墙壁接收到的频率相同),有

$$f' = \frac{v + v'}{v - v'}f = 41 \text{ kHz}$$

例 6-20 与练习 6-20

练习 6-20 固定在海底的超声波探测器发出的频率为 30000 Hz 的超声波被向着探测器驶来的潜艇反射回来,反射波与发出波合成后得到频率为 241 Hz 的拍.试求潜艇的速率.设超声波在海水中的波速为 1500 m/s,海水可近似认为是静止的.

2. 波源 S 或接收者 S' 的速度不沿两者连线

在介质参考系中,设波速为 u,波源 S 的速度为 v_S,发出波的频率为 f,接收者 S' 的速度为 $v_{S'}$,接收到波的频率为 f'.分三种情况讨论:

(1) 波源 S 静止,接收者 S' 运动,即 $v_S = 0, v_{S'} \neq 0$.

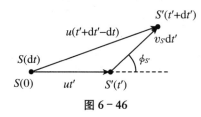

图 6-46

如图 6-46 所示,0 时刻 S 发出的振动于 t' 时刻到达 S',dt 时刻 S 发出的振动于 $t' + \mathrm{d}t'$ 时刻到达 S',有

$$ut' = u(t' + \mathrm{d}t' - \mathrm{d}t) - v_{S'}\mathrm{d}t' \cdot \cos \phi_{S'}$$

则

$$\mathrm{d}t' = \frac{u}{u - v_{S'}\cos \phi_{S'}}\mathrm{d}t$$

$\mathrm{d}t$ 内 S 发出的全振动的次数为

$$\mathrm{d}N = \mathrm{d}t \cdot f$$

$\mathrm{d}t'$ 内 S' 接收到这些全振动,故接收到的频率为

$$f' = \frac{\mathrm{d}N}{\mathrm{d}t'} = \frac{u - v_{S'}\cos \phi_{S'}}{u}f$$

即当接收者的速度 $v_{S'}$ 与 $\overline{SS'}$ 的夹角为 $\phi_{S'}$ 时,起作用的只有 $v_{S'}$ 沿两者连线的分速度.

(2) 波源 S 运动,接收者 S' 静止,即 $v_S \neq 0, v_{S'} = 0$.

如图 6-47 所示,0 时刻 S 发出的振动于 t' 时刻到达 S',dt 时刻 S 发出的振动于 $t'+$

$\mathrm{d}t'$ 时刻到达 S',有
$$ut' - v_S \mathrm{d}t \cdot \cos\phi_S = u(t' + \mathrm{d}t' - \mathrm{d}t)$$
则
$$\mathrm{d}t' = \frac{u - v_S \cos\phi_S}{u}\mathrm{d}t$$

$\mathrm{d}t$ 内 S 发出的全振动的次数为
$$\mathrm{d}N = \mathrm{d}t \cdot f$$

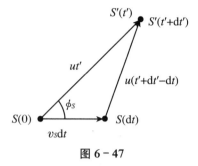

图 6-47

$\mathrm{d}t'$ 内 S' 接收到这些全振动,故接收到的频率为
$$f' = \frac{\mathrm{d}N}{\mathrm{d}t'} = \frac{u}{u - v_S \cos\phi_S}f$$

起作用的仍是速度沿两者连线的分量.

注意:上式并不是 v_S 与 $\overline{SS'}$ 连线为 ϕ_S 时刻接收到的频率,而是 v_S 与 $\overline{SS'}$ 连线为 ϕ_S 时刻发出的波在被接收到的时刻的接收频率.此时 S 已经前进了 $v_S t'$,夹角已不再是 ϕ_S,若设为 ϕ_{S2},可计算 ϕ_S 与 ϕ_{S2} 的关系,从而得到 v_S 与 $\overline{SS'}$ 连线为 ϕ_{S2} 时刻接收到的频率,读者可自行尝试,得到的表达式失去了简洁性.

其中若 $v_S \ll u$,则这段时间 S 前进的距离 $v_S t'$ 相对波传播的距离 ut' 可忽略,有 $\phi_{S2} \approx \phi_S$,则当 v_S 与 $\overline{SS'}$ 连线为 ϕ_{S2} 时刻接收到的频率为
$$f' \approx \frac{u}{u - v_S \cos\phi_{S2}}f, \quad v_S \ll u$$

若非此情况,则一般套用公式已不如直接推导接收频率方便.

(3)波源 S、接收者 S' 均运动,即 $v_S \neq 0, v_{S'} \neq 0$.

如图 6-48 所示,0 时刻 S 发出的振动于 t' 时刻到达 S',$\mathrm{d}t$ 时刻 S 发出的振动于 $t' + \mathrm{d}t'$ 时刻到达 S',有
$$ut' - v_S \mathrm{d}t \cdot \cos\phi_S = u(t' + \mathrm{d}t' - \mathrm{d}t) - v_{S'}\mathrm{d}t' \cdot \cos\phi_{S'}$$
则
$$\mathrm{d}t' = \frac{u - v_S \cos\phi_S}{u - v_{S'} \cos\phi_{S'}}\mathrm{d}t$$

$\mathrm{d}t$ 内 S 发出的全振动的次数为

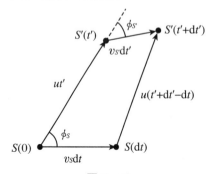

图 6-48

机械波

$$dN = dt \cdot f$$

dt'内 S' 接收到这些全振动,故接收到的频率为

$$f' = \frac{dN}{dt'} = \frac{u - v_{S'}\cos\phi_{S'}}{u - v_S\cos\phi_S}f$$

起作用的仍是速度沿两者连线的分量.

式中的角度为:S 发出、S' 接收的一束波 $\overline{S(0)S'(t')}$ 在发出时与 v_S 的夹角为 ϕ_S,在接收时与 $v_{S'}$ 的夹角为 $\phi_{S'}$.(1)和(2)两种情况都被包含在这种情况中.

若 $v_S \ll u$,则当 v_S,$v_{S'}$ 与 $\overline{SS'}$ 连线夹角为 ϕ_{S2},$\phi_{S'2}$ 时刻接收到的频率为

$$f' \approx \frac{u - v_{S'}\cos\phi_{S'2}}{u - v_S\cos\phi_{S2}}f, \quad v_S \ll u$$

若非此情况,则一般套用公式已不如直接推导接收频率方便.

例6-21 如图 6-49 所示,音叉 P 沿着半径为 $r = 8$ m 的圆以角速度 $\omega = 4$ rad/s 做匀速圆周运动.音叉发出频率为 $f = 500$ Hz 的声波,声波的速度为 $v = 330$ m/s.观察者 M 与圆周同面,与圆心 O 的距离为 $d = 2r$.试问观察到的最高、最低频率各为多少?观察到最高、最低频率时 θ 为多大?

解 当 $\overline{MP}$ 与圆相切时,从 P 发出的声波被 M 观察到时频率最高或最低,观察到时 P 又已经前进了一段弧长(不能忽略).观察到的最低频率设为 P 于 θ_1' 发出的:

$$\cos\theta_1' = \frac{r}{d} = \frac{1}{2}$$

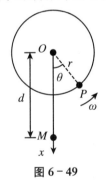

图 6-49

则

$$\theta_1' = \frac{\pi}{3} = 1.047 \text{ rad}$$

$$f_{\min} = \frac{v}{v + \omega r}f = 456 \text{ Hz}$$

从发出到接收,P 转过

$$\theta_1'' = \omega\frac{\sqrt{3}r}{v} = 0.168 \text{ rad}$$

故观察到最低频率时

$$\theta_1 = \theta_1' + \theta_1'' = 1.215 \text{ rad}$$

观察到的最高频率于

$$\theta_2' = -\frac{\pi}{3} = -1.047 \text{ rad}$$

发出,最高频率为

$$f_{\max} = \frac{v}{v - \omega r}f = 554 \text{ Hz}$$

从发出到接收同样 P 转过 θ_1'',故观察到最高频率时

$$\theta_2 = \theta_2' + \theta_1'' = -0.879 \text{ rad}$$

练习 6-21 血管中红细胞流速可视为血液流速 v,利用图 6-50 所示的多普勒流速计可测量 v 值.设流速计发出频率为 $\nu_0 = 1.0 \text{ MHz}$ 的超声波,由红细胞反射回的超声波束经接收装置测得的频率 ν 比 ν_0 增加 35.0 Hz. 已知超声波在人体中的传播速度 $u = 1.5 \times 10^3 \text{ m/s}$,图中的方向角 $\theta = 45°$,试求血液流速 v.

图 6-50

第 6 章习题

6-1 习图 6-1 所示的装置中杆 AB 和弹簧质量不计,平衡时 k_2 恰好竖直.试由图中标出的量求此系统做微小振动的周期.

6-2 如习图 6-2 所示,竖直平面内有一半径为 R 的固定圆柱面轨道,两个质量均为 m、半径均为 r 的均匀圆盘的轴心有光滑水平轻转轴,转轴与一根质量为 m、长为 $R-r$ 的均匀直杆连接.现将圆盘和杆系统推离平衡处一个小角度 θ_0 然后释放.因圆盘和轨道间的摩擦因数足够大,从而圆盘在轨道上做纯滚动.试求:

(1) 此小摆动的周期 T;

(2) 系统摆到 $\theta = 0$ 处时每个圆盘所受轨道的摩擦力大小 f 和支持力大小 N.

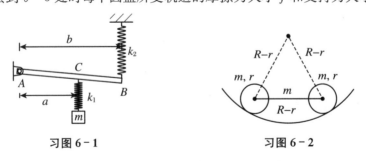

习图 6-1   习图 6-2

6-3 如习图 6-3 所示,以坐标原点 O 为悬挂点的"单摆"在 Oxy 的竖直平面内摆动,两边用旋轮线挡板 $x = a(\varphi - \sin\varphi)$,$y = a(1 - \cos\varphi)$ 对"单摆"给予限制,其中 φ 是产生旋轮线的滚动角.摆线不可伸长且质量可忽略,长度为 $4a$,摆锤大小可忽略.试证明摆锤的运

动是与摆幅大小无关的简谐运动,并求其运动周期.

6-4 如习图 6-4 所示,弹性系数为 k 的轻弹簧一端与固定点 A 相连,另一端系一质量为 m_1 的物块 1,物块 1 置于倾角为 θ 的光滑斜面上,并用轻绳经过一个定滑轮和一个动滑轮与固定点 B 相连.动滑轮下悬挂一质量为 m_2 的物块 2.初始时,系统保持静平衡.试求当物块 2 受到竖直方向扰动后弹簧的振动周期.设两滑轮质量可略,无阻力.

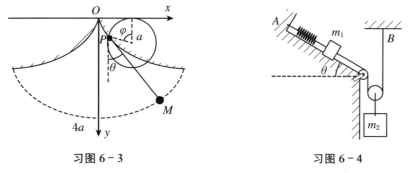

习图 6-3　　　　　　　　　　习图 6-4

习图 6-5

6-5 如习图 6-5 所示,小球 A 用弹性轻绳悬挂在箱子 B 顶部的中心,B 置于水平地面上.小球 A 的质量为 m,与箱子内壁的碰撞是弹性碰撞.箱子 B 的质量也为 m,内部高度为 $2a$,箱子与桌面的碰撞是完全非弹性碰撞.轻绳原长为 a,劲度系数为 $k = 9mg/(2a)$.现将小球 A 沿竖直方向拉到箱子最低处由静止释放,试计算小球之后的运动.

6-6 一块边长为 a 的正方形匀质薄板,质量为 M.以其一个角点为轴竖直悬挂,在自身重力下于自身平面内做小幅摆动.在板过转轴的对角线上什么位置(除转轴外)粘贴质量为 m 的质点,板的摆动周期不会发生变化?

6-7 在一根很轻的细皮筋上竖直悬挂一个小锤,使皮筋伸长了 $x_0 = 10$ cm.把小锤从平衡位置竖直方向挪开一小位移,试计算这个小锤竖直小振动的周期.假定皮筋作用在小锤上的力可用下式表示:

$$F = -k_1 x - k_2 x^3$$

此处 x 为皮筋的伸长量,$k_1 = 294$ N/m,$k_2 = 9800$ N/m^3.

6-8 如习图 6-6 所示,光滑水平面上有两根劲度系数均为 k 的相同轻弹簧,它们的一端连接在质量为 m 的小物块上,另外两个端点被固定在该水平面上,并恰好使两弹簧均处于原长状态且在同一条直线上.将小物块在该水平面上沿着垂直于弹簧初始直线方向拉开距离 A_0,然后释放,小球振动周期为 T_0.试求当拉开的距离为 A 时,小球的振动周期 T.弹簧的自然长度 $l_0 \gg A_0, A$.

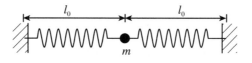

习图 6-6

6-9 如习图 6-7 所示,质量分别为 M,m,m 的三个小球 P,A_1,A_2 在光滑水平面上沿一直线静止放置,A_1,A_2 间有一轻弹簧连接,弹簧处于自然长度状态.设 P 沿 $\overline{A_1A_2}$ 直线对准 A_1 匀速运动,P,A_1 两球弹性碰撞后,接着观察到两者间发生一次相遇不相碰事件.试求 M/m(给出 3 位有效数字).

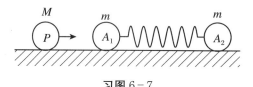

习图 6-7

6-10 质量分别为 $M=3.60$ kg 和 $m=1.80$ kg 的两物块 A,B 连接在原长 $l_0=0.300$ m、劲度系数 $k=24.0$ N/m 的弹性绳两端,并放置在水平桌面上,如习图 6-8 所示.已知两物块与桌面间的摩擦因数均为 $\mu=0.300$.现将两物块拉开至相距 $l=1.200$ m,由静止释放.试求:

习图 6-8

(1) 两物块相碰时各自的速度;
(2) 从释放到相碰所经历的时间.

6-11 弹性系数为 k、水平放置的轻弹簧一端固定在竖直墙上,另一端连接一质量为 m 的物体,物体与地面的滑动摩擦因数为 μ.将弹簧拉伸到伸长量为 l,$l>\mu mg/k$,给予物体向墙方向的速度 v_0,之后弹簧的最大伸长量恰为 l,试求 v_0.

6-12 水平桌面上质量分别为 M 和 m 的两物块由劲度系数为 k 的弹簧相连,物块与桌面间的摩擦因数均为 μ.初始弹簧处于原长,m 静止,M 以 $v_0=\sqrt{6Mmg^2\mu^2/[k(M+m)]}$ 的速度拉伸弹簧.试求当弹簧达最大拉伸时的伸长量.

6-13 旋转曲面的柱坐标方程为 $2a^3z=a^2\rho^2+\rho^4$,其中 a 是常数,z 轴竖直向上为正.一质点沿光滑曲面内壁做半径为 a 的水平圆周运动.试求:

(1) 质点圆周运动的速度大小;
(2) 如果质点受到沿曲面子午线方向的一个微小冲击,质点做微振动的周期.

6-14 空间有 A 和 B 两点,A 处有一做简谐振动的振源.当空间充有某种介质时,A 处的振动经过 0.5 s 传到 B 处,此后 A 和 B 两处的振动方向始终相反.当空间充有另一种介质时,A 处的振动经过 0.6 s 传到 B 处,此后 A 和 B 两处的振动方向始终相同.试求该振源做简谐振动的最小可能频率.

6-15 运动学方程为 $y_i=A\cos(\omega t-kx)$ 的入射波在弦线上沿 x 方向传播,弦线的质量线密度为 λ_m,弦线中张力为 T,在 $x=0$ 处有一质量为 m 的质点固定于弦线上,如习图 6-9 所示.为了计算反射波和透射波的运动学方程,将 $x=0$ 处的反射波和透射波分别记为

$$y_r=B\cos(\omega t+kx+\phi_r),\quad y_t=C\cos(\omega t-kx+\phi_t)$$

试求出 ϕ_r,ϕ_t 和 B,C 的表达式.

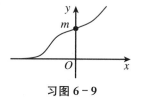

习图 6-9

6-16　在海洋中声速随深度、温度和含盐量变化,最小声速出现在海洋表面和海底之间,取声速最小处为坐标原点,向上为 z 轴正方向,声速随深度变化规律为 $v = v_0 + b|z|$,其中 b 为正的常量.今在 $z = 0$ 处放置一声源 S,从 S 发出的声波方向用初始发射角 θ_0(与 z 轴的夹角)表示,声速的不均匀将导致波射线的弯曲.试计算初始声波的轨迹方程,并定性画出其轨迹(不只初始阶段).

6-17　一弦线右端固定,取沿弦线向右为 x 轴正方向,弦线固定点左侧 20 cm 处为坐标原点 O.一脉冲波沿弦线以 $v = 20$ cm/s 的速度向右行进,引起 O 点一个沿垂直弦线方向(取为 y 轴)的振动,如习图 6-10 所示.

(1) 试画出 $t = 0.20$ s,1.05 s,1.15 s 时弦上的脉冲波形;

(2) 试画出弦上 $x = 19$ cm 的 P 点的位移与时间关系图.

6-18　如习图 6-11 所示,O 点处波源的振动方程为 $y = A\cos \omega t$,以波速 v 沿 x 轴向两边传播.BC 为波密介质的反射面,入射波在此被完全反射,BC 位于 $x = -d$ 处.若 $d = 5\lambda/4$(λ 为波长),试求 $x > -d$ 的各处波动的数学表达式.

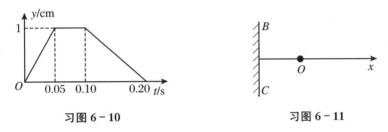

习图 6-10　　　　　　习图 6-11

6-19　两根相同的钢琴弦在保持相同的张力时有相同的基频.设基频为 600 Hz.试问当这两根弦同时振动时,使其中一根弦增加多大百分比的张力,每秒发生 6 个拍?

6-20　一频率为 1000 Hz 的声源以 $v_1 = 10$ m/s 的速度运动,沿与静止观察者连线方向远离观察者,若有速度为 $v_2 = 5$ m/s 的风朝声源移动的方向吹,试求观察者接收到的频率.已知声速为 $u = 340$ m/s.

6-21　(第22届全国中学生物理竞赛复赛)两辆汽车 A 和 B 在 $t = 0$ 时从十字路口 O 处分别以速度 v_A 和 v_B 沿水平的、相互正交的公路匀速前进,如习图 6-12 所示.设汽车 A 持续地以固定的频率 ν_0 鸣笛,求在任意时刻 t 汽车 B 的司机所检测到的笛声频率.已知空气中声速为 u,且 $u > v_A, v_B$.

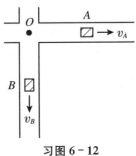

习图 6-12

第6章练习详解及习题答案

练习 6-1 解法 1:设 M 的速度为 V,m 相对 M 的速度为 u,则
$$u = l\dot{\theta}$$
水平动量守恒:
$$(M+m)V - mu\cos\theta = 0$$
则
$$V = \frac{ml\cos\theta}{M+m}\dot{\theta}$$
机械能守恒:
$$E = \frac{1}{2}MV^2 + \frac{1}{2}m[(u\cos\theta - V)^2 + (u\sin\theta)^2] - mgl\cos\theta$$
$$= \frac{1}{2}ml^2\dot{\theta}^2\left(\frac{M\cos^2\theta}{M+m} + \sin^2\theta\right) - mgl\cos\theta$$
保留到二阶小量,即动能系数展开到零阶,势能展开到二阶,化为
$$E \approx \frac{1}{2}ml^2\dot{\theta}^2\frac{M}{M+m} + \frac{1}{2}mgl\theta^2 - mgl$$
故周期为
$$T = 2\pi\sqrt{\frac{ml^2\frac{M}{M+m}}{mgl}} = 2\pi\sqrt{\frac{Ml}{(M+m)g}}$$

解法 2:M 运动,有
$$T\sin\theta = -M\ddot{X}$$
$\sin\theta$ 保留到一阶,绳拉力只需保留到零阶,有
$$\sin\theta = \frac{X+x}{l}, \quad T \approx mg$$
系统质心水平静止,m 近似直线运动,有
$$MX = mx$$
联立整理得
$$\ddot{X} + \frac{g(M+m)}{Ml}X = 0$$
故周期为
$$T = 2\pi\sqrt{\frac{Ml}{(M+m)g}}$$

或研究 m 的运动,得到同样的结果;也可研究在 M 平动系中 m 的运动.

练习 6-2 解法 1:(1) 设 $\angle AOP = \angle BOP = \varphi$,选平衡位置为零势面,如答图 6-1 所示,摆过小角 θ 时

$$E_k = 2 \times \frac{1}{2} mv^2 = m\left(2R\sin\frac{\varphi}{2} \cdot \dot{\theta}\right)^2$$

$$E_p = 2mgR(1-\cos\varphi)(1-\cos\theta) \approx mgR(1-\cos\varphi)\theta^2$$

由机械能守恒得

$$E = E_k + E_p$$

故简谐运动,周期为

$$T = 2\pi\sqrt{\frac{8mR^2\sin^2\frac{\varphi}{2}}{2mgR(1-\cos\varphi)}} = 2\pi\sqrt{\frac{2R}{g}}$$

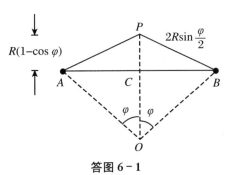

答图 6-1

(2) 设 $\overline{PO}$ 与 $\overline{A_1B_1}$ 的夹角为 φ,摆过小角 θ 时

$$E_k = \frac{1}{2}m\left(2R\cos\frac{\varphi}{2} \cdot \dot{\theta}\right)^2 + \frac{1}{2}m\left(2R\sin\frac{\varphi}{2} \cdot \dot{\theta}\right) = \frac{1}{2}(4mR^2)\dot{\theta}^2$$

或替换为柯尼西定理

$$E_k = \frac{1}{2} \cdot 2m(R\dot{\theta})^2 + \frac{1}{2} \cdot 2mR^2\dot{\theta}^2 = \frac{1}{2}(4mR^2)\dot{\theta}^2$$

$$E_p = 2mgR(1-\cos\theta) \approx \frac{1}{2}(2mgR)\theta^2$$

由机械能守恒得

$$E = E_k + E_p$$

故简谐运动,周期为

$$T = 2\pi\sqrt{\frac{4mR^2}{2mgR}} = 2\pi\sqrt{\frac{2R}{g}}$$

解法 2:力矩法. 设角度同解法 1.

(1) 由题意得

$$M \approx -2mgR(1-\cos\varphi) \cdot \theta = -4mgR\sin^2\frac{\varphi}{2} \cdot \theta$$

$$I = 2m\left(2R\sin\frac{\varphi}{2}\right)^2 = 8mR^2\sin^2\frac{\varphi}{2}$$

故简谐运动,周期为

$$T = 2\pi\sqrt{\frac{8mR^2\sin^2\frac{\varphi}{2}}{4mgR\sin^2\frac{\varphi}{2}}} = 2\pi\sqrt{\frac{2R}{g}}$$

(2) 由题意得

$$M \approx -2mgR \cdot \theta$$
$$I = m(\overline{A_1P}^2 + \overline{B_1P}^2) = m(2R)^2 = 4mR^2$$

故

$$T = 2\pi\sqrt{\frac{4mR^2}{2mgR}} = 2\pi\sqrt{\frac{2R}{g}}$$

练习 6-3 求弹簧振动周期,所列式应对应圆柱体的运动学量. 对 M 有

$$Mg + 2F - kx = Ma \qquad ☆$$

以 M 为参考系,设 m_1 的加速度为 a' 向下,则 m_2 的加速度为 a' 向上,有

$$m_1 g - F - m_1 a = m_1 a', \quad m_2 a + F - m_2 g = m_2 a'$$

约去 a' 解得

$$F = \frac{2m_1 m_2}{m_1 + m_2}(g - a)$$

代入☆式,整理得

$$a + \frac{k(m_1 + m_2)}{M(m_1 + m_2) + 4m_1 m_2}\left[x - \frac{Mg + \frac{4m_1 m_2}{m_1 + m_2}g}{k}\right] = 0$$

故圆柱体简谐运动,周期为

$$T = 2\pi\sqrt{\frac{M(m_1 + m_2) + 4m_1 m_2}{k(m_1 + m_2)}}$$

练习 6-4 解法 1:等效为单摆,如答图 6-2 所示,等效摆长为

$$l_{等} = \frac{\sqrt{3}}{2}a$$

等效重力加速度为

$$g_{等} = g\cos\varphi$$

故周期为

$$T = 2\pi\sqrt{\frac{l_{等}}{g_{等}}} = 2\pi\sqrt{\frac{\sqrt{3}a}{2g\cos\varphi}}$$

解法 2:对 AB 轴有

$$M = m\left(\frac{\sqrt{3}}{2}a\right)^2 \ddot{\theta} = -mg\cos\varphi \cdot \frac{\sqrt{3}}{2}a\theta$$

故周期为

$$T = 2\pi \sqrt{\frac{m\left(\frac{\sqrt{3}}{2}a\right)^2}{mg\cos\varphi \frac{\sqrt{3}}{2}a}} = 2\pi\sqrt{\frac{\sqrt{3}a}{2g\cos\varphi}}$$

练习 6-5 （1）作参考圆，如答图 6-3 所示，则

$$\cos\theta = \frac{x}{A} = \frac{6}{10} = 0.6$$

$$v = \omega A\sin\theta \implies 24 = \omega 10 \times 0.8 \implies \omega = 3 \text{ rad/s}$$

所以

$$T = \frac{2\pi}{\omega} = \frac{2\pi}{3} \text{ s}$$

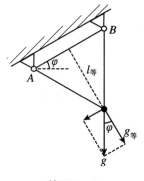
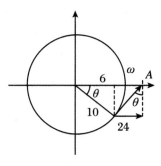

答图 6-2　　　　　　答图 6-3

（2）同理

$$12 = 3 \times 10\sin\theta' \implies \sin\theta' = 0.4$$

故

$$x = \pm A\cos\theta' = \pm 2\sqrt{21} \text{ cm}$$

（3）末端时刚要滑动，则

$$a_{\max} = \omega^2 A = \mu g$$

故

$$\mu = 0.09$$

练习 6-6 木棍质量

$$m = \frac{1}{2}(\rho_1 + \rho_2)SL$$

（1）从开始到分界面有

$$mg - \rho_1 gLS = ma_1 \implies a_1 = \frac{\rho_2 - \rho_1}{\rho_2 + \rho_1}g$$

$$\frac{3}{4}L = \frac{1}{2}at_1^2$$

则
$$t_1 = \sqrt{\frac{3(\rho_2 + \rho_1)L}{2(\rho_2 - \rho_1)g}}$$

到界面时
$$v_0 = a_1 t_1$$

(2) 木棍经过两液面界面过程,取分界面为原点,向上为正方向,则
$$ma = -mg + \left[\rho_1\left(\frac{L}{2}+z\right) + \rho_2\left(\frac{L}{2}-z\right)\right]gS = -(\rho_2 - \rho_1)Sgz$$

故简谐运动,平衡位置位于 $z = 0$,则
$$k = (\rho_2 - \rho_1)Sg, \quad \omega = \sqrt{\frac{k}{m}} = \sqrt{\frac{2(\rho_2 - \rho_1)g}{(\rho_2 + \rho_1)L}}$$
$$\frac{1}{2}mv_0^2 + \frac{1}{2}k\left(\frac{L}{2}\right)^2 = \frac{1}{2}kA^2$$

故
$$A = L$$

如答图 6-4 所示,有
$$\sin\theta = \frac{L/2}{A} = \frac{1}{2} \quad \Rightarrow \quad \theta = \frac{\pi}{6}$$

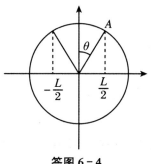

答图 6-4

故
$$t_2 = \frac{2\theta}{\omega} = \frac{\pi}{3}\sqrt{\frac{(\rho_2 + \rho_1)L}{2(\rho_2 - \rho_1)g}}$$

(3) 刚全部进入下部液体时,速度为 v_0,在下部液体中
$$ma_3 = \rho_2 LSg - mg$$

则
$$a_3 = \frac{\rho_2 - \rho_1}{\rho_2 + \rho_1}g = a_1, \quad t_3 = t_1$$

故所求总时间为
$$t = t_1 + t_2 + t_3 = \frac{6\sqrt{6} + \sqrt{2}\pi}{6}\sqrt{\frac{(\rho_2 + \rho_1)L}{(\rho_2 - \rho_1)g}}$$

练习 6-7 (1) $a \geqslant g$ 时,物体直接做简谐运动,则
$$mg = kA, \quad L = 2A = \frac{2mg}{k}$$

(2) $a < g$ 时,物体先以 a 做匀加速运动再做简谐运动.匀加速运动结束时与板恰好分开,与板间恰无弹力作用,恰分开时伸长 x,则
$$mg - kx = ma$$

故

$$x = \frac{m(g-a)}{k}$$

此时

$$v^2 = 2ax = \frac{2ma(g-a)}{k}$$

之后简谐运动，平衡处伸长 x_0：

$$x_0 = \frac{mg}{k}$$

由机械能守恒得

$$\frac{1}{2}mv^2 + \frac{1}{2}k(x_0 - x)^2 = \frac{1}{2}kA'^2$$

则

$$A' = \frac{m}{k}\sqrt{a(2g-a)}$$

故最大伸长

$$L = A' + x_0 = \frac{mg}{k}\left[1 + \sqrt{\frac{a}{g}\left(2 - \frac{a}{g}\right)}\right]$$

即

$$\frac{\left(L - \frac{mg}{k}\right)^2}{\left(\frac{mg}{k}\right)^2} + \frac{(a-g)^2}{g^2} = 1, \quad 0 \leqslant a < g, \quad L \geqslant x_0$$

作出图像如答图 6-5 所示.

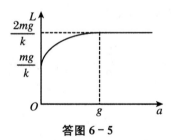

答图 6-5

练习 6-8 恒力作用时

$$ma = -kx + F = -k\left(x - \frac{F}{m}\right)$$

简谐运动，周期

$$T = 2\pi\sqrt{\frac{m}{k}}$$

每周期回到原长处且速度为零，故作用时间为周期整数倍时，撤去 F 后物体静止，即

$$t = nT = 2n\pi\sqrt{\frac{m}{k}} \quad (k = 1, 2, 3, \cdots)$$

练习 6-9 (1) 设 $m_P = m$, 则 $m_Q = 2.5m$, 弹簧原长时分离, 有
$$\frac{1}{2}kL_0^2 = \frac{1}{2}(m+2.5m)v^2$$
则
$$v = \sqrt{\frac{2k}{7m}}L_0$$
然后 P 简谐运动, 则
$$T = 2\pi\sqrt{\frac{m}{k}}$$
Q 匀速直线运动, 撞墙后原速返回, 在 P 一个周期时与 P 在弹簧原长处第一次相撞, 有
$$t = \frac{2L}{v} = 2L\sqrt{\frac{7m}{2k}}\frac{1}{L_0}, \quad T = t$$
故
$$L_0 = \frac{L}{\pi}\sqrt{\frac{7}{2}} \approx 2.015 \text{ cm}$$

(2) 第一次碰撞, 取向左为正方向, 有
$$-mv + 2.5mv = mv_P + 2.5mv_Q, \quad 2v = v_P - v_Q$$
解得
$$v_P = \frac{13}{7}v, \quad v_Q = -\frac{1}{7}v$$
之后 P 简谐运动, 振幅设为 A, 则
$$\frac{1}{2}kA^2 = \frac{1}{2}mv_P^2$$
故
$$A = 2 \text{ cm}$$
以第一次碰撞为计时起点, 向左为正方向, 有
$$x_P = A\sin\sqrt{\frac{k}{m}}t = 2\sin\sqrt{\frac{k}{m}}t$$
Q 向右运动阶段有
$$x_Q = v_Q t = -\frac{2}{13}\sqrt{\frac{k}{m}}t, \quad \sqrt{\frac{k}{m}}t < \sqrt{\frac{k}{m}}\frac{L}{|v_Q|} = 7\pi$$
相碰时
$$x_P = x_Q$$
作出两者图像, 如答图 6-6 所示, 在 Q 向右运动阶段已经碰撞, 两图像第一个交点对应时刻即为所求, 用计算器解得
$$\sqrt{\frac{k}{m}}t \approx 3.41$$

则
$$x \approx -0.52 \text{ cm}$$
即在第一次分离点右侧 0.52 cm 处.

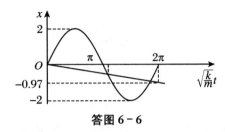

答图 6-6

练习 6-10 向左运动时
$$F_{合} = -kx - \mu mg = -20(x - 0.2)$$
平衡位置位于
$$x = 0.2 \text{ m}$$
取 $a = 0.2$ m,撞击后原速反弹向右运动,可等效为无撞击向左运动,故从 x_i 处由静止向左经第 i 次撞击后向右运动至 x_{i+1} 处,可等效为无撞击向左运动至 $-x_{i+1}$ 处,每个周期
$$x_i - a = a - (-x_{i+1})$$
则
$$x_{i+1} = x_i - 2a$$
即每个周期最右处左移 $2a$,且每个周期
$$T = \frac{1}{2} T_0 = \pi \sqrt{\frac{m}{k}}$$
由于
$$\frac{x_1}{2a} = \frac{1.1}{0.4} = 2.75$$
故经历了两个周期,撞击了两次,到达
$$x_3 = x_1 - 2 \times 2a = 0.3 \text{ m} > a$$
之后向左运动,不再撞击,停止于 x 处,用时也为 T,有
$$x_3 - a = a - x$$
则
$$x = 0.1 \text{ m}$$
故共经历时间
$$t = 3T = 3\pi \sqrt{\frac{m}{k}} = 2.1 \text{ s}$$
克服摩擦力做功
$$W_f = \int_{x_1}^{x} F \text{d}x = \int_{1.1}^{0.1} (-20x) \text{d}x = 12 \text{ J}$$

练习 6-11 进入过程中

$$ma = -\mu g \frac{m}{l} x \qquad ☆$$

故简谐运动；设雪橇长度为 l，第一种情况

$$A_1 = \frac{l}{2}, \quad t_1 = \frac{\pi/2}{\omega} = \frac{\pi}{2\omega}, \quad \frac{1}{2}mv_0^2 = \frac{1}{2}kA_1^2$$

其中

$$k = \frac{\mu mg}{l}, \quad \omega = \sqrt{\frac{k}{m}}$$

第二种情况不会完全进入（摩擦力更大，滑行距离更小），仍符合☆式，仍为简谐运动，且平衡位置也与第一种相同，有

$$\frac{1}{2}kA_1^2 + \frac{1}{2}mv_0^2 = \frac{1}{2}kA_2^2$$

则

$$A_2 = \sqrt{2}A_1$$

如答图 6-7 所示，有

$$\cos\theta = \frac{A_1}{A_2} = \frac{\sqrt{2}}{2}$$

则

$$\theta = \frac{\pi}{4}$$

于是

$$t_2 = \frac{\theta}{\omega} = \frac{\pi}{4\omega}$$

答图 6-7

故所求分别为

$$\frac{t_1}{t_2} = \frac{2}{1}, \quad \frac{x_1}{x_2} = \frac{A_1}{A_2 - \frac{l}{2}} = \frac{1}{\sqrt{2}-1}$$

练习 6-12 两圆柱均有滑动摩擦力时，板平衡位置为质心在两轴中点上方，以此为原点，向右为正方向建立坐标系，质心偏移 x 时，如答图 6-8 所示，有

$$N_1 + N_2 = mg, \quad N_1\left(\frac{L}{2}+x\right) = N_2\left(\frac{L}{2}-x\right)$$

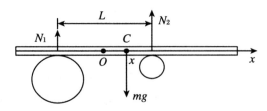

答图 6-8

则
$$N_1 = \frac{\frac{L}{2} - x}{L} mg, \quad N_2 = \frac{\frac{L}{2} + x}{L} mg$$

此时两圆柱处最大静摩擦力分别为
$$f_{1\max} = \mu N_1 = \left(\frac{1}{2} - \frac{x}{L}\right)\mu mg, \quad f_{2\max} = \mu N_2 = \left(\frac{1}{2} + \frac{x}{L}\right)\mu mg$$

(1) 初始，均为滑动摩擦力，则
$$F_1 = f_{1\max} - f_{2\max} = -\frac{2\mu mg}{L} x \qquad ☆$$

故简谐运动，且
$$\omega_1 = \sqrt{\frac{2\mu mg}{Lm}} = \sqrt{\frac{2\mu g}{L}} = 0.5 \text{ s}^{-1}, \quad A_1 = \frac{L}{2} = 2 \text{ m}$$

比较简谐运动最大速度与小圆柱边缘速度
$$v_{\max} = \omega_1 A_1 = 1 \text{ m/s} > \omega r = 0.5 \text{ m/s}$$

故向左运动中未能达到 $v_{\max}$ 即与小圆柱达到共同速度，简谐运动结束时
$$v_1 = -\omega_1 A_1 \sin \omega_1 t = -0.5 \text{ m/s}$$

则
$$t_1 = 1.05 \text{ s}$$

向左的简谐运动为
$$x = A_1 \cos \omega_1 t = 2\cos 0.5t \text{ (m)}, \quad 0 \leqslant t \leqslant 1.05 \text{ s}$$

(2) 之后左圆柱处为滑动摩擦力，右圆柱处为静摩擦力，板以 $v_1 = -0.5$ m/s 向左匀速直线运动
$$x = A_1 \cos \omega_1 t_1 + v_1(t - t_1) = -0.5t + 2.255 \text{ (m)}$$

直至
$$f_{2\max} = f_{1\max}$$

即
$$x = 0$$

设此时刻为 t_2，故
$$0 = -0.5 t_2 + 2.255$$

则
$$t_2 = 4.51 \text{ s}$$

故向左的匀速直线运动为
$$x = A_1 \cos \omega_1 t_1 + v_1(t - t_1) = -0.5t + 2.255 \text{ (m)}, \quad 1.05 \text{ s} < t \leqslant 4.51 \text{ s}$$

(3) 之后 $f_{1\max} > f_{2\max}$，向左减速运动，均为滑动摩擦力，与☆式相同，为简谐运动，且平衡处的最大速度

$$v'_{\max} = |v_1| = \omega r$$

由于 $R > r$，之后不会再受静摩擦力，☆式总成立，即之后的运动一直为简谐运动

$$v'_{\max} = \omega_1 A_2$$

则

$$A_2 = 1 \text{ m}$$

故之后的简谐运动为

$$x = -A_2 \sin \omega(t - t_2) = -\sin[0.5(t - 4.51)], \quad t > 4.51 \text{ s}$$

练习 6-13 （1）原圆周运动

$$k(R - r_0) = m\frac{u^2}{R}$$

则

$$u^2 = \frac{kR(R - r_0)}{m}$$

冲击前、后角动量守恒：

$$Rmu = mr^2 \dot{\varphi}$$

冲击后机械能守恒：

$$E = \frac{1}{2} m(\dot{r}^2 + r^2 \dot{\varphi}^2) + \frac{1}{2} k(r - r_0)^2 = \frac{1}{2} m \dot{r}^2 + \frac{1}{2} k \left[\frac{R^3(R - r_0)}{r^2} + (r - r_0)^2 \right]$$

令

$$E = \frac{1}{2} m \dot{r}^2 + V_{\text{eff}}(r)$$

平衡位置为

$$\frac{dV_{\text{eff}}(r)}{dr} = 0$$

故

$$-\frac{2R^3(R - r_0)}{r^3} + 2(r - r_0) = 0$$

即

$$R^3(R - r_0) = r^3(r - r_0)$$

微小冲击可知平衡位置应在 $r = R$ 附近，结合上式可知平衡位置在

$$r = R$$

（也可将有效势能在 R 附近展开，根据展开结果判断平衡位置.）有

$$V'_{\text{eff}}(R) = 0, \quad V''_{\text{eff}}(R) = \frac{1}{2} k \left[R^3(R - r_0) \frac{6}{R^4} + 2 \right] = k\left(4 - \frac{3r_0}{R}\right)$$

故

$$E \approx \frac{1}{2} m \dot{r}^2 + V_{\text{eff}}(R) + 0 + \frac{1}{2} V''_{\text{eff}}(R) \cdot (r - R)^2$$

径向微振动的角频率为

$$\omega = \sqrt{\frac{V''_{\text{eff}}(R)}{m}} = \sqrt{\frac{k}{m}\left(4 - \frac{3r_0}{R}\right)}$$

（2）若切向微小冲击后速度为 $u + \Delta u$，则

$$Rm(u + \Delta u) = mr^2 \dot{\varphi}$$

$$E = \frac{1}{2}m(\dot{r}^2 + r^2\dot{\varphi}^2) + \frac{1}{2}k(r - r_0)^2 = \frac{1}{2}m\dot{r}^2 + \frac{mR^2(u + \Delta u)^2}{2r^2} + \frac{1}{2}k(r - r_0)^2$$

令

$$E = \frac{1}{2}m\dot{r}^2 + V_{\text{eff}}(r)$$

将 $V_{\text{eff}}(r)$ 在 R 附近泰勒展开，保留至二阶小量，二阶小量系数保留至零阶，且不关心其一阶小量系数的值(可用一阶、二阶小量系数来确定平衡位置，不再是 R 处，与 Δu 有关)，则

$$V''_{\text{eff}}(R) = \frac{3m(u + \Delta u)^2}{R^2} + k \approx \frac{3mu^2}{R^2} + k = k\left(4 - \frac{3r_0}{R}\right) > 0$$

则

$$E = \frac{1}{2}m\dot{r}^2 + V_{\text{eff}}(R) + V'_{\text{eff}}(R) \cdot (r - R) + \frac{1}{2}V''_{\text{eff}}(R) \cdot (r - R)^2$$

故微振动角频率为

$$\omega = \sqrt{\frac{V''_{\text{eff}}(R)}{m}} = \sqrt{\frac{k}{m}\left(4 - \frac{3r_0}{R}\right)}$$

读者可自行尝试动力学解法．

练习 6-14 （1）频率为

$$f = \frac{\omega}{2\pi} = \frac{3\pi}{2\pi} = 1.5 \text{ Hz}$$

设波的方程为

$$y = 0.2\sin\left[3\pi\left(t - \frac{x}{v}\right)\right]$$

则 x_2 处质元

$$-3\pi \cdot \frac{1}{v} = \frac{\pi}{8} - 2n\pi \quad (n = 1, 2, 3, \cdots)$$

解得波速

$$v = \frac{24}{16n - 1} \text{ m/s} \quad (n = 1, 2, 3, \cdots)$$

波长为

$$\lambda = \frac{v}{f} = \frac{16}{16n - 1} \text{ m} \quad (n = 1, 2, 3, \cdots)$$

（2）质元速率沿 y 方向，则

$$v_1 = \frac{dy_1}{dt} = 0.6\pi\cos 3\pi t, \quad v_2 = \frac{dy_2}{dt} = 0.6\pi\cos\left(3\pi t + \frac{\pi}{8}\right)$$

相对速度

$$\Delta v = v_2 - v_1 = 0.6\pi \times 2\sin\left(3\pi t + \frac{\pi}{16}\right)\sin\frac{\pi}{16}$$

故最大值为

$$\Delta v_{\max} = 1.2\pi\sin\frac{\pi}{16} \text{ m/s}$$

练习 6-15 解法 1:(1) 设波速为 v,向右传播,取以 v 向右运动的参考系,则波峰微元的速度为向左的 v,如答图 6-9 所示,则

$$F\mathrm{d}\theta = \eta\rho \cdot \mathrm{d}\theta \cdot \frac{v^2}{\rho}$$

故

$$v = \sqrt{\frac{F}{\eta}}$$

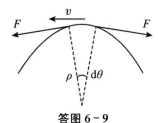

答图 6-9

(2) 完全相同的长绳,η, F 相同,故波速 v 相同,波的平均能量线密度为

$$\frac{\mathrm{d}E}{\mathrm{d}l} = \frac{1}{2}\eta\omega^2 A^2$$

单位时间内流过绳截面的能量平均值,即平均功率为

$$P = \frac{\mathrm{d}E}{\mathrm{d}l}v = \frac{1}{2}\eta\omega^2 A^2 v = \frac{1}{2}\eta\left(\frac{2\pi v}{\lambda}\right)^2 A^2 v = 2\pi^2\eta v^3\left(\frac{A}{\lambda}\right)^2$$

故平均功率之比为

$$\frac{P_1}{P_2} = \left(\frac{A_1}{A_2}\right)^2\left(\frac{\lambda_2}{\lambda_1}\right)^2 = 16$$

解法 2:(1) 设波方程为

$$y = A\cos\left[\omega\left(t - \frac{x}{v}\right) + \varphi\right]$$

取 x 处 $\mathrm{d}x$ 段绳元,绳元质量为

$$\mathrm{d}m = \eta\mathrm{d}x$$

t 时刻其 y 方向的加速度为

$$\frac{\partial^2 y}{\partial t^2} = -\omega^2 A\cos\left[\omega\left(t - \frac{x}{v}\right) + \varphi\right]$$

设 t 时刻绳元两端切线与 x 方向的夹角分别为 $\theta, \theta + \mathrm{d}\theta$,振幅远小于绳长,故 $\theta \to 0, \theta + \mathrm{d}\theta \to 0$(绳元 x 方向近似平衡,即各质点仅在 y 方向振动,而不随波沿 x 方向运动;另外,振幅远小于形变量,则绳中各处张力近似均仍等于 F),则

$$\theta \approx \tan\theta = \frac{\partial y}{\partial x} = \frac{\omega}{v}A\sin\left[\omega\left(t - \frac{x}{v}\right) + \varphi\right]$$

对绳元 y 方向列动力学方程,只需保留到一阶小量,有

$$\frac{\partial^2 y}{\partial t^2}\cdot \mathrm{d}m = F\sin(\theta + \mathrm{d}\theta) - F\sin\theta \approx F(\theta + \mathrm{d}\theta - \theta) = F\mathrm{d}\theta \qquad \bigcirc$$

其中

$$\mathrm{d}\theta = -\frac{\omega^2}{v^2}A\cos\left[\omega\left(t - \frac{x}{v}\right) + \varphi\right]\mathrm{d}x \qquad \diamondsuit$$

△,☆,○,◇四式联立,整理得

$$\eta = \frac{F}{v^2}$$

故

$$v = \sqrt{\frac{F}{\eta}}$$

(2) 完全相同的长绳, η, F 相同,故波速 v 相同. t 时刻 x 处 $\mathrm{d}x$ 绳元伸长为

$$\Delta l = \frac{\mathrm{d}x}{\cos\theta} - \mathrm{d}x \approx \frac{\theta^2}{2}\mathrm{d}x = \frac{1}{2}\frac{\omega^2}{v^2}A^2\sin^2\left[\omega\left(t - \frac{x}{v}\right) + \varphi\right]\mathrm{d}x$$

应选张紧的绳没有波传播时为零势面,由保守力的功能关系得其势能为

$$\mathrm{d}E_\mathrm{p} = F\cdot\Delta l = \frac{1}{2}\eta\omega^2 A^2\sin^2\left[\omega\left(t - \frac{x}{v}\right) + \varphi\right]\mathrm{d}x$$

其动能为

$$\mathrm{d}E_\mathrm{k} = \frac{1}{2}\mathrm{d}m\left(\frac{\partial y}{\partial t}\right)^2 = \frac{1}{2}\eta\omega^2 A^2\sin^2\left[\omega\left(t - \frac{x}{v}\right) + \varphi\right]\mathrm{d}x$$

(动能也可用从平衡位置到 t 时刻 F_y 做的功来计算,需要积分.)故机械能为

$$\mathrm{d}E = \mathrm{d}E_\mathrm{p} + \mathrm{d}E_\mathrm{k} = \eta\omega^2 A^2\sin^2\left[\omega\left(t - \frac{x}{v}\right) + \varphi\right]\mathrm{d}x$$

其随时间的平均值为

$$\overline{\mathrm{d}E} = \frac{1}{2}\eta\omega^2 A^2\mathrm{d}x$$

能量以波速 v 沿绳传播,单位时间内流过绳截面的平均能量,即平均功率为

$$\overline{P} = \frac{\overline{\mathrm{d}E}}{\mathrm{d}x}v = \frac{1}{2}\eta\omega^2 A^2 v = \frac{1}{2}\eta\left(\frac{2\pi v}{\lambda}\right)^2 A^2 v = 2\pi^2\eta v^3\left(\frac{A}{\lambda}\right)^2$$

之后同解法1.

练习 6-16 由题意得反射波线应垂直于入射波线,如答图 6-10 所示,由惠更斯原理,$\overline{AC}$ 与 $\overline{CB}$ 的传播用时应相等,故

$$\tan i = \frac{\overline{BC}}{\overline{AC}} = \frac{v_1\Delta t}{v_2\Delta t} = \sqrt{3}$$

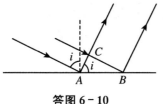

答图 6-10

则

$$i = 60°$$

故应以 60°角入射.

练习 6-17 设 $\overline{S_1 S_2} = l$, S_1 与 S_2 的相位差为 $\Delta\varphi = \varphi_1 - \varphi_2$.

对 A 点,如答图 6-11(a)所示,有
$$\angle S_2S_1C = \alpha - \beta$$
S_1,S_2 发出的波到 A 的相位差为
$$\Delta\varphi_A = \frac{2\pi}{\lambda}l\sin(\alpha-\beta) + \Delta\varphi$$
同理 S_1,S_2 发出的波到 B 的相位差为
$$\Delta\varphi_B = -\frac{2\pi}{\lambda}l\sin(\alpha+\beta) + \Delta\varphi$$
A 振动最大,B 振动最小,故
$$\Delta\varphi_A - \Delta\varphi_B = (2k+1)\pi \quad (k=0,\pm 1,\pm 2,\cdots)$$
即
$$\frac{2\pi}{\lambda}l[\sin(\alpha-\beta)+\sin(\alpha+\beta)] = \frac{4\pi}{\lambda}l\sin\alpha\cos\beta = (2k+1)\pi$$
解得
$$l = \frac{(2k+1)\lambda}{4\sin\alpha\cos\beta} \quad (k=0,\pm 1,\pm 2,\cdots)$$
可知所求 S_1 和 S_2 的最小距离为
$$l_{\min} = \frac{\lambda}{4\sin\alpha}$$

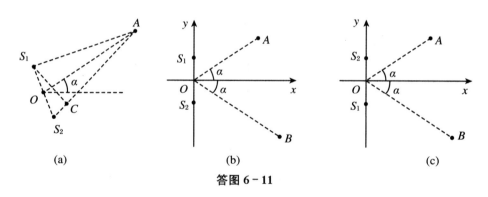

答图 6-11

S_1OS_2 的方位和两波源振动的相位差有两种取法:

取法 1:
$$k=0, \quad \beta=0$$
如答图 6-11(b)所示,还需满足 A 振动最大,故
$$\Delta\varphi_A = 2n\pi \quad (n=0,\pm 1,\pm 2,\cdots)$$
解得
$$\Delta\varphi = 2n\pi - \frac{\pi}{2} \quad (n=0,\pm 1,\pm 2,\cdots)$$
取法 2:

$$k = -1, \quad \beta = \pi$$

如答图 6-11(c)所示,还需满足 A 振动最大,故

$$\Delta\varphi_A = 2n\pi \quad (n = 0, \pm 1, \pm 2, \cdots)$$

解得

$$\Delta\varphi = 2n\pi + \frac{\pi}{2} \quad (n = 0, \pm 1, \pm 2, \cdots)$$

练习 6-18 S_1 处有半波损失,S_2 处没有半波损失,合振幅最大,则

$$\Delta\varphi = \omega \cdot \frac{2D}{u_2} - \pi = 2n\pi \quad (n = 0, 1, 2, \cdots)$$

解得

$$D = \frac{(2n+1)\pi u_2}{2\omega} \quad (n = 0, 1, 2, \cdots)$$

最小厚度为 $n = 0$,即

$$D_{\min} = \frac{\pi u_2}{2\omega}$$

练习 6-19 驻波波长

$$\frac{3}{2}\lambda = \overline{RS}$$

则

$$\lambda = 50 \text{ cm}$$

由音叉频率增大则拍音减小知

$$f_{拍} = f_{驻} - f_{叉}$$

又

$$f_{拍} = \frac{10}{5} = 2(\text{Hz})$$

则

$$f_{驻} = 278 + 2 = 280(\text{Hz})$$

驻波波速

$$v = \lambda f_{驻} = 0.5 \times 280 = 140(\text{m/s})$$

又因为弦线中波速

$$v = \sqrt{\frac{mg}{\eta}}$$

所以

$$\eta = 8.2 \times 10^{-4} \text{ kg/m}$$

练习 6-20 设波速为 v,潜艇速率为 v',潜艇接收

$$f_1 = \frac{v + v'}{v} f$$

探测器接收

$$f_2 = \frac{v}{v-v'}f_1 = \frac{v+v'}{v-v'}f$$

拍频

$$f_{拍} = f_2 - f = \frac{2v'}{v-v'}f$$

即

$$241 = \frac{2v'}{1500-v'} \times 30000$$

解得

$$v' = 6 \text{ m/s}$$

注意：不能用镜像法来求解.

练习 6-21 假设 $u \gg v$. 以血液为参考系，红细胞接收

$$\nu_1 = \frac{u}{u - v\cos\theta}\nu_0$$

流速计接收

$$\nu_2 = \frac{u + v\cos\theta}{u}\nu_1 = \frac{u + v\cos\theta}{u - v\cos\theta}\nu_0$$

则

$$\Delta\nu = \nu_2 - \nu_0 = \frac{2v\cos\theta}{u - v\cos\theta}\nu_0 \approx \frac{2v\cos\theta}{u}\nu_0$$

即

$$35 = \frac{2v\cos 45°}{1.5 \times 10^3} \times 1 \times 10^6$$

故

$$v = 3.7 \times 10^{-2} \text{ m/s}$$

6-1 $T = 2\pi\sqrt{\dfrac{m(k_1 a^2 + k_2 b^2)}{k_1 k_2 b^2}}$.

6-2 (1) $T = 2\pi\sqrt{\dfrac{23(R-r)}{9\sqrt{3}g}}$;

(2) $f = 0, N = \sqrt{3}\left(1 + \dfrac{27}{46}\theta_0^2\right)mg$.

6-3 $T = 4\pi\sqrt{\dfrac{a}{g}}$.

6-4 $T = 2\pi\sqrt{\dfrac{4m_1 + m_2}{4k}}$.

6-5 (1) A 从释放到箱子中心 O 处，简谐运动，有

$$x = \frac{7}{9} a \cos\sqrt{\frac{9g}{2a}} t, \quad 0 \leq t \leq t_1, \quad t_1 = \sqrt{\frac{2a}{9g}} \left(\frac{\pi}{2} + \arcsin \frac{2}{7} \right)$$

(2) A 从箱子中心 O 到箱子顶部，小球 A 上抛，有

$$x = -\frac{2}{9} a - \sqrt{\frac{5}{2} ga}(t - t_1) + \frac{1}{2} g(t - t_1)^2, \quad t_1 \leq t \leq t_1 + t_2, \quad t_2 = \frac{\sqrt{5}-1}{\sqrt{2}} \sqrt{\frac{a}{g}}$$

(3) 顶端，弹性碰撞交换速度，B 上抛，A 自由落体，B 落地时 A 恰至箱子中心，有

$$x = -\frac{11}{9} a + \frac{1}{2} g(t - t_1 - t_2)^2, \quad t_1 + t_2 \leq t \leq t_1 + t_2 + t_3, \quad t_3 = \sqrt{\frac{2a}{g}}$$

(4) 之后 A 周期性运动，B 保持静止，另取计时起点 $t_1 + t_2 + t_3$ 为 $\tau = 0$，有

$$x = \frac{2}{9} \sqrt{10} a \cos\left[\sqrt{\frac{9g}{2a}} (\tau - kT) - \arccos \frac{-1}{\sqrt{10}} \right], \quad kT \leq \tau \leq kT + \tau_1$$

$$x = -\frac{2}{9} a - \sqrt{2ag}(\tau - kT - \tau_1) + \frac{1}{2} g(\tau - kT - \tau_1)^2, \quad kT + \tau_1 \leq \tau \leq (k+1)T$$

其中

$$k = 0, 1, 2, \cdots, \quad T = \tau_1 + \tau_2, \quad \tau_1 = \frac{2}{3} \sqrt{\frac{2a}{g}} \arccos \frac{-1}{\sqrt{10}}, \quad \tau_2 = 2\sqrt{\frac{2a}{g}}$$

6-6 距转轴 $x = \frac{2\sqrt{2}}{3} a$ 处.

6-7 0.52 s.

6-8 $T = \dfrac{T_0 A_0}{A}$.

6-9 4.60.

6-10 (1) $V_A = 0, V_B = 1.54$ m/s;

(2) 0.63 s.

6-11 $v_0 = \sqrt{8\mu g \left(\dfrac{\mu mg}{k} + l \right)}$.

6-12 (1) 若 $M \leq m$，则 $x_{\max} = \dfrac{\mu Mg}{k} \left(\sqrt{\dfrac{M+7m}{M+m}} - 1 \right)$;

(2) 若 $M > m$，则 $x_{\max} = \dfrac{\mu mg}{k(M+m)} \sqrt{5M^2 - Mm}$.

6-13 (1) $v = \sqrt{3ga}$;

(2) $T = \dfrac{\pi}{2} \sqrt{\dfrac{10a}{g}}$.

6-14 5 Hz.

6-15 $\phi_r = \arctan\left(\dfrac{2\sqrt{\lambda_m T}}{m\omega} \right) + \pi, \phi_t = \arctan\left(-\dfrac{m\omega}{2\sqrt{\lambda_m T}} \right), B = \dfrac{m\omega A}{\sqrt{m^2 \omega^2 + 4\lambda_m T}}, C =$

$$\frac{2\sqrt{\lambda_m T}\cdot A}{\sqrt{m^2\omega^2+4\lambda_m T}}.$$

6-16 $\left(x-\dfrac{v_0}{b}\cot\theta_0\right)^2+\left(z+\dfrac{v_0}{b}\right)^2=\left(\dfrac{v_0}{b\sin\theta_0}\right)^2$，轨迹如答图 6-12 所示.

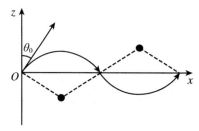

答图 6-12

6-17 (1) 如答图 6-13 所示.

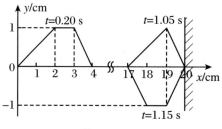

答图 6-13

(2) 如答图 6-14 所示.

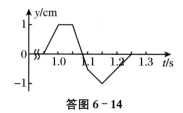

答图 6-14

6-18 $y=\begin{cases}2A\cos\omega\left(t-\dfrac{x}{v}\right) & (x\geqslant 0)\\ 2A\cos\dfrac{\omega x}{v}\cos\omega t & (-d\leqslant x\leqslant 0)\end{cases}.$

6-19 2.01%.

6-20 971 Hz.

6-21 $\nu=\dfrac{u^2-\sqrt{u^2(v_A^2+v_B^2)-v_A^2 v_B^2}}{u^2-v_A^2}\nu_0.$

第7章 光　学

本章先介绍用几何方法研究光的传播及成像规律,然后讨论光的干涉、衍射和偏振等波动现象的规律.

7.1　光的传播

7.1.1　光的直线传播

光在同一种均匀介质中沿直线传播,引发的现象有小孔成像、影、日食和月食.

小孔成像:用一个带有小孔的板遮挡在屏与物之间,屏上就会成物的倒立的实像,这种现象叫小孔成像.孔比较小时,物的不同部分发出的光线到达屏幕的不同部分,而不会在屏幕上相互重叠,像比较清晰.

本影、半影与伪本影:不透明体遮住光源时,如果光源是比较大的发光体,所产生的影子就有两个或三个部分,完全暗的部分叫本影区;半明半暗的部分叫半影区;若不透明体尺寸比光源小,则本影区的延长线区域称为伪本影区,在伪本影区光源被挡住居中的某部分.对日食或月食,如图 7-1 所示,光源为太阳,若障碍物为月球,则地球上的人在 1 区域时看到日全食,在 2 区域时看到日偏食,在 3 区域时看到日环食;若障碍物为地球,则月球在 1 区域时看到月全食,跨过 1,2 区域时看到月偏食,在 2 区域时不会看到月食,月球只比不在影区时稍暗一些,月球不会到达 3 区域,故不会看到月环食.

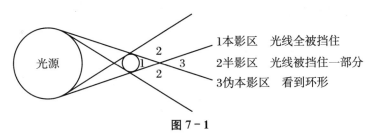

图 7-1

7.1.2 反射定律

反射定律(内容略).多次反射时,可设法将反射折线转变为直线,以方便作图解题.

例7-1 如图7-2(a)所示,人眼在尺刻度"5"处,试尝试作图表示出人眼通过缝能看到的刻度范围.

解 如图7-2(b)所示,将物体在镜中成像,将反射折线转变为直线.虚线范围内为人眼可看到的范围.

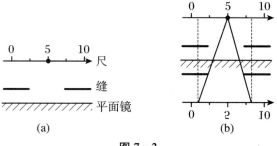

图7-2

例7-2 如图7-3(a)所示,两面镜子的夹角为60°,一束光射向其中一面镜子,试问光线在两镜子间反射多少次?

解 如图7-3(b)所示,将反射折线转变为直线.可看出反射3次.

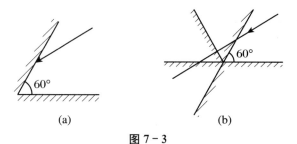

图7-3

练习7-1 如图7-4所示,两块平面镜宽度均为$L=5$ cm,相交成角$\alpha=12°$,构成光通道.两镜的右端相距为$d=2$ cm,左端靠在光接收器的圆柱形感光面上.试问入射光线与光通道的轴成的最大角度为多少,才能射到光接收器上?

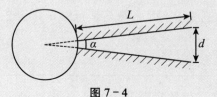

图7-4

7.1.3 折射定律

介质的折射率：光在真空中的传播速度与光在介质中的传播速度之比称为该介质的折射率.公式为

$$n = \frac{c}{v}$$

c 为真空中光速，v 为介质中光速，n 为折射率.

折射率大的介质，其内光速较小，称为光密介质；反之，称为光疏介质.

真空的折射率为1；空气的折射率略大于1，一般取为1；除真空外，其余介质的折射率一般大于1，例如冕牌玻璃 $n = 1.52$，水 $n = 1.333$.

折射定律（内容略）：如图 7-5(a)所示，公式为

$$n_1 \sin \theta_1 = n_2 \sin \theta_2, \quad \frac{\sin \theta_1}{\sin \theta_2} = \frac{v_1}{v_2}$$

光从真空折射入介质时，如图 7-5(b)所示，有

$$n = \frac{\sin i}{\sin r} = \frac{c}{v}$$

介质折射率越高，使入射光发生折射的能力越强.

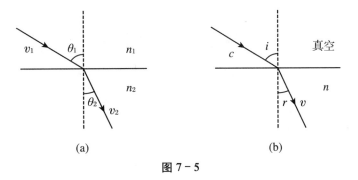

图 7-5

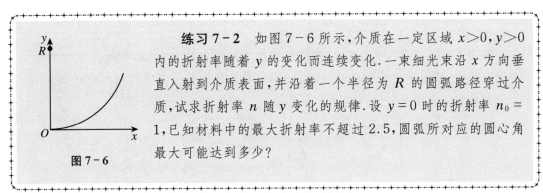

练习 7-2 如图 7-6 所示，介质在一定区域 $x>0, y>0$ 内的折射率随着 y 的变化而连续变化.一束细光束沿 x 方向垂直入射到介质表面，并沿着一个半径为 R 的圆弧路径穿过介质，试求折射率 n 随 y 变化的规律.设 $y=0$ 时的折射率 $n_0 = 1$，已知材料中的最大折射率不超过 2.5，圆弧所对应的圆心角最大可能达到多少？

图 7-6

一束白光通过透明玻璃三棱镜后散开为七色光带，发生了色散，说明玻璃对不同色光

(即不同频率的光)的折射率不同,不同色光在玻璃中的光速不同. 在玻璃中折射率从小到大(光速从大到小)依次为红、橙、黄、绿、蓝、靛、紫.

一束单色光射向一棱镜,先后经棱镜表面两次折射,使出射光线与入射光线之间有了一个夹角 δ,称为偏向角. 如图 7-7 所示.

$$\delta = i - r + i' - r', \quad r + r' = \alpha$$

则

$$\delta = i + i' - \alpha$$

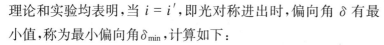

图 7-7

理论和实验均表明,当 $i = i'$,即光对称进出时,偏向角 δ 有最小值,称为最小偏向角 $\delta_{\min}$,计算如下:

$$\sin i = n \sin r, \quad r = \frac{1}{2}\alpha, \quad \delta_{\min} = 2i - \alpha = 2\arcsin\left(n\sin\frac{\alpha}{2}\right) - \alpha$$

7.1.4 全反射

光从光密介质 n_1 射向光疏介质 $n_2(n_1 > n_2)$,折射角等于 90°时的入射角称为临界角 C,有

$$\sin C = \frac{n_2}{n_1}$$

此时实际上已经没有折射光线.

全反射:光从光密介质 n_1 射向光疏介质 $n_2(n_1 > n_2)$,当入射角大于或等于临界角(即 $i \geqslant C$)时,没有折射光线,只有反射光线,称为全反射.

例 7-3 横截面为矩形的玻璃棒被弯成图 7-8(a)所示的形状,一束平行光垂直地射到表面 A 上,试确定通过表面 A 进入的光全部到达表面 B 的 R/d 的最小值. 已知玻璃的折射率为 1.5.

解 如图 7-8(b)所示,A 最右侧入射的光被反射时入射角最小,此入射角大于或等于临界角时,所有光线(含在弯棒右侧平面界面部分反射的光线)都发生全反射而能到达 B:

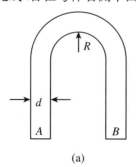
(a)

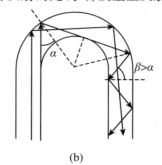
(b)

图 7-8

$$\sin\alpha \geqslant \frac{1}{n}, \quad \sin\alpha = \frac{R}{R+d}$$

故

$$\frac{R}{d} \geqslant \frac{1}{n-1} = 2$$

练习 7-3 点光源 A 靠近光导纤维管的左端中心,如图 7-9(a) 所示.光导纤维是一根透明的细棒,由内芯和外套两层组成,如图 7-9(b) 所示,内芯半径为 r,折射率为 n_1;外套半径为 R,折射率为 n_2;且 $R-r \ll r$, $n_1 > n_2$.光导纤维右端 L 处放置光屏,从点光源发出的光射进细棒后沿光导纤维传播,传出后射在光屏上,试求屏上光斑的直径.如果将点光源 A 沿细棒左移 l,$r \ll l$,试问光斑的直径有何变化?

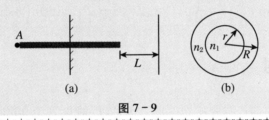

图 7-9

7.1.5 惠更斯原理

光与机械波的惠更斯原理内容一致,略去.惠更斯提出了光的波动理论,从几何学上给出了寻求光传播方向的普遍方法,可以由某一时刻的波前,用作图法导出下一时刻的波前.根据惠更斯原理可导出光的直线传播定律、反射定律、折射定律、成像公式(推导略),也可直接用惠更斯原理求解某些题目.

惠更斯原理本质上是一种几何光学作图法,没有真正提出光之所以波动的物理机制,菲涅耳在惠更斯原理的基础上,补充了描述次波的基本特征——相位和振幅的定量表示式,并增加了"次波相干叠加"的原理,从而发展成为惠更斯-菲涅耳原理.

7.1.6 费马原理与成像

1. 光程

光在介质中的实际路程折合成相同时间内光在真空中的路程称为光程;或光在介质中的实际路程与介质折射率的乘积叫作光程.表达式为

$$L = nl$$

其中 l 为在介质中的实际路程,L 为光程.

2. 费马原理

内容：光沿光程取平稳值的路径传播．

光程取平稳值即其变分为零，现阶段可理解为其微分为零，例如光程取极小值、极大值、常数、非极值驻点，分别对应图 7-10 所示的四种情况．

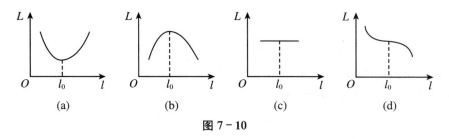

图 7-10

有些教材将费马原理内容表述为"最小时间原理"，即光沿光程取极小值的路径传播，这种观点是错误的，我们可以根据反射定律举出几个例子，如图 7-11 所示．

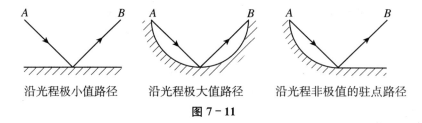

沿光程极小值路径　　沿光程极大值路径　　沿光程非极值的驻点路径

图 7-11

由费马原理可以推出光的直线传播定律、反射定律、折射定律、成像公式（推导略），也可直接用费马原理求解某些题目．

直接用费马原理解题的方法为：对单条光线，其光程微分 $dL = 0$；对成像问题，利用"物像等光程性"，即物、像间各路径光程相等，它是费马原理的一个重要推论．严格成像时，严格等光程；近似成像时，近似等光程．

例7-4　图 7-12(a) 为一个平凸透镜，左侧为平面，平行光入射之后聚焦于 F 点，并且不仅限于近轴光线，则右边的曲面并非球面．若已知透镜厚度为 d，聚焦点距 O 点 $\overline{OF} = f$，透镜折射率为 n，试求透镜右曲面在图示截面内的曲线满足的方程．

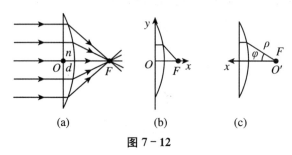

图 7-12

解 解法 1：建立直角坐标系求解，如图 7-12(b)所示．由费马原理，从左平面到聚焦于 F 点应等光程：

$$nx + \sqrt{(f-x)^2 + y^2} = nd + f - d$$

解得（运算烦琐）

$$\frac{\left(x - \dfrac{nd+f}{n+1}\right)^2}{\left(\dfrac{d-f}{n+1}\right)^2} - \frac{y^2}{\dfrac{n-1}{n+1}(d-f)^2} = 1, \quad 0 \leqslant x \leqslant d$$

为双曲线，故其曲面为旋转双曲面，且可计算其离心率 $e = n$．

解法 2：以 F 为原点，向左为极轴建极坐标系，如图 7-12(c)所示．由费马原理

$$n(f - \rho\cos\varphi) + \rho = nd + f - d$$

解得

$$\rho = -\frac{(n-1)(f-d)}{1 - n\cos\varphi}$$

为离心率 $e = n$ 的双曲线，故其曲面为旋转双曲面；最边缘的点

$$f - \rho_m \cos\varphi_m = 0, \quad \rho_m = nd + f - d$$

则

$$\cos\varphi_m = \frac{f}{(n-1)d + f}$$

故 φ 的取值范围为

$$-\arccos\frac{f}{(n-1)d+f} \leqslant \varphi \leqslant \arccos\frac{f}{(n-1)d+f}$$

3. 虚光程

为方便应用物、像间的等光程原理，对虚物、虚像引入"虚光程"概念．虚光程取负值，对虚物，n 代表物方折射率；对虚像，n 代表像方折射率．

例如图 7-13 所示，虚物 Q_1 经 Q_1MQ_2 到实像 Q_2 的光程为

$$L = -n_1 \overline{Q_1M} + n_2 \overline{MQ_2}$$

即取光线"会聚"于虚物时为零时刻，则光线传播至 M 点的时刻为

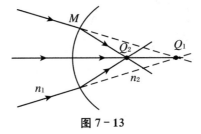

图 7-13

$$t_1 = -\frac{\overline{Q_1 M}}{v_1}$$

故 Q_1 传播至 M 点的光程为

$$L_1 = ct_1 = -\frac{c\overline{Q_1 M}}{v_1} = -n_1 \overline{Q_1 M}$$

4. 反射等光程面(不限于近轴光线)

(1) 旋转椭球面反射:从一个焦点发出的光反射后会聚于另一个焦点.

如图 7-14(a)所示,由椭圆性质,椭圆上的点到两焦点距离之和为定值,则由 F_1 到 F_2 的光程

$$L = \overline{F_1 A_i} + \overline{A_i F_2} = 2a$$

为定值,符合费马原理等光程条件;也可由反射定律及椭圆的法线平分 $\angle F_1 A_i F_2$ 推得.

(2) 旋转抛物面反射:从焦点发出的光线反射后平行于主轴射出;根据光路可逆,平行于主轴的光线反射后会聚于焦点.

如图 7-14(b)所示,抛物线上点到焦点和到准线的距离相等,故符合费马原理等光程条件;还可根据反射定律知道曲面法线的方向.

(3) 旋转双曲面反射:射向其凹侧焦点的光反射后射向凸侧焦点;根据光路可逆,从凸侧焦点发出的光反射后反向延长线交于凹侧焦点.

如图 7-14(c)所示,由双曲线性质,双曲线上的点到两焦点的距离之差为定值,则由 F_2 到 F_1 的光程

$$L = -\overline{F_2 A_i} + \overline{A_i F_1} = 2a$$

为定值,符合费马原理等光程条件;也可由反射定律及双曲线切线平分 $\angle F_1 A_i F_2$ 推得.

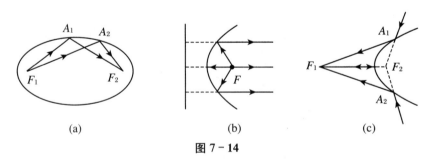

图 7-14

对这三种反射面请读者自行分析另一面为反射面(例如旋转椭球面外部)时的规律.

5. 折射等光程面(不限于近轴光线)

(1) 旋转椭球面折射:如图 7-15(a)所示,当 $n_1 : n_2 = e(<1)$ 时,平行光线折射后会聚于对方焦点.

由左准线所在波面的点 A_i 到 F_2 的光程为

$$L = n_1 \overline{A_i B_i} + n_2 \overline{B_i F_2}$$

对椭圆,有

$$e = \frac{\overline{B_i F_1}}{\overline{A_i B_i}}, \quad \overline{B_i F_1} + \overline{B_i F_2} = 2a$$

故

$$L = n_1 \cdot \frac{\overline{B_i F_1}}{e} + \frac{n_1}{e} \cdot \overline{B_i F_2} = \frac{n_1}{e}(\overline{B_i F_1} + \overline{B_i F_2}) = \frac{n_1}{e} \cdot 2a$$

光程为定值,符合费马原理等光程条件.

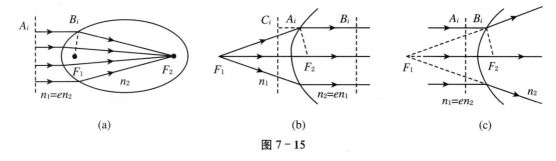

图 7-15

(2) 旋转双曲面折射一:如图 7-15(b)所示,当 $n_2 : n_1 = e (>1)$ 时,从 F_1 发出的光线折射后平行于主轴.例 7-4 即为此情况.

C_i 在右准线上,B_i 为折射后某一波面,$F_1 A_i B_i$ 光线的光程为

$$L = n_1 \overline{F_1 A_i} + n_2 \overline{A_i B_i}$$

对双曲线,有

$$e = \frac{\overline{F_2 A_i}}{\overline{A_i C_i}}, \quad \overline{F_1 A_i} - \overline{F_2 A_i} = 2a$$

故

$$L = n_1(\overline{F_2 A_i} + 2a) + en_1 \overline{A_i B_i} = n_1(e \overline{A_i C_i} + 2a) + en_1 \overline{A_i B_i} = en_1 \overline{B_i C_i} + 2n_1 a$$

光程为定值,符合费马原理等光程条件.

(3) 旋转双曲面折射二:如图 7-15(c)所示,当 $n_1 : n_2 = e (>1)$ 时,平行于主轴的光线折射后反向延长线交于 F_1 点.

A_i 在右准线上,$A_i B_i F_1$ 光线的光程为

$$L = n_1 \overline{A_i B_i} - n_2 \overline{F_1 B_i}$$

对双曲线,有

$$e = \frac{\overline{F_2 B_i}}{\overline{A_i B_i}}, \quad \overline{F_1 B_i} - \overline{F_2 B_i} = 2a$$

故

$$L = n_1 \frac{\overline{F_2 B_i}}{e} - \frac{n_1}{e}\overline{F_1 B_i} = \frac{n_1}{e}(\overline{F_2 B_i} - \overline{F_1 B_i}) = -\frac{n_1}{e}2a$$

光程为定值,符合费马原理等光程条件.

练习 7-4 有一透镜(不必为薄透镜)如图 7-16 所示,S_1 面是旋转椭球面(椭圆绕长轴旋转而成的曲面),其焦点为 F_1 和 F_2;S_2 面是球面,其球心与 F_2 重合.已知此透镜放在空气中时能使从无穷远处位于椭球长轴的物点射来的全部入射光线(不限于傍轴光线)会聚于一个像点上,椭圆的偏心率为 e.试求此透镜材料的折射率 n.

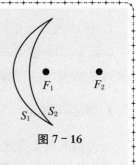

图 7-16

7.2 傍轴成像问题

几何光学的符号法则有多种,采用一种即可,本书符号规定如下:与光线行进方向相同者为正,相反者为负.具体地说就是物方的量(物距、物方焦距)以入射光线行进方向为参考,像方的量(像距、像方焦距)和曲率半径以出射光线行进方向为参考.

7.2.1 基本概念和物理量

1. 物、像的实虚

物点若为发散光束,为实物点;若为会聚光束,为虚物点.像点若为会聚光束,为实像点;若为发散光束,为虚像点.如图 7-17 所示.

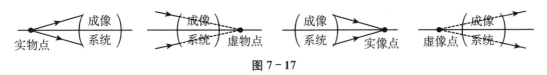

图 7-17

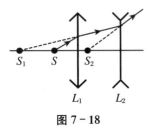

图 7-18

实物点或实像点未必有真实光线发出或会聚,虚物点或虚像点一定没有真实光线发出或会聚.例如图 7-18 所示,S 对 L_1 是实物点,S_1 对 L_1 是虚像点,S_1 对 L_2 是实物点,S_2 对 L_2 是虚像点.

2. 物距与像距

物距 u:物到光具的距离.若物到光具与入射光传播方向相

同,则 $u>0$;反之,$u<0$. $u>0$⇔实物,$u<0$⇔虚物.

像距 v:光具到像的距离.若光具到像与出射光传播方向相同,则 $v>0$;反之,$v<0$. $v>0$⇔实像,$v<0$⇔虚像.

可总结为"实正虚负".

3. 焦点与焦距

主光轴上与无穷远物点对应的像点称为像方焦点(或第二焦点),与无穷远像点对应的物点称为物方焦点(或第一焦点).

像距 $v→∞$ 时的物距 u 称为物方焦距 f,即物方焦点到光具的距离;物距 $u→∞$ 时的像距 v 称为像方焦距 f',即光具到像方焦点的距离. f,f' 的正、负规定与 u,v 一致.

物、像方介质相同时, $f=f'$.

4. 横向放大率 m

像高 y' 与物高 y 之比称为横向放大率 m. $m>0$,成正立像;$m<0$,成倒立像.$|m|>1$,成放大像;$|m|<1$,成缩小像.

图 7-19(a)所示成像问题,可用图 7-19(b)坐标来判断各物理量的正、负及值,左坐标系中可判断:u 即物 x 坐标,f 即物方焦点 x 坐标,y 即物顶点 y 坐标;右坐标系中可判断:v 即像 x 坐标,f' 即像方焦点 x 坐标,y' 即像顶点 y 坐标.(即将学习的单球面折射、反射成像中,曲率半径的正、负在右坐标系判断;且单球面反射时,右坐标系应以向左为 x 正方向.)

符号法则与坐标系

也可用图 7-19(c)坐标来判断,u 为物到光具的矢量,v 为光具到像的矢量,f 为物方焦点到光具的矢量,f' 为光具到像方焦点的矢量,以上均取各矢量的 x 分量值;y 为物矢量,y' 为像矢量,这两个取矢量的 y 分量值.(在反射问题中,对像方量应另取 x 轴向左的坐标系来表示.)

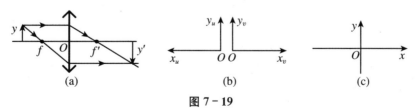

图 7-19

7.2.2 单球面折射近轴成像

如图 7-20(a)所示,在近轴情况下,各角极小,由折射定律与几何关系得

$$ni \approx n'r, \quad i = \angle Q + \varphi \approx \frac{h}{u} + \frac{h}{R}, \quad r = \varphi - \angle Q' \approx \frac{h}{R} - \frac{h}{v}$$

则
$$n\left(\frac{h}{u} + \frac{h}{R}\right) = n'\left(\frac{h}{R} - \frac{h}{v}\right)$$

整理得成像公式
$$\frac{n}{u} + \frac{n'}{v} = \frac{n' - n}{R}$$

$u \to \infty$ 时，$v = f'$，故
$$f' = \frac{n'R}{n' - n}$$

$v \to \infty$ 时，$u = f$，故
$$f = \frac{nR}{n' - n}$$

有关系
$$\frac{f'}{f} = \frac{n'}{n}$$

则成像公式又可写为
$$\frac{f}{u} + \frac{f'}{v} = 1$$

横向放大率如图 7-20(b)所示，为
$$m = \frac{y'}{y} = \frac{-(v-R)}{u+R} \approx -\frac{vr'}{ui'} = -\frac{v}{u} \cdot \frac{n}{n'}$$

若球心 O 在顶点 A 左侧，只需 R 取为负值即可；u,v,R,f,f' 的正、负如 7.2.1 小节所述.

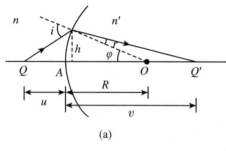
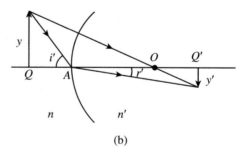

图 7-20

特别地，当 $R \to \infty$，即平面折射成像时可知
$$\frac{n}{u} + \frac{n'}{v} = 0 \quad \Rightarrow \quad v = -\frac{n'}{n}u, \quad m = 1$$

或直接计算,如图 7-21 所示,请读者自行计算.

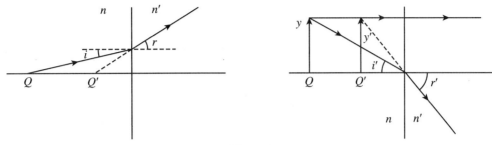

图 7-21

7.2.3 球面反射近轴成像

如图 7-22(a)所示,在近轴情况下,各角极小,由反射定律与几何关系得

$$i = i', \quad i = \varphi - \angle Q \approx \frac{h}{R} - \frac{h}{u}, \quad i' = \angle Q' - \varphi \approx \frac{h}{v} - \frac{h}{R}$$

整理得成像公式

$$\frac{1}{u} + \frac{1}{v} = \frac{2}{R}$$

$u \to \infty$ 时,$v = f'$,故

$$f' = \frac{R}{2}$$

$v \to \infty$ 时,$u = f$,故

$$f = \frac{R}{2}$$

有关系

$$f = f'$$

则成像公式又可写为

$$\frac{f}{u} + \frac{f'}{v} = 1 \quad \text{或} \quad \frac{1}{u} + \frac{1}{v} = \frac{1}{f}$$

横向放大率如图 7-22(b)所示,为

$$m = \frac{y'}{y} = -\frac{v}{u}$$

若球心 O 在顶点右侧,只需 R 取为负值即可;u, v, R, f, f' 的正、负如 7.2.1 小节所述.

当 $R > 0$,即为凹面镜时,$f = f' > 0$,为会聚面镜;当 $R < 0$,即为凸面镜时,$f = f' < 0$,为发散面镜.

特别地,当 $R \to \infty$,即平面镜成像时(不限于近轴光线)

$$v = -u, \quad m = 1$$

即平面镜对"实物",成等大、正立的虚像;对"虚物",成等大、正立的实像.

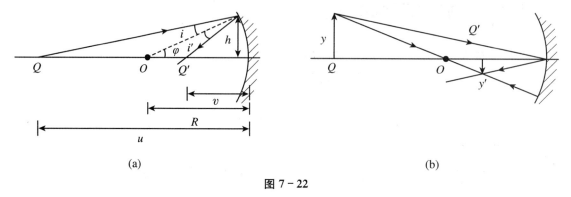

图 7-22

例7-5 灯 L 发出的光束在离灯 $R_0 = 100$ m 处会聚成小光斑 A,小光斑可看作一个点.在光的传播路径上放两个正方形平面镜,如图 7-23(a)所示,两镜面的交线到灯的距离 $r = 70$ m,并且垂直穿过光束轴,两镜面相互垂直,其中一个平面镜与光束轴交成 $\alpha = 30°$ 角.试问光束将会会聚在何处?

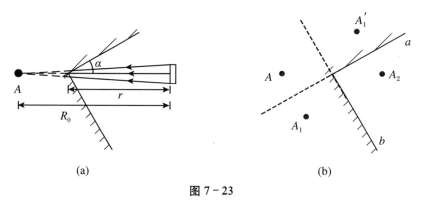

图 7-23

解 如图 7-23(b)所示,A 对 a 镜为虚物,成实像于 A_1;A_1 对 b 镜为虚物,成实像于 A_2.A 对 b 镜为虚物,成实像于 A_1';A_1' 对 a 镜为虚物,也成实像于 A_2.故会聚于 A_2 处,由对称性,到两镜面的交线距离为

$$x = R_0 - r = 30 \text{ m}$$

练习7-5 某观察者通过一块薄玻璃板去看凸面镜中他自己眼睛的像.他移动着玻璃板,使得在玻璃板中与在凸面镜中所看到的他眼睛的像重合在一起.若凸面镜的焦距为 10 cm,眼睛与凸面镜顶点的距离为 40 cm,试问玻璃板到观察者眼睛的距离为多少?

7.2.4 薄透镜近轴成像

薄透镜意为其厚度可以忽略,只需两次应用单球面透镜折射成像公式即可,且第一次的像作为第二次的物.若物、像方介质不同,如图 7-24 所示,有

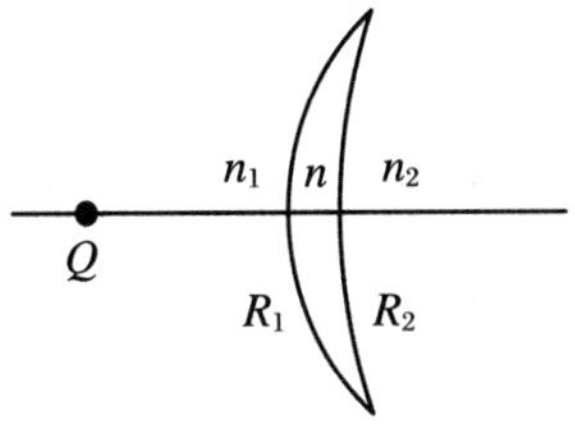

$$\frac{n_1}{u} + \frac{n}{v_1} = \frac{n-n_1}{R_1}, \quad \frac{n}{-v_1} + \frac{n_2}{v} = \frac{n_2-n}{R_2}$$

推得成像公式为

$$\frac{n_1}{u} + \frac{n_2}{v} = \frac{n-n_1}{R_1} + \frac{n_2-n}{R_2}$$

或

$$\frac{f}{u} + \frac{f'}{v} = 1$$

图 7-24

其中

$$f = \frac{n_1}{\dfrac{n-n_1}{R_1} + \dfrac{n_2-n}{R_2}}, \quad f' = \frac{n_2}{\dfrac{n-n_1}{R_1} + \dfrac{n_2-n}{R_2}}, \quad \frac{f'}{f} = \frac{n_2}{n_1}$$

横向放大率

$$m = m_1 m_2 = -\frac{v_1}{u}\frac{n_1}{n}\left(-\frac{v}{-v_1}\frac{n}{n_2}\right)$$

即

$$m = -\frac{v}{u}\frac{n_1}{n_2}$$

常见情形为物、像方都为真空,即 $n_1 = n_2 = 1$,则公式变为

$$\frac{1}{u} + \frac{1}{v} = (n-1)\left(\frac{1}{R_1} - \frac{1}{R_2}\right)$$

或

$$\frac{f}{u} + \frac{f'}{v} = 1 \quad \text{或} \quad \frac{1}{u} + \frac{1}{v} = \frac{1}{f}$$

其中

$$f = f' = \frac{1}{(n-1)\left(\dfrac{1}{R_1} - \dfrac{1}{R_2}\right)}$$

放大率为

$$m = -\frac{v}{u}$$

当

$$\frac{1}{R_1} - \frac{1}{R_2} > 0$$

即
$$f = f' > 0$$
时,为会聚透镜(凸透镜),特点是中间厚、边缘薄,如 $R_1 > 0$, $R_2 < 0$,或 $R_2 > R_1 > 0$,或 $R_1 > 0$, $R_2 \to \infty$ 等情况;当
$$\frac{1}{R_1} - \frac{1}{R_2} < 0$$
即
$$f = f' < 0$$
时,为发散透镜(凹透镜),特点是中间薄、边缘厚,如 $R_1 < 0$, $R_2 > 0$,或 $R_2 < R_1 < 0$,或 $R_2 > 0$, $R_1 \to \infty$ 等情况. 读者可自行画出各种情形的薄透镜,看是否吻合.

物、像方介质相同,如玻璃薄透镜浸入水中,可将 n 代入相对折射率 $n_{玻水}$.

例7-6 利用薄凸透镜得到三齿的像,如图 7-25(a)所示. 三齿的底边 ABC 位于主光轴上,$\overline{AB} = \overline{BC}$,得到的像仍为三齿但发生了畸变.

(1) 若测得 AB 部分成像放大率 $\beta_1 = 6$,BC 部分成像放大率 $\beta_2 = 3$,试求 BE 部分成像放大率;

(2) 若测得 AB 部分成像放大率 $\beta_1 = 3$,BC 部分成像放大率 $\beta_2 = 6$,试求 BE 部分成像放大率.

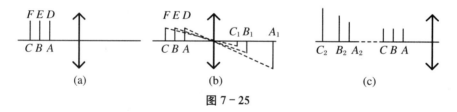

图 7-25

分析 像仍为三齿,则三齿均成实像或均成虚像,不会出现一部分成实像、一部分成虚像的情况. 若成实像则如图 7-25(b)所示,若成虚像则如图 7-25(c)所示.

解 (1) 设 $\overline{AB} = \overline{BC} = a$,则 $\overline{A_1B_1} = 6a$,$\overline{B_1C_1} = 3a$;设 B 点成像物距、像距分别为 u, v,则 A 点成像物距、像距分别为 $u - a$, $v + 6a$,C 点成像物距、像距分别为 $u + a$, $v - 3a$,有

$$\frac{1}{u} + \frac{1}{v} = \frac{1}{f}, \quad \frac{1}{u-a} + \frac{1}{v+6a} = \frac{1}{f}, \quad \frac{1}{u+a} + \frac{1}{v-3a} = \frac{1}{f}$$

解得(运算略烦琐)
$$f = 6a\,(舍负), \quad u = 9a, \quad v = 18a$$
三齿成实像,BE 部分成像的放大率为
$$m = -\frac{v}{u} = -2$$
成倒立、放大的实像.

(2) 设 $\overline{AB} = \overline{BC} = a$,则 $\overline{A_2B_2} = 3a$,$\overline{B_2C_2} = 6a$;设 B 点成像物距、像距分别为 u, v,则

A 点成像物距、像距分别为 $u-a, v+3a$，C 点成像物距、像距分别为 $u+a, v-6a$，有

$$\frac{1}{u}+\frac{1}{v}=\frac{1}{f}, \quad \frac{1}{u-a}+\frac{1}{v+3a}=\frac{1}{f}, \quad \frac{1}{u+a}+\frac{1}{v-6a}=\frac{1}{f}$$

解得（运算略烦琐）

$$f=6a（舍负）, \quad u=3a, \quad v=-6a$$

三齿成虚像，BE 部分成像的放大率为

$$m=-\frac{v}{u}=2$$

成正立、放大的虚像.

7.2.5 逐次成像

1. 一般逐次成像

逐次计算成像即可，放大率等于各次放大率之积：

$$m=m_1 m_2 \cdots m_n$$

2. 密接薄透镜、面镜逐次成像

对于密接薄透镜、面镜逐次成像，中间各物、像必有

$$u_{i+1}=-v_i$$

各次成像相加后中间各项可以约掉，故可略去不写；放大率中间各项也会相约，最终为

$$m=-\frac{v}{u}\frac{n_1}{n}$$

其中 u 为第一次成像的物距，v 为最后一次成像的像距，n_1 为第一次成像的物方折射率，n 为最后一次成像的像方折射率.

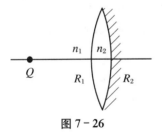

图 7-26

例如图 7-26 所示的逐次成像，若 n_2 介质厚度可以忽略，则有

$$\left(\frac{n_1}{u}+\frac{n_2}{v_1}\right)+\left(\frac{n_2}{-v_1}+\frac{n_2}{v_2}\right)+\left(\frac{n_2}{-v_2}+\frac{n_1}{v}\right)$$

$$=\frac{n_2-n_1}{R_1}+\frac{2n_2}{R_2}+\frac{n_1-n_2}{-R_1}$$

由于中间各项可以约掉，故可直接写为

$$\frac{n_1}{u}+\frac{n_1}{v}=\frac{n_2-n_1}{R_1}+\frac{2n_2}{R_2}+\frac{n_1-n_2}{-R_1}$$

放大率

$$m=m_1 m_2 m_3=\left(-\frac{v_1}{u}\frac{n_1}{n_2}\right)\left(-\frac{v_2}{-v_1}\frac{n_2}{n_2}\right)\left(-\frac{v}{-v_2}\frac{n_2}{n_1}\right)=-\frac{v}{u}\frac{n_1}{n_1}=-\frac{v}{u}$$

故放大率可直接写为

$$m = -\frac{v}{u}$$

若不是薄透镜或不是密接,则中间各项不能约掉,如图 7-26 的例子中,若 n_2 厚度 d 不能忽略,则有

$$\left(\frac{n_1}{u} + \frac{n_2}{v_1}\right) + \left(\frac{n_2}{d-v_1} + \frac{n_2}{v_2}\right) + \left(\frac{n_2}{d-v_2} + \frac{n_1}{v}\right) = \frac{n_2 - n_1}{R} + \frac{2n_2}{R} + \frac{n_1 - n_2}{-R}$$

放大率

$$m = m_1 m_2 m_3 = \left(-\frac{v_1}{u}\frac{n_1}{n_2}\right)\left(-\frac{v_2}{d-v_1}\right)\left(-\frac{v}{d-v_2}\frac{n_2}{n_1}\right)$$

中间各项不能约掉,需逐次计算.

3. 在介质分界面上,可任加某一折射率薄层而不影响成像

例如图 7-27(a)所示的成像问题,有

$$\frac{n_1}{u} + \frac{n_3}{v} = \frac{n_3 - n_1}{R}$$

中间加一厚度可忽略的薄层 n_2,如图 7-27(b)所示,则

$$\frac{n_1}{u} + \frac{n_3}{v} = \frac{n_2 - n_1}{R} + \frac{n_3 - n_2}{R} = \frac{n_3 - n_1}{R}$$

与原来是一致的.

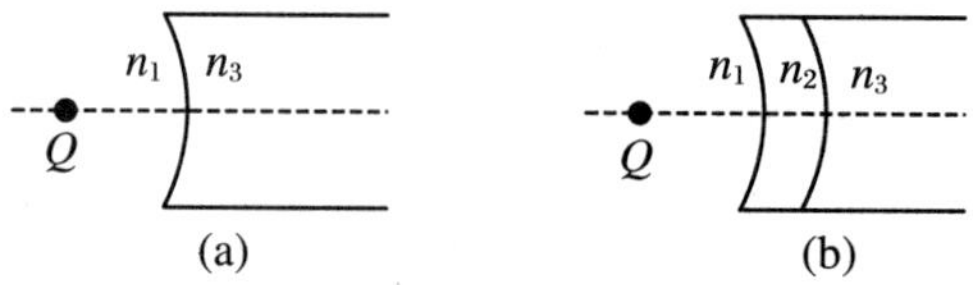

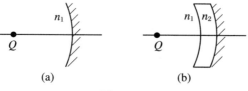

图 7-27

再以反射成像为例,如图 7-28(a)所示,有

$$\frac{1}{u} + \frac{1}{v} = \frac{2}{R}$$

或写为

$$\frac{n_1}{u} + \frac{n_1}{v} = \frac{2n_1}{R}$$

中间加一厚度可忽略的薄层 n_2,如图 7-28(b)所示,则

图 7-28

$$\frac{n_1}{u}+\frac{n_1}{v}=\frac{n_2-n_1}{-R}+\frac{2n_2}{R}+\frac{n_1-n_2}{R}=\frac{2n_1}{R}$$

与原来也是一致的.

例7-7 如图 7-29 所示,一个焦距为 f_1 的薄凸透镜,其材料折射率为 n_2;将其右表面涂银作为凹面反射镜,凹面反射镜的焦距为 f_2;将此镜浸入折射率为 n_1 的液体中,物置于镜左 u 处,试求像的位置.

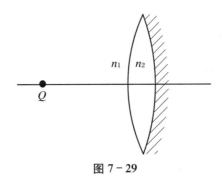

图 7-29

解 焦距为 f_1 的薄凸透镜意为在真空中时

$$\frac{1}{u}+\frac{1}{v}=\frac{1}{f_1}=\frac{n_2-1}{R_1}+\frac{1-n_2}{R_2}=(n_2-1)\left(\frac{1}{R_1}-\frac{1}{R_2}\right)$$

在镜与反射面间加一个折射率为 n_1 的薄层不影响成像,则先经凸透镜折射,再经凹面镜反射,再经凸透镜折射.设凸透镜的焦距为 f_1',则

$$\frac{1}{u'}+\frac{1}{v'}=\frac{1}{f_1'}=\frac{\frac{n_2}{n_1}-1}{R_1}+\frac{1-\frac{n_2}{n_1}}{R_2}=\left(\frac{n_2}{n_1}-1\right)\left(\frac{1}{R_1}-\frac{1}{R_2}\right)$$

故

$$\frac{1}{f_1'}=\frac{\frac{n_2}{n_1}-1}{n_2-1}\frac{1}{f_1}$$

凹面镜焦距不变,最终成像:

$$\frac{1}{u}+\frac{1}{v}=\frac{1}{f_1'}+\frac{1}{f_2}+\frac{1}{f_1'}$$

解得

$$v=\frac{1}{\dfrac{2\left(\dfrac{n_2}{n_1}-1\right)}{(n_2-1)f_1}+\dfrac{1}{f_2}-\dfrac{1}{u}}$$

练习 7-6 如图 7-30 所示,两个完全相同的球面薄表壳玻璃合在一起,中空,其中一块涂银成为球面反射镜,屏上小孔 Q 为点光源,它发出的光经反射后成像于 Q',调整屏与表壳间的距离 L,当 $L=20$ cm 时,像点正好落在屏上.然后在表壳玻璃间注满折射率 $n=4/3$ 的水.试问调整 L 为何值时,像点仍落在屏上?

练习 7-7 如图 7-31 所示,薄壁球形玻璃鱼缸的半径为 R,所盛水的折射率 $n=4/3$.鱼缸左侧与轴线垂直的平面反射镜离球心的距离为 $3R$.一条位于左球面顶点处的鱼沿缸壁以速度 u 游动.从鱼缸右侧观察鱼的直接像与反射像(先经平面镜反射,再经鱼缸所成的像).试求两像间的相对速度.

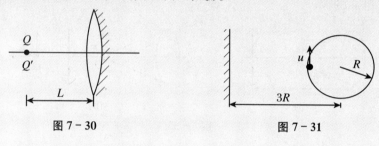

图 7-30   图 7-31

7.2.6 牛顿公式

分别取 x, x' 为从焦点 f, f' 算起的物、像距,它们的正、负规定与之前统一,即物到物方焦点方向若与入射光线传播方向相同,则 $x>0$;像方焦点到像方向若与出射光线传播方向相同,则 $x'>0$.

也可在坐标系中表示出来,如图 7-32 所示.

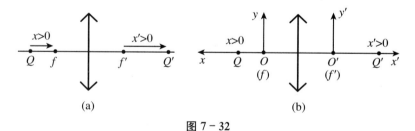

图 7-32

可知
$$u = x + f, \quad v = x' + f'$$
又
$$\frac{f}{u} + \frac{f'}{v} = 1$$
即

$$\frac{f}{x+f} + \frac{f'}{x'+f'} = 1$$

解得

$$xx' = ff'$$

这就是牛顿公式；特别地，当物方与像方介质相同时 $f = f'$，则

$$xx' = f^2$$

例7-8 在焦距为 f 的会聚薄透镜 L 的主光轴上有一发光圆锥面，如图 7-33(a)所示，圆锥的中心轴线与主光轴重合，锥的顶点位于焦点 F，锥高等于 $2f$，锥的母线与中心线的夹角为 α，求圆锥面的像．

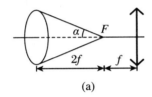
(a)
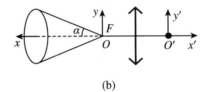
(b)

图 7-33

解 如图 7-33(b)所示，建立直角坐标系，圆锥面在此平面内截线第一象限部分的方程为

$$y = x\tan\alpha, \quad 0 \leqslant x \leqslant 2f$$

对此截线上某点，由牛顿公式得

$$xx' = f^2$$

放大率

$$m = \frac{y'}{y} = -\frac{x'+f}{x+f}$$

联立解得

$$y' = -f\tan\alpha, \quad x' \geqslant \frac{1}{2}f$$

y' 与 x' 无关，为定值，故为一以主光轴为轴线的圆柱，半径为 $f\tan\alpha$，左端在右焦点右侧 $f/2$ 处，右端在右侧无穷远处．

练习7-8 试用牛顿公式解例 7-6．

7.2.7 作图法——利用特殊光线求物像关系

先明确几个概念：镜的对称轴称为主光轴，薄透镜的中心称为光心，过薄透镜的光心或

单球面反射(或折射)镜的球心的其他直线称为副光轴,过物方焦点与主光轴垂直的平面称为物方焦面(或第一焦面),过像方焦点与主光轴垂直的平面称为像方焦面(或第二焦面).

常用的特殊光线有:

(1) 平行于主光轴的光线反射(或折射)后通过像方焦点;通过物方焦点的光线反射(或折射)后平行射出.

(2) 平行于副光轴的光线折射(或反射)后会聚于像方焦平面上某点;物方焦平面上某点发出的光线折射(或反射)后平行某副光轴射出.

(1)和(2)的理论依据均为

$$u \to \infty \text{ 时}, v \approx f'; \quad v \to \infty \text{ 时}, u \approx f$$

作图法

(3) 物、像方介质折射率相等时(即 $f = f'$ 时),过薄透镜光心的光线折射后方向不变;过单球面反射(折射)镜球心的光线反射(折射)后原路返回(方向不变).

图 7-34 为几个例子.

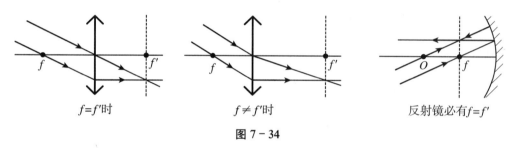

图 7-34

例7-9 图 7-35(a)所示的薄透镜系统中,透镜 L_1, L_2 的焦距 $f_1 = f_2 = 10$ cm,两透镜的间距为 70 cm,物在 L_1 前方 20 cm 处,试求最后像的位置、大小与正倒.为提高光能利用率,增加像亮度,可增加第三个会聚透镜 L_3,为了使最后像的位置仍保持不变,试问 L_3 应放在何处?试借助特殊光线用作图法解释 L_3 能提高聚光能力的原因.

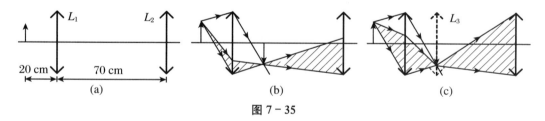

图 7-35

解 解法1:经 L_1 成像

$$\frac{1}{u} + \frac{1}{v_1} = \frac{1}{f} \Rightarrow \frac{1}{20} + \frac{1}{v_1} = \frac{1}{10} \Rightarrow v_1 = 20 \text{ cm}$$

经 L_2 成像

$$\frac{1}{L-v_1} + \frac{1}{v_2} = \frac{1}{f} \Rightarrow \frac{1}{70-20} + \frac{1}{v_2} = \frac{1}{10} \Rightarrow v_2 = 12.5 \text{ cm}$$

总放大率

$$m = m_1 m_2 = \left(-\frac{v_1}{u}\right)\left(-\frac{v_2}{L-v_1}\right) = 0.25$$

故最后像在 L_2 右侧 12.5 cm 处,放大率为 0.25,正立、缩小的实像.

L_3 应置于第一次成像处;未放置 L_3 时如图 7-35(b)所示,物边缘点仅阴影部分光线参与最终成像;放置 L_3 时对 L_3 成像由

$$\frac{1}{u} + \frac{1}{v} = \frac{1}{f}$$

得 $u \to 0$ 时 $v \to -0$,成像于原位置,即不影响像的位置,但由于 L_3 的折射,参与成像光线增多,增加了像亮度,如图 7-35(c)所示.

解法 2:用作图法计算最后像的位置、大小与正倒.如图 7-36 所示,经 L_1 有

$$\frac{\overline{O_1 F_1}}{\overline{AD}} = \frac{10}{20} = \frac{1}{2}$$

则

$$\overline{O_1 A} = \overline{O_1 B}$$

$$y_1 = -y, \quad v_1 = u = 20 \text{ cm}$$

经 L_2 成像有

$$\frac{\overline{O_2 F_2}}{\overline{BE}} = \frac{10}{70-20} = \frac{1}{5}$$

则

$$\overline{O_2 C} = 0.25 \overline{O_2 B}$$

$$y_2 = -0.25 y_1 = 0.25 y$$

故

$$v_2 = 0.25(70 - 20) = 12.5 \text{ (cm)}$$

即最后像于 L_2 右侧 12.5 cm 处,如图为正立的像,大小为物的 0.25 倍.

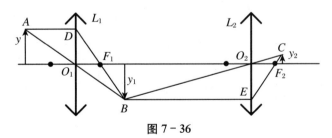

图 7-36

练习 7-9 凸透镜后面距离 $L = 4$ cm(大于焦距)处放置一块垂直于主光轴的平面镜,透镜前面垂直于主光轴放一页方格纸.当这页纸相对透镜移动两个位置时(这两个位置相距 $l = 9$ cm),纸上均得到其方格的像.试求凸透镜的焦距及两个位置处最终像的放大率.

7.2.8 放大镜　显微镜　望远镜

1. 眼睛的明视距离

$$d \approx 25 \text{ cm}$$

2. 视角及视角放大率

视角：人眼对物体的两端视线的夹角，如图 7-37 所示．视角有正负，可以规定正立的物或像，其视角为正；倒立的物或像，其视角为负．另一种等效的规定为：进入人眼的光线，从光轴转到光线方向为顺时针时视角为正，逆时针时视角为负．

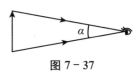

图 7-37

视角放大率 M：像视角 β 与物视角 α 之比

$$M = \frac{\beta}{\alpha}$$

3. 放大镜

将眼睛紧靠放大镜，若物距太大，实像落在眼睛之后；若物距太小，虚像落在明视距离以内；只有虚像成在无穷远到明视距离之间，才和眼睛的调焦范围相适应，此时物应在 f 以内的小范围内，在 $f \ll d$ 时，这个范围比 f 小得多．

视角与放大镜

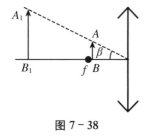

图 7-38

如图 7-38 所示：放大镜成正立、放大的虚像，物 AB 在焦距附近．像视角

$$\beta \approx \frac{\overline{A_1 B_1}}{|v|} \approx \frac{\overline{AB}}{f}$$

物视角为物直接放在明视距离处的视角：

$$\alpha \approx \frac{\overline{AB}}{d}$$

故放大镜的视角放大率

$$M = \frac{\beta}{\alpha} \approx \frac{d}{f}$$

一般称为放大镜的放大倍数．

4. 显微镜

显微镜的镜筒两端装有两组透镜，均相当于凸透镜．

如图 7-39 所示，L_1 为物镜，焦距极短，成放大实像；L_2 为目镜，焦距较长，成放大虚像；L 为镜筒长，一般有 $L \gg f_1 + f_2$．物 AB 放于物镜焦点附近，经物镜成像于目镜焦点内侧

附近.

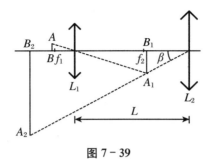

图 7-39

像视角

$$\beta \approx -\frac{\overline{A_1B_1}}{f_2}$$

又

$$\frac{\overline{A_1B_1}}{\overline{AB}} \approx \frac{L-f_2}{f_1} \approx \frac{L}{f_1}$$

则

$$\beta = -\frac{\overline{AB} \cdot L}{f_1 f_2}$$

物视角为物直接放在明视距离处的视角:

$$\alpha = \frac{\overline{AB}}{d}$$

故视角放大率为

$$M = \frac{\beta}{\alpha} = -\frac{L}{f_1}\frac{d}{f_2}$$

其中 L/f_1 为物镜的横向放大率, d/f_2 为目镜的视角放大率, 负号表示像是倒立的.

5. 望远镜

开普勒望远镜的结构与显微镜类似, 如图 7-40 所示, L_1 为物镜, 焦距较长; L_2 为目镜, 焦距较短. L_1 像方焦点与 L_2 物方焦点基本重合, 物位于很远处, 故物镜成实像于极靠近焦点处, 再经目镜成虚像. 望远镜观测很远处物体, 不能将物放在明视距离处, 故计算物视角时应代入物在原位置对人眼所成张角.

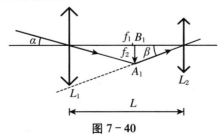

图 7-40

物距远大于镜筒长,故物视角

$$\alpha \approx \frac{\overline{A_1 B_1}}{f_1}$$

像视角

$$\beta \approx -\frac{\overline{A_1 B_1}}{f_2}$$

故视角放大率为

$$M = \frac{\beta}{\alpha} = -\frac{f_1}{f_2}$$

7.3 光的干涉

光(电磁波)是横波,自由空间的平面电磁波的一般性质为:电磁波的电场强度、磁场强度、波的传播方向三者相互垂直,构成右手螺旋关系;电场强度、磁场强度同相位,量值成比例,关系为

$$\sqrt{\varepsilon} E = \sqrt{\mu} H \quad \text{或} \quad E = uB$$

电磁波在介质中的传播速度为

$$u = \frac{1}{\sqrt{\varepsilon \mu}}$$

在真空中的波速为

$$c = \frac{1}{\sqrt{\varepsilon_0 \mu_0}} \approx 3 \times 10^8 \text{ m/s}$$

光与物质相互作用的过程主要是电磁波中的电矢量起作用,所以常以电矢量作为光波中振动矢量的代表.光的平均能流密度(即光的强度)与电场强度振幅的平方成正比,许多场合只需要光强的相对分布,可直接令光的相对强度(简称光强)等于电场强度振幅的平方,则光强公式写为

$$I = A^2$$

其中 A 为电场强度振幅,也可称为光振幅.注意与光度学中的光强相区分.

7.3.1 反射光的相位突变和附加光程差

反射光的相位变化与入射角的关系是很复杂的,需要用菲涅耳公式进行分析,我们仅给出常用的几个结论.

半波损失:在垂直入射的情况下,光从光疏介质到光密介质分界面反射时,反射光相位

与入射光相位相比突变了 π,相当于有半个波长 λ/2 的光程损失,称为半波损失.

垂直入射时,若光从光密到光疏界面反射,反射光相比入射光相位不变.

掠入射时,不论光从光疏介质到光密介质还是从光密介质到光疏介质,反射光相比入射光均有半波损失.

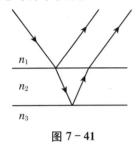

图 7 - 41

对于从薄膜上、下表面反射的两束光相位突变引起的额外的相位差,如图 7 - 41 所示,有如下结论:

(1) 若 $n_1<n_2>n_3$ 或 $n_1>n_2<n_3$,两束光有附加相位差 π,或附加光程差 $\lambda/2$;

(2) 若 $n_1<n_2<n_3$ 或 $n_1>n_2>n_3$,两束光无附加相位差或附加光程差.

在有半波损失时,要计及由其引起的光程差或相位差,即总光程差、总相位差分别为

$$\Delta L = \Delta L_0 + \frac{\lambda}{2}, \quad \Delta\varphi = \Delta\varphi_0 + \pi$$

以上两式也可取减号.

7.3.2 相干光

1. 光源的发光机制

普通光源(指非激光光源)发光是处于激发态的原子的自发辐射. 一个原子经一次发光后需重新获得足够能量才能再次发光,每次发光发射的光波是有限长的光波,称为光波列. 光源中的不同发光原子或同一原子的不同次发光都是随机的,所发出的光波列的振动方向、相位都没有确定的关系,因此不相干.

普通光源的干涉

激光光源发光是受激辐射,是在一定频率的外界光波列诱导下,原子受激发出光波列的过程,激光波列的振动方向、频率、相位都与外来光波列相同,因此激光器整个发光面上各点之间的相干性很好.

2. 单色光

具有单一频率的光波称为单色光,严格的单色光是不存在的.

3. 普通光源实现干涉的方法

在光的干涉实验中,频率相同和振动方向相同都容易实现,较难实现的是两束光的相位差保持恒定. 对于普通光源,若把同一发光原子发出的光波列一分为二,则无论原始波列如何随机变化,分出的两个光波列的相位差都能保持恒定而实现干涉.

方法有两种：一种是分波阵面法，同一波阵面上各点振动具有相同相位，从同一波阵面上取出的两部分可以作为相干光源，例如杨氏双缝干涉、菲涅耳双镜干涉、洛埃镜干涉等；另一种是分振幅法，它是通过界面的反射和折射，把入射光波列及光强度分成两份或几份，由于强度正比于振幅的平方，故称为分振幅法，例如薄膜干涉.

4. 光源的相干长度

波列长度是有限的，若两光路的波程差太大，导致由同一波列分解出来的两列波不能叠加，这时就不能发生干涉，即两光路波程差超过了波列长度时，就不能发生干涉，能发生干涉的最大波程差称为相干长度.

5. 相干光的叠加

干涉相长(亮区)与干涉相消(暗区)的相位差满足

$$\begin{cases} 干涉相长\ \Delta\varphi = \pm 2k\pi \\ 干涉相消\ \Delta\varphi = \pm(2k+1)\pi \end{cases} \quad (k=0,1,2,\cdots)$$

其中 $\Delta\varphi$ 包括初相位差的影响和反射光相位突变带来的附加相位差.

若相干光源初相位相同，干涉相长(亮区)与干涉相消(暗区)的光程差满足

$$\begin{cases} 干涉相长\ \Delta L = \pm k\lambda \\ 干涉相消\ \Delta L = \pm(2k+1)\dfrac{\lambda}{2} \end{cases} \quad (k=0,1,2,\cdots)$$

其中 ΔL 包括反射光相位突变带来的附加光程差.

另外，增透膜或增反膜也可用在膜中的路程差与光在膜中的波长来表示：

$$\begin{cases} 干涉相长\ \Delta l = \pm k\lambda_{介} \\ 干涉相消\ \Delta l = \pm(2k+1)\dfrac{\lambda_{介}}{2} \end{cases} \quad (k=0,1,2,\cdots)$$

其中 Δl 为路程差，并包括反射光相位突变带来的附加路程差.

干涉区域的光强可以定量计算，本书略去.

7.3.3 分波阵面干涉

1. 杨氏双缝干涉

如图 7-42(a)所示，在普通单色光源后放一狭缝 S，相当于一个线光源，S 后又放有与 S 平行的两狭缝 S_1 和 S_2，两缝间距离很小，S 在 $S_1 S_2$ 中点左侧.光源 S_1，S_2 是从 S 发出的波阵面上取出的两部分，故是相干的.光屏上 P 点的光程差是由 $S_1 P$，$S_2 P$ 引起的，有

$$\theta \approx \frac{y}{L} \approx \frac{\Delta L}{d}$$

则
$$\Delta L = \frac{d}{L} y$$

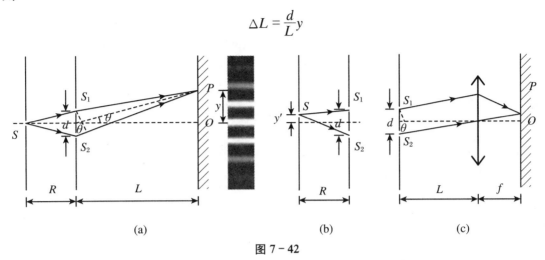

图 7 - 42

明纹中心位置满足
$$\Delta L = \pm k\lambda \quad (k = 0,1,2,\cdots)$$

故明纹中心位于
$$y = \pm k \frac{L}{d}\lambda \quad (k = 0,1,2,\cdots)$$

其中 $k=0$ 为中央明纹或零级明纹中心，$k=1,2,\cdots$ 分别为第一级、第二级……明纹中心；

暗纹中心位置满足
$$\Delta L = \pm (2k-1)\frac{\lambda}{2} \quad (k = 1,2,\cdots)$$

$k=1,2,\cdots$ 分别为第一级、第二级……暗纹中心.

可以得到相邻明纹中心（或暗纹中心）的间距相等，为
$$\Delta y = \frac{L}{d}\lambda$$

若 S 不在 S_1S_2 中点左侧，需考虑 SS_1、SS_2 引起的光程差，如图 7-42(b) 所示，同理可得
$$\Delta L' = \frac{d}{R}y'$$

则
$$\Delta L_{总} = \Delta L + \Delta L'$$

y' 将引起条纹位置的变化，但不改变条纹间距.

若用激光做双缝干涉实验，由于其相干性很好，可略去单缝 S，直接以激光照射狭缝 S_1、S_2.

若狭缝 S 有一定的宽度，当 S 上、下侧的光通过双缝后到达屏上某一点的光程差恰好相差一个波长时，光屏上条纹消失. 对光屏上某一点 P，双缝到光屏 P 点导致的光程差恒定，故相差的一个波长由单缝到双

干涉

缝处引起. 对此可以定性解释为:狭缝处光的相位相同,狭缝各点的光线经双缝均在屏上形成干涉条纹,随着狭缝上的点向下移动,其干涉条纹向上移动,当狭缝上边缘与双缝处的光程差与狭缝下边缘与双缝处的光程差相差一个波长时,狭缝各点光线经双缝所成干涉条纹填满光屏从而无条纹. 设 S 缝宽为 δS,则

$$\lambda = \frac{d}{R}\delta S$$

故

$$\delta S = \frac{R}{d}\lambda$$

此时增大 R 或减小 d 都能使之再次出现条纹,而改变 L 没有作用.

如图 7-42(c)所示,在屏前距屏为焦距 f 处放置一个凸透镜,则从 S_1,S_2 发出的平行光线经透镜会聚于焦平面即屏上,由费马原理成像的等光程性,光程差为

$$\Delta L \approx \theta d$$

光线近似从光心射出,成像位置为

$$y \approx \theta f$$

可进一步计算出明、暗条纹中心的位置及条纹间距.

例7-10 如图 7-43 所示,在屏幕前加了一个焦距为 $f=1$ m 的凸透镜的杨氏双孔干涉装置,透镜到屏幕的距离也为 f. 左侧入射的单色光波长 $\lambda=500$ nm,双孔之间的距离为 $d=1$ mm,双孔到透镜的距离为 $L=0.5$ m. 试求此时屏幕上相邻亮条纹之间的间距 Δx.

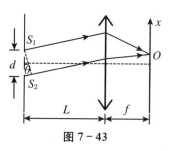

图 7-43

解 亮纹满足

$$\theta d = k\lambda \quad (k=0,\pm 1,\pm 2,\cdots)$$

光线近似从光心射出,亮纹位置

$$x = \theta f$$

解得

$$x = k\frac{f}{d}\lambda \quad (k=0,\pm 1,\pm 2,\cdots)$$

故相邻亮纹间距

$$\Delta x = \frac{f}{d}\lambda = 0.5 \text{ mm}$$

2. 菲涅耳双面镜干涉

图 7-44 所示为菲涅耳双面镜干涉装置,从光源发出的波列经一对紧靠在一起、夹角 α 很小的平面反射镜反射后被分割为两光束,两光束交叠区出现等距的平行干涉条纹,如同是

由虚光源 S_1, S_2 发出的光束产生的一样.两镜的反射都会带来半波损失,故光程差不必计算半波损失.

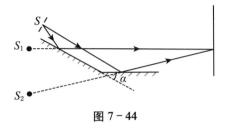

图 7-44

3. 菲涅尔双棱镜干涉

图 7-45(a)或(c)所示为菲涅耳双棱镜干涉,从光源发出的波列经一个棱角 α 很小的双棱镜折射后被分割为两光束,两光束交叠区出现等距的平行干涉条纹,如同是由虚光源 S_1, S_2 发出的光束产生的一样.

两种双棱镜的放置方式效果是一样的.

设光源 S 与双棱镜距离为 l,则对图 7-45(a)放置方式,如图 7-45(b)所示,S' 为 S 经镜左成的像,S_1, S_2 为 S' 经镜右成的像,可判断 S, S_1, S_2 几乎在一条线上,S_1, S_2 的距离为

$$\overline{S_1 S_2} \approx 2\alpha(n-1)l$$

对图 7-45(c)放置方式,如图 7-45(d)所示,S_1', S_2' 为 S 经镜左成的像,S_1, S_2 为 S_1', S_2' 分别经镜右成的像,可判断 S, S_1, S_2 也几乎在一条线上,S_1, S_2 的距离也为

$$\overline{S_1 S_2} = \overline{S_1' S_2'} \approx 2\alpha(n-1)l$$

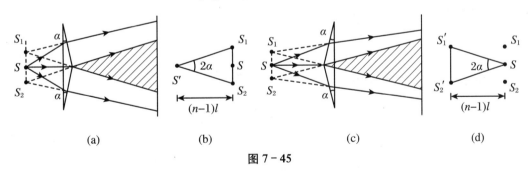

图 7-45

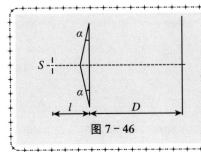

图 7-46

练习 7-10 如图 7-46 所示,双棱镜玻璃折射率 $n = 1.5$,楔角 $\alpha = 0.01$ rad,点光源发出波长为 $\lambda = 600$ nm 的单色光,与双棱镜的距离为 $l = 10$ cm,接收屏与双棱镜的距离为 $D = 1$ m.试求接收屏上看到的干涉条纹的间距.

4. 劳埃德镜干涉

如图 7-47 所示，AB 为平面镜，S_1 发出的波列一部分直接到达屏上，一部分掠射到平面镜经反射到达屏上（如同虚光源 S_2 发出的），在交叠区出现等距的平行干涉条纹。注意掠射的光是有半波损失的，半波损失最早就是在这个实验中发现的。

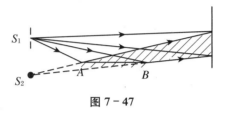

图 7-47

5. 平行光的干涉

两束平行光的干涉有重要意义。通常做法是先让激光经显微镜头聚焦于一针孔上，以获得较为理想的点光源，然后通过扩束器或准直系统成为一束宽截面的平行光，再通过分束器得到反射平行光束和透射平行光束，最后让这两束平行光产生交叠而出现干涉条纹。

例7-11 如图 7-48(a) 所示，对切透镜是将凸透镜中间部分切掉一定厚度（图中阴影部分），再将上下部分合在一起制成的。对切透镜的焦距为 $f=1$ m，被切掉的中间部分厚度为 $2h=1$ mm，点光源发出 $\lambda=500$ nm 的单色光。如图 7-48(b) 所示，点光源在透镜左侧 f 处，透镜右侧适当区域放置光屏接收条纹，试求条纹的间距。

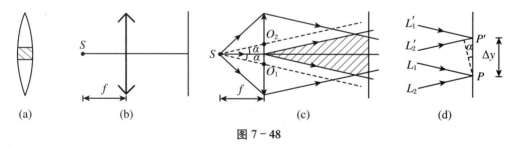

图 7-48

解 如图 7-48(c) 所示，O_1,O_2 分别为上半、下半透镜的光心，透镜折射后两种平行光线的交叠区会发生干涉：

$$\alpha = \frac{h}{f}$$

如图 7-48(d) 所示，设屏上 P 点为亮纹，则此处满足

$$\Delta L = L_2 - L_1 = k\lambda$$

P 上方 Δy 处的 P' 点满足

$$L_1' = L_1 - \Delta y \cdot \alpha, \quad L_2' = L_2 + \Delta y \cdot \alpha$$

故 P' 点光程差

$$\Delta L' = L_2' - L_1' = \Delta L + 2\alpha\Delta y$$

若 P' 与 P 为相邻亮纹,则

$$\Delta L' = (k+1)\lambda$$

联立解得

$$\Delta y = \frac{\lambda f}{2h} = 5\times 10^{-4}\ \text{m}$$

注 屏左移或右移,只要在干涉区域,条纹间距都不会变化,但条纹数目会有变化.

7.3.4 分振幅干涉(薄膜干涉)

光经薄膜两表面反射后相互叠加所形成的干涉现象称为薄膜干涉.例如阳光照射下,肥皂膜、水面的油膜和许多昆虫翅膀上呈现彩色的花纹,厚度不均匀薄膜表面上的等厚干涉条纹和厚度均匀薄膜在无穷远处形成的等倾干涉条纹.

如图 7-49 所示,一条入射光照射到介质薄膜上,通常膜的表面仅能反射 5% 的能量,其余 95% 能量透射,则膜上方几条光线能量如图 7-49 所示.这些出射光线都从同一条入射光线分出,是相干的;但为了获得清晰的强弱分布,要求所分出的光波列在叠加处的强度不要相差太大,故只需考虑两条光束 1 和 2 的干涉,这称为双光束近似.

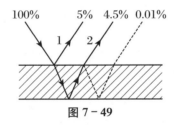

图 7-49

1. 等倾干涉

如图 7-50 所示,一束光入射到一厚度均匀的薄膜上,薄膜上、下表面反射的平行光 a,b 在无穷远处相交发生干涉,实验室中会用一个会聚透镜使其在焦平面上叠加干涉.如果用眼睛直接观察,必须使眼睛放松,调整视力到无限远处的状态.凡以相同入射角入射的光,经膜上、下表面反射后产生的相干光束都有相同的光程差,从而对应干涉图样中的一条条纹,故称为等倾条纹.

图 7-51 所示为观察等倾条纹的实验装置,Q 为扩展光源,M 为半反半透镜,L 为凸透镜,屏放在其焦平面上,观测到的干涉条纹为明暗相间的同心圆.不妨先将 Q 看作点光源,其发出的光线经 M 反射后射向薄膜,可看作 Q 经 M 成的虚像直接向薄膜发出的光线,可知在薄膜上入射角相同的入射光线在一个圆上,每条入射光线经薄膜前、后表面反射后在屏上会聚干涉,会聚点也在一个圆上,且有相同的光程差,故

等倾干涉

干涉条纹为圆. Q 采用扩展光源可使条纹强度大大增强(虽然 Q 上不同点发出的光不相干),如图 7-51 所示,Q 发出的光线 a 经反射、折射在屏上 P 点干涉;Q 发出的与 a 平行的光线 b 经反射、折射也在屏上 P 点干涉,且光程差与前者相同,故两者在 P 点的干涉情况是相同的.

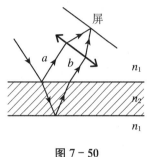

图 7-50

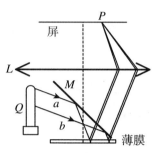

图 7-51

例7-12 从与肥皂膜法线交角为 30°方向上观察肥皂膜,其反射光中波长 $\lambda = 500$ nm 的绿光显得特别明亮,试求肥皂膜的最小厚度. 设肥皂膜厚度为所求最小值,从垂直方向观察,肥皂膜颜色对应的波长为多少? 已知肥皂膜液体折射率 $n = 1.33$,厚度均匀.

解 如图 7-52 所示,有

$$\sin i = n \sin r \Rightarrow r = 22°$$

$$2n\frac{d}{\cos r} - 2d\tan r \cdot \sin i + \frac{\lambda}{2} = k\lambda$$

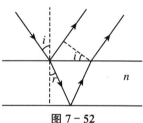

图 7-52

$k = 1$ 时,d 最小,为

$$d = 100 \text{ nm} = 0.1 \text{ μm}$$

垂直方向反射光干涉相长的光

$$2nd + \frac{\lambda'}{2} = k\lambda'$$

可见光范围只能取 $k = 1$,则

$$\lambda' = 532 \text{ nm}$$

2. 增透膜、增反膜

在镜面镀上一层厚度均匀的透明薄膜(一般膜折射率介于空气与玻璃之间),利用对某波长的反射光干涉相消使此波长的光反射减到最小,这样的膜称为增透膜.由于上、下表面反射光没有额外相位差(或光程差),故垂直入射时厚度应满足

$$2nd = \left(k + \frac{1}{2}\right)\lambda \quad (k = 0,1,2,\cdots)$$

或

$$2d = \left(k + \frac{1}{2}\right)\lambda_{介} \quad (k = 0,1,2,\cdots)$$

增反膜只需改为使反射光干涉相长即可,不再赘述.

> **练习 7-11** 为使入射光中波长 $\lambda_1 = 700$ nm 和 $\lambda_2 = 420$ nm 的反射光最大限度地减弱,在玻璃表面涂有折射率为 $n = 4/3$ 的薄膜.试求这种薄膜的最小厚度.

3. 等厚干涉

在厚度不均匀的薄膜上产生的干涉现象中常见的是劈尖膜和牛顿环,其每一明、暗条纹都与一定的薄膜厚度相当,故称为等厚干涉.

劈尖膜:两块平板玻璃一端相互叠合,另一端夹一薄纸片,在两块玻璃之间形成的空气薄膜称为劈尖膜.单色光垂直入射于玻璃片时,所夹空气上、下表面的反射光相干形成明暗相间的条纹.如图 7-53 所示,空气膜厚为 d 处

$$\Delta L = 2d + \frac{\lambda}{2} = \begin{cases} k\lambda & (亮纹) \\ (2k+1)\frac{\lambda}{2} & (暗纹) \end{cases}$$

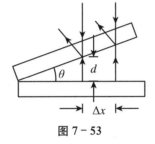

图 7-53

等厚干涉

相邻亮纹(或暗纹)中心的间距设为 Δx,则

$$2\Delta x \tan\theta = \lambda \quad \Rightarrow \quad \Delta x = \frac{\lambda \cot\theta}{2}$$

利用劈尖干涉可测量细丝的直径、检测精密机械零件表面的光洁度等.

牛顿环:在一块光学平整的玻璃片上,放一曲率半径很大的平凸透镜,两者之间形成一空气薄层,平行光垂直入射时,空气层上、下表面反射光干涉,出现一组以接触点为中心的同心圆环,称为牛顿环.

例7-13 如图 7-54 所示,在一块平玻璃片 B 上,放一曲率半径为 R 的平凸透镜 A,用波长为 λ 的平行光垂直射向平凸透镜,可以观察到牛顿环.试求明、暗环的半径,并说明接触处是明纹还是暗纹.

图 7-54

解 空气层厚度为 h 处的圆半径设为 r,则
$$R^2 = r^2 + (R-h)^2$$

解得

$$r = \sqrt{2Rh - h^2} \approx \sqrt{2Rh}$$

明环

$$2h + \frac{\lambda}{2} = k\lambda \quad (k = 1, 2, 3, \cdots)$$

则

$$r = \sqrt{(2k-1)\frac{R\lambda}{2}} \quad (k = 1, 2, 3, \cdots)$$

暗环

$$2h + \frac{\lambda}{2} = (2k+1)\frac{\lambda}{2} \quad (k = 0, 1, 2, \cdots)$$

则

$$r = \sqrt{kR\lambda} \quad (k = 0, 1, 2, \cdots)$$

接触处为暗纹.

4. 其他薄膜干涉类

练习 7-12 如图 7-55 所示,薄膜的两个界面构成空气尖劈,尖劈的夹角 θ 很小,点光源 S 发出波长为 λ 的单色光,点光源 S 到尖劈的垂直距离 $\overline{SA} = L$,且 $\overline{OA} = L$. 装置右侧放一垂直于纸面的光屏,光屏与尖劈的夹角为 $45°$,$\overline{AB} = D$,$D \gg L$. 光源 S 上方通过遮光装置使它发出的光不直接到达光屏. 试求光屏上亮条纹和暗条纹的位置.

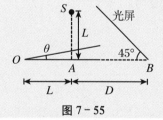

图 7-55

练习 7-12

5. 迈克耳孙干涉仪

图 7-56(a)所示为迈克耳孙干涉仪实物图,图 7-56(b)所示为光路图,其中 G_1 为半反半透镜(一个面镀有半反半透膜),M_1,M_2 为反射镜,G_2 为补偿板(单色光源可不用 G_2,白光光源时需加 G_2,以使经 M_1,M_2 反射到达观察板的两束光在玻璃中色散相同,实现零级干涉条纹无色散).

M_2' 为 M_2 关于 G_1 的像,经 M_2 反射到达观察板的光线好像是从 M_2' 反射过来的,当 $M_1 /\!/ M_2'$ 时,会观察到同心圆环形干涉条纹,实为等倾条纹;当有小夹角时,会观察到直的或

弯曲变形的等厚条纹.

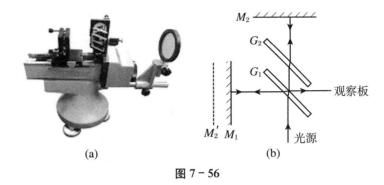

图 7-56

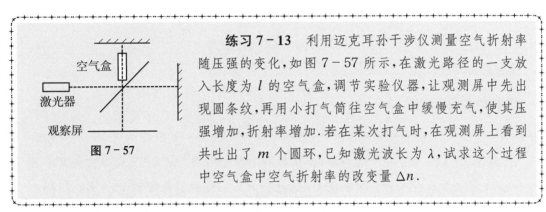

练习 7-13 利用迈克耳孙干涉仪测量空气折射率随压强的变化,如图 7-57 所示,在激光路径的一支放入长度为 l 的空气盒,调节实验仪器,让观测屏中先出现圆条纹,再用小打气筒往空气盒中缓慢充气,使其压强增加,折射率增加.若在某次打气时,在观测屏上看到共吐出了 m 个圆环,已知激光波长为 λ,试求这个过程中空气盒中空气折射率的改变量 Δn.

图 7-57

7.4 光 的 衍 射

7.4.1 单缝的夫琅禾费衍射

衍射屏与光源和接收屏的距离都是无穷远的衍射称为夫琅禾费衍射,实验室中用两个会聚透镜来实现,采用单色光源时衍射屏上出现明暗相间的衍射条纹.

半波带法:如图 7-58(a)所示,缝 AB 宽为 a,用平行单色光照射,沿某一方向传播的子波与平面衍射屏法线方向间的夹角称为衍射角,我们用 θ 表示,同一衍射角的无数子波将会聚于焦平面同一点发生干涉.将波面分割成许多半波带,放大图如图 7-58(b)所示,即 A, $A_1,\cdots,B$ 所在的波面依次相距半个波长,则相邻的两个半波带上,过任何两个对应点(例如 AA_1 与 A_1A_2,其上的 A 与 A_1 或 A 与 A_1 下方等距离的点)的子波光程差为 $\lambda/2$,两者叠加时将完全相消.故 A,B 所在波面的距离为半波长的偶数倍(除零外)时,P 点出现暗纹;A, B 所在波面的距离为半波长的奇数倍时,还留下一个半波带的作用,P 点出现亮纹.

暗条纹中心位置满足

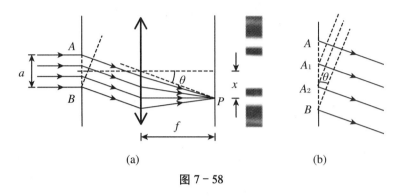

图 7-58

$$a\sin\theta = \pm 2k \cdot \frac{\lambda}{2} = k\lambda \quad (k=1,2,3,\cdots)$$

$\theta=0$ 处为明纹中心,称为中央明纹或零级明纹中心,中央明纹的范围为两个第一级暗纹之间的区域,即

$$-\lambda < a\sin\theta < \lambda$$

其余各级明纹中心位置(近似)满足

$$a\sin\theta = \pm(2k+1)\frac{\lambda}{2} \quad (k=1,2,3,\cdots)$$

中央明纹的半角宽度显然是暗纹在 $k=1$ 时的衍射角,即

$$\Delta\theta_0 = \theta_1(\text{暗}) = \arcsin\frac{\lambda}{a}$$

在 θ_1(暗)很小时

$$\Delta\theta_0 \approx \frac{\lambda}{a}$$

中央明纹

中央明纹最亮最宽,约为其他明纹宽度的两倍. 各级明纹的光强随级数的增大而减小,因为随着 θ 角的增大,分成的波带数越多,未被抵消的波带面积越小.

将狭缝向上(或向下)平移,屏上的衍射条纹不会移动,中央明纹中心在透镜主光轴对应的屏上位置,而不一定在狭缝中心对应的屏上位置.

衍射区域光强可以定量计算或通过计算光强确定明、暗条纹中心的位置,若有兴趣,请读者自行查阅学习. 计算表明,次级明纹中心准确位置为

$$a\sin\theta = \pm 1.43\lambda, \quad \pm 2.46\lambda, \quad \pm 3.47\lambda, \quad \cdots$$

例 7-14 如图 7-59 所示,在单缝衍射实验中,缝宽为 $a=6.0\times 10^{-4}$ m,透镜焦距为 $f=0.4$ m,屏上坐标为 $x=1.4\times 10^{-3}$ m 的 P 点为一个次级明纹中心,入射光的波长范围为 400~760 nm. 试求入射光的波长及 P 点明纹的级次.

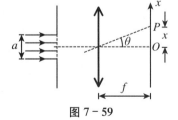

图 7-59

解 由题意得

$$a\sin\theta = (2k+1)\frac{\lambda}{2} \quad (k=1,2,\cdots)$$

$$\sin\theta \approx \frac{x}{f}$$

解得

$$\lambda = \frac{4200}{2k+1}\text{ nm}$$

入射光波长范围为 400~760 nm，k 可取两个值，分别为

$k=3$，即三级明纹，　$\lambda_1=600$ nm

$k=4$，即四级明纹，　$\lambda_2=467$ nm

7.4.2　巴比涅原理

一对衍射屏（缝、孔、障碍物等），若其中一个的透光部分正是另一个的遮光部分，则两屏称为互补屏.

互补屏造成的衍射场中复振幅之和等于自由波场的复振幅（即无衍射屏时的复振幅），这就是巴比涅原理.

对夫琅禾费衍射，无衍射屏时平行光聚焦于透镜的后焦点，接收屏上其余点光强为零. 由巴比涅原理，两个互补屏在后焦面上的夫琅禾费衍射强度完全相同（除了后焦点），看起来是两幅相同的衍射图样. 例如圆孔与圆屏衍射图样相同，单缝与单丝衍射图样相同.

7.4.3　圆孔的夫琅禾费衍射　光学仪器的分辨本领

1. 圆孔的夫琅禾费衍射

如图 7-60 所示，用小圆孔替换狭缝，衍射图样为明暗相间宽度不同的圆环，计算较复杂，略去，中央为圆形亮斑. 由第一暗环所围的中央亮斑称为艾里斑，艾里斑的角半径为

$$\Delta\theta_0 = \theta_1(\text{暗}) \approx \sin\theta_1(\text{暗}) = 0.61\frac{\lambda}{r} = 1.22\frac{\lambda}{d}$$

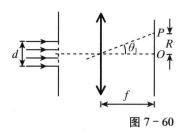

图 7-60

其中 r, d 分别为圆孔的半径、直径. 它与单缝衍射中央明纹的半角宽度相对应, 除了一个反映几何形状不同的因数 1.22 外, 在衍射现象的定性方面是一致的.

艾里斑的半径

$$R = f\tan\theta_1(\text{暗}) \approx 1.22\frac{\lambda}{d}f$$

可知 λ 越大或 d 越小, 衍射现象越显著; 当 $d \gg \lambda$ 时, 衍射现象可忽略.

2. 光学仪器的分辨本领

由于衍射现象,一个点发出的光线经仪器中的圆孔或狭缝后,并不能聚焦成为一个点,而是形成一个衍射图样,其主要部分就是艾里斑,中心位置就是几何光学的像点位置. 如果两个点光源(两个物点)离得很近,而它们形成的衍射圆斑又比较大,以致大部分互相重叠,那么就分辨不出是两个物点了.

瑞利判据:当一个艾里斑的中心与另一个艾里斑的第一级暗环重合时,刚好能分辨出是两个像. 或:两光斑角距离恰好等于一个光斑的角半径时,刚好能分辨出是两个像.

最小分辨角:光学仪器能分辨的两物点在透镜处的最小张角 θ_R. 如图 7-61 所示, 有

$$\theta_R = \theta_1(\text{暗}) = 1.22\frac{\lambda}{d}$$

其中 d 为仪器的孔径.

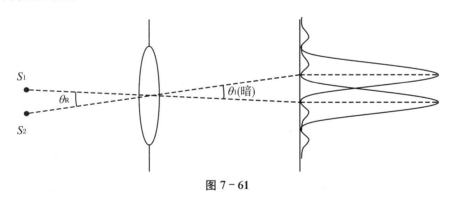

图 7-61

分辨率(分辨本领):光学仪器最小分辨角的倒数称为分辨率或分辨本领,即

$$R = \frac{1}{\theta_R}$$

可知分辨率正比于仪器孔径,反比于光波长.

最小分辨角、分辨率适用于望远镜而不适用于显微镜.

例7-15 在迎面驶来的汽车上,两盏前灯相距 120 cm,试问汽车离人多远,眼睛才可以分辨这两盏前灯? 假设夜间人眼瞳孔直径为 5 mm,入射光波长 $\lambda = 550$ nm,并假设这个距离只取决于眼睛的圆形瞳孔处的衍射效应.

解 由题意得

$$\theta_R = 1.22 \frac{\lambda}{d} \leqslant \frac{D}{L}$$

即

$$1.22 \times \frac{550 \times 10^{-9}}{5 \times 10^{-3}} \leqslant \frac{120 \times 10^{-2}}{L}$$

故

$$L \leqslant 8942 \text{ m}$$

> **练习 7-14** 一位近视眼朋友不戴眼镜时,能看清的物体都在距眼睛 $a = 20$ cm 以内,他发现,如果在眼前靠近眼睛处放一个有小圆孔的卡片,通过小圆孔不戴眼镜看远处的物体时也能看得清晰些. 瞳孔距眼角膜的距离近似不变,用 b 表示.
>
> (1) 若小圆孔直径为 D,试根据几何光学原理求出近视眼直视远处的一个物点时,眼的视网膜上产生的光斑的直径.
>
> (2) 再考虑小圆孔的衍射效应,求小圆孔直径最恰当的大小. 计算时取可见光的平均波长为 600 nm.

7.5 光栅 光栅衍射

7.5.1 光栅

凡含众多全同单元且排列规则、取向有序的周期结构统称光栅. 在一块不透明的板上刻画出一系列等宽、等间隔的狭缝是一种透射光栅,在一块铝面上刻上一系列等间隔的平行槽纹是一种反射光栅,晶体的原子排列具有周期性的空间点阵结构,是三维光栅. 精制的光栅在 1 cm 宽度内刻有几千乃至上万条刻痕.

以透射光栅为例,如图 7-62 所示,透光的缝宽为 a,不透光的缝间宽为 b,此处令 $a < b$,相邻狭缝对应点间的距离为 $d = a + b$,称为光栅常数.

7.5.2 光栅衍射

光栅衍射是单缝衍射和多缝干涉的综合效果.如图7-62所示,令平行单色光正入射光栅,则在光栅处光束的初相相同.设光栅的狭缝个数为 N.

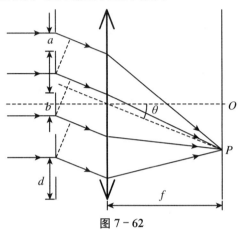

图 7-62

1. 多光束干涉影响

各狭缝上对应点间的距离为 d,看作 N 个初相相同的光源,先研究它们的干涉.N 个光源到屏上 P 点任意两条相邻光束的光程差相等,强度也相同,只有当其中任何两束相邻光都干涉加强时,才能形成多光束干涉的主极大.故主极大位置

$$d\sin\theta = k\lambda \quad (k = 0, \pm 1, \pm 2, \cdots)$$

与缝的数目 N 无关.

相邻两束光的相位差为

$$\Delta\varphi = \frac{2\pi}{\lambda}d\sin\theta$$

根据振幅矢量叠加图,除主极大位置,当 N 个光束振幅矢量组成封闭图形时,其光强度为零,即极小,有

$$N\Delta\varphi = 2k'\pi \quad (k' = \pm 1, \pm 2, \pm 3, \cdots)$$
$$\Delta\varphi \neq 2k\pi \quad (k = 0, \pm 1, \pm 2, \cdots)$$

解得极小的位置

$$d\sin\theta = \frac{k'\lambda}{N}, \quad k' \neq kN$$

可知两相邻主极大 k 取 $i, i+1$ 级时,极小的位置 k' 的取值范围为 $Ni+1 \sim [N(i+1)-1]$,有 $N-1$ 个极小;则两相邻主极大间还应有 $N-2$ 个次极大.